해커스
세무사
객관식
眞(진) 원가관리회계

해커스 경영아카데미

┃ 이 책의 저자

현진환

학력

성균관대학교 경영학과 졸업
성균관대학교 경영대학원 수료

경력

현 | 해커스 경영아카데미 교수
　　해커스공기업 교수
　　세무법인 제이앤

전 | 웅지세무대학교 회계정보학과 교수
　　유화증권 근무
　　세림세무법인
　　강남이지경영아카데미 대표 세무사
　　메가랜드 부동산세법 강사
　　KG에듀원 회계학 강사
　　합격의 법학원 회계학 강사
　　렛유인 회계학 강사

자격증

세무사

저서

해커스 세무사 眞원가관리회계
해커스 세무사 객관식 眞원가관리회계
해커스공기업 쉽게 끝내는 회계학 기본서 재무회계 + 원가관리회계
해커스공무원 현진환 회계학 기본서
해커스공무원 현진환 회계학 단원별 기출문제집

머리말

본서는 세무사 1차 시험 수험생들을 대상으로 쓰여진 객관식 원가·관리회계연습서이다. 회계학은 그 실천적 특성으로 인하여 끊임없는 연습과정이 필요하기 때문에 다양한 유형의 연습문제를 풀어보는 것이 매우 중요하다. 따라서, 본서의 가장 큰 목적은 원가·관리회계에 대한 기초적인 지식을 갖춘 수험생들이 IFRS 원가·관리회계의 핵심개념을 정리하는 동시에, 비교적 짧은 시간 내에 기출문제의 유형을 숙지하여 객관식 시험에 대한 실전대비능력을 키우는 데에 있다.

본서의 특징을 살펴보면 다음과 같다.

첫째, 세무사 시험을 철저히 분석하여 기출문제를 50개의 유형으로 분류하였다. 각 유형별로 문제의 내용을 빠른 시간 안에 이해하고 문제를 해결할 수 있는 실전능력을 극대화할 수 있도록 구성하였다.

둘째, 각 장마다 관련 이론을 정리하여 문제풀이에 앞서 관련 내용을 한 번 더 숙지할 수 있도록 구성하였고, 각 이론에 따른 기출문제를 실어서 학습 시에 이론과 연습을 병행할 수 있도록 구성하였다.

셋째, 각 주제별로 본질을 파악할 수 있는 기본체계를 형성하여 수험생들로 하여금 보다 쉽게 문제해결 절차를 이해할 수 있도록 문제풀이를 구성하였다.

넷째, 세무사 1차 시험의 기출문제 및 최근 출제경향이 반영된 객관식 문제들을 수록하여 수험생으로 하여금 최근 출제경향을 자연스럽게 파악할 수 있도록 구성하였다.

원가·관리회계를 강의하면서 수험생들에게 기본적인 논리와 본질을 이해하는 것에 중점을 둔 성실한 학습을 통한 실력배양을 당부하였다. 원가·관리회계는 단순한 문제풀이보다는 기본논리를 이해하는 것이 중요하기 때문에 본서를 통해 응용력을 향상시킨다면 세무사 1차 시험에서 좋은 결과를 얻을 것이라 확신한다.

끝으로 변함없는 사랑을 받을 수 있도록 최선을 다할 것을 다짐하며, 독자 여러분의 냉철한 비판과 건설적인 의견을 기대해 본다. 본서가 독자 여러분의 세무사 시험 합격에 훌륭한 길잡이가 되기 바란다.

현진환

목차

제1부	재무보고를 위한 제품원가계산

제1장　원가의 흐름과 배분

유형 01	제조원가의 개념	10
유형 02	제조원가의 흐름	15

제2장　개별원가계산

유형 03	개별원가계산의 절차	28
유형 04	부문별 제조간접원가의 배부	34
유형 05	정상개별원가계산	50

제3장　활동기준원가계산

유형 06	활동기준원가계산 일반	70
유형 07	활동기준원가계산 절차	76
유형 08	고객수익성 분석	87

제4장　종합원가계산

유형 09	종합원가계산 절차	94
유형 10	연속공정	107
유형 11	완성도추정	109
유형 12	공손	112
유형 13	작업공정별 원가계산	124

제5장　결합원가계산

유형 14	순실현가능가치법	130
유형 15	기말재공품이 존재하는 경우의 순실현가능가치법	138
유형 16	균등매출총이익률법	142
유형 17	추가가공 여부에 따른 의사결정	146
유형 18	복수의 분리점이 있는 경우의 결합원가 배분	152

제2부	원가계산의 관리적 측면에 응용

제6장　표준원가계산

유형 19	직접재료원가 차이분석	158
유형 20	직접노무원가 차이분석	162
유형 21	제조간접원가 차이분석	166

제7장　변동원가계산

유형 22	전부/변동/초변동원가계산	174
유형 23	각 원가계산방법 간의 이익차이조정	186
유형 24	초변동원가계산	200

제3부 | 관리회계

제8장 원가추정

유형 25	고저점법	208
유형 26	누적평균시간 학습모형	213

제9장 원가 · 조업도 · 이익분석

유형 27	일반적인 CVP분석	220
유형 28	ABC계산의 CVP분석	233
유형 29	복수제품 CVP분석	235
유형 30	안전한계율	244
유형 31	영업레버리지	250
유형 32	현금흐름분기점	255
유형 33	비선형함수의 CVP분석	260

제10장 관련원가와 의사결정

유형 34	특별주문에 따른 의사결정	266
유형 35	외부구입 또는 자가제조에 따른 의사결정	275
유형 36	보조부문 폐지 여부에 따른 의사결정	282
유형 37	제품라인의 유지 또는 폐지에 따른 의사결정	286
유형 38	제약자원하의 의사결정	294

제11장 종합예산 및 자본예산

유형 39	종합예산	310
유형 40	현금예산	316
유형 41	자본예산	324

제12장 책임회계와 성과평가

유형 42	원가중심점의 성과평가	328
유형 43	매출차이분석	332
유형 44	투자중심점의 성과평가	339

제13장 대체가격

유형 45	대체가격	352

제14장 불확실성하의 의사결정

유형 46	완전정보의 기대가치	366
유형 47	불확실성하의 CVP분석	370

제15장 최신관리회계

유형 48	품질원가	378
유형 49	제약자원이론	386
유형 50	균형성과표	391

제4부 | 실전모의고사

실전모의고사 1회	398
실전모의고사 2회	409
실전모의고사 3회	423
실전모의고사 4회	438
실전모의고사 5회	451

제1부
재무보고를 위한
제품원가계산

제1장 원가의 흐름과 배분

제2장 개별원가계산

제3장 활동기준원가계산

제4장 종합원가계산

제5장 결합원가계산

제1장
원가의 흐름과 배분

유형 01 제조원가의 개념
유형 02 제조원가의 흐름

유형 01 | 제조원가의 개념

1. 원가(Cost)

특정 목적을 달성하기 위해 희생된 경제적 자원을 화폐 단위로 측정한 것으로 자산의 취득 또는 비용으로 지출(소비)된 현금 등의 자원이다.

2. 원가의 분류

(1) 기능

① 제조원가: 제품의 제조활동과 관련하여 발생하는 원가

    ㉠ 제조원가의 3요소: 직접재료원가(DM), 직접노무원가(DL), 제조간접원가(OH)

    ㉡ 기본원가(직접원가, 기초원가: prime costs) = DM + DL

    ㉢ 가공원가(전환원가: conversion costs) = DL + OH

② 비제조원가: 제품의 제조활동과 무관하며, 판매 및 관리활동과 관련하여 발생하는 원가(판매관리비)

(2) 원가행태

① 변동원가: 조업도의 변동에 따라 총원가가 비례적으로 변동하는 원가

    ㉠ 변동제조원가 = DM + DL + VOH

    ㉡ 변동판매관리비(VSAC)

② 고정원가: 조업도의 변동에 관계없이 총원가가 일정한 원가

    ㉠ 고정제조원가 = 고정제조간접원가(FOH)

    ㉡ 고정판매관리비(FSAC)

③ 준변동원가 = 혼합원가

④ 준고정원가 = 계단원가: 생산요소의 불가분성

(3) 추적가능성

① 직접원가: 특정 원가대상*에 직접 추적할 수 있는 원가

② 간접원가: 특정 원가대상*에 직접 추적할 수 없는 원가, 공통원가

  * 원가대상(cost object): 원가집계를 요하는 목적물(제품, 활동, 부문, 공정, 프로젝트 등)

(4) 자산화 여부

① 재고가능원가: 제품이 판매될 때까지 재고자산으로 계상하고 판매시점에 매출원가로 비용 처리하는 원가

② 재고불능원가: 기간원가라고도 하며 원가가 발생한 시점에 비용으로 처리하는 원가

(5) 의사결정과의 관련성

① 관련원가: 대안 간 차이가 있는 미래원가로 의사결정과 관련된 원가

    예 차액원가, 기회비용, 회피가능원가

② 비관련원가: 대안 간 차이가 없는 원가로 의사결정과 무관한 원가

    예 기발생원가(매몰원가), 회피불능원가

(6) 통제가능성

① 통제가능원가: 경영자가 그 발생을 통제할 수 있는 원가

② 통제불능원가: 경영자가 그 발생을 통제할 수 없는 원가

실전연습문제

01 원가에 관한 설명으로 옳지 않은 것은?

상중하

① 가공원가(전환원가)는 직접노무원가와 제조간접원가를 합한 금액이다.

② 연간 발생할 것으로 기대되는 총변동원가는 관련범위 내에서 일정하다.

③ 당기제품제조원가는 당기에 완성되어 제품으로 대체된 완성품의 제조원가이다.

④ 기초고정원가는 현재의 조업도 수준을 유지하는 데 기본적으로 발생하는 고정원가이다.

⑤ 회피가능원가는 특정한 의사결정에 의하여 원가의 발생을 회피할 수 있는 원가로서 의사결정과 관련 있는 원가이다.

정답 및 해설

01 ② 연간 발생할 것으로 기대되는 총고정원가는 관련범위 내에서 일정하다.
만약 지문 ②에서 '연간 발생할 것으로 기대되는 단위당 변동원가는 관련범위 내에서 일정하다'라고 하면 맞는 지문이 된다.

02 다음 자료에 의하여 원가구성도를 완성하고자 할 때 제조원가는?

- 직접재료원가 　　　　₩150,000　　· 직접노무원가 　　　₩200,000
- 직접제조경비 　　　　　100,000　　· 판매가격 　　　　　1,000,000
- 판매비와관리비는 판매원가의 20%이다.
- 판매가격에는 판매원가의 25% 이익이 가산되어 있다.

				판매이익 ( )	
			판매비와관리비 ( )		
		제조간접원가 ( )		판매원가 ( )	판매가격 ( )
직접재료원가 ( )		제조원가 ( )		
직접노무원가 ( )	직접원가 ( )	제조원가 ( )		
직접제조경비 ( )				

① ₩450,000　　　　② ₩610,000　　　　③ ₩640,000

④ ₩650,000　　　　⑤ ₩700,000

03 다음은 ㈜세무의 당기 및 전기 제조간접원가에 관련된 자료이다. 아래의 자료에 의할 때 ㈜세무의 당기 제조간접원가 발생액은?

[세무사 19]

구분	당기지급액	당기 말 잔액		전기 말 잔액	
		선급비용	미지급비용	미지급비용	선급비용
공장관리비	₩250,000	₩150,000	–	₩25,000	–
수도광열비	300,000	–	₩100,000	25,000	–
복리후생비	150,000	–	100,000	–	₩35,000

① ₩615,000　　　　② ₩735,000　　　　③ ₩765,000

④ ₩965,000　　　　⑤ ₩1,065,000

정답 및 해설

02 ③

직접재료원가 (₩150,000)	직접원가 (₩450,000)	제조원가 (₩640,000)[*3]	판매원가 (₩800,000)[*1]	판매가격 (₩1,000,000)
직접노무원가 (₩200,000)				
직접제조경비 (₩100,000)				
제조간접원가 (₩190,000)				
판매비와관리비 (₩160,000)[*2]				
판매이익 (₩200,000)				

[*1] $x \times 1.25 = ₩1,000,000$
$x = ₩1,000,000 \div 1.25$
$x = ₩800,000$
[*2] $₩800,000 \times 0.2 = ₩160,000$
[*3] 제조원가 = 판매원가(₩800,000) − 판매관리비(₩160,000) = ₩640,000

03 ② 제조간접원가 발생액(발생기준)을 계산해야 하므로 당기지급액(현금기준)에서 발생계정과목(미지급비용)과 이연계정과목(선급비용)의 증가, 감소분을 조정하여 계산한다.

[분개]

(차) 공장관리비	75,000	(대) 현금	250,000
선급비용	150,000		
미지급비용	25,000		
(차) 수도광열비	375,000	(대) 현금	300,000
		미지급비용	75,000
(차) 복리후생비	285,000	(대) 현금	150,000
		선급비용	35,000
		미지급비용	100,000

∴ 당기 제조간접원가 발생액 = ₩75,000 + ₩375,000 + ₩285,000 = ₩735,000

04 ㈜원가는 기계장치를 생산, 판매하는 기업으로 사업 첫 해에 다음과 같은 원가가 발생했다. 이 자료를
상중하 바탕으로 원가계산을 했을 경우 (가)부터 (마)까지의 설명 중 타당하지 않은 것을 모두 고르면? (단,
기초재공품재고액은 없고, 기말재공품재고액이 ₩10 존재한다)

[회계사 10]

• 직접재료원가	₩110	• 직접노무원가	₩120
• 간접경비	200	• 간접재료원가	30
• 간접노무원가	60	• 광고선전비	20
• 판매직급여	30	• 관리직급여	70

(가) 당기제품제조원가는 ₩510이다.
(나) 기본원가(기초원가, prime costs)는 ₩230이다.
(다) 제조간접원가에는 어떤 재료원가도 포함되지 않으므로 간접노무원가와 간접경비를 합한
₩260이다.
(라) 당기총제조원가는 ₩520으로, 기본원가에 가공원가를 합한 금액이다.
(마) 기간원가는 ₩130으로, 재고가능원가라고 부르기도 한다.

① (가), (나) ② (다), (라) ③ (라), (마)
④ (나), (다), (마) ⑤ (다), (라), (마)

05 ㈜모닝의 제조간접원가는 가공원가의 20%이다. 만약 직접노무원가가 ₩38,000이고, 직접재료원
상중하 가가 ₩47,000이면 ㈜모닝의 제조간접원가는 얼마인가?

① ₩8,750 ② ₩9,500 ③ ₩11,750
④ ₩17,000 ⑤ ₩21,250

정답 및 해설

04 ⑤ (가) 당기총제조원가 = ₩110 + ₩120 + ₩290* = ₩520
* 간접재료원가 + 간접노무원가 + 간접경비 = ₩30 + ₩60 + ₩200 = ₩290
당기제품제조원가 = ₩0 + ₩520 - ₩10 = ₩510 → 타당함
(나) 기본원가 = 직접재료원가 + 직접노무원가 = ₩110 + ₩120 = ₩230 → 타당함
(다) 제조간접원가에는 간접재료원가도 포함된다. → 타당하지 않음
(라) 당기총제조원가는 기본원가에 제조간접원가를 합한 금액이다. → 타당하지 않음
(마) 기간원가는 재고불능원가라고 부르기도 한다. → 타당하지 않음
∴ (다), (라), (마)가 타당하지 않다.

05 ② 제조간접원가 = ₩38,000 ÷ (1 - 0.2) × 0.2 = ₩9,500

유형 02 | 제조원가의 흐름

[1] 제조원가의 개념

① 제조원가의 3요소: 직접재료원가(DM), 직접노무원가(DL), 제조간접원가(OH)

② 기본원가(직접가, 기초원가: prime costs) = DM + DL

③ 가공원가(전환원가: conversion costs) = DL + OH

[2] T계정을 통한 제조원가의 흐름

원재료				재공품				제품			
기초	×××	사용(투입)	×××[*1]	기초	×××	완성	×××[*2]	기초	×××	판매	×××[*3]
				DM	×××						
				DL	×××						
매입	×××	기말	×××	OH	×××	기말	×××	생산	×××	기말	×××
	×××		×××		×××		×××		×××		×××

[*1] 직접재료원가
[*2] 당기제품제조원가
[*3] 매출원가

[3] 합산T계정을 이용한 풀이방법

원재료 · 재공품				재공품 · 제품			
기초원재료	×××	당기제품제조원가	×××	기초재공품	×××	매출원가	×××
기초재공품	×××			기초제품	×××		
원재료매입액	×××			DM	×××		
* { DL	×××	기말원재료	×××	* { DL	×××	기말재공품	×××
OH	×××	기말재공품	×××	OH	×××	기말제품	×××
	×××		×××		×××		×××

재고자산(원재료 · 재공품 · 제품)			
기초원재료	×××	매출원가	×××
기초재공품	×××		
기초제품	×××		
원재료매입액	×××	기말원재료	×××
* { DL	×××	기말재공품	×××
OH	×××	기말제품	×××
	×××		×××

* 가공원가: DL + OH

01 다음은 ㈜세무의 20×1년 영업자료에서 추출한 정보이다. 직접노무원가가 기본원가의 50%일 경우,
상중하 당기제품제조원가는?

• 기초직접재료	₩200	• 기말직접재료	₩100
• 보험료 – 본사사옥	200	• 보험료 – 공장설비	100
• 감가상각비 – 본사사옥	100	• 감가상각비 – 공장설비	50
• 기타 제조간접원가	300	• 기초재공품	1,500
• 기말재공품	1,000	• 직접재료 매입액	500

① ₩1,850　　　　　② ₩1,950　　　　　③ ₩2,050
④ ₩2,150　　　　　⑤ ₩2,250

02 ㈜세무의 20×1년 기초 및 기말 재고자산은 다음과 같다.
상중하

구분	기초	기말
직접재료	₩10,000	₩15,000
재공품	40,000	50,000
제품	40,000	55,000

㈜세무는 20×1년 중 직접재료 ₩35,000을 매입하였고, 직접노무원가 ₩45,000을 지급하였으
며, 제조간접원가 ₩40,000이 발생하였다. ㈜세무의 20×1년 매출원가는? (단, 20×1년 초 직접노
무원가 선급금액은 ₩15,000이고 20×1년 말 직접노무원가 미지급금액은 ₩20,000이다)

① ₩110,000　　　　　② ₩120,000　　　　　③ ₩125,000
④ ₩140,000　　　　　⑤ ₩150,000

정답 및 해설

01 ④ (1) 직접재료원가 = ₩200 + ₩500 - ₩100 = ₩600

(2) 직접노무원가 = ₩600*

  * 직접노무원가는 기본원가의 50%이므로 직접재료원가와 동일하다.
    DL = (DM + DL) × 0.5 → DL = DM

(3) 제조간접원가 = ₩100 + ₩50 + ₩300 = ₩450

(4) 당기제품제조원가 = ₩1,500 + (₩600 + ₩600 + ₩450) - ₩1,000 = ₩2,150

02 ③

원재료 + 재공품 + 제품			
기초재고	₩90,000	매출원가	₩125,000
직접재료 매입액	35,000		
직접노무원가	80,000*		
제조간접원가	40,000	기말재고	120,000
합계	₩245,000	합계	₩245,000

  * 직접노무원가 = ₩45,000 + ₩15,000 + ₩20,000 = ₩80,000

03
상중하

단일제품을 생산하는 ㈜세무는 매출원가의 20%를 이익으로 가산하여 제품을 판매하고 있다. 당기의 생산 및 판매 자료가 다음과 같다면, ㈜세무의 당기 직접재료 매입액과 영업이익은?

• 재고자산		
	기초잔액	기말잔액
직접재료	₩17,000	₩13,000
재공품	20,000	15,000
제품	18,000	23,000
• 기본(기초)원가		₩85,000
• 가공(전환)원가		98,000
• 매출액		180,000
• 판매관리비		10,000

	직접재료 매입액	영업이익
①	₩46,000	₩15,000
②	₩48,000	₩15,000
③	₩48,000	₩20,000
④	₩52,000	₩20,000
⑤	₩52,000	₩26,000

04
상중하

㈜세무의 20×1년 1월의 재고자산 자료는 다음과 같다.

구분	직접재료	재공품	제품
20×1. 1. 1.	₩80,000	₩100,000	₩125,000
20×1. 1. 31.	60,000	75,000	80,000

20×1년 1월 중 직접재료의 매입액은 ₩960,000이고, 직접노무원가는 제조간접원가의 40%이다. 1월의 매출액은 ₩2,500,000이며, 매출총이익률은 16%이다. 20×1년 1월의 기본원가(prime costs)는?

[세무사 22]

① ₩1,050,000   ② ₩1,160,000   ③ ₩1,280,000
④ ₩1,380,000   ⑤ ₩1,430,000

정답 및 해설

03 ③

원재료 · 재공품 · 제품			
기초재고	₩55,000	매출원가	₩150,000
직접재료 매입액	X		
가공원가	98,000	기말재고	51,000
합계	₩201,000	합계	₩201,000

(1) 매출원가 = ₩180,000 × 1/1.2 = ₩150,000

(2) 직접재료 매입액 = ₩201,000 - ₩55,000 - ₩98,000 = ₩48,000

(3) 영업이익 = ₩180,000 - ₩150,000 - ₩10,000 = ₩20,000

04 ③ (1) 이 문제는 재고자산의 월초와 월말재고금액과 직접재료 매입액이 주어져 있으므로 합산T계정을 이용하여 풀어야 한다.

재고자산(원재료 · 재공품 · 제품)			
월초원재료	₩80,000	매출원가	₩?
월초재공품	100,000		
월초제품	125,000		
직접재료 매입액	960,000	월말원재료	60,000
DL	0.4 × OH	월말재공품	75,000
OH	OH	월말제품	80,000
	₩2,315,000		₩2,315,000

매출원가 = ₩2,500,000 × (1 - 0.16) = ₩2,100,000

(2) 대차차액을 통해서 제조간접원가(OH)를 구하면 OH = ₩750,000이다.

→ 직접노무원가(DL) = ₩750,000 × 0.4 = ₩300,000

직접재료원가(DM) = ₩80,000 + ₩960,000 - ₩60,000 = ₩980,000

∴ 기본원가 = ₩980,000 + ₩300,000 = ₩1,280,000

05
상중하

㈜세무의 기초 및 기말재고자산은 다음과 같다.

구분	기초잔액	기말잔액
원재료	₩27,000	₩9,000
재공품	30,000	15,000
제품	35,000	28,000

원재료의 제조공정 투입금액은 모두 직접재료원가이며 당기 중 매입한 원재료는 ₩83,000이다. 기초원가는 ₩306,000이고 전환원가의 50%가 제조간접원가이다. ㈜세무의 당기제품제조원가와 당기 매출원가는? [세무사 19]

	당기제품제조원가	매출원가
①	₩408,500	₩511,000
②	₩511,000	₩511,000
③	₩511,000	₩526,000
④	₩526,000	₩526,000
⑤	₩526,000	₩533,000

06
상중하

㈜세무의 20×1년 5월 중 자료는 다음과 같다.

구분	5월 1일	5월 31일
재공품	₩30,000	₩25,000
제품	20,000	10,000

5월 중 기초원가(prime cost)는 ₩325,000이고, 가공원가(conversion cost)가 직접재료원가의 40%이며, 제조간접원가는 ₩25,000이다. ㈜세무의 5월 매출원가는? [세무사 16]

① ₩320,000 ② ₩345,000 ③ ₩350,000
④ ₩360,000 ⑤ ₩365,000

정답 및 해설

05 ⑤ (1) 재고자산의 기초와 기말재고금액, 원재료 매입액이 주어졌으므로 합산T계정을 이용하여 문제를 풀면 된다.

(2) 직접재료원가(DM), 직접노무원가(DL), 제조간접원가(OH) 계산

① 직접재료원가(DM) = ₩27,000 + ₩83,000 − ₩9,000 = ₩101,000

② 직접노무원가(DL) = ₩306,000 − ₩101,000 = ₩205,000

③ 제조간접원가(OH) = (₩205,000 + OH) × 0.5

→ OH = ₩205,000

(3) 합산T계정을 이용한 풀이

① 당기제품제조원가의 계산: 합산T계정을 그린 후 차변을 먼저 완성하고, 대차차액을 통해서 당기제품제조원가를 계산한다.

원재료·재공품			
기초원재료	₩27,000	당기제품제조원가	₩526,000
기초재공품	30,000		
원재료 매입액	83,000		
DL	205,000	기말원재료	9,000
OH	205,000	기말재공품	15,000
	₩550,000		₩550,000

② 매출원가의 계산: 합산T계정을 그린 후 차변을 먼저 완성하고, 대차차액을 통해서 매출원가를 계산한다.

재고자산(원재료·재공품·제품)			
기초원재료	₩27,000	매출원가	₩533,000
기초재공품	30,000		
기초제품	35,000		
원재료 매입액	83,000	기말원재료	9,000
DL	205,000	기말재공품	15,000
OH	205,000	기말제품	28,000
	₩585,000		₩585,000

06 ⑤ (1) 직접재료원가(DM), 직접노무원가(DL), 제조간접원가(OH) 계산

① OH = ₩25,000

② 다음의 두 식을 연립하여 직접재료원가(DM)와 직접노무원가(DL)를 계산할 수 있다.

$$\begin{cases} DM + DL = ₩325,000 \\ DL + ₩25,000 = 0.4 × DM \end{cases}$$

→ DM = ₩250,000, DL = ₩75,000

(2) 합산T계정을 이용한 풀이

재공품·제품			
월초재공품	₩30,000	매출원가	₩365,000
월초제품	20,000		
DM	250,000		
DL	75,000	월말재공품	25,000
OH	25,000	월말제품	10,000
	₩400,000		₩400,000

07 ㈜세무의 20×1년도 기초 및 기말재고자산은 다음과 같다.

상중하

구분	기초잔액	기말잔액
원재료	₩34,000	₩10,000
재공품	37,000	20,000
제품	10,000	48,000

원재료의 제조공정 투입금액은 모두 직접재료원가이며, 20×1년 중에 매입한 원재료는 ₩76,000 이다. 20×1년의 기본원가는 ₩400,000이고, 전환원가(가공원가)의 50%가 제조간접원가이다. ㈜세무의 20×1년의 매출원가는 얼마인가? [세무사 14]

① ₩679,000　　　　② ₩700,000　　　　③ ₩717,000
④ ₩727,000　　　　⑤ ₩747,000

08 ㈜세무는 실제원가계산을 사용하고 있으며, 20×1년 원가자료는 다음과 같다. 20×1년 직접재료매
입액은 ₩21,000이었고, 매출원가는 ₩90,000이었다. 가공원가의 40%가 직접노무원가라면 기
상중하 초원가(prime cost)는? [세무사 13]

구분	기초잔액	기말잔액
직접재료(원재료)	₩3,000	₩4,000
재공품	50,000	45,000
제품	70,000	60,000

① ₩42,000　　　　② ₩44,000　　　　③ ₩50,000
④ ₩53,000　　　　⑤ ₩55,000

정답 및 해설

07 ① (1) 직접재료원가(DM), 직접노무원가(DL), 제조간접원가(OH) 계산

　　① 직접재료원가(DM) = ₩34,000 + ₩76,000 - ₩10,000 = ₩100,000

　　② 직접노무원가(DL) = ₩400,000 - ₩100,000 = ₩300,000

　　③ 제조간접원가(OH) = (₩300,000 + OH) × 0.5

　　　→ OH = ₩300,000

　(2) 합산T계정을 이용한 풀이

재고자산(원재료 · 재공품 · 제품)

기초원재료	₩34,000	매출원가	₩679,000
기초재공품	37,000		
기초제품	10,000		
원재료매입액	76,000	기말원재료	10,000
DL	300,000	기말재공품	20,000
OH	300,000	기말제품	48,000
	₩757,000		₩757,000

08 ①

재공품 · 제품

기초재공품	₩50,000	매출원가	₩90,000
기초제품	70,000		
DM	20,000*		
DL	$0.4x$	기말재공품	45,000
OH	$0.6x$	기말제품	60,000
	₩140,000 + x		₩195,000

* ₩3,000 + ₩21,000 - ₩4,000 = ₩20,000

가공원가를 x라고 하면 DL = $0.4x$, OH = $0.6x$로 표현할 수 있다.

₩140,000 + x = ₩195,000 → x = ₩55,000

∴ 기초원가 = ₩20,000 + ₩55,000 × 0.4 = ₩42,000

본사와 생산공장이 동일 건물에 소재하는 ㈜대한의 3월 중 발생한 비용과 재고자산 자료는 다음과 같다. 3월 중 직접재료매입액은 ₩1,200,000이며, 매출액은 ₩7,400,000이다.

⟨3월 중 발생비용⟩	
직접노무원가	₩3,000,000
공장감독자급여	100,000
기타 제조간접원가	200,000
전기료(본사에 40%, 공장에 60% 배부)	200,000
감가상각비(본사에 20%, 공장에 80% 배부)	500,000
본사의 기타 판매관리비	400,000
합계	₩4,400,000

⟨재고자산⟩	3월 초	3월 말
재공품재고	₩1,000,000	₩800,000
직접재료재고	300,000	100,000
제품재고	700,000	400,000

위의 자료를 토대로 ㈜대한의 3월 1일부터 3월 31일까지의 영업이익을 구하면 얼마인가? [세무사 09]

① ₩1,000,000
② ₩1,100,000
③ ₩1,280,000
④ ₩1,600,000
⑤ ₩1,680,000

다음은 ㈜해커의 20×1년 12월 31일로 종료되는 회계연도의 회계자료 중 일부이다. ㈜해커의 20×1년도 매출원가는 얼마인가?

• 원재료재고의 감소	₩20,000
• 재공품재고의 증가	40,000
• 제품재고의 감소	60,000
• 원재료매입액	750,000
• 직접노무원가	400,000
• 제조간접원가	850,000
• 판매수수료	50,000

① ₩2,020,000
② ₩2,040,000
③ ₩2,120,000
④ ₩2,150,000
⑤ ₩2,170,000

정답 및 해설

09 ②

재고자산(직접재료 · 재공품 · 제품)			(3월)
월초직접재료	₩300,000	매출원가	₩x
월초재공품	1,000,000		
월초제품	700,000		
직접재료매입액	1,200,000	월말직접재료	100,000
DL	3,000,000	월말재공품	800,000
OH	820,000*	월말제품	400,000
	₩7,020,000		$x + ₩1,300,000$

* ₩100,000 + ₩200,000 + ₩200,000 × 60% + ₩500,000 × 80% = ₩820,000

대차차액을 이용하여 매출원가(x)를 계산하면, ₩7,020,000 = x + ₩1,300,000

→ 매출원가(x) = ₩5,720,000

포괄손익계산서(기능별)		(3/1~3/31)
매출액		₩7,400,000
매출원가(x)		5,720,000
매출총이익		₩1,680,000
판매관리비		580,000
전기료	₩200,000 × 40% = ₩80,000	
감가상각비	₩500,000 × 20% = 100,000	
기타	400,000	
영업이익		₩1,100,000

[별해]

성격별 손익계산서의 논리를 이용하면 간단하게 구할 수 있다.

₩7,400,000 - ₩1,200,000 - ₩700,000* - ₩4,400,000 = ₩1,100,000

* 원재료 · 재공품 · 제품의 변동 = ₩1,300,000 - ₩2,000,000 = ₩(700,000) → 감소

아마도, 위 문제의 출제자는 성격별 손익계산서의 내용을 이용하여 문제를 풀라는 의도로 출제한 것으로 예상된다.

10 ② (1) 직접재료원가 = ₩750,000 + ₩20,000 = ₩770,000

　　(2) 당기총제조원가 = ₩770,000 + ₩400,000 + ₩850,000 = ₩2,020,000

　　(3) 당기제품제조원가 = ₩2,020,000 - ₩40,000 = ₩1,980,000

　　∴ 매출원가 = ₩1,980,000 + ₩60,000 = ₩2,040,000

제2장
개별원가계산

유형 03   개별원가계산의 절차
유형 04   부문별 제조간접원가의 배부
유형 05   정상개별원가계산

[1] 작업원가표 작성절차

	#101	#102	#103
DM	×××	×××	×××
DL	×××	×××	×××
OH	배부		

① 1st DM, DL은 발생(투입)시점에 기록함

　　각 작업에 직접 추적함(∵ 직접원가)

② 2nd OH는 기말에 배부기준(조업도)에 의해 배부함

[2] 제조간접원가 배부

① 제조간접원가 배부율(OH rate) 산정

$$OH\ rate = \frac{OH\ 총액}{\Sigma\ 배부기준(실제조업도)}$$

② 작업별 OH 배부액

$$작업별\ OH\ 배부액 = 당해\ 작업이\ 소비한\ 배부기준(조업도) \times OH\ rate$$

[3] 복수의 제조부문이 존재할 경우 제조간접원가의 배부

공장 전체 제조간접원가 배부율	부문별 제조간접원가 배부율
① 공장 전체 제조간접원가의 확정	① 보조부문원가를 제조부문으로 배부
② 인과관계를 고려한 배부기준 선택: 조업도	(각 제조부문의 제조간접원가 확정)
③ 공장 전체 제조간접원가 배부율 계산	② 인과관계를 고려한 부문별 배부기준 선택: 조업도
$\dfrac{공장\ 전체\ 제조간접원가}{\Sigma\ 공장\ 전체\ 배부기준(조업도)}$	③ (제조)부문별 제조간접원가 배부율 계산
④ 개별 작업에 제조간접원가를 배부함[*]	$\dfrac{해당\ 부문\ 제조간접원가}{\Sigma\ 해당\ 부문\ 배부기준(조업도)}$
배부액 = $\underbrace{실제배부기준}_{조업도} \times 실제배부율$	④ 개별 작업에 해당 부문의 제조간접원가를 배부함[*]
	배부액 = $\Sigma \underbrace{실제배부기준}_{조업도} \times 실제배부율$

[*] 당해 작업이 소비한 실제배부기준(조업도)을 측정함으로써 원가계산이 이루어짐

01 실제개별원가계산제도를 사용하는 ㈜세무의 20×1년도 연간 실제 원가는 다음과 같다.

상중하

> • 직접재료원가 ₩4,000,000 • 직접노무원가 ₩5,000,000 • 제조간접원가 ₩1,000,000

㈜세무는 20×1년 중 작업지시서 #901을 수행하였는데 이 작업에 320시간의 직접노무시간이 투입되었다. ㈜세무는 제조간접원가를 직접노무시간을 기준으로 실제배부율을 사용하여 각 작업에 배부한다. 20×1년도 실제 총직접노무시간은 2,500시간이다. ㈜세무가 작업지시서 #901에 배부하여야 할 제조간접원가는?

① ₩98,000 　　　　② ₩109,000 　　　　③ ₩128,000
④ ₩160,000 　　　　⑤ ₩175,000

앤카스 세무사 객관식 真원가관리회계

제2장

개별원가계산

정답 및 해설

01 ③ (1) 제조간접원가 배부율 = ₩1,000,000/2,500h = ₩400/h
　　　(2) 제조간접원가 배부액 = 320h × ₩400/h = ₩128,000

02

상중하

㈜세무는 개별원가계산제도를 채택하고 있으며, 제품 A와 제품 B를 생산하고 있다. 기초재공품은 없으며, 제품이 모두 기말에 완성되었다. ㈜세무의 원가자료는 다음과 같다. 제조간접원가를 직접노무원가 발생액에 비례하여 배부하는 경우, 제품 A와 제품 B의 제조원가는? [세무사 20]

구분	제품 A	제품 B
직접재료원가		
기초재고액	₩20,000	₩10,000
당기매입액	40,000	30,000
기말재고액	10,000	15,000
직접노무원가		
전기 말 미지급액	₩22,000	₩30,000
당기지급액	45,000	60,000
당기 말 미지급액	20,000	27,000
제조간접원가	₩30,000	

① 제품 A: ₩94,900 제품 B: ₩110,100
② 제품 A: ₩99,100 제품 B: ₩105,900
③ 제품 A: ₩105,900 제품 B: ₩94,900
④ 제품 A: ₩105,900 제품 B: ₩99,100
⑤ 제품 A: ₩110,100 제품 B: ₩94,900

03

상중하

㈜세무는 개별원가계산방법을 적용한다. 제조지시서 #1은 전기부터 작업이 시작되었고, 제조지시서 #2와 #3은 당기 초에 착수되었다. 당기 중 제조지시서 #1과 #2는 완성되었으나, 당기 말 현재 제조지시서 #3은 미완성이다. 당기 제조간접원가는 직접노무원가에 근거하여 배부한다. 당기에 제조지시서 #1 제품은 전량 판매되었고, 제조지시서 #2 제품은 전량 재고로 남아 있다. 다음 자료와 관련된 설명으로 옳지 않은 것은? [세무사 16]

구분	#1	#2	#3	합계
기초금액	₩450	–	–	
당기투입액				
직접재료원가	₩6,000	₩2,500	₩( )	₩10,000
직접노무원가	500	( )	( )	1,000
제조간접원가	( )	1,000	( )	4,000

① 당기제품제조원가는 ₩12,250이다.
② 당기총제조원가는 ₩15,000이다.
③ 기초재공품은 ₩450이다.
④ 기말재공품은 ₩2,750이다.
⑤ 당기매출원가는 ₩8,950이다.

정답 및 해설

02 ④ (1) 직접재료원가
  ① 직접재료원가(제품 A) = ₩20,000(기초) + ₩40,000(당기매입) − ₩10,000(기말) = ₩50,000(사용)
  ② 직접재료원가(제품 B) = ₩10,000 + ₩30,000 − ₩15,000 = ₩25,000
  (2) 직접노무원가
  ① 직접노무원가(제품 A) = ₩45,000(현금지급) − ₩2,000(미지급노무원가 감소) = ₩43,000
  ② 직접노무원가(제품 B) = ₩60,000 − ₩3,000 = ₩57,000
  (3) 제조간접원가
  ① 제조간접원가 배부율 = ₩30,000 ÷ (₩43,000 + ₩57,000) = 직접노무원가의 30%
  ② 제조간접원가(제품 A) = ₩43,000 × 0.3 = ₩12,900
  ③ 제조간접원가(제품 B) = ₩57,000 × 0.3 = ₩17,100
  (4) 제조원가
  ① 제조원가(제품 A) = ₩50,000 + ₩43,000 + ₩12,900 = ₩105,900
  ② 제조원가(제품 B) = ₩25,000 + ₩57,000 + ₩17,100 = ₩99,100

03 ① (1) 개별원가계산에 의한 물량흐름을 파악해보면 제조지시서 #1은 매출원가, 제조지시서 #2는 기말제품, 제조지시서 #3은 기말재공품이 된다.
  (2) 각 제조지시서별 원가계산
  ① 제조간접원가 배부율 = ₩4,000 ÷ ₩1,000 = 직접노무원가의 400%
  ② 각 제조지시서별 원가계산

구분	#1(매출원가)	#2(기말제품)	#3(기말재공품)	합계
기초금액	₩450	–	–	₩450
직접재료원가	6,000	₩2,500	₩1,500	10,000
직접노무원가	500	250	250	1,000
제조간접원가	2,000	1,000	1,000	4,000
합계	₩8,950	₩3,750	₩2,750	₩15,450

[지문분석]
① 당기제품제조원가 = ₩8,950 + ₩3,750 = ₩12,700
② 당기총제조원가 = ₩10,000 + ₩1,000 + ₩4,000 = ₩15,000

04 대한회사는 개별원가시스템을 채택하고 있다. 제조간접원가의 예정배부율은 직접노무원가의 150%
상중하 이다. 제조간접원가의 배부차이는 매월 말 매출원가계정에서 조정한다. 추가정보는 다음과 같다.

---

(1) 작업 #701만이 20×1년 2월 말에 작업 진행 중이며 원가는 다음과 같다.

직접재료원가	₩8,000
직접노무원가	4,000
제조간접원가 배부액	6,000
	₩18,000

(2) 작업 #702, #703, #704, #705는 20×1년 3월 중에 작업이 시작되었다.

(3) 20×1년 3월 중에 작업에 투입된 직접재료원가는 ₩52,000이다.

(4) 20×1년 3월 중에 발생한 직접노무원가는 ₩40,000이다.

(5) 20×1년 3월 중에 제조간접원가의 실제발생액은 ₩64,000이다.

(6) 20×1년 3월 말 현재 진행 중인 작업은 #705뿐이며 이 작업과 관련된 직접재료원가는 ₩5,600,
직접노무원가는 ₩3,600이다.

대한회사가 20×1년 3월 중에 생산한 제품의 당기제품제조원가는 얼마인가? [세무사 07]

① ₩155,400 　　　② ₩156,000 　　　③ ₩155,200

④ ₩159,400 　　　⑤ ₩170,000

---

05 한강세무법인은 계약건별로 추적이 가능한 원가는 직접원가로 파악하고, 간접원가에 대해서는 복수의
상중하 간접원가집합으로 분류한 다음 각각의 간접원가 배부율을 적용하여 원가계산을 한다. 다음 자료를 토
대로 인천해운의 세무조정 계약건에 대한 원가를 산출하시오. [세무사 02]

---

(1) 직접노무원가: 인천해운의 계약건과 관련하여 책임세무사 200시간, 담당세무사 400시간이 투
입되었으며, 관련 자료는 다음과 같다.

구분	인원 수	연간 총투입시간(조업도)	연간 급여
책임세무사	10명	1,600시간 × 10명 = 16,000시간	₩800,000,000
담당세무사	40	1,600시간 × 40명 = 64,000시간	1,600,000,000
계		80,000시간	₩2,400,000,000

(2) 인천해운의 세무조정 계약건에서 발생된 직접노무원가 이외의 직접원가: ₩2,600,000

(3) 간접원가는 연간 총 ₩496,000,000이며, 관련 자료는 다음과 같다.

가. 일반관리비(세무사 총투입시간에 비례하여 배분)	₩240,000,000
나. 보험료(세무사 직접노무원가에 비례하여 배분)	96,000,000
다. 비서실운영비(책임세무사 투입시간에 비례하여 배분)	160,000,000
계	₩496,000,000

---

① ₩22,600,000 　　　② ₩27,750,000 　　　③ ₩26,300,000

④ ₩35,300,000 　　　⑤ ₩27,200,000

정답 및 해설

04 ①

재공품			
기초재공품	₩18,000	당기제품제조원가	₩x
DM	52,000		
DL	40,000		
OH	60,000[*1]	기말재공품	14,600[*2]
	₩170,000		x + ₩14,600

[*1] 제조간접원가 예정배부액 = 직접노무원가 × 150% = ₩40,000 × 150% = ₩60,000
[*2] 기말재공품원가(#705) = ₩5,600 + ₩3,600 + ₩3,600 × 150% = ₩14,600

₩170,000 = x + ₩14,600

∴ x = ₩155,400

05 ⑤ 인천해운의 세무조정 계약건에 대한 원가

직접원가			₩22,600,000
직접노무원가 200시간 × @50,000[*1] + 400시간 × @25,000[*2] =	₩20,000,000		
이외의 직접원가	2,600,000		
간접원가[*3]			4,600,000
일반관리비	600시간 × @3,000 =	₩1,800,000	
보험료	₩20,000,000 × 4% =	800,000	
비서실운영비	200시간 × @10,000 =	2,000,000	
계			₩27,200,000

[*1] 책임세무사 직접노무원가 임률 = ₩800,000,000 ÷ 16,000시간 = @50,000
[*2] 담당세무사 직접노무원가 임률 = ₩1,600,000,000 ÷ 64,000시간 = @25,000
[*3] 간접원가 배부율
① 일반관리비 = ₩240,000,000 ÷ 80,000시간 = @3,000
② 보험료 = ₩96,000,000 ÷ ₩2,400,000,000 = 직접노무원가의 4%
③ 비서실운영비 = ₩160,000,000 ÷ 16,000시간 = @10,000

유형 04 | 부문별 제조간접원가의 배부

1. 보조부문원가의 배분

(1) 제조간접원가의 배부과정(부문별 제조간접원가 배부율에 한함)

먼저 보조부문원가를 제조부문에 배분하고 제조부문의 제조간접원가와 보조부문으로부터 배분받은 금액을 합하여 개별 작업에 배부한다.

(2) 보조부문원가의 배분방법

① 직접배분법: 보조부문 상호 간의 용역수수를 완전히 무시하고 보조부문원가를 제조부문에만 배분하는 방법

② 단계배분법: 보조부문의 배분순서를 정하여 선순위 부문원가는 용역을 제공받은 타부문에 모두 배분하고 후순위 부문원가는 선순위 부문을 제외한 나머지 부문에 순차적으로 배분하는 방법

③ 상호배분법: 보조부문 상호 간의 용역수수를 완전히 인식하여 보조부문원가를 배분하는 방법

> **[상호배분법에서의 연립방정식]**
>
> 배분할 총원가 = 자기부문발생원가 + 타부문으로부터 배분받은 원가

2. 보조부문원가의 배분 시 기타 고려사항

(1) 단일배분율법과 이중배분율법

① 단일배분율법: 보조부문원가를 단일의 기준인 실제사용량을 기준으로 배분하는 방법

② 이중배분율법: 보조부문원가를 변동원가와 고정원가로 구분하여 변동원가는 실제사용량을 기준으로 배분하고 고정원가는 최대사용가능량을 기준으로 배분하는 방법(보조부문원가를 이중의 기준으로 배분함)

(2) 자가소비용역(self - service)

자가소비용역을 무시하고 재계산된 용역제공비율에 따라 보조부문원가를 제조부문에 배분한다.

실전연습문제

★★★
01
상중하

다음은 ㈜세무의 부문원가를 배부하기 위한 배부기준과 원가자료이다.

구분	보조부문		제조부문	
	S1	S2	P1	P2
기계시간	–	200	400	400
전력량(kwh)	100	–	300	200
점유면적(m²)	10	20	30	40
부문개별원가	₩240,000	₩160,000	₩400,000	₩600,000
부문공통원가	₩100,000			

부문공통원가는 점유면적을 기준으로 배부한다. 보조부문원가는 S1은 기계시간, S2는 전력량을 기준으로 직접배분법을 사용하여 제조부문에 배부한다. 제조부문 P1의 배부 후 총원가는?

① ₩663,000   ② ₩647,000   ③ ₩682,000
④ ₩686,000   ⑤ ₩694,000

정답 및 해설

01　①　(1) 부문공통원가 ₩100,000 배부
　　　　　₩10,000(S1), ₩20,000(S2), ₩30,000(P1), ₩40,000(P2)
　　　(2) 제조부문 P1에 배부되는 보조부문원가
　　　　　(₩240,000 + ₩10,000)(S1) × 400/800 + (₩160,000 + ₩20,000)(S2) × 300/500 = ₩233,000
　　　(3) 제조부문 P1의 배부 후 총원가
　　　　　₩400,000 + ₩30,000 + ₩233,000 = ₩663,000

02 ㈜세무는 제조부문(절단, 조립)과 보조부문(수선, 동력)을 이용하여 제품을 생산하고 있다. 수선부문
상중하 과 동력부문의 부문원가는 각각 ₩250,000과 ₩170,000이며 수선부문은 기계시간, 동력부문은
전력소비량(kWh)에 비례하여 원가를 배부한다. 각 부문 간의 용역수수 관계는 다음과 같다.

사용부문 제공부문	제조부문		보조부문	
	절단	조립	수선	동력
수선	60시간	20시간	8시간	12시간
동력	350kWh	450kWh	140kWh	60kWh

㈜세무가 보조부문원가를 직접배부법으로 제조부문에 배부할 경우, 절단부문에 배부될 보조부문원가
는? (단, 보조부문의 자가소비분은 무시한다)

① ₩189,500   ② ₩209,500   ③ ₩226,341
④ ₩236,875   ⑤ ₩261,875

03 ㈜세무는 수선부문과 동력부문의 두 개의 보조부문과 도색부문과 조립부문의 두 개의 제조부문으로
상중하 구성되어 있다. ㈜세무는 상호배부법을 사용하여 보조부문의 원가를 제조부문에 배부한다. 20×1년
도 보조부문의 용역제공은 다음과 같다.

제공부문	보조부문		제조부문	
	수선	동력	도색	조립
수선(시간)	–	400	1,000	600
동력(kwh)	2,000	–	4,000	4,000

20×1년도 보조부문인 수선부문과 동력부문으로부터 도색부문에 배부된 금액은 ₩100,000이고,
조립부문에 배부된 금액은 ₩80,000이었다. 동력부문의 배부 전 원가는?

① ₩75,000   ② ₩80,000   ③ ₩100,000
④ ₩105,000   ⑤ ₩125,000

정답 및 해설

02 ⑤

	보조부문		제조부문	
	수선부문	동력부문	절단부문	조립부문
배부 전 원가	₩250,000	₩170,000		
수선부문	(250,000)		₩187,500[*1]	₩62,500
동력부문		(170,000)	74,375[*2]	95,625
배부 후 원가	₩0	₩0	₩261,875	₩158,125

[*1] ₩250,000 × 60시간/(60시간 + 20시간) = ₩187,500

[*2] ₩170,000 × 350kWh/(350kWh + 450kWh) = ₩74,375

03 ④ $\begin{cases} 0.5S1 + 0.4S2 = ₩100,000 \\ 0.3S1 + 0.4S2 = ₩80,000 \end{cases}$

→ S1 = ₩100,000, S2 = ₩125,000

∴ 동력부문의 배부 전 원가 = ₩125,000 − ₩100,000 × 0.2 = ₩105,000

04 ㈜세무는 두 개의 제조부문 X, Y와 두 개의 보조부문 S1, S2를 운영하고 있으며, 배부 전 부문발생
상중하 원가는 다음과 같다.

부문		부문발생원가
보조부문	S1	₩90
	S2	180
제조부문	X	158
	Y	252

보조부문 S1은 보조부문 S2에 0.5, 제조부문 X에 0.3, 보조부문 S2는 보조부문 S1에 0.2의 용역
을 제공하고 있다. 보조부문의 원가를 상호배분법에 의해 제조부문에 배부한 후 제조부문 X의 원가가
₩275인 경우, 보조부문 S2가 제조부문 X에 제공한 용역제공비율은?

① 20%   ② 30%   ③ 40%
④ 50%   ⑤ 60%

05 ㈜세무는 두 개의 제조부문(P1, P2)과 두 개의 보조부문(S1, S2)을 두고 있다. 각 부문 간의 용역수
상중하 수관계는 다음과 같다.

사용부문 제공부문	보조부문		제조부문	
	S1	S2	P1	P2
S1	–	50%	20%	?
S2	20%	–	?	?
부문발생원가	₩270,000	₩450,000	₩250,000	₩280,000

㈜세무는 보조부문의 원가를 상호배분법으로 배분하고 있다. 보조부문의 원가를 배분한 후의 제조부
문 P1의 총원가가 ₩590,000이라면, 보조부문 S2가 제조부문 P1에 제공한 용역제공비율은?

① 20%   ② 25%   ③ 30%
④ 35%   ⑤ 40%

정답 및 해설

04 ② S1 = ₩90 + 0.2 × S2 ⋯ ①
S2 = ₩180 + 0.5 × S1 ⋯ ②
①식과 ②식을 연립하여 풀면 S1 = ₩140, S2 = ₩250이다.
보조부문 S2가 제조부문 X에 제공한 용역제공비율을 x라 한 후 정리하면 다음과 같다.
₩158 + ₩140 × 0.3 + ₩250 × x = ₩275
∴ x = 0.3(30%)

05 ⑤ 상호배분법에 의하여 보조부문 배분 후 원가를 A(S1부문), B(S2부문)라 하여 연립방정식을 풀어보면 다음과 같다.

$\begin{cases} A = ₩270,000 + 0.2B, \\ B = ₩450,000 + 0.5A \end{cases}$

→ A = ₩400,000, B = ₩650,000
보조부문 S2가 제조부문 P1에 제공한 용역제공비율을 x라 한 후 정리하면 다음과 같다.
₩250,000 + ₩400,000 × 0.2 + ₩650,000 × x = ₩590,000
∴ x = 0.4(40%)

06
★★★
상중하

㈜세무는 제조부문(금형, 조립)과 보조부문(유지, 동력)을 이용하여 제품을 생산하고 있다. 유지부문원가는 기계시간, 동력부문원가는 전력량을 기준으로 단계배분법을 사용하여 보조부문원가를 제조부문에 배부한다. 보조부문원가를 배부하기 위한 20×1년 원가자료와 배부기준은 다음과 같다.

구분	보조부문		제조부문	
	유지	동력	금형	조립
부문개별원가	₩120,000	₩80,000	₩200,000	₩300,000
부문공통원가	₩200,000			
기계시간(시간)	–	200	400	400
전력량(kwh)	100	–	300	200
점유면적(m²)	10	20	30	40

㈜세무의 부문공통원가 ₩200,000은 임차료이며, 이는 점유면적을 기준으로 각 부분에 배부한다. 20×1년 ㈜세무의 배부 후, 금형부문의 총원가는? (단, 보조부문의 원가는 유지부문, 동력부문의 순으로 배부한다)

[세무사 20]

① ₩144,800
② ₩148,800
③ ₩204,800
④ ₩344,800
⑤ ₩404,800

07
★★
상중하

㈜세무는 가공부문(도색 및 조립)과 보조부문(수선 및 동력)으로 구성된다. 다음의 서비스 공급량 자료를 이용하여 상호배분법으로 보조부문의 원가를 가공부문에 배부한다.

구분	보조부문		가공부문	
	수선	동력	도색	조립
수선		75시간	45시간	30시간
동력	200kw		100kw	200kw

수선부문과 동력부문에 각각 집계된 원가는 ₩300,000과 ₩200,000이다. 가공부문에 배부된 원가는 도색 횟수와 조립시간에 비례하여 각각 제품 A와 제품 B에 전액 배부된다. 제품 A와 제품 B에 사용된 도색 횟수와 조립시간이 다음과 같을 때, 제품 B에 배부되는 보조부문의 총원가는?

[세무사 17]

구분	제품 A	제품 B
도색 횟수	10회	13회
조립시간	200시간	100시간

① ₩210,000
② ₩220,000
③ ₩240,000
④ ₩250,000
⑤ ₩280,000

정답 및 해설

06 ⑤ (1) 부문별 원가 집계

① 유지부문 = ₩120,000 + ₩200,000 × $\frac{10m^2}{100m^2}$ = ₩140,000

② 동력부문 = ₩80,000 + ₩200,000 × $\frac{20m^2}{100m^2}$ = ₩120,000

③ 금형부문 = ₩200,000 + ₩200,000 × $\frac{30m^2}{100m^2}$ = ₩260,000

④ 조립부문 = ₩300,000 + ₩200,000 × $\frac{40m^2}{100m^2}$ = ₩380,000

(2) 보조부문원가의 제조부문 배부

| | 보조부문 | | 제조부문 | |
	유지부문	동력부문	금형부문	조립부문
배부 전 원가	₩140,000	₩120,000	₩260,000	₩380,000
유지부문*1	(140,000)	28,000	56,000	56,000
동력부문*2		(148,000)	88,800	59,200
배부 후 원가	₩0	₩0	₩404,800	₩495,200

*1 200시간 : 400시간 : 400시간
*2 300kwh : 200kwh

07 ② (1) 보조부문원가의 가공부문 배부

| | 보조부문 | | 가공부문 | |
	수선부문	동력부문	도색부문	조립부문
배부 전 원가	₩300,000	₩200,000		
수선부문	(475,000)*	237,500	₩142,500	₩95,000
동력부문	175,000	(437,500)*	87,500	175,000
배부 후 원가	₩0	₩0	₩230,000	₩270,000

* 상호배분법에 의한 배부할 원가 계산: 수선부문이 배부할 원가(x), 동력부문이 배분할 원가(y)

$\begin{cases} x = ₩300,000 + 0.4y \\ y = ₩200,000 + 0.5x \end{cases}$

→ x = ₩475,000, y = ₩437,500

(2) 제품 B에 배부되는 보조부문의 총원가

₩230,000 × $\frac{13회}{23회}$ + ₩270,000 × $\frac{100시간}{300시간}$ = ₩220,000

08 ㈜세무는 세 개의 제조부문(P1, P2, P3)과 두 개의 보조부문(S1, S2)을 운영하고 있으며, 보조부문
상중하 원가를 상호배분법에 의해 제조부문에 배분하고 있다. 각 부문의 용역수수관계는 다음과 같다.

사용부문 제공부문	제조부문			보조부문	
	P1	P2	P3	S1	S2
S1	40%	20%	20%	–	20%
S2	30%	30%	30%	10%	–

두 개의 보조부문(S1, S2)으로부터 제조부문 P1, P2, P3에 배분된 금액이 각각 ₩150,000,
₩120,000, ₩120,000일 경우, 보조부문원가를 배분하기 이전의 각 보조부문 S1과 S2에 집계된
원가는? [세무사 18]

	S1	S2
①	₩100,000	₩290,000
②	₩120,000	₩270,000
③	₩150,000	₩300,000
④	₩270,000	₩120,000
⑤	₩300,000	₩150,000

09 부문별 원가계산에 관한 설명으로 옳지 않은 것은? [세무사 16]
상중하
① 단계배분법은 보조부문의 배부순서가 달라져도 배부금액은 차이가 나지 않는다.
② 단계배분법은 보조부문 간의 서비스 제공을 한 방향만 고려하여 그 방향에 따라 보조부문의
원가를 단계적으로 배부한다.
③ 상호배분법은 보조부문 간의 상호배부를 모든 방향으로 반영한다.
④ 단계배분법은 한 번 배부된 보조부문의 원가는 원래 배부한 보조부문에는 다시 배부하지 않고
다른 보조부문과 제조부문에 배부한다.
⑤ 직접배분법은 보조부문 간에 주고받는 서비스 수수관계를 전부 무시한다.

㈜세무는 두 개의 제조부문인 P1, P2와 두 개의 보조부문 S1, S2를 운영하여 제품을 생산하고 있다. S1은 기계시간, S2는 전력소비량(kwh)에 비례하여 보조부문원가를 제조부문에 배부한다. ㈜세무의 각 부문에서 20×1년 4월 중 발생할 것으로 예상되는 원가 및 용역수수관계는 다음과 같다. ㈜세무는 상호배분법을 이용하여 보조부문원가를 제조부문에 배부한다. 이 경우 20×1년 4월 말 제조부문 P2에 집계될 부문원가의 합계액은 얼마인가?

[세무사 14]

구분	보조부문		제조부문		합계
	S1	S2	P1	P2	
부문원가	₩10,800	₩6,000	₩23,000	₩40,200	₩80,000
부문별 예상기계시간 사용량	20시간	20시간	30시간	50시간	120시간
부문별 예상전력소비량	160kwh	100kwh	320kwh	320kwh	900kwh

① ₩32,190
② ₩33,450
③ ₩35,250
④ ₩49,450
⑤ ₩49,850

정답 및 해설

08 ② (1) 보조부문원가를 배분한 이후의 각 보조부문원가를 x_1과 x_2라 하고, 다음 두 식을 연립하면 보조부문원가를 구할 수 있다.

$$\begin{cases} 0.4x_1 + 0.3x_2 = ₩150,000 \\ 0.2x_1 + 0.3x_2 = ₩120,000 \end{cases}$$

→ x_1 = ₩150,000, x_2 = ₩300,000

(2) 보조부문원가를 배분하기 이전의 각 보조부문 S1과 S2에 집계된 원가는 다음과 같다.

① ₩150,000 = S1 + ₩300,000 × 0.1　∴ S1 = ₩120,000

② ₩300,000 = S2 + ₩150,000 × 0.2　∴ S2 = ₩270,000

09 ① 단계배분법의 경우 보조부문의 배부순서가 달라지면 배부금액도 달라진다.

10 ⑤ (1) 보조부문 자가소비용역을 무시하고 재계산한 각 보조부문의 용역제공비율 및 원가자료

구분	보조부문		제조부문		합계
	S1	S2	P1	P2	
부문원가	₩10,800	₩6,000	₩23,000	₩40,200	₩80,000
S1		20%	30%	50%	100%
S2	20%		40%	40%	100%

(2) 보조부문원가

$$\begin{cases} ₩10,800 - S1 + 0.2 \times S2 = 0 \\ ₩6,000 + 0.2 \times S1 - S2 = 0 \end{cases}$$

→ S1 = ₩12,500, S2 = ₩8,500

(3) 제조부문 P2에 집계될 부문원가의 합계액

₩40,200 + ₩12,500 × 0.5 + ₩8,500 × 0.4 = ₩49,850

★★
11
상중하

㈜동산의 원가계산을 담당하고 있는 김 과장은 다른 보조부문에 대한 용역제공비율 순서로 보조부문의 원가를 배분하고 있다. 그런데 김 과장이 단계배분법에 의해 보조부문의 원가를 배부하는 중 실수로 다른 보조부문으로부터 배부받은 원가를 누락하고 다음과 같이 보조부문의 원가를 배부하였다.

제공부서	제조부문		보조부문		
	M1	M2	A1	A2	A3
배부 전 원가	₩17,500	₩25,000	₩7,500	₩10,000	₩5,000
A3	1,500	1,000	1,500	1,000	
A2	3,750	3,750	2,500		
A1	3,750	3,750			
배부 후 원가	₩26,500	₩33,500			

다음 중 아래의 질문 (가)와 (나)의 답안이 바르게 짝지어진 것은? [회계사 13]

(가) 김 과장의 실수로 인해 제조부문에 배부되지 못한 보조부문의 원가는 얼마인가?
(나) 김 과장의 실수를 바로잡았을 때 제조부문 M1과 M2의 배부 후 원가는 얼마인가?

	(가)	(나) M1	(나) M2
①	₩5,000	₩26,500	₩33,500
②	₩5,000	₩29,000	₩36,000
③	₩5,000	₩29,500	₩35,500
④	₩5,250	₩28,000	₩37,000
⑤	₩5,250	₩30,000	₩35,000

★★
12
상중하

㈜갑은 현재 보조부문의 원가를 생산부문의 부문직접원가를 기준으로 배부하고 있다. 생산부문과 보조부문의 관련 자료는 아래와 같다.

구분	생산부문		보조부문	
	A	B	C	D
부문직접원가	₩5,000,000	₩4,000,000	₩3,000,000	₩6,000,000
서비스 제공비율				
보조부문 C	40%	50%	–	10%
보조부문 D	30	60	10%	–

㈜갑은 보조부문 C의 원가를 우선 배부하는 단계배분법으로 보조부문의 원가배부방법을 변경하고자 한다. 이 변경이 생산부문 A에 배부되는 보조부문원가에 미치는 영향은? [회계사 12]

① ₩900,000 감소   ② ₩1,200,000 증가   ③ ₩1,500,000 증가
④ ₩1,700,000 감소   ⑤ ₩1,900,000 증가

㈜수지는 제품 A와 제품 B를 생산하고 있는데 두 제품은 모두 제조부문 X와 제조부문 Y를 거쳐야 한다. 제조부문 X에서 발생한 제조간접원가는 각 제품이 소비한 기계시간을 기준으로 배부하고, 제조부문 Y에서 발생한 제조간접원가는 각 제품이 소비한 노무시간을 기준으로 배부한다. 또한 각 제조부문의 제조간접원가는 월별로 실제 배부한다. 다음은 5월 중 제품 A와 제품 B를 생산하는 데 각각 소비한 기계시간과 노무시간 그리고 각 제품에 최종적으로 배부된 제조간접원가 자료이다.

구분	제품 A	제품 B	합계
기계시간	10시간	30시간	40시간
노무시간	90	60	150
제조간접원가 배부액	₩870,000	₩930,000	₩1,800,000

제조부문 X에서 5월 중 발생한 제조간접원가는 얼마인가?

[회계사 11]

① ₩600,000　　　　② ₩720,000　　　　③ ₩800,000

④ ₩960,000　　　　⑤ ₩1,080,000

정답 및 해설

11 ② (가) 제조부문에 배부되지 못한 보조부문원가(= 보조부문에 배부된 타보조부문원가)
　　　₩1,500 + ₩1,000 + ₩2,500 = ₩5,000
　　(나) 수정 후 각 제조부문의 제조간접원가
　　　M1 = ₩26,500 + ₩5,000 × 0.5 = ₩29,000
　　　M2 = ₩33,500 + ₩5,000 × 0.5 = ₩36,000

12 ④ (1) 부문직접원가를 기준으로 배부 시 생산부문 A에 배부되는 금액

$$(₩3,000,000 + ₩6,000,000) \times \frac{₩5,000,000}{₩9,000,000} = ₩5,000,000$$

　　(2) 단계배분법 적용 시(보조부문 C부터 배부)

	C	D	A	B
배부 전 원가	₩3,000,000	₩6,000,000	₩5,000,000	₩4,000,000
C	(3,000,000)	300,000	1,200,000	1,500,000
D	-	(6,300,000)	2,100,000	4,200,000
배부 후 원가	₩0	₩0	₩8,300,000	₩9,700,000

　　　→ 생산부문 A에 배부되는 금액 = ₩3,300,000
　　(3) 원가배부방법 변경이 생산부문 A에 배부되는 보조부문원가에 미치는 영향
　　　보조부문원가 ₩1,700,000 감소

13 ① (1) 제조부문 X의 제조간접원가 배부율(x), 제조부문 Y의 제조간접원가 배부율(y)

$$\begin{cases} 10시간 \times x + 90시간 \times y = ₩870,000 \\ 30시간 \times x + 60시간 \times y = ₩930,000 \end{cases}$$

　　　→ x = @15,000, y = @8,000
　　(2) 제조부문 X에서 5월 중 발생한 제조간접원가
　　　@15,000 × 40시간 = ₩600,000

14 ★★
상중하

㈜서로는 자동차를 생산하고 있다. 회사는 승용차를 생산하는 부문과 승합차를 생산하는 부문을 이익중심점으로 운영하고, 그 밖에 이들 생산부문을 지원하는 자재부와 시설관리부를 두고 있다. 자재부는 시설관리부를 위해 자재를 구입하여 주고, 시설관리부는 자재부의 시설을 관리한다. 갑과 을은 각각 승용차와 승합차 생산부문을 책임지고 있는데, 부문별 성과평가를 앞두고 신경이 매우 곤두서 있는 상태다. 아래의 원가자료를 부문 간 배부기준으로 사용하여 직접배분법 또는 상호배분법에 의해 부문별 원가계산을 하려 한다. 아래의 원가자료를 제외하고 승용차와 승합차 생산부문 간에 다른 모든 사항이 동일하다면 다음 중 타당한 것은? (단, 지원부문인 자재부와 시설관리부의 배분대상원가는 각각 ₩100이다)　　　　　　　　　　　　　　　　　　　　　　　　　　　　　　　　　　　　　　[회계사 10]

〈부문 간 배부기준 자료〉

공급부서 ＼ 사용부서	자재부문	시설관리부문	승용차부문	승합차부문	합계
자재부문	–	₩5	₩45	₩50	₩100
시설관리부문	₩10	–	30	60	100

① 갑에게는 직접배분법, 을에게는 상호배분법이 유리하다.
② 갑에게는 상호배분법, 을에게는 직접배분법이 유리하다.
③ 갑, 을 모두 직접배분법이 유리하다.
④ 갑, 을 모두 상호배분법이 유리하다.
⑤ 갑, 을 모두 어떤 방법을 사용하든 유리하거나 불리하지 않다.

15 ★★
상중하

㈜한강은 두 개의 제조부문(P1, P2)과 두 개의 보조부문(S1, S2)으로 운영된다. 회사는 상호배분법을 이용하여 보조부문원가를 제조부문에 배분하고 있으며, 각 보조부문의 용역제공비율은 다음과 같았다.

보조부문	제조부문		보조부문	
	P1	P2	S1	S2
S1	50%	30%	–	20%
S2	40	40	20%	–
부문원가	?	?	X	?

두 개의 보조부문(S1, S2)으로부터 P1에 배분된 금액은 ₩50,000이고, P2에 배분된 금액은 ₩40,000이었다. 부문원가 배분 전 S1에 집계된 원가(X)는 얼마인가?　　　　　　　　　　　　　　　[회계사 08]

① ₩37,500　　　　　　　② ₩38,200　　　　　　　③ ₩47,200
④ ₩52,500　　　　　　　⑤ ₩57,200

정답 및 해설

14 ① (1) 직접배분법

① 배분비율의 계산

공급부서 \ 사용부서	자재부문(A)	시설관리부문(B)	승용차부문(갑)	승합차부문(을)	합계
자재부문(A)	-	-	45/95	50/95	95/95
시설관리부문(B)	-	-	30/90	60/90	90/90

② 보조부문원가의 배분

	지원부문		생산부문		합계
	자재부문(A)	시설관리부문(B)	승용차부문(갑)	승합차부문(을)	
배분 전 원가	₩100	₩100			₩200
A원가 배분	(100)	-	₩47.4[*1]	₩52.6[*2]	-
B원가 배분	-	(100)	33.3[*3]	66.7[*4]	-
배분 후 원가	0	0	₩80.7	₩119.3	₩200

[*1] ₩100 × 45/95 = ₩47.4   [*2] ₩100 × 50/95 = ₩52.6
[*3] ₩100 × 30/90 = ₩33.3   [*4] ₩100 × 60/90 = ₩66.7

(2) 상호배분법

① 배분비율의 계산

공급부서 \ 사용부서	자재부문(A)	시설관리부문(B)	승용차부문(갑)	승합차부문(을)	합계
자재부문(A)	-	5%	45%	50%	100%
시설관리부문(B)	10%	-	30%	60%	100%

② 보조부문원가의 배분: 각 지원부문에서 생산부문으로 배분할 총원가(A, B)

$$\begin{cases} A = ₩100 + 0.1B \\ B = ₩100 + 0.05A \end{cases}$$

$\rightarrow$ A = ₩110.6, B = ₩105.5

	지원부문		생산부문		합계
	자재부문(A)	시설관리부문(B)	승용차부문(갑)	승합차부문(을)	
배분 전 원가	₩100	₩100			₩200
A원가 배분	(110.6)	5.5[*1]	₩49.8[*2]	₩55.3[*3]	-
B원가 배분	10.6[*4]	(105.5)	31.7[*5]	63.3[*6]	-
배분 후 원가	0	0	₩81.5	₩118.6	₩200

[*1] ₩110.6 × 5% = ₩5.5   [*2] ₩110.6 × 45% = ₩49.8
[*3] ₩110.6 × 50% = ₩55.3   [*4] ₩105.5 × 10% = ₩10.6
[*5] ₩105.5 × 30% = ₩31.7   [*6] ₩105.5 × 60% = ₩63.3

∴ 갑에게는 직접배분법, 을에게는 상호배분법이 유리하다.

15 ① (1) 보조부문 S1, S2에 배분될 총원가(S1, S2)

$$\begin{cases} 0.5S1 + 0.4S2 = ₩50,000^{*1} \\ 0.3S1 + 0.4S2 = ₩40,000^{*2} \end{cases}$$

[*1] 보조부문(S1, S2)으로부터 P1에 배분된 금액
[*2] 보조부문(S1, S2)으로부터 P2에 배분된 금액

$\rightarrow$ S1 = ₩50,000, S2 = ₩62,500

(2) 보조부문 S1에 배분할 총원가 = 자기부문발생원가 + 타보조부문으로부터 배분받은 원가

S1 = X + 0.2S2

∴ 부문원가 배분 전 S1에 집계된 원가(X) = ₩37,500

16 ★★
상중하

대한회사는 제조부문(성형, 조립)과 보조부문(수선, 동력)을 이용하여 제품을 생산하고 있으며, 제조부문과 보조부문에 관련된 자료는 다음과 같다.

제공부문	제조부문		보조부문		합계
	성형	조립	수선	동력	
수선	400시간	200시간	100시간	400시간	1,100시간
동력	4,000kw	4,000kw	8,000kw	2,000kw	18,000kw

수선부문과 동력부문에 집계된 부문원가는 각각 ₩160,000, ₩80,000이다. 대한회사는 상호배분법을 사용하여 보조부문원가를 제조부문에 배분한다. 조립부문에 배분될 보조부문원가는 얼마인가?

[세무사 08]

① ₩80,000　　　　② ₩95,000　　　　③ ₩110,000
④ ₩125,000　　　　⑤ ₩145,000

17 ★
상중하

㈜세무는 제조부문인 절단부문과 조립부문을 통해 제품을 생산하고 있으며, 동력부문을 보조부문으로 두고 있다. 각 부문에서 발생한 제조간접원가 및 각 제조부문의 전력 실제사용량과 최대사용가능량에 관한 자료는 다음과 같다.

구분	동력부문	절단부문	조립부문	합계
변동제조간접원가	₩240,000	₩400,000	₩650,000	₩1,290,000
고정제조간접원가	300,000	700,000	750,000	1,750,000
실제사용량	–	500kw	300kw	800kw
최대사용가능량	–	600kw	600kw	1,200kw

절단부문에 배부되는 동력부문의 원가는 이중배분율법을 적용하는 경우, 단일배분율법과 비교하여 얼마만큼 차이가 발생하는가?

[세무사 22]

① ₩30,000　　　　② ₩32,500　　　　③ ₩35,000
④ ₩37,500　　　　⑤ ₩40,000

정답 및 해설

16 ② (1) 보조부문 자가소비용역을 무시하고 재계산한 각 보조부문의 용역제공비율 및 원가자료

제공부문	제조부문		보조부문		합계
	성형	조립	수선	동력	
수선	40%	20%	-	40%	100%
동력	25%	25%	50%	-	100%
배분 전 원가	-	-	₩160,000	₩80,000	₩240,000

(2) 수선, 동력부문에 배분될 총원가(A, B)

$$\begin{cases} A = ₩160,000 + 0.5B \\ B = ₩80,000 + 0.4A \end{cases}$$

→ A = ₩250,000, B = ₩180,000

(3) 조립부문에 배분될 보조부문원가

0.2A + 0.25B = ₩95,000

17 ④ 단일배분율법과 이중배분율법은 보조부문의 고정제조간접원가 배부에서 차이가 난다.

(1) 단일배분율법: $₩300,000 \times \dfrac{500kw}{800kw} = ₩187,500$

(2) 이중배분율법: $₩300,000 \times \dfrac{600kw}{1,200kw} = ₩150,000$

(3) 차이금액: ₩187,500 - ₩150,000 = ₩37,500

유형 05 | 정상개별원가계산

1. 의의

직접재료원가와 직접노무원가는 실제원가로, 제조간접원가는 예정배부액으로 측정하여 개별 제품원가를 계산하는 원가계산제도이다.

2. 정상개별원가계산의 절차

(1) 제조간접원가 예정배부율 계산

제조활동을 수행하기 전에 미리 계산하며 다음의 식을 이용함

$$제조간접원가\ 예정배부율 = \frac{(공장\ 전체\ 또는\ 부문별)\ 제조간접원가\ 예산^{*1}}{(공장\ 전체\ 또는\ 부문별)\ 예정조업도^{*2}}$$

[*1] OH예산(고정예산) = FOH예산 + 예정조업도 × 조업도 단위당 @VOH
[*2] 일반적으로 다음 네 가지 중에서 선택하며, 그중 정상조업도와 연간기대조업도가 많이 사용됨
  ① 이론적 최대조업도: 최고의 능률로 생산설비를 최대로 이용할 경우에 달성되는 조업도
  ② 실제적 최대조업도: 이론적 최대조업도에 불가피한 작업중단에 따른 조업도 감소를 반영한 조업도
  ③ 정상조업도: 정상적인 상황에서 상당한 기간 동안 평균적으로 달성할 수 있을 것으로 예상되는 조업도로서 계획된 유지활동에 따른 조업도 손실을 고려한 조업도(평균조업도, 평준화조업도)
  ④ 연간기대조업도: 다음 1년간의 예상판매량을 고려하여 결정한 조업도(예산조업도)

(2) 제조간접원가 예정배부

$$제조간접원가\ 예정배부액 = 실제조업도 × 제조간접원가\ 예정배부율$$

당해 작업이 소비한 실제조업도를 측정함으로써 원가계산이 이루어짐

실제발생액 > 예정배부액	실제발생액 < 예정배부액
과소배부	과대배부
제조간접원가 차변잔액	제조간접원가 대변잔액
계정에 가산조정	계정에 차감조정
(매출)원가 증가 → 이익 감소	(매출)원가 감소 → 이익 증가
(손익에서) 불리한 차이	(손익에서) 유리한 차이

(3) 제조간접원가 배부차이의 조정

① 제조간접원가 배부차이 = 실제제조간접원가 − 제조간접원가 예정배부액
② 실제발생액 > 예정배부액: 과소 배부차이 또는 부족 배부차이 → 가산조정
  실제발생액 < 예정배부액: 과대 배부차이 또는 초과 배부차이 → 차감조정

3. 제조간접원가 배부차이의 조정방법

(1) 원가요소별 비례배분법

제조간접원가 배부차이를 재공품, 제품, 매출원가계정의 제조간접원가 예정배부액 비율에 따라 배분하는 방법

(2) 총원가비례배분법

제조간접원가 배부차이를 재공품, 제품, 매출원가계정의 총원가(정상원가 기말잔액) 비율에 따라 배분하는 방법

(3) 매출원가조정법

제조간접원가 배부차이를 매출원가에 가감하는 방법으로 재공품계정 및 제품계정은 여전히 정상원가로 기록되므로 제조간접원가 배부차이가 중요하지 않은 경우(실제원가 ≒ 정상원가) 또는 "매출원가 > 기말재고(재공품 및 제품)"인 경우에 사용함

(4) 기타손익법

제조간접원가 배부차이를 기타손익으로 처리하는 방법으로 제조간접원가 배부차이가 비정상적인 사건에 의해 발생한 경우에 사용함

01
상중하
㈜세무은 제조간접원가를 기계작업시간 기준으로 예정배부하고 있다. 20×1년 실제 기계작업시간은?

제조간접원가(예산)	₩928,000
제조간접원가(실제)	₩960,000
제조간접원가 배부액	₩840,710
기계작업시간(예산)	80,000시간

① 70,059시간 ② 71,125시간 ③ 72,475시간
④ 73,039시간 ⑤ 74,257시간

02
상중하
㈜세무는 20×1년 초 영업을 개시하여 선박을 제조·판매하고 있으며, 직접노무시간을 기준으로 제조간접원가를 예정 배부하는 정상개별원가계산을 적용하고 있다. 제조 및 판매와 관련된 자료는 다음과 같다.

연간 제조간접원가 계산	₩360,000
연간 예정조업도	40,000직접노무시간
실제발생한 제조간접원가	₩362,500
실제 임률	직접노무시간당 ₩11
당기총제조원가	₩2,500,000
직접재료원가	₩1,650,000

㈜세무의 20×1년 제조간접원가 배부차이는?

① ₩20,000 과대배부 ② ₩20,000 과소배부 ③ ₩15,000 과대배부
④ ₩15,000 과소배부 ⑤ ₩10,000 과대배부

03
상중하
㈜세무은 정상원가계산을 사용하고 있으며, 직접노무시간을 기준으로 제조간접원가를 예정배부하고 있다. ㈜세무의 20×1년도 연간 제조간접원가 예산은 ₩600,000이고, 실제 발생한 제조간접원가는 ₩650,000이다. 20×1년도 연간 예정조업도는 20,000시간이고, 실제 직접노무시간은 18,000시간이다. ㈜세무은 제조간접원가 배부차이를 전액 매출원가에서 조정하고 있다. 20×1년도 제조간접원가 배부차이 조정 전 매출총이익이 ₩400,000이라면, 포괄손익계산서에 인식할 매출총이익은?

① ₩290,000 ② ₩360,000 ③ ₩400,000
④ ₩450,000 ⑤ ₩510,000

㈜세무는 20×1년 영업을 개시하여 우주선을 제작·판매하고 있으며, 정상개별원가계산을 채택하고 있다. 제조와 관련된 원가 및 활동 자료는 다음과 같다.

구분	단거리 우주선	중거리 우주선	장거리 우주선
직접재료원가	₩240,000	₩370,000	₩480,000
직접노무원가	150,000	300,000	450,000
실제기계시간	495시간	1,485시간	1,980시간

㈜세무는 20×1년 초 연간 제조간접원가는 ₩1,280,000, 제조간접원가 배부기준인 기계시간은 4,000시간으로 예상하였으며 20×1년에 실제 발생한 제조간접원가는 ₩1,170,000이다. 20×1년 말 단거리 우주선은 완성되어 판매되었고 중거리 우주선은 완성되었으나 판매되지 않았으며 장거리 우주선은 미완성 상태이다. ㈜세무는 제조간접원가 배부차이를 원가요소별 비례배분법으로 조정한다. 제조간접원가 배부차이를 조정한 후의 매출원가는?

① ₩451,200
② ₩536,250
③ ₩560,550
④ ₩562,150
⑤ ₩645,600

정답 및 해설

01 ③ (1) 제조간접원가 예정배부율 = ₩928,000 ÷ 80,000시간 = @11.6
　　　(2) 실제 기계작업시간 = ₩840,710 ÷ @11.6 = 72,475시간

02 ① (1) 제조간접원가 예정배부율
　　　　₩360,000/40,000직접노무시간 = ₩9/직접노무시간
　　　(2) 실제직접노무시간(DLH)
　　　　₩2,500,000 = ₩1,650,000 + DLH × @11 + DLH × @9
　　　　→ 실제직접노무시간(DLH) = 42,500시간
　　　(3) 제조간접원가 예정배부액
　　　　42,500시간(실제조업도) × ₩9 = ₩382,500
　　　(4) 배부차이
　　　　₩382,500(예정배부액) - ₩362,500(실제발생액) = ₩20,000 과대배부

03 ① (1) 제조간접원가 예정배부율 = ₩600,000/20,000h = ₩30/h
　　　(2) 제조간접원가 예정배부액 = ₩30 × 18,000h = ₩540,000
　　　(3) 제조간접원가 배부차이 = ₩650,000 - ₩540,000 = ₩110,000 과소배부
　　　(4) 매출총이익 = ₩400,000 - ₩110,000 = ₩290,000

04 ② (1) 원가요소별 비례배분법의 결과 = 실제원가계산의 결과
　　　(2) 실제제조간접원가 배부율 = ₩1,170,000/3,960h = ₩295.45
　　　(3) 단거리 우주선 총제조원가(매출원가) = ₩240,000 + ₩150,000 + 495h × ₩295.45 = ₩536,250

05 ㈜세무는 정상원가계산을 사용하며, 20×1년 재고자산 및 원가자료는 다음과 같다.

	기초	기말
직접재료	₩20,000	₩30,000
재공품	25,000	38,000
제품	44,000	32,000

- 당기의 직접재료 매입액은 ₩90,000이다.
- 당기의 직접노무원가 발생액은 ₩140,000이다.
- 직접노무시간당 직접노무원가는 ₩40이다.
- 당기의 매출액은 ₩300,000이며, 매출총이익률은 20%이다.

직접노무시간을 기준으로 제조간접원가를 예정배부할 때, 20×1년 제조간접원가 예정배부율은?

[세무사 23]

① ₩6.0　　　　　② ₩6.6　　　　　③ ₩7.0
④ ₩7.4　　　　　⑤ ₩7.8

06 ㈜세무는 제조간접원가를 직접노무시간당 ₩160씩 예정배부하고 있다. 20×1년 실제발생한 제조간접원가는 ₩180,000이다. 제조간접원가 배부차이는 기말재고자산(재공품과 제품)과 매출원가에 비례하여 안분한다. 20×1년의 제조간접원가 배부차이 가운데 30%에 해당하는 ₩6,000을 기말재고자산에서 차감하도록 배분하였다. 20×1년 실제발생한 직접노무시간은?

[세무사 23]

① 1,000시간　　　　② 1,100시간　　　　③ 1,125시간
④ 1,200시간　　　　⑤ 1,250시간

07 ㈜세무는 제품 A와 B를 생산하고 있으며, 제품 A와 B는 모두 절단공정과 조립공정을 거쳐 완성된다. 20×1년 각 공정에서의 직접노무인력과 관련된 자료는 다음과 같다.

구분		절단공정	조립공정
직접노무원가 실제발생액		₩30,000	₩40,000
실제직접노무시간	제품 A	1,200시간	600시간
	제품 B	800시간	200시간

제품 A와 B의 직접재료원가는 각각 ₩20,000과 ₩15,000이며, 제조간접원가는 직접노무원가의 120%를 예정배부한다. 제품 A의 당기제품제조원가는? (단, 재공품은 없다)

[세무사 23]

① ₩125,600　　　② ₩126,000　　　③ ₩132,000
④ ₩138,000　　　⑤ ₩142,400

정답 및 해설

05 ① (1) 합산T계정을 이용하여 제조간접원가 예정배부액 계산

직접재료 + 재공품 + 제품			
기초	₩89,000	매출원가	₩240,000*
매입	90,000		
DL	140,000		
OH	21,000	기말	100,000
계	₩340,000	계	₩340,000

　　　* ₩300,000 × 0.8 = ₩240,000

　　(2) 제조간접원가 예정배부율 계산

　　　① 실제 직접노무시간 = ₩140,000 ÷ ₩40 = 3,500시간

　　　② 제조간접원가 예정배부율 = ₩21,000 ÷ 3,500시간 = ₩6.0

06 ⑤ (1) 배부차이 = ₩6,000 ÷ 0.3 = ₩20,000(과대배부)

　　(2) 예정배부액 = ₩180,000 + ₩20,000 = ₩200,000

　　(3) 실제발생한 직접노무시간 = ₩200,000 ÷ ₩160 = 1,250시간

07 ① (1) 각 공정별 단위당 직접노무원가

　　　① 절단공정: ₩30,000 ÷ 2,000시간 = @15/시간

　　　② 조립공정: ₩40,000 ÷ 800시간 = @50/시간

　　(2) 각 제품별 당기제품제조원가 계산

	제품 A	제품 B
직접재료원가(DM)	₩20,000	₩15,000
직접노무원가(DL)	48,000[*1]	22,000[*2]
제조간접원가(OH)	57,600[*3]	26,400[*4]
당기제품제조원가	₩125,600	₩63,400

　　[*1] 1,200시간 × @15 + 600시간 × @50 = ₩48,000

　　[*2] 800시간 × @15 + 200시간 × @50 = ₩22,000

　　[*3] ₩48,000 × 1.2 = ₩57,600

　　[*4] ₩22,000 × 1.2 = ₩26,400

08
★★★
상중하

㈜세무는 정상개별원가계산을 사용하고 있으며, 제조간접원가는 직접노무시간을 기준으로 배부하고, 제조간접원가 배부차이는 전액 매출원가에 조정하고 있다. 당기의 직접재료매입액은 ₩21,000이고, 제조간접원가 배부차이는 ₩7,000(과소배부)이며, 제조간접원가 배부차이 조정 전 매출원가는 ₩90,000이다. 당기 재고자산 관련 자료는 다음과 같다.

구분	직접재료	재공품	제품
기초재고	₩3,000	₩50,000	₩70,000
기말재고	4,000	45,000	60,000

직접노무원가가 기초원가(prime cost)의 60%인 경우, 당기에 실제 발생한 제조간접원가는?

[세무사 21]

① ₩18,000   ② ₩25,000   ③ ₩30,000
④ ₩32,000   ⑤ ₩37,000

09
★★★
상중하

㈜세무는 단일 제품을 생산하고 있으며, 정상원가계산제도를 채택하고 있다. 제조간접원가는 기계시간을 기준으로 배부한다. 20×1년 제조간접원가 예산은 ₩40,000이고, 예정 기계시간은 2,000시간이다. 20×1년 실제 기계시간은 2,100시간, 제조간접원가 과대배부액은 ₩3,000이다. 20×1년 ㈜세무의 제조간접원가 실제발생액은?

[세무사 20]

① ₩39,000   ② ₩40,000   ③ ₩41,000
④ ₩42,000   ⑤ ₩45,000

10
★★
상중하

㈜세무는 정상원가계산을 적용하고 있으며, 제조간접원가는 기본원가의 50%를 예정배부한다. ㈜세무는 배부차이를 원가요소기준 비례배분법으로 조정한다. 9월의 기본원가, 매출액과 배부차이 조정 후 기말재고자산은 다음과 같다.

기본원가	₩750,000	매출액	₩1,000,000
기말재공품	120,000	기말제품	180,000

9월의 배부차이 조정 후 매출원가율이 80%일 때, 배부차이는? (단, 기초재고자산은 없다)

[세무사 18]

① ₩10,000 과대배부   ② ₩15,000 과소배부   ③ ₩15,000 과대배부
④ ₩25,000 과소배부   ⑤ ₩25,000 과대배부

정답 및 해설

08 ④ (1) 제조간접원가 예정배부

	원재료 + 재공품 + 제품		
기초재고	₩123,000	매출원가(조정 전)	₩90,000
원재료매입액	21,000		
DL	?		
OH	?	기말재고	109,000
합계	₩199,000	합계	₩199,000

① DM = ₩3,000 + ₩21,000 - ₩4,000 = ₩20,000

② (₩20,000 + DL) × 0.6 = DL → DL = $\dfrac{₩20,000 \times 0.6}{0.4}$ = ₩30,000

③ OH = ₩199,000 - (₩123,000 + ₩21,000 + ₩30,000) = ₩25,000

(2) 제조간접원가(OH) 실제 발생액: ₩25,000 + ₩7,000 = ₩32,000

09 ① 제조간접원가 예정배부액, 제조간접원가 실제발생액, 제조간접원가 배부차이는 3가지 요소 중 문제에서 주어진 2가지 요소에 대한 정보로 나머지 하나를 계산한다. 이 문제는 제조간접원가 예정배부액, 제조간접원가 배부차이가 주어졌으므로 이를 이용하여 제조간접원가 실제발생액을 계산한다.

(1) 제조간접원가 예정배부율 = ₩40,000 ÷ 2,000시간 = @20/시간

(2) 제조간접원가 예정배부액 = @20/시간 × 2,100시간 = ₩42,000

(3) 제조간접원가 실제발생액 = ₩42,000 - ₩3,000(과대배부) = ₩39,000

10 ⑤ (1) 제조간접원가 예정배부액 = ₩750,000 × 0.5 = ₩375,000

(2) T계정을 이용한 제조간접원가(OH) 실제발생액 계산

	재공품 + 제품		
기초재고	₩0	매출원가(조정 후)	₩800,000[*]
기본원가(DM + DL)	750,000		
제조간접원가(OH)	?	기말재고	300,000
합계	₩1,100,000	합계	₩1,100,000

[*] ₩1,000,000 × 0.8 = ₩800,000

→ 제조간접원가(OH) 실제발생액 = ₩1,100,000 - ₩750,000 = ₩350,000

(3) 배부차이 = ₩375,000 - ₩350,000 = ₩25,000 과대배부

11
㈜세무는 단일 제품을 생산하며 개별정상원가계산을 사용한다. 제조간접원가는 직접노무시간당 ₩6을 예정배부한다. 재료계정의 기초금액은 ₩10,000이며, 기말금액은 ₩15,000이다. 재료는 모두 직접재료로 사용되고 간접재료로 사용되지 않는다. 당기총제조원가는 ₩650,000이며 당기제품제조원가는 ₩640,000이다. 직접노무원가는 ₩250,000이며, 실제 발생한 직접노무시간은 20,000시간이다. ㈜세무가 당기에 매입한 재료금액은? [세무사 17]

① ₩270,000   ② ₩275,000   ③ ₩280,000
④ ₩285,000   ⑤ ₩290,000

12
㈜세무는 기계시간 기준으로 제조간접원가를 예정배부하는 정상원가계산방법을 적용한다. 20×1년에 실제 제조간접원가는 ₩787,500이 발생되었고, 기계시간당 ₩25으로 제조간접원가를 예정배부한 결과 ₩37,500만큼 과대배부되었다. 20×1년 실제조업도가 예정조업도의 110%인 경우, ㈜세무의 제조간접원가 예산액은? [세무사 16]

① ₩715,000   ② ₩725,000   ③ ₩750,000
④ ₩800,000   ⑤ ₩825,000

13
㈜세무는 정상원가계산을 사용하고 있으며, 직접노무시간을 기준으로 제조간접원가를 예정배부하고 있다. ㈜세무의 20×1년도 연간 제조간접원가 예산은 ₩144,000이고, 실제 발생한 제조간접원가는 ₩145,000이다. 20×1년도 연간 예정조업도는 16,000직접노무시간이고, 실제 사용한 직접노무시간은 17,000시간이다. 20×1년 말 제조간접원가 배부차이 조정 전 재공품, 제품 및 매출원가의 잔액은 다음과 같다. ㈜세무는 제조간접원가 배부차이를 재공품, 제품 및 매출원가의 (제조간접원가 배부차이 조정 전) 기말잔액 비율에 따라 조정한다. 이 경우 제조간접원가 배부차이를 매출원가에 전액 조정하는 방법에 비해 증가(혹은 감소)되는 영업이익은 얼마인가? (단, 기초재고는 없다) [세무사 14]

• 재공품 ₩50,000	• 제품 ₩150,000	• 매출원가 ₩800,000

① ₩1,200 감소   ② ₩1,200 증가   ③ ₩1,600 감소
④ ₩1,600 증가   ⑤ ₩1,800 증가

정답 및 해설

11 ④ (1) 직접재료원가(DM) = ₩650,000 - ₩250,000 - 20,000시간 × ₩6 = ₩280,000

(2) T계정을 이용한 원재료매입액 계산

원재료			
기초재고	₩10,000	사용	₩280,000
매입	285,000	기말재고	15,000
합계	₩295,000	합계	₩295,000

12 ③ (1) 제조간접원가 예정배부액 = ₩787,500 + ₩37,500 = ₩825,000

(2) 실제조업도 = ₩825,000 ÷ @25 = 33,000기계시간

(3) 제조간접원가 예산액 = @25 × 30,000기계시간[*] = ₩750,000

[*] 33,000기계시간 ÷ 1.1 = 30,000기계시간

13 ③ (1) 배부차이 = ₩145,000 - 17,000시간 × $\dfrac{₩144,000}{16,000시간}$ = (-)₩8,000(과대배부, 차감조정)

(2) 매출원가 차이조정

① 비례배분법: ₩8,000 × $\dfrac{₩800,000}{₩1,000,000}$ = ₩6,400 차감조정(이익 증가)

② 매출원가조정법: ₩8,000 차감조정(이익 증가)

∴ 비례배분법 이익 - 매출원가조정법 이익 = ₩6,400 - ₩8,000 = ₩1,600 이익 감소

[별해]

배부차이 × 재공품과 제품 비율 = ₩8,000 과대배부 × 20% = ₩1,600 이익 감소

14 ㈜한국은 정상개별원가계산을 사용하고 있으며, 제조간접원가 배부기준은 기계시간이다. 회사는 20×1년 초에 연간 제조간접원가를 ₩600, 기계시간을 200시간으로 예상하였다. 20×1 회계연도 중 수행한 작업과 관련된 정보는 다음과 같다.

(1) 당기 중 세 가지 작업 #101, #102, #103을 착수하여, #101과 #102를 완성하였고, #103은 기말 현재 작업 중에 있다.
(2) 당기 중 ₩800의 원재료를 구입하였고 기말 현재 ₩280의 원재료가 재고로 남아 있다.
(3) 당기 중 지급한 노무원가는 ₩700이며, 기초 미지급노무원가는 ₩40, 기말 미지급노무원가는 ₩100이었다.
(4) 당기 중 발생한 제조경비는 총 ₩560이며, 이는 감가상각비 ₩260, 임차료 ₩200, 수도광열비 ₩100으로 구성되어 있다.
(5) 당기 중 작업별 실제 발생 원가자료와 실제 사용된 기계시간은 다음과 같다.

구분	#101	#102	#103	합계
직접재료원가	₩200	₩200	₩100	₩500
직접노무원가	300	160	260	720
기계시간	90시간	63시간	27시간	180시간

(6) 기초재고자산은 없었고, 작업 #101은 당기 중에 ₩1,100에 판매되었으나 작업 #102는 기말 현재 판매되지 않았다.

㈜한국은 기말에 제조간접원가 배부차이를 전액 매출원가에 조정한다. ㈜한국의 20×1년 매출총이익은 얼마인가?

[회계사 14]

① ₩250 ② ₩270 ③ ₩290
④ ₩310 ⑤ ₩330

★★
15
상중하

㈜국세는 정상개별원가계산제도를 이용하여 제조원가를 계산하고 있다. 기계시간은 2,500시간, 직접노무시간은 3,000시간으로 예상하고 있으며, 회귀분석법을 이용하여 연간 제조간접원가 예산을 수립하는 데 필요한 원가함수를 다음과 같이 추정하였다.

> 총제조간접원가 = ₩500,000 + ₩300 × 기계시간 [설명력(R^2) = 0.9]

㈜국세의 기초재고자산은 없으며 당기에 세 가지 작업(#1, #2, #3)을 시작하여 작업 #1, #2가 완성되었다. 이 세 가지 작업에 대한 당기 원가자료는 다음과 같다.

	#1	#2	#3	합계
직접재료원가	₩150,000	₩150,000	₩200,000	₩500,000
직접노무원가	250,000	150,000	100,000	500,000
기계시간	1,000시간	600시간	400시간	2,000시간
직접노무시간	1,300시간	800시간	400시간	2,500시간

기말에 확인한 결과 당기에 발생한 실제제조간접원가는 ₩1,100,000이며, 당기에 작업 #2만 판매되었다. ㈜국세가 제조간접원가 배부차이를 매출원가에서 전액 조정할 경우 재무제표에 인식될 매출원가는 얼마인가?

[세무사 12]

① ₩650,000
② ₩700,000
③ ₩800,000
④ ₩900,000
⑤ ₩1,080,000

정답 및 해설

14 ① (1) 배부차이 조정 전 매출원가(작업 #101에 집계된 원가) = ₩200 + ₩300 + 90시간 × ₩3/시간* = ₩770
　　　* OH 예정배부율 = ₩600 ÷ 200시간 = ₩3/시간
　　(2) OH 배부차이 = 실제 OH - 예정배부된 OH = ₩620* - 180시간 × ₩3/시간 = ₩80 과소배부
　　　* OH 실제발생액 = ₩560 + ₩20(간접재료원가) + ₩40(간접노무원가) = ₩620
　　(3) 매출총이익 = ₩1,100 - (₩770 + ₩80) = ₩250

15 ② (1) 총제조간접원가 예산 = ₩500,000 + ₩300 × 2,500시간 = ₩1,250,000

　　(2) 제조간접원가 예정배부율 = $\dfrac{₩1,250,000}{2,500시간}$ = ₩500/시간

　　(3) 제조간접원가 실제발생액 = ₩1,100,000

　　(4) 제조간접원가 예정배부액 = 2,000시간 × ₩500/시간 = ₩1,000,000

　　(5) 제조간접원가 배부차이 = ₩100,000(과소배부)

　　(6) 작업 #2에 대한 제조간접원가 예정배부액 = 600시간 × ₩500/시간 = ₩300,000

　　∴ 재무제표상 매출원가 = 배부차이 조정 전 작업 #2의 원가 + 배부차이
　　　　　　= (₩150,000 + ₩150,000 + ₩300,000) + ₩100,000 = ₩700,000

16 ★★
상중하

㈜세무는 정상개별원가계산을 사용하며, 직접노무시간을 기준으로 제조간접원가를 배부하고 있다. 20×1년 연간 제조간접원가 예산은 ₩5,000,000이다. 20×1년 실제 발생한 제조간접원가는 ₩4,800,000이고, 실제직접노무시간은 22,000시간이다. 20×1년 중 제조간접원가 과소배부액이 ₩400,000이라고 할 때 연간 예산직접노무시간은? [세무사 13]

① 22,000시간   ② 23,000시간   ③ 24,000시간
④ 25,000시간   ⑤ 26,000시간

17 ★★
상중하

㈜국세는 개별－정상원가계산제도를 채택하고 있다. ㈜국세는 제조간접원가를 예정배부하며, 예정배부율은 직접노무원가의 60%이다. 제조간접원가의 배부차이는 매기 말 매출원가에서 전액 조정한다. 당기에 실제 발생한 직접재료원가는 ₩24,000이며, 직접노무원가는 ₩16,000이다. 기초재공품은 ₩5,600이며, 기말재공품에는 직접재료원가 ₩1,200과 제조간접원가 배부액 ₩1,500이 포함되어 있다. 또한 기초제품은 ₩5,000이며, 기말제품은 ₩8,000이다. 제조간접원가 배부차이를 조정한 매출원가가 ₩49,400이라면, 당기에 발생한 실제 제조간접원가는 얼마인가? [세무사 11]

① ₩7,200   ② ₩9,600   ③ ₩10,400
④ ₩12,000   ⑤ ₩13,200

18 ★★
상중하

㈜수원은 제조간접원가 배부기준으로 기계작업시간을 사용하여 정상개별원가계산을 적용하고 있다. ㈜수원의 20×1년 연간 고정제조간접원가 예산은 ₩690,000이고, 실제 발생한 제조간접원가는 ₩1,618,000이다. 20×1년 연간 예정조업도는 27,600기계작업시간이고, 실제 기계작업시간은 총 28,800시간이다. 20×1년의 제조간접원가 배부차이가 ₩110,000(과대배부)일 때 변동제조간접원가 예정배부율은 얼마인가? [세무사 10]

① ₩27.4   ② ₩29.6   ③ ₩35.0
④ ₩36.4   ⑤ ₩37.6

정답 및 해설

16 ④ 제조간접원가 과소배부액이 ₩400,000이므로 제조간접원가 예정배부율(x)은 다음과 같이 계산할 수 있다.

22,000시간 × x(예정배부율) - ₩4,800,000(실제발생액) = ₩(400,000)

→ x = @200/직접노무시간

∴ 연간 예산직접노무시간 = ₩5,000,000 ÷ @200/직접노무시간 = 25,000시간

17 ④ (1) 제조간접원가 예정배부액 = ₩16,000 × 60% = ₩9,600

(2) 당기제품제조원가 = ₩5,600 + ₩49,600 - ₩5,200* = ₩50,000

   * ₩1,200 + ₩1,500 + ₩1,500/0.6 = ₩5,200

(3) 배부차이 조정 전 매출원가 = ₩5,000 + ₩50,000 - ₩8,000 = ₩47,000

→ 배부차이 = ₩49,400 - ₩47,000 = ₩2,400(과소배부)

(4) 실제 제조간접원가 = ₩9,600 + ₩2,400 = ₩12,000

18 ③ (1) 고정제조간접원가 예정배부율 = 고정제조간접원가 예산 ÷ 예정조업도

$$= \frac{₩690,000}{27,600시간} = ₩25$$

(2) 변동제조간접원가 예정배부율

기계작업시간당 x원이라고 하면, 제조간접원가 예정배부율은 기계작업시간당 ₩(25 + x)이다.

(3) 제조간접원가 배부차이 = 실제 제조간접원가 - 제조간접원가 예정배부액

               = 실제 제조간접원가 - 실제조업도 × 제조간접원가 예정배부율

₩(110,000) = ₩1,618,000 - 28,800시간 × ₩(25 + x)

∴ 변동제조간접원가 예정배부율(x) = ₩35.0

19 서울공업은 제조원가 항목을 직접원가 항목인 직접재료원가, 직접노무원가, 직접경비(외주가공원가 및 설계비)와 간접원가 항목인 제조간접원가로 분류한 후 예정배부기준에 의해 원가계산을 한다. 다음 자료를 이용하여 제조간접원가 배부차이를 구하시오.

[세무사 03]

(1) 기초와 기말의 제조원가 관련 계정잔액

구분	원재료	선급외주가공원가	미지급설계비	재공품	제품
기초잔액	₩500,000	₩100,000	₩150,000	₩700,000	₩750,000
기말잔액	600,000	80,000	80,000	400,000	550,000

(2) 당기 중 원재료구입액은 ₩1,890,000이다.

(3) 당기 중 직접경비로서 외주가공원가 관련 현금지출은 ₩180,000이며, 설계비 관련 현금지출은 ₩460,000이다.

(4) 제조간접원가는 직접노무원가의 50%를 예정배부한다.

(5) 제조간접원가 실제발생액은 ₩300,000이다.

(6) 당기의 매출원가는 ₩3,660,000이다.

(7) 제조간접원가 배부차이는 비정상적인 것으로 간주하여 기타비용으로 처리한다.

① ₩40,000 과소배부   ② ₩40,000 과대배부   ③ ₩46,000 과소배부
④ ₩46,000 과대배부   ⑤ ₩35,000 과소배부

20 ㈜대한은 사업 첫 해에 정상개별원가계산을 사용하며, 제조간접원가는 직접노무시간을 기준으로 배부한다. 제조간접원가 배부차이 조정 전 매출원가에 포함된 제조간접원가 배부액은 ₩1,400,000이다. 다음의 자료를 사용하여 제조간접원가 배부차이를 매출원가에서 전액 조정한다면, 정상개별원가계산의 영업이익과 실제개별원가계산의 영업이익의 차이는 얼마인가?

[세무사 09]

• 예상총제조간접원가	₩2,500,000	• 예상총직접노무시간	500,000시간
• 실제총제조간접원가	₩1,800,000	• 실제총직접노무시간	300,000시간

① 정상개별원가계산의 영업이익이 ₩20,000만큼 더 적다.
② 정상개별원가계산의 영업이익이 ₩50,000만큼 더 적다.
③ 정상개별원가계산의 영업이익이 ₩100,000만큼 더 많다.
④ 정상개별원가계산의 영업이익이 ₩300,000만큼 더 많다.
⑤ 영업이익에 차이가 없다.

정답 및 해설

19 ① 합산T계정을 이용한 풀이

재고자산(직접재료 · 재공품 · 제품)

기초직접재료	₩500,000	매출원가	₩3,660,000
기초재공품	700,000		
기초제품	750,000		
직접재료매입액	1,890,000		
직접노무원가	x	기말직접재료	600,000
직접경비	590,000*	기말재공품	400,000
제조간접원가	0.5x	기말제품	550,000
	₩5,210,000		₩5,210,000

* ₩180,000 + ₩460,000 + (₩100,000 - ₩80,000) + (₩80,000 - ₩150,000) = ₩590,000

→ 직접노무원가(x) = ₩520,000, 제조간접원가 예정배부액(0.5x) = ₩260,000

∴ 제조간접원가 배부차이 = ₩300,000 - ₩260,000 = ₩40,000 과소배부

20 ① 실제개별원가계산의 결과는 정상개별원가계산에서 제조간접원가 배부차이를 원가요소별 비례배분법으로 조정한 것과 일치한다.

(1) 제조간접원가 배부차이 = 실제총제조간접원가 - 제조간접원가 예정배부액

= ₩1,800,000 - 300,000시간 × @5* = ₩300,000 과소배부

* 제조간접원가 예정배부율 = ₩2,500,000 ÷ 500,000시간 = @5

(2) 제조간접원가 배부차이 조정(원가요소별 비례배분법)

		OH 예정배부액	배부비율	배부액
매출원가		₩1,400,000	14/15	₩280,000
기말재고자산	₩1,500,000*1 - ₩1,400,000*2 =	100,000	1/15	20,000
계		₩1,500,000	1	₩300,000

*1 제조간접원가 예정배부액 총액 = 300,000시간 × @5 = ₩1,500,000
*2 배부차이 조정 전 매출원가에 포함된 제조간접원가 배부액

(3) 배부차이 조정 전 매출원가를 x라고 하면 원가요소별 비례배분법의 의한 배부차이 조정 후 매출원가 (실제매출원가)는 x + ₩280,000이다. 한편, 제조간접원가 배부차이를 매출원가에서 전액 조정(매출 원가조정법)한다면 차이조정 후 매출원가는 x + ₩300,000이다. 정상개별원가계산(매출원가조정법) 의 영업이익은 실제개별원가계산의 영업이익과 매출원가에서 차이를 보이므로 영업이익 차이는 다음 과 같이 구할 수 있다.

	매출원가
정상개별원가계산(매출원가조정법)	x + ₩300,000
실제개별원가계산	x + ₩280,000
차이	₩20,000

∴ 정상개별원가계산(매출원가조정법)의 영업이익이 실제개별원가계산의 영업이익보다 ₩20,000만큼 더 적다.

21 ㈜세무는 20×1년에 영업을 시작하였으며, 정상원가계산을 적용하고 있다. 다음은 ㈜세무의 20×1년 배부차이를 조정하기 전의 제조간접원가계정과 기말재공품, 기말제품 및 매출원가에 관한 자료이다.

제조간접원가			
630,000		?	

구분	기말재공품	기말제품	매출원가
직접재료원가	₩225,000	₩250,000	₩440,000
직접노무원가	125,000	150,000	210,000
제조간접원가	150,000	200,000	250,000
합계	₩500,000	₩600,000	₩900,000

제조간접원가의 배부차이를 매출원가조정법으로 회계처리하는 경우, 총원가비례배분법에 비해 당기순이익이 얼마나 증가(혹은 감소)하는가?

[세무사 22]

① ₩16,500 감소   ② ₩13,500 감소   ③ ₩13,500 증가

④ ₩16,500 증가   ⑤ ₩30,000 증가

22
상중하

다음은 정상원가계산을 사용하는 ㈜대한의 20×1년 1년 동안의 제조간접원가계정으로서 배부차이를 조정하기 직전 기록이다.

제조간접원가	
90,000	70,000

다음 물음에 대한 답을 올바르게 나열한 것은?

[세무사 09]

(A) 20×1년의 제조간접원가 실제발생액은 얼마인가?

(B) 20×1년의 제조간접원가 배부액은 얼마인가?

(C) 회사는 제조간접원가 배부차이를 매출원가에서 조정하고 있다. 배부차이를 조정하기 위해 필요한 분개는?

	(A)	(B)	(C)				
①	₩70,000	₩90,000	(차) 매출원가	20,000	(대) 제조간접원가	20,000
②	₩70,000	₩90,000	(차) 제조간접원가	20,000	(대) 매출원가	20,000
③	₩90,000	₩70,000	(차) 제조간접원가	20,000	(대) 매출원가	20,000
④	₩90,000	₩70,000	(차) 매출원가	20,000	(대) 재공품	20,000
⑤	₩90,000	₩70,000	(차) 매출원가	20,000	(대) 제조간접원가	20,000

정답 및 해설

21 ① 제조간접원가 T계정의 차변잔액은 실제발생액(₩630,000)을 의미한다.

(1) 제조간접원가 예정배부액 = ₩150,000 + ₩200,000 + ₩250,000 = ₩600,000

(2) 제조간접원가 배부차이 = ₩630,000 - ₩600,000 = ₩30,000(과소배부)

(3) 당기순이익의 감소액 = $₩30,000 \times \dfrac{₩500,000 + ₩600,000}{₩500,000 + ₩600,000 + ₩900,000} = ₩16,500$ 감소

22 ⑤

제조간접원가			
발생	90,000	배부	70,000

(A) 제조간접원가 실제발생액 = 제조간접원가 차변합계액 ₩90,000

(B) 제조간접원가 배부액 = 제조간접원가 대변합계액 ₩70,000

(C) 제조간접원가 배부차이 = 실제발생액 - 배부액 = ₩20,000 과소배부

∴ (차) 매출원가   20,000   (대) 제조간접원가   20,000 → 매출원가조정법

제3장
활동기준원가계산

유형 06   활동기준원가계산 일반
유형 07   활동기준원가계산 절차
유형 08   고객수익성 분석

유형 06 | 활동기준원가계산 일반

1. 의의

제조과정을 여러 가지 활동으로 구분한 후, 활동별로 집계된 원가를 개별 제품에 배부하는 원가계산제도이다.

> **참고** 개별원가계산(전통적인 방법): 제조과정을 각 기능(부문)별로 구분한 후 개별 제품에 배부하는 원가계산제도

2. 도입배경

[1] 공장자동화로 인한 제조간접원가 증가, 제조간접원가 발생원가동인의 다양화, 제조간접원가 발생이 조업 도에 비례하지 않는다.

[2] 다품종소량생산에 따른 개별 제품들의 정확한 제품원가계산의 중요성이 증가한다.

[3] 정보기술(IT) 발달로 인하여 정보수집이 용이해진다.

3. 활동의 구분

[1] 활동

① 기업의 목표를 달성하기 위해 계속적으로 수행되는 과업

② 자원의 소비(원가)를 유발시키는 사건. 즉, 자원을 소비하여 가치를 창출하는 작업

③ 예 제품설계활동, 재료처리활동, 작업준비활동, 품질검사활동 등

[2] 활동의 구분(원가계층)

① 단위수준활동: 제품 단위별로 수행되는 활동

　　　　　예 조립활동, 기계작업활동 등

② 비단위수준활동: 제품 단위와는 무관하게 수행되는 활동

　　── 묶음수준활동: 묶음 단위별로 수행되는 활동

　　　　　　예 구매주문활동, 작업준비활동, 표본검사활동 등

　　── 제품수준활동: 제품 종류별로 수행되는 활동 = 제품유지활동

　　　　　　예 제품설계활동, 설계변경활동 등

　　── 설비수준활동: 설비를 유지하고 관리하기 위한 활동 = 설비유지활동

　　　　　　예 공장관리활동, 조경활동 등

4. 전통적 원가계산제도와 활동기준원가계산제도의 비교

전통적 원가계산제도

전통적 원가계산: 제품이 자원을 소비한다.

- 제품을 생산하기 위해 소비된 배부기준(조업도)을 측정하여 원가계산

  ① $OH\ rate = \dfrac{OH\ 집계액}{\Sigma\ 배부기준(조업도)}$

  ② OH 배부액 = 제품이 소비한 배부기준(조업도) × OH rate
     <u>원가계산</u>

- 기업제조환경의 변화: OH 비중 <u>증가</u>, OH 발생원인 다양화

                  OH의 발생이 조업도에 비례하지 않음

시장변화 ⇓ IT 발전

해결책: 활동기준원가계산제도

활동기준원가계산제도: <u>제품은 활동을 소비하고</u>, <u>활동이 자원을 소비한다.</u>
         ② 제품은 활동을 통해 생산   ① 활동이 원가를 발생시킴

- OH의 추적 가능성 제고
- 제품을 생산하기 위해 소비된 활동원가동인을 측정하여 원가계산

  ① 활동원가집계, 활동원가동인 파악 → 활동별 원가 배부율 = $\dfrac{활동원가집계액}{\Sigma\ 활동원가동인}$

  ② 활동원가 배부액 = 제품이 소비한 활동원가동인 × 활동원가 배부율
     <u>원가계산</u>

구분	전통적 원가계산제도	활동기준원가계산제도
기본가정	제품이 자원을 소비함	제품이 활동을 소비하고 활동이 자원을 소비함
원가대상	부문, 제품	활동, 제품
배부기준	단위수준 성격의 재무적인 측정치	비단위수준 성격의 비재무적인 측정치

5. 활동기준원가계산의 효익과 한계

[1] 효익

① 전통적 원가계산에 비하여 정확한 원가계산 가능

② 신축적인 원가계산 가능

③ 공정가치분석을 통하여 부가가치활동과 비부가가치활동의 구분 및 비부가가치활동의 제거를 통해 원가 절감 가능

④ 제품별 수익성 분석 등 전략적 의사결정 및 계획수립에 유용한 정보 제공

⑤ 원가를 유발시키는 활동을 관리함으로써 원가통제를 보다 효과적으로 수행할 수 있음

[2] 한계

① 활동분석 및 측정비용이 과다하게 발생

② 설비수준활동원가의 자의적인 배분

③ 활동에 대한 명확한 기준이 없음

[3] 활동기준원가계산의 효익이 큰 기업의 유형

① 제조간접원가 비중이 큰 경우

② 공정이 복잡하고 다양한 제품을 생산하는 경우

③ 제조공정의 급격한 변화 등으로 기존의 원가시스템을 신뢰할 수 없는 경우

④ 의사결정 시 기존의 원가자료를 신뢰할 수 없는 경우

01
상중하

★

활동기준원가계산에 관한 설명으로 옳지 않은 것은? [세무사 17]

① 간접원가의 비중이 높을수록 활동기준원가계산의 도입효과가 크다.

② 전통적인 간접원가 배부방법에 비해 다양한 배부기준이 사용된다.

③ 판매관리비에는 활동기준원가계산을 적용하지 않는다.

④ 활동원가의 계층구조 중 배치(묶음)수준원가는 배치 수나 활동시간 등을 원가동인으로 사용한다.

⑤ 전통적인 간접원가 배부방법에 비해 인과관계를 반영하는 배부기준을 찾아내는 데 많은 노력을 들인다.

02
상중하

★★

활동기준원가계산에 관한 설명으로 옳지 않은 것은? [세무사 15]

① 활동기준원가계산은 생산환경의 변화에 따라 증가되는 제조간접원가를 좀 더 정확하게 제품에 배부하고 효과적으로 관리하기 위한 새로운 원가계산방법이라 할 수 있다.

② 활동기준원가계산에서는 일반적으로 활동의 유형을 단위수준활동, 묶음수준활동(배치수준활동), 제품유지활동, 설비유지활동의 4가지로 구분한다.

③ 제품유지활동은 주로 제조공정이나 생산설비 등을 유지하고 관리하기 위하여 수행되는 활동을 의미하는데 품질검사의 경우 표본검사는 묶음수준활동으로 분류될 수 있지만, 전수조사에 의한 품질검사는 단위수준활동으로 분류된다.

④ 묶음수준활동은 원재료구매, 작업준비 등과 같이 묶음 단위로 수행되는 활동을 의미하는데 품질검사의 경우 표본검사는 묶음수준활동으로 분류될 수 있지만, 전수조사에 의한 품질검사는 단위수준활동으로 분류한다.

⑤ 단위수준활동은 한 단위 제품을 생산하는 데 수반되어 이루어지는 활동으로서 주로 생산량에 비례적으로 발생하며, 주로 직접노무시간, 기계작업시간 등을 원가동인으로 한다.

정답 및 해설

01 ③ 판매관리비도 판매관리활동을 분석하여 활동기준원가계산을 적용할 수 있다.

02 ③ 주로 제조공정이나 생산설비 등을 유지하고 관리하기 위하여 수행되는 활동은 설비유지활동을 의미한다.

03 다음 중 활동기준원가계산제도가 생겨나게 된 배경으로 타당하지 않은 것은?

상중하

[회계사 10]

① 수익성 높은 제품의 선별을 통한 기업역량 집중의 필요성
② 산업구조의 고도화 및 직접노동 투입량의 증가
③ 제품 및 생산공정의 다양화
④ 원가정보의 수집 및 처리기술의 발달
⑤ 개별 제품이나 작업에 직접 추적이 어려운 원가의 증가

04 활동기준원가계산(Activity Based Costing)시스템은 조업도기준 원가계산(Volume Based Costing)시스템에 비하여 보다 정확한 제품원가를 제공할 수 있다. 다음 중에서 활동기준원가계산 시스템을 도입함에 따라서 그 효과를 크게 볼 수 있는 기업의 일반적 특성에 해당되지 않는 것은?

상중하

[회계사 02]

① 생산과정에 거액의 간접원가가 발생하는 경우
② 제품, 고객 및 생산공정이 매우 복잡하고 다양한 경우
③ 회사가 치열한 가격경쟁에 직면한 경우
④ 제품의 제조와 마케팅 원가에 대해서 생산작업자와 회계담당자 사이에 심각한 견해차이가 있는 경우
⑤ 생산과 판매에 자신 있는 제품의 이익은 높고 생산과 판매에 자신 없는 제품의 이익이 낮은 경우

05 활동기준원가계산(ABC)에 관한 설명으로 옳지 않은 것은? [세무사 22]

상중하

① 제조기술이 발달되고 공장이 자동화되면서 증가되는 제조간접원가를 정확하게 제품에 배부하고 효과적으로 관리하기 위한 원가계산기법이다.

② 설비유지원가(facility sustaining cost)는 원가동인을 파악하기가 어려워 자의적인 배부기준을 적용하게 된다.

③ 제품의 생산과 서비스 제공을 위해 수행하는 다양한 활동을 분석하고 파악하여, 비부가가치활동을 제거하거나 감소시킴으로써 원가를 효율적으로 절감하고 통제할 수 있다.

④ 원가를 소비하는 활동보다 원가의 발생행태에 초점을 맞추어 원가를 집계하여 배부하기 때문에 전통적인 원가계산보다 정확한 제품원가 정보를 제공한다.

⑤ 고객별·제품별로 공정에서 요구되는 활동의 필요량이 매우 상이한 경우에 적용하면 큰 효익을 얻을 수 있다.

정답 및 해설

03 ② 현대 제조환경은 직접노동 투입량이 감소하고 상대적으로 제조간접원가 비중이 커지고 제조간접원가의 원가동인이 다양화됨에 따라 기존의 조업도 중심 원가계산방법은 제품원가계산의 왜곡을 초래하게 되었다. 이에 정확한 원가계산을 위해 활동기준원가계산제도가 개발되었다.

04 ⑤ 개별 제품의 수익성을 정확하게 알 수 없는 기업에서 활동기준원가시스템의 효과가 크다.

05 ④ 원가의 발생행태보다 소비하는 활동에 초점을 맞추어 원가를 집계하여 배부하기 때문에 전통적인 원가계산보다 정확한 제품원가 정보를 제공한다.

유형 07 | 활동기준원가계산 절차

1단계: 활동분석(공정가치분석)
2단계: 활동중심점의 설정 및 활동원가집계
3단계: 활동중심점별 원가동인의 선택
4단계: 활동중심점별 원가 배부율의 계산

$$\text{활동중심점별 원가 배부율} = \frac{\text{활동중심점별 원가집계액}}{\Sigma\,\text{활동중심점별 원가동인}}$$

5단계: 활동원가의 제품별 배부(각 제품이 소비한 활동원가동인을 측정하여 원가계산)

실전연습문제

01
상중하

제품 A와 B를 생산·판매하고 있는 ㈜세무의 20×1년 제조간접원가를 활동별로 추적한 자료는 다음과 같다.

구분	원가동인	제품 A	제품 B	추적가능원가
자재주문	주문횟수	20회	35회	₩55
품질검사	검사횟수	10회	18회	₩84
기계수리	기계가동시간	80시간	100시간	₩180

제조간접원가를 활동기준으로 배부하였을 경우 제품 A와 B에 배부될 원가는?

	제품 A	제품 B
①	₩100	₩219
②	₩130	₩189
③	₩150	₩169
④	₩189	₩130
⑤	₩219	₩100

정답 및 해설

01 ② (1) 활동별 제조간접원가 배부율
① 자재주문활동: ₩55 ÷ 55회 = @1/회
② 품질검사활동: ₩84 ÷ 28회 = @3/회
③ 기계수리활동: ₩180 ÷ 180시간 = @1/시간
(2) 각 제품별 제조간접원가 배부액
① 제품 A: @1/회 × 20회 + @3/회 × 10회 + @1/시간 × 80시간 = ₩130
② 제품 B: @1/회 × 35회 + @3/회 × 18회 + @1/시간 × 100시간 = ₩189

02 ㈜세무은 활동기준원가계산방법에 의하여 제품의 원가를 계산하고 있다. 다음은 ㈜세무의 연간 활동
상중하   제조간접원가 예산자료와 작업 #203의 원가동인에 관한 자료이다.

- 연간 활동제조간접원가 예산자료

활동	활동별 제조간접원가	원가동인	원가동인수량
생산준비	₩200,000	생산준비시간	1,250시간
재료처리	₩300,000	재료처리횟수	1,000회
기계작업	₩500,000	기계작업시간	50,000시간
품질관리	₩400,000	품질관리횟수	10,000회

- 작업 #203의 원가동인 자료

작업	생산준비시간	재료처리횟수	기계작업시간	품질관리횟수
#203	60시간	50회	4,500시간	500회

작업 #203의 제조원가가 ₩300,000이라면, 작업 #203의 기본(기초)원가는?

① ₩210,400   ② ₩220,000   ③ ₩225,400
④ ₩230,400   ⑤ ₩255,400

03 세 종류의 스키를 생산·판매하는 ㈜세무의 제조간접원가를 활동별로 분석하면 다음과 같다.
상중하

활동	제조간접원가	원가동인	원가동인 수		
			초급자용 스키	중급자용 스키	상급자용 스키
절단	₩70,000	절단횟수	150회	250회	300회
성형	180,000	제품생산량	400대	300대	200대
도색	225,000	직접노무시간	400시간	600시간	500시간
조립	88,000	기계작업시간	100시간	?	150시간

㈜세무가 활동기준원가계산에 의해 중급자용 스키에 제조간접원가를 ₩208,000 배부하였다면 중급
자용 스키 생산에 소요된 기계작업시간은?

① 100시간   ② 120시간   ③ 150시간
④ 200시간   ⑤ 300시간

정답 및 해설

02 ① (1) 활동별 제조간접원가 배부율
① 생산준비활동: ₩200,000/1,250시간 = ₩160
② 재료처리활동: ₩300,000/1,000회 = ₩300
③ 기계작업활동: ₩500,000/50,000시간 = ₩10
④ 품질관리활동: ₩400,000/10,000회 = ₩40
(2) 제조간접원가 배부액
₩160 × 60시간 + ₩300 × 50회 + ₩10 × 4,500시간 + ₩40 × 500회 = ₩89,600
(3) 기본원가
₩300,000 - ₩89,600 = ₩210,400

03 ③ (1) 활동별 제조간접원가 배부율
① 절단활동: ₩70,000/700회 = ₩100
② 성형활동: ₩180,000/900대 = ₩200
③ 도색활동: ₩225,000/1,500시간 = ₩150
(2) 중급자용 스키에 배부된 조립활동 제조간접원가(x)
₩100 × 250회 + ₩200 × 300대 + ₩150 × 600시간 + x = ₩208,000
→ x = ₩88,000
(3) 기계작업시간(y)
₩88,000 × y/(250시간 + y) = ₩33,000
∴ y = 150시간

04
상중하

㈜세무는 20×1년 제품 A와 B를 각각 1,800개와 3,000개를 생산·판매하였다. 각 제품은 배치(batch)로 생산되고 있으며, 제품 A와 B의 배치당 생산량은 각각 150개와 200개이다. 활동원가는 총 ₩1,423,000이 발생하였다. 제품생산과 관련된 활동내역은 다음과 같다.

활동	원가동인	활동원가
재료이동	이동횟수	₩189,000
재료가공	기계작업시간	1,000,000
품질검사	검사시간	234,000
합계		₩1,423,000

제품 생산을 위한 활동사용량은 다음과 같다.

- 제품 A와 B 모두 재료이동은 배치당 2회씩 이루어진다.
- 제품 A와 B의 총 기계작업시간은 각각 300시간과 500시간이다.
- 제품 A와 B 모두 품질검사는 배치당 2회씩 이루어지며, 제품 A와 B의 1회 검사시간은 각각 2시간과 1시간이다.

제품 A에 배부되는 활동원가는? (단, 재공품은 없다)　　　　　　[세무사 23]

① ₩405,000　　　　② ₩477,000　　　　③ ₩529,000
④ ₩603,000　　　　⑤ ₩635,000

05
상중하

㈜세무는 20×1년에 제품 A 1,500단위, 제품 B 2,000단위, 제품 C 800단위를 생산하였다. 제조간접원가는 작업준비 ₩100,000, 절삭작업 ₩600,000, 품질검사 ₩90,000이 발생하였다. 다음 자료를 이용한 활동기준원가계산에 의한 제품 B의 단위당 제조간접원가는?　　　　　　[세무사 20]

활동	원가동인	제품 A	제품 B	제품 C
작업준비	작업준비횟수	30	50	20
절삭작업	절삭작업시간	1,000	1,200	800
품질검사	검사시간	50	60	40

① ₩43　　　　② ₩120　　　　③ ₩163
④ ₩255　　　　⑤ ₩395

정답 및 해설

04 ④ (1) 각 제품별 배치수 계산

① 제품 A: 1,800개 ÷ 150개 = 12배치

② 제품 B: 3,000개 ÷ 200개 = 15배치

(2) 활동별 원가동인수

① 재료이동횟수: 12배치 × 2회 + 15배치 × 2회 = 54회

② 기계작업시간: 300시간 + 500시간 = 800시간

③ 검사시간: 12배치 × 2회 × 2시간 + 15배치 × 2회 × 1시간 = 78시간

(3) 활동별 제조간접원가 배부율

① 재료이동: ₩189,000 ÷ 54회 = @3,500/회

② 재료가공: ₩1,000,000 ÷ 800시간 = @1,250/시간

③ 품질검사: ₩234,000 ÷ 78시간 = @3,000/시간

(4) 제품 A에 배부되는 활동원가

@3,500/회 × 24회 + @1,250/시간 × 300시간 + @3,000/시간 × 48시간 = ₩603,000

05 ③ (1) 활동별 제조간접원가 배부율 계산

① 작업준비활동: ₩100,000 ÷ (30회 + 50회 + 20회) = @1,000/회

② 절삭작업활동: ₩600,000 ÷ (1,000시간 + 1,200시간 + 800시간) = @200/시간

③ 품질검사활동: ₩90,000 ÷ (50시간 + 60시간 + 40시간) = @600/시간

(2) 제품 B의 단위당 제조간접원가

(50회 × @1,000/회 + 1,200시간 × @200/시간 + 60시간 × @600/시간) ÷ 2,000단위 = ₩163

06

상중하

다음은 단일제품을 생산하여 판매하는 ㈜국세의 연간 활동원가 예산자료와 4월의 활동원가 자료이다.

〈연간 활동원가 예산자료〉

활동	활동원가	원가동인	원가동인수량
재료이동	₩5,000,000	이동횟수	1,000회
성형	3,000,000	제품생산량	24,000단위
도색	1,500,000	직접노무시간	6,000시간
조립	2,000,000	기계작업시간	2,000시간

〈4월 중에 생산한 제품의 활동원가 자료〉
제품생산량: 2,000단위, 직접노무시간: 500시간, 기계작업시간: 200시간

활동기준원가계산에 의할 경우, ㈜국세가 4월 중에 생산한 제품의 활동원가 금액은 ₩1,050,000으로 계산되었다. ㈜국세가 4월 중 제품을 생산하는 과정에서 발생한 재료의 이동횟수는 얼마인가?

[세무사 11 수정]

① 95회   ② 96회   ③ 97회
④ 98회   ⑤ 99회

07

상중하

㈜서울은 가전제품을 생산하여 판매하는 기업이다. ㈜서울의 경영자는 현재 생산하고 있는 양문냉장고의 설계를 변경하는 경우 원가를 얼마나 절감할 수 있는지 알아보려 한다. 20×2년의 양문냉장고 예상판매량 100대를 현재 설계된 대로 생산하는 경우 직접재료원가 ₩100,000, 직접노무원가 ₩50,000, 그리고 제조간접원가 ₩350,000이 발생할 것으로 추정된다. ㈜서울은 활동기준원가계산(activity-based costing)을 적용하고 있는데 제조간접원가를 발생원인에 따라 항목별로 구분한 결과는 다음과 같다.

제조간접원가 항목	금액	원가동인 및 발생현황	
기계가동원가	₩100,000	기계가동시간	100시간
작업준비원가	50,000	작업준비시간	10
검사원가	100,000	검사시간	10
재작업원가	100,000	재작업시간	20

설계를 변경하는 경우 기계가동시간과 재작업시간은 20% 감소되며, 작업준비시간은 25% 감소될 것으로 예상된다. 그러나 검사시간은 현재보다 20% 늘어날 것으로 예상된다. ㈜서울이 설계를 변경하는 경우 단위당 제조간접원가를 얼마나 절감할 수 있는가? (단, 상기 자료 외의 원가는 고려하지 않는다)

[세무사 10]

① ₩275   ② ₩325   ③ ₩375
④ ₩425   ⑤ ₩475

정답 및 해설

06 ①

활동	활동원가 배부율	
재료이동	₩5,000,000/1,000회 =	@5,000/회
성형	₩3,000,000/24,000단위 =	@125/단위
도색	₩1,500,000/6,000시간 =	@250/시간
조립	₩2,000,000/2,000시간 =	@1,000/시간

재료의 이동횟수를 x라 한 후 정리하면 다음과 같다.

@5,000/회 × x + @125/단위 × 2,000단위 + @250/시간 × 500시간 + @1,000/시간 × 200시간

= ₩1,050,000

∴ x = 95회

07 ② (1) 활동원가 배부율의 계산

항목	활동원가 배부율	
기계가동	₩100,000 ÷ 100시간 =	기계가동시간당 @1,000
작업준비	₩50,000 ÷ 10시간 =	작업준비시간당 @5,000
검사	₩100,000 ÷ 10시간 =	검사시간당 @10,000
재작업	₩100,000 ÷ 20시간 =	재작업시간당 @5,000

(2) 설계변경하는 경우 원가동인의 증감에 따른 활동원가 증감액

항목	원가동인 증가(감소)		활동원가 증가(감소)액	
기계가동	100시간 × (20%) =	(20)시간	(20)시간 × @1,000 =	₩(20,000)
작업준비	10시간 × (25%) =	(2.5)	(2.5)시간 × @5,000 =	(12,500)
검사	10시간 × 20% =	2	2시간 × @10,000 =	20,000
재작업	20시간 × (20%) =	(4)	(4)시간 × @5,000 =	(20,000)
계				₩(32,500)

∴ 단위당 제조간접원가 절감액 = $\dfrac{₩32,500}{100대}$ = ₩325

08 ㈜호남은 두 종류의 제품(X와 Z)을 생산하고 있다. 이 회사의 원가담당자는 간접원가 중 엔지니어링 변경원가에 관심을 가지고 있다. 1회 엔지니어링 변경에 소요되는 원가는 ₩600이다. 제품별 생산량, 엔지니어링 변경횟수, 기계시간은 다음과 같다.

항목	제품 X	제품 Z
생산량	1,000단위	1,000단위
엔지니어링 변경횟수	14회	6회
생산량 단위당 기계시간	1시간	2시간

엔지니어링 변경원가를 엔지니어링 변경횟수가 아닌 기계시간을 기준으로 배부한다면, 제품 X에 과대배부 혹은 과소배부되는 금액은 얼마인가?   [세무사 09]

① ₩15,000 과소배부   ② ₩15,000 과대배부   ③ ₩12,000 과소배부
④ ₩7,200 과대배부   ⑤ ₩4,400 과소배부

09 ㈜한호기계는 활동기준원가계산(activity-based costing)을 적용하고 있다. 회사는 제품생산을 위해 세 가지 활동을 수행하고 있다. 당기에 발생된 활동별 실제원가는 기계가동활동 ₩84,000, 엔지니어링활동 ₩60,000, 품질검사활동 ₩41,000이었다. 당기에 두 종류의 제품 A와 B를 생산하였으며, 생산 관련 실제자료는 다음과 같았다.

항목	제품 A	제품 B
생산량	500단위	1,200단위
기계가동(기계시간)	2,000시간	3,000시간
엔지니어링(작업시간)	500시간	700시간
품질검사(품질검사 횟수)	10회	15회

* 괄호 안은 각 활동의 원가동인을 의미함

활동기준원가계산 및 위의 자료와 관련된 ㈜한호기계의 원가계산결과에 대한 설명이다. 다음 중 타당하지 않은 것은?   [회계사 08]

① 생산과정에서 직접원가보다는 간접원가의 비중이 높을수록 활동기준원가계산의 도입효과가 큰 것으로 알려져 있다.
② 품질검사를 전수조사에 의할 경우 품질검사활동은 단위수준활동으로 분류된다.
③ 제품 A에 배부되는 총활동원가는 ₩72,000이다.
④ 기계가동활동의 원가배부율은 기계시간당 ₩16.8이다.
⑤ 제품 B에 배부되는 엔지니어링 활동원가는 ₩35,000이다.

정답 및 해설

08 ⑤ (1) 제품 X와 제품 Z의 엔지니어링 변경원가 = (14회 + 6회) × @600 = ₩12,000

기계시간 기준 엔지니어링 변경원가 배부율 = $\dfrac{₩12,000}{1,000단위 × 1시간 + 1,000단위 × 2시간}$ = @4/시간

(2) 제품 X 엔지니어링 변경원가 배부액

엔지니어링 변경횟수 기준	14회 × @600 =	₩8,400
기계시간 기준	(1,000단위 × 1시간) × @4 =	4,000
차이		₩4,400

∴ 기계시간을 기준으로 배부하면 ₩4,400만큼 과소배부된다.

09 ③ (1) 활동별 원가 배부율의 계산

기계가동: ₩84,000 ÷ 5,000시간 = ₩16.8

엔지니어링: ₩60,000 ÷ 1,200시간 = ₩50

품질검사: ₩41,000 ÷ 25회 = ₩1,640

(2) 제품 A에 배부되는 총활동원가

기계가동	2,000시간 × ₩16.8 =	₩33,600
엔지니어링	500시간 × ₩50 =	25,000
품질검사	10회 × ₩1,640 =	16,400
계		₩75,000

★★
10
상중하

㈜서울은 두 종류의 제품(컴퓨터와 프린터)을 생산하고 있다. 회사의 제조활동은 다음 4가지로 구분되며, 활동별 제조간접원가와 관련된 자료는 다음과 같다.

활동	원가동인	연간 원가동인 수	연간 활동별 제조간접원가
생산준비	생산준비시간	600셋업시간	₩900,000
재료이동	재료이동횟수	1,800회	1,080,000
기계사용	기계작업시간	400시간	1,200,000
수선유지	기계작업시간	400시간	800,000

컴퓨터에 대한 생산량 및 원가자료가 다음과 같을 때, 활동기준원가계산(ABC)에 의한 컴퓨터의 단위당 제조원가는?

- 생산량 2,000단위
- 생산준비시간 .... ? (1묶음 = 250단위, 1묶음당 37.5시간 준비시간)
- 재료이동횟수 1,170회
- 기계작업시간 250시간
- 단위당 직접재료원가 .... ₩3,000
- 단위당 직접노무원가 .... ₩4,000

① ₩7,562   ② ₩8,201   ③ ₩8,932

④ ₩9,653   ⑤ ₩10,052

정답 및 해설

10 ② (1) 총제조간접원가 계산
　① 생산준비: (2,000단위 ÷ 250단위 × 37.5시간) × @1,500 = ₩450,000
　② 재료이동: 1,170회 × @600 = ₩702,000
　③ 기계사용: 250시간 × @3,000 = ₩750,000
　④ 수선유지: 250시간 × @2,000 = ₩500,000
　⑤ 총제조간접원가: ₩450,000 + ₩702,000 + ₩750,000 + ₩500,000 = ₩2,402,000
　(2) 단위당 제조원가 계산
　　₩3,000 + ₩4,000 + ₩2,402,000 ÷ 2,000단위 = ₩8,201

유형 08 | 고객수익성 분석

정확한 제품원가계산에 사용하던 활동기준원가계산을 판매관리비로 확대하여 적용하면 고객수익성 분석 (customer-profitability analysis)이 가능해진다. 고객별 수익성 분석이 정확히 되면 '어느 고객에 집중할 것인가?', '어느 고객과 거래를 중단할 것인가?', '특정 고객에 대해 가격할인을 적용할 것인가?', '특정 고객의 수익성을 개선하기 위한 방안은 무엇인가?' 등과 같은 중요한 의사결정이 가능하게 된다. 최근 고객중심의 경영환경에서는 제조원가보다 제조 이후 단계(마케팅, 유통, 판매 후 서비스 등)에서 발생하는 원가의 중요성이 크게 증가하고 있어 기업은 경쟁우위를 유지하기 위해 고객수익성 분석의 필요성이 증가하고 있다. 고객별 수익성 분석을 위해서는 고객수익분석과 고객원가분석을 통한 고객별 이익을 계산해야 한다.

(1) 고객수익분석

고객별로 발생된 수익을 분석하기 위해서는 특정 고객별로 가격할인(매출에누리)이 얼마나 적용되었는지 또는 반품(매출환입)이 어느 정도 발생되었는지를 확인해야 하므로 총매출액과 순매출액을 모두 관리한다.

(2) 고객원가분석

판매과정에서 고객별로 발생되는 원가를 활동의 개념을 적용하여 고객원가계층(customer cost hierarchy)으로 집계한다.

① **고객단위수준원가**(customer output-unit-cost): 고객에게 제품 1단위를 판매할 때마다 수행하는 활동으로 인해 발생되는 원가

  예 제품취급원가, 제품포장원가 등

② **고객묶음수준원가**(customer batch-level cost): 고객에게 판매되는 제품의 묶음 수와 관련되어 수행하는 활동으로 인해 발생되는 원가

  예 주문처리원가, 배달원가 등

③ **고객유지원가**(customer-sustaining cost): 제품 판매량 및 묶음수와 관계없이 개별 고객을 유지하기 위한 활동으로 인해 발생되는 원가

  예 고객방문원가, 우편발송원가 등

④ **유통경로원가**(distribution-channel cost): 특정 유통경로를 유지하기 위한 활동으로 인해 발생되는 원가로 특정 유통경로는 고객별, 지역별로 다를 수 있음

  예 소매유통경로 관리자 급여 등

⑤ **기업유지원가**(corporate-sustaining cost): 특정 고객이나 유통경로로 추적되지 않고, 기업 전체의 판매를 위한 활동으로 인해 발생되는 원가

  예 최고경영자 급여, 본사 관리비, 판매직원 교육훈련비

01
★★
상중하

㈜세무는 고객별 수익성 분석을 위하여 판매관리비에 대해 활동기준원가계산을 적용한다. 당기 초에 수집한 관련 자료는 다음과 같다.

(1) 연간 판매관리비 예산: ₩3,000,000(급여 ₩2,000,000, 기타 ₩1,000,000)
(2) 자원소비 단위(활동)별 판매관리비 배분비율

구분	고객주문처리	고객관계관리	계
급여	40%	60%	100%
기타	20%	80%	100%

(3) 활동별 원가동인과 연간 활동량

활동	원가동인	활동량
고객주문처리	고객주문횟수	2,000회
고객관계관리	고객 수	100명

㈜세무는 당기 중 주요 고객인 홍길동이 30회 주문할 것으로 예상하고 있다. 홍길동의 주문 1회당 예상되는 ㈜세무의 평균 매출액은 ₩25,000이며 매출원가는 매출액의 60%이다. 활동기준원가계산을 적용하여 판매관리비를 고객별로 배분하는 경우, ㈜세무가 당기에 홍길동으로부터 얻을 것으로 예상되는 영업이익은? [세무사 19]

① ₩255,000 　　　② ₩265,000 　　　③ ₩275,000
④ ₩279,500 　　　⑤ ₩505,000

02 상품매매기업인 ㈜세무는 활동기준원가계산에 의하여 간접원가를 고객별로 배부한다. 활동기준원가
계산을 적용하기 위해 20×1년 초에 수집한 연간 예산 및 관련 자료는 다음과 같다. 20×1년 중 고객
A가 6회 주문할 경우, 이 고객에게 배부될 간접원가 총액은 얼마인가?   [세무사 14]

---

(1) 간접원가 연간 자료

	금액
급여	₩250,000
마케팅비	160,000
계	₩410,000

(2) 자원소비 단위(활동)별 간접원가 배부비율

	주문처리	고객지원	배부불능*	합계
급여	20%	70%	10%	100%
마케팅비	10	80	10	100

* 배부불능은 활동별로 배부되지 않은 원가로 기업 전체 수준으로 배부되며 고객별로 배부되지 않는다.

(3) 활동별 원가동인과 연간 활동량

	원가동인	활동량
주문처리	주문횟수	4,000회
고객지원	고객 수	40명

---

① ₩7,674   ② ₩7,774   ③ ₩7,874
④ ₩7,974   ⑤ ₩8,074

정답 및 해설

01 ② (1) 활동별 원가 집계
　　① 고객주문처리활동: ₩2,000,000 × 0.4 + ₩1,000,000 × 0.2 = ₩1,000,000
　　② 고객관계관리활동: ₩2,000,000 × 0.6 + ₩1,000,000 × 0.8 = ₩2,000,000
　(2) 활동별 제조간접원가 배부율
　　① 고객주문처리활동: ₩1,000,000 ÷ 2,000회 = @500/회
　　② 고객관계관리활동: ₩2,000,000 ÷ 100명 = @20,000/명
　(3) 홍길동으로부터 얻을 것으로 예상되는 영업이익
　　₩25,000 × (1 - 0.6) × 30회 - @500/회 × 30회 - @20,000/명 = ₩265,000

02 ① (1) 활동별 원가 집계
　　① 주문처리활동: ₩250,000 × 0.2 + ₩160,000 × 0.1 = ₩66,000
　　② 고객지원활동: ₩250,000 × 0.7 + ₩160,000 × 0.8 = ₩303,000
　(2) 활동별 제조간접원가 배부율
　　① 주문처리활동: ₩66,000 ÷ 4,000회 = @16.5/회
　　② 고객지원활동: ₩303,000 ÷ 40명 = @7,575/명
　(3) 고객 A에게 배부될 간접원가 총액
　　@16.5/회 × 6회 + @7,575/명 × 1명 = ₩7,674

03
상중하

㈜한국은 소매업체들을 대상으로 판매촉진 관련 지원서비스를 제공하고 있다. ㈜한국은 적절한 이익을 창출하고자 각 고객별 주문과 관련하여 발생한 재료원가에 100%의 이윤폭(markup)을 가산하여 각 고객에 대한 지원서비스 청구액(= 재료원가 × 200%)을 결정하여 왔다. 최근 들어 ㈜한국은 새로운 고객관계관리 소프트웨어를 사용하여 활동분석을 수행한 결과, 활동, 활동원가동인 및 활동원가동인당 배부율을 다음과 같이 파악하였다.

활동	활동원가동인	활동원가동인당 배부율
정규주문처리	정규주문처리 건수	정규주문처리 건당 ₩5
긴급주문처리	긴급주문처리 건수	긴급주문처리 건당 ₩15
고객이 요구한 특별서비스처리	특별서비스처리 건수	특별서비스처리 건당 ₩50
고객관계관리	연간 고객 수	고객당 ₩100

고객관계관리 소프트웨어를 이용하여 20×1년 한 해 동안 이 회사의 고객들에 관한 데이터를 수집하였으며, 총 고객 60명 중 2명의 고객 A, B에 대한 자료와 회사 전체의 자료는 다음과 같다.

구분	고객 A	고객 B	회사 전체
매출액(지원서비스 청구액)	₩1,400	₩750	₩60,000
정규주문처리 건수	25건	8건	1,000건
긴급주문처리 건수	10건	8건	500건
특별서비스처리 건수	4건	7건	200건
고객 수	1명	1명	60명

위에 주어진 활동분석 자료에 입각하여 20×1년 한 해 동안 고객 A, B 각각으로부터 창출된 이익(손실)을 계산하면 얼마인가?

	고객 A	고객 B
①	₩175	₩(235)
②	₩175	₩(300)
③	₩175	₩(325)
④	₩125	₩(235)
⑤	₩125	₩(325)

정답 및 해설

03 ④ (1) 고객 A
① 재료원가 = ₩1,400 ÷ 200% = ₩700
② 가공원가 = 25건 × ₩5 + 10건 × ₩15 + 4건 × ₩50 + 1명 × ₩100 = ₩575
③ 손익 = ₩1,400 - ₩700 - ₩575 = ₩125
(2) 고객 B
① 재료원가 = ₩750 ÷ 200% = ₩375
② 가공원가 = 8건 × ₩5 + 8건 × ₩15 + 7건 × ₩50 + 1명 × ₩100 = ₩610
③ 손익 = ₩750 - ₩375 - ₩610 = ₩(235)

제4장
종합원가계산

유형 09 종합원가계산 절차
유형 10 연속공정
유형 11 완성도추정
유형 12 공손
유형 13 작업공정별 원가계산

유형 09 | 종합원가계산 절차

1. 종합원가계산의 절차(5단계)

1단계: 물량의 흐름 파악
2단계: 완성품환산량 계산
3단계: 원가요약
4단계: 완성품환산량 단위당 원가 계산 → 3단계 ÷ 2단계
5단계: 완성품과 기말재공품에 원가 배분

2. 원가흐름에 대한 가정(기초재공품이 존재하는 경우)

(1) 선입선출법

① 기초재공품이 먼저 완성되는 것으로 가정함

② 기초재공품원가는 전액 완성품원가에 배분하고 당기발생원가는 완성품과 기말재공품에 배분함

③ 당기완성품환산량이 계산됨

(2) 가중평균법

① 기초재공품이 당기에 착수된 것으로 가정함

② 총원가(= 기초재공품원가 + 당기발생원가)를 완성품과 기말재공품에 배분함

③ 총완성품환산량이 계산됨

> 총완성품환산량 = 당기완성품환산량 + 기초재공품에 대한 완성품환산량

01
상중하

다음은 종합원가계산제도를 채택하고 있는 ㈜세무의 당기 제조활동에 관한 자료이다.

• 기초재공품	₩3,000(300단위, 완성도 60%)
• 당기투입원가	₩42,000
• 당기완성품수량	800단위
• 기말재공품	200단위(완성도 50%)

모든 원가는 공정 전체를 통하여 균등하게 발생하며, 기말재공품의 평가는 평균법을 사용하고 있다.
기말재공품원가는? (단, 공손 및 감손은 없다)

① ₩4,200   ② ₩4,500   ③ ₩5,000
④ ₩8,400   ⑤ ₩9,000

02
상중하

㈜세무은 단일공정을 통해 단일제품을 생산하고 있으며, 선입선출법에 의한 종합원가계산을 적용하고 있다. 직접재료는 공정 초에 전량 투입되고, 가공원가는 공정 전반에 걸쳐 균등하게 발생한다. ㈜세무의 20×1년 기초재공품은 10,000단위(가공원가 완성도 40%), 당기착수량은 30,000단위, 기말재공품은 8,000단위(가공원가 완성도 50%)이다. 기초재공품의 직접재료원가는 ₩170,000이고, 가공원가는 ₩72,000이며, 당기투입된 직접재료원가와 가공원가는 각각 ₩450,000과 ₩576,000이다. 다음 설명 중 옳은 것은? (단, 공손 및 감손은 발생하지 않는다)

① 기말재공품원가는 ₩192,000이다.
② 가공원가의 완성품환산량은 28,000단위이다.
③ 완성품원가는 ₩834,000이다.
④ 직접재료원가의 완성품환산량은 22,000단위이다.
⑤ 직접재료원가와 가공원가에 대한 완성품환산량 단위당 원가는 각각 ₩20.7과 ₩20.3이다.

정답 및 해설

01 ③ (1) 제조원가완성품환산량 = 800단위 × 100% + 200단위 × 50% = 900단위
　　　　(2) 제조원가완성품환산량 단위당 원가 = ₩45,000 ÷ 900단위 = @50/단위
　　　　(3) 기말재공품원가 = 200단위 × 50% × @50/단위 = ₩5,000

02 ① (1) 직접재료원가 완성품환산량 = 22,000단위 × 100% + 8,000단위 × 100% = 30,000단위
　　　　(2) 가공원가 완성품환산량 = 10,000단위 × 60% + 22,000단위 + 8,000단위 × 50% = 32,000단위
　　　　(3) 직접재료원가 완성품환산량 단위당 원가 = ₩450,000 ÷ 30,000단위 = @15/단위
　　　　(4) 가공원가 완성품환산량 단위당 원가 = ₩576,000 ÷ 32,000단위 = @18/단위
　　　　(5) 완성품원가 = ₩242,000(기초) + 22,000단위 × @15/단위 + 28,000단위 × @18/단위 = ₩1,076,000
　　　　(6) 기말재공품원가 = 8,000단위 × @15/단위 + 4,000단위 × @18/단위 = ₩192,000

03 ㈜세무는 선입선출법에 의한 종합원가계산을 채택하고 있다. 전환원가(가공원가)는 공정 전반에 걸쳐 균등하게 발생한다. 다음 자료를 활용할 때, 기말재공품원가에 포함된 전환원가(가공원가)는? (단, 공손 및 감손은 발생하지 않는다)

상중하

• 기초재공품	1,000단위(완성도 40%)
• 당기착수	4,000단위
• 당기완성	4,000단위
• 기말재공품	1,000단위(완성도 40%)
• 당기발생 전환원가(가공원가)	₩1,053,000

① ₩98,000   ② ₩100,300   ③ ₩102,700
④ ₩105,300   ⑤ ₩115,500

04 ㈜세무는 종합원가계산제도를 채택하고 있다. ㈜세무의 20×1년 당기제조착수량은 100단위, 기말재공품은 40단위(전환원가 완성도 25%)이며, 당기투입원가는 직접재료원가 ₩40,000, 전환원가 ₩70,000이다. 직접재료는 공정이 시작되는 시점에서 전량 투입되며, 전환원가는 공정 전반에 걸쳐 균등하게 발생할 때, 기말재공품의 원가는? (단, 기초재공품, 공손 및 감손은 없다) [세무사 20]

상중하

① ₩10,000   ② ₩16,000   ③ ₩26,000
④ ₩28,000   ⑤ ₩56,000

05 ㈜세무는 가중평균법을 적용한 종합원가계산으로 제품원가를 계산한다. 기말재공품의 물량은 8,000단위이고, 직접재료원가 완성도는 70%이며 가공원가(전환원가) 완성도는 75%이다. 기말재공품의 원가가 ₩220,000이고 완성품환산량 단위당 직접재료원가가 ₩20이라면, 완성품환산량 단위당 가공원가(전환원가)는? [세무사 17]

상중하

① ₩18   ② ₩19   ③ ₩20
④ ₩21   ⑤ ₩22

정답 및 해설

03 ④   (1) 가공원가 완성품환산량 = 1,000단위 × 0.6 + 3,000단위 + 1,000단위 × 0.4 = 4,000단위

     (2) 가공원가 완성품환산량 단위당 원가 = ₩1,053,000/4,000단위 = ₩263.25

     (3) 기말재공품에 배부된 가공원가(전환원가) = 400단위 × ₩263.25 = ₩105,300

04 ③   이 문제에서는 기초재공품이 존재하지 않아서 가중평균법이나 선입선출법의 결과가 동일하게 나타난다. 따라서 원가흐름에 대한 가정이 문제에 주어져 있지 않아도 무방하다.

재공품				재료원가	가공원가
기초	0	완성	60(1, 1)	60단위	60단위
착수	100	기말	40(1, 0.25)	40단위	10단위
				100단위	70단위
				₩40,000	₩70,000
				@400	@1,000

    ∴ 기말재공품원가 = 40단위 × @400 + 10단위 × @1,000 = ₩26,000

05 ①   (1) 기말재공품에 포함된 가공원가 = ₩220,000 - 8,000단위 × 0.7 × ₩20 = ₩108,000

     (2) 완성품환산량 단위당 가공원가 = ₩108,000 ÷ (8,000단위 × 0.75) = ₩18

06 ㈜세무는 단일 제품 A를 대량생산하고 있으며, 종합원가계산방법(선입선출법 적용)을 사용한다. 직
★★
상중하 접재료는 공정 초에 전량 투입되고, 가공원가는 공정 전반에 걸쳐 균등하게 발생된다. 제품 A의 관련
자료가 다음과 같을 때, ㈜세무의 제품 A 완성품 단위당 원가는? (단, 생산과정 중 감손이나 공손
등 물량손실은 없다)   [세무사 16]

구분	물량(완성도)
기초재공품	100개(30%)
당기착수품	2,100개
당기완성품	( )개
기말재공품	200개(40%)

구분	직접재료원가	가공원가
기초재공품	₩28,000	₩25,000
당기발생원가	630,000	205,000
계	₩658,000	₩230,000

① ₩384　　　　　　　　　② ₩390　　　　　　　　　③ ₩404
④ ₩410　　　　　　　　　⑤ ₩420

07 ㈜세무는 선입선출법하의 종합원가계산을 사용하고 있으며, 가공원가는 공정 전반에 걸쳐 균등하게
★★
상중하 발생한다. 당기 생산 관련 자료는 다음과 같다. 기말재공품에 포함된 가공원가가 ₩320,000일 때
당기에 발생한 가공원가는?   [세무사 13]

	물량
기초재공품	2,000(완성도 60%)
당기착수량	8,000
당기완성량	8,000
기말재공품	2,000(완성도 40%)

① ₩2,964,000　　　　　② ₩3,040,000　　　　　③ ₩3,116,000
④ ₩3,192,000　　　　　⑤ ₩3,268,000

★★
08
상중하

다음은 종합원가계산을 채택하고 있는 ㈜국세의 당기 생산활동과 관련된 자료이다.

• 기초재공품	수량 없음
• 당기착수량	1,000단위
• 당기투입원가	
– 직접재료원가	₩100,000
– 직접노무원가	81,000
– 제조간접원가	60,500
• 기말재공품 수량	500단위

㈜국세는 단일공정을 통해 제품을 생산하며, 모든 제조원가는 공정 전반에 걸쳐 균등하게 발생한다. 완성품 단위당 제조원가가 ₩420이라면, 기말재공품의 완성도는 몇 %인가? (단, 공손 및 감손은 발생하지 않는 것으로 가정한다)

[세무사 12]

① 10% ② 15% ③ 20%
④ 30% ⑤ 45%

정답 및 해설

06 ④ (1) 완성품환산량 단위당 원가 계산

재공품(선입선출법)						재료원가	가공원가
기초	100(1, 0.3)	완성	기초	100(0, 0.3)		0개	70개
			착수	1,900(1, 1)		1,900개	1,900개
착수	2,100		기말	200(1, 0.4)		200개	80개
						2,100개	2,050개
						₩630,000	₩205,000
						@300	@100

(2) 완성품 단위당 원가 = (₩53,000 + 1,900개 × @300 + 1,970개 × @100) ÷ 2,000개 = ₩410

07 ② 기말재공품 가공원가 = 기말 가공원가 완성품환산량 × 가공원가 완성품환산량 단위당 원가

$$= 기말\ 가공원가\ 완성품환산량 × \frac{당기발생가공원가}{가공원가\ 완성품환산량}$$

$$₩320,000 = 800개 × \frac{당기발생가공원가}{7,600개^*}$$

* 2,000개 × 0.4 + 6,000개 + 2,000개 × 0.4
∴ 당기발생가공원가 = ₩3,040,000

08 ② (1) 기말재공품의 완성도 = x

(2) 완성품환산량 = 500단위 + 500단위 × x

(3) 완성품 단위당 제조원가(₩420) = $\dfrac{₩100,000 + ₩81,000 + ₩60,500}{500단위 + 500단위 × x}$

∴ x = 15%

09
상중하

㈜대한의 3월 제조와 관련된 자료는 다음과 같다. 가중평균법을 사용하는 경우 월말재공품에 포함되는 가공원가는 얼마인가?　　　　　　　　　　　　　　　　　　　　　　　　　　[세무사 09]

• 월초재공품 완성도	60%
• 월말재공품 완성도	40%
• 월초재공품 수량	9,200개
• 당월 착수량	20,000개
• 월말재공품 수량	2,000개
• 월초재공품 가공원가	₩30,320
• 당월 발생 가공원가	₩52,000

① ₩1,782　　　　　　② ₩2,352　　　　　　③ ₩3,422
④ ₩4,432　　　　　　⑤ ₩5,880

10
상중하

대한회사는 선입선출법에 의한 종합원가계산을 채택하고 있다. 제품제조를 위하여 원재료 A와 원재료 B가 사용되는데 원재료 A는 공정 초기에 전부 투입되고 원재료 B는 공정의 50%시점에 전부 투입된다. 그리고 가공원가는 공정 전체를 통하여 균등하게 발생한다. 대한회사의 당기 제품제조활동과 관련한 다음의 자료를 토대로 당기에 완성된 제품의 원가와 기말재공품의 원가를 구하면 각각 얼마인가?　　　　　　　　　　　　　　　　　　　　　[세무사 08]

• 기초재공품의 수량은 5,000개이며 가공원가 완성도는 60%이다.
• 당기완성품의 수량은 80,000개이다.
• 기말재공품의 수량은 10,000개이며 가공원가 완성도는 30%이다.
• 기초재공품의 원가와 당기에 발생한 원가의 현황은 다음과 같다.

구분	원재료 A	원재료 B	가공원가	합계
기초재공품원가	₩850,000	₩900,000	₩400,000	₩2,150,000
당기발생원가	3,400,000	4,500,000	1,600,000	9,500,000

	완성품원가	기말재공품원가
①	₩11,025,000	₩625,000
②	₩11,150,000	₩500,000
③	₩11,190,000	₩460,000
④	₩9,600,000	₩2,050,000
⑤	₩10,200,000	₩1,450,000

09 ② 가공원가 완성품환산량 단위당 원가(가중평균법)

	[1단계] 물량흐름	[2단계] 가공원가 완성품환산량
월초재공품	9,200개	
당월착수	20,000개	
계	29,200개	
당월완성	27,200개	27,200개
월말재공품	2,000개 (40%)	800개 = 2,000개 × 40%
계	29,200개	28,000개

[3단계] 총가공원가 요약	
월초재공품원가	₩30,320
당월발생원가	52,000
계	₩82,320
[4단계] 환산량 단위당 원가	
완성품환산량	28,000개
환산량 단위당 원가	@2.94

∴ 월말재공품에 포함되는 가공원가 = 800개 × @2.94 = ₩2,352

10 ③ (1) 당기착수량 = 완성품수량 + 기말재공품수량 − 기초재공품수량
     = 80,000개 + 10,000개 − 5,000개 = 85,000개

(2) 원가계산 − 제조원가보고서

제조원가보고서(FIFO)

	[1단계] 물량흐름	[2단계] 완성품환산량 A재료원가(0%)	B재료원가(50%)	가공원가
기초재공품	5,000개(60%)			
당기착수	85,000개			
계	90,000개			
당기완성				
┌ 기초재공품	5,000개(60%, 100%)	0개	0개	2,000개 [*1]
└ 당기착수	75,000개	75,000개	75,000개	75,000개
기말재공품	10,000개(0%, 30%)	10,000개	0개	3,000개 [*2]
계	90,000개	85,000개	75,000개	80,000개

[3단계] 총원가 요약	A재료원가	B재료원가	가공원가	합계
기초재공품원가				₩2,150,000
당기발생원가	₩3,400,000	₩4,500,000	₩1,600,000	9,500,000
계				₩11,650,000
[4단계] 환산량 단위당 원가				
완성품환산량	85,000개	75,000개	80,000개	
환산량 단위당 원가	@40	@60	@20	

[5단계] 원가의 배분				합계
완성품원가	₩2,150,000 + 75,000 × @40 + 75,000 × @60 + 77,000 × @20 =			₩11,190,000
기말재공품원가	10,000 × @40 +	0 × @60 +	3,000 × @20 =	460,000
계				₩11,650,000

[*1] 5,000개 × (1 − 60%) = 2,000개
[*2] 10,000개 × 30% = 3,000개

★★
11
상중하

대한회사는 가중평균법에 의한 종합원가계산을 채택하고 있다. 기초재공품이 75,000단위이고 당기착 수량이 225,000단위이다. 기말재공품이 50,000단위인데 직접재료는 전량 투입되었고, 가공원가 완성도는 70%이다. 기초재공품에 포함된 가공원가가 ₩14,000이고 당기발생가공원가가 ₩100,000 이면 기말재공품에 얼마의 가공원가가 배부되어야 하는가?
[세무사 08]

① ₩20,000　　　　　② ₩10,000　　　　　③ ₩18,000

④ ₩8,000　　　　　⑤ ₩14,000

★★
12
상중하

㈜세무는 단일제품을 생산하고 있으며, 선입선출법에 의한 종합원가계산을 채택하고 있다. 제품의 제 조과정에서 두 가지 재료가 투입되는데 재료 A는 공정의 25%시점에서, 재료 B는 75%시점에서 각 각 투입되며 가공원가는 공정 전반에 걸쳐 균일하게 발생한다. 20×1년 4월의 생산활동과 관련된 자료는 다음과 같다.

> (1) 월초재공품 수량은 2,500단위, 완성도 40%, 원가는 ₩700,000이다.
> (2) 월말재공품 수량은 2,000단위이며, 이 중 1,000단위는 완성도가 10%, 나머지 1,000단위는 80%이다.
> (3) 당월 착수량은 3,500단위이고, 완성량은 4,000단위이다.
> (4) 20×1년 4월 중에 발생한 원가는 다음과 같다.
>
> | 재료 A의 원가 | ₩500,000 |
> | --- | --- |
> | 재료 B의 원가 | 600,000 |
> | 가공원가 | 1,170,000 |

위 자료를 이용하여 당월 완성품원가를 구하시오.
[세무사 03]

① ₩2,270,000　　　　　② ₩2,380,000　　　　　③ ₩2,970,000

④ ₩1,870,000　　　　　⑤ ₩1,680,000

정답 및 해설

11 ⑤   (1) 당기완성품수량 = 기초재공품수량 + 당기착수량 − 기말재공품수량

           = 75,000단위 + 225,000단위 − 50,000단위 = 250,000단위

  (2) 가중평균법에 의한 가공원가 완성품환산량 = 250,000단위 + 50,000단위 × 70% = 285,000단위

  (3) 환산량 단위당 가공원가 = $\dfrac{\text{기초재공품 가공원가} + \text{당기발생가공원가}}{\text{가공원가 완성품환산량}}$ = $\dfrac{\text{₩14,000} + \text{₩100,000}}{285,000\text{단위}}$ = @0.4

  ∴ 기말재공품 가공원가 = 기말재공품 가공원가 완성품환산량 × 환산량 단위당 가공원가

               = (50,000단위 × 70%) × @0.4 = ₩14,000

12 ②   (1) 물량의 흐름

재공품(선입선출법)

월초재공품	2,500단위(40%)	완성품	⌈ 월초	2,500단위(40%, 100%)
			⌊ 당월착수	1,500단위
당월착수	3,500단위	월말재공품	⌈ 1,000단위(0%, 10%)	
			⌊ 1,000단위(0%, 80%)	
	6,000단위			6,000단위

  (2) 당월 완성품환산량

    ① 재료 A: 2,500단위 × 0 + 1,500단위 + 1,000단위 × 0 + 1,000단위 × 1 = 2,500단위

    ② 재료 B: 2,500단위 + 1,500단위 + 1,000단위 × 0 + 1,000단위 × 1 = 5,000단위

    ③ 가공원가: 2,500단위 × (1 − 40%) + 1,500단위 + 1,000단위 × 10% + 1,000단위 × 80%

          = 3,900단위

  (3) 환산량 단위당 원가

    ① 재료 A: ₩500,000 ÷ 2,500단위 = @200

    ② 재료 B: ₩600,000 ÷ 5,000단위 = @120

    ③ 가공원가: ₩1,170,000 ÷ 3,900단위 = @300

  (4) 당월 완성품원가

    ₩700,000 + 1,500단위 × @200 + 4,000단위 × @120 + 3,000단위 × @300 = ₩2,380,000

13 ★★ 상중하

㈜세무는 20×1년에 영업을 시작하였으며, 표준원가계산제도를 적용하고 있다. 20×2년의 제품 단위당 표준원가는 20×1년과 동일하게 다음과 같이 설정하였다. 직접재료는 공정의 초기에 전량 투입되며, 전환원가(conversion costs)는 공정 전반에 걸쳐 균등하게 발생한다.

• 직접재료원가	4kg	×	₩6	=	₩24
• 직접노무원가	2시간	×	₩4	=	8
• 변동제조간접원가	2시간	×	₩4	=	8
• 고정제조간접원가	2시간	×	₩5	=	10
					₩50

㈜세무의 20×2년 기초재공품은 1,000단위(완성도 40%), 당기 완성량은 5,500단위이며, 기말재공품은 700단위(완성도 60%)이다. 표준종합원가계산하에서 완성품원가와 기말재공품원가는? (단, 원가흐름은 선입선출법을 가정하고, 공손 및 감손은 없다) [세무사 22]

	완성품원가	기말재공품원가
①	₩225,000	₩21,000
②	₩240,600	₩27,720
③	₩240,600	₩28,420
④	₩275,000	₩21,000
⑤	₩275,000	₩27,720

14 ★ 상중하

다음 중 가중평균법에 의한 종합원가계산에서 완성품환산량 단위당 원가는 어느 원가를 사용하는가? [세무사 05]

① 당기투입원가
② 당기투입원가 + 기초재공품원가
③ 당기투입원가 + 기말재공품원가
④ 당기투입원가 – 기초재공품원가
⑤ 당기투입원가 – 기말재공품원가

★★
15 다음 중 기말재공품 평가 시 사용되는 가중평균법과 선입선출법에 대한 설명으로 옳지 않은 것은?

상중하

[회계사 05]

① 선입선출법을 이용하여 종합원가계산을 수행하는 회사가 기말재공품의 완성도를 실제보다 과대평가할 경우 완성품환산량과 완성품원가는 과대평가된다.

② 기초재공품이 존재하지 않을 경우에는 가중평균법과 선입선출법에 의한 완성품환산량이 같지만, 기초재공품이 존재할 경우에는 가중평균법에 의한 완성품환산량이 선입선출법에 의한 완성품환산량보다 크다.

③ 선입선출법은 가중평균법에 비해 실제 물량흐름에 충실한 원가흐름의 가정이며, 당기의 성과를 이전의 기간과 독립적으로 평가할 수 있어 계획과 통제목적에 유용한 방법이다.

④ 정상적인 공손수량은 가중평균법을 적용하나 선입선출법을 적용하나 동일하며, 정상적인 공손원가는 완성품과 기말재공품원가에 가산되나 비정상적인 공손원가는 기타비용으로 처리한다.

⑤ 공손품에 대한 가공원가의 완성도를 검사시점으로 하며, 선입선출법을 사용할 경우 공손품은 모두 당기에 착수된 물량에서 발생한 것으로 가정한다.

정답 및 해설

13 ⑤ (1) 물량의 흐름

재공품(선입선출법)

기초재공품	1,000단위(40%)	완성품	기초	1,000단위(40%)
			당기착수	4,500단위
당기착수	5,200단위	기말재공품		700단위(60%)
	6,200단위			6,200단위

(2) 완성품원가와 기말재공품원가의 계산
① 완성품원가 = 5,500단위 × ₩50 = ₩275,000
② 기말재공품원가 = 700단위 × ₩24 + 700단위 × 60% × ₩26 = ₩27,720

14 ② 가중평균법은 원가계산목적상 기초재공품도 당기에 착수한 것으로 가정하여 기초재공품원가와 당기투입원가의 합계금액(총원가)과 총완성품환산량을 이용하여 산출한 단위당 원가(가중평균단가)를 기준으로 총원가(= 당기투입원가 + 기초재공품원가)를 완성품과 기말재공품에 배분하는 방법이다.

15 ① 기말재공품의 완성도를 과대평가할 경우 당기완성품환산량이 과대평가되고 당기투입원가는 일정하므로 환산량 단위당 원가는 과소평가된다. 따라서 완성품원가는 과소평가된다.

16 ★★
상중하

가중평균법(weighted average method)을 적용한 공정별 원가계산에 대한 설명으로 가장 부적절한 것은?

[회계사 01]

① 가중평균법은 기초재공품 모두를 당기에 착수, 완성한 것처럼 가정한다.
② 적시재고관리(JIT; Just-In-Time)를 적용하고 원가요소의 기간별 가격차이가 크지 않다면 선입선출법과 거의 차이가 없다.
③ 가중평균법은 착수 및 원가발생시점에 관계없이 당기완성량의 평균적 원가를 계산한다.
④ 선입선출법에 비해 가중평균법은 당기의 성과를 이전의 기간과 독립적으로 평가할 수 있는 보다 적절한 기회를 제공한다.
⑤ 흐름생산의 경우 선입선출법이 가중평균법에 비해 실제 물량흐름(physical flow)에 보다 충실한 원가흐름의 가정이라 볼 수 있다.

17 ★★
상중하

가중평균법을 이용하여 종합원가계산을 수행하는 회사에서 기말재공품 완성도를 실제보다 과대평가할 경우 과대평가 오류가 완성품환산량, 완성품환산량 단위당 원가, 당기완성품원가 그리고 기말재공품원가에 각각 어떠한 영향을 미치겠는가?

[세무사 98]

	완성품환산량	완성품환산량 단위당 원가	당기완성품원가	기말재공품원가
①	과대평가	과소평가	과소평가	과대평가
②	과소평가	과대평가	과소평가	과소평가
③	과대평가	과소평가	과대평가	과대평가
④	과소평가	과대평가	과대평가	과소평가
⑤	과소평가	과소평가	과대평가	과대평가

정답 및 해설

16 ④ 가중평균법은 선입선출법과 달리 기초재공품을 당기에 착수한 것으로 가정하여 기초재공품원가(전기발생원가)와 당기투입원가(당기발생원가)를 별도로 구분하지 않는 방법이므로 당기의 성과를 이전의 기간과 독립적으로 평가하는 데 유용하지 못하다.

17 ① 기말재공품 완성도를 실제보다 과대평가하면 완성품환산량이 과대평가되고, 완성품환산량이 증가하게 되면 투입된 원가는 일정하므로 완성품환산량 단위당 원가가 과소평가된다. 한편 완성품의 완성품환산량은 변화가 없으므로 완성품환산량 단위당 원가의 감소로 인하여 당기완성품원가는 과소평가되고 상대적으로 기말재공품원가는 과대평가된다.

유형 10 | 연속공정

후속공정부터는 전공정원가를 고려하여 후속공정의 완성품과 기말재공품의 원가를 계산한다.

① **전공정원가**: 후속공정으로 투입되는 전공정의 완성품원가

② 전공정원가에 대한 완성품환산량은 일반적으로 공정 초기에 전량 투입되는 원재료로 보고 계산함

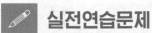

01
상중하

㈜국세는 두 개의 연속된 제조공정을 통하여 제품을 생산하며, 제1공정의 완성품은 전량 제2공정으로 대체된다. 재고자산의 단위원가 결정방법으로 가중평균법을 사용하며, 공손은 없다. 제2공정 완성품 원가는?

[세무사 15]

제1공정		
구분	기초재공품수량	없음
	당기착수량	25,000단위
	기말재공품수량	7,000단위
	완성품 단위당 제조원가	₩200

제2공정			
구분	기초재공품	수량	12,000단위
		전공정원가	₩3,000,000
		직접재료원가	₩1,440,000
		전환원가(가공원가)	₩2,160,000
	당기완성품	수량	20,000단위
	완성품 단위당 제조원가	전공정원가	?
		직접재료원가	₩120
		전환원가(가공원가)	₩180

① ₩8,268,000   ② ₩10,400,000   ③ ₩10,812,000
④ ₩12,720,000   ⑤ ₩14,628,000

정답 및 해설

01   ②   (1) 전공정원가 완성품환산량 단위당 원가
         {(25,000단위 − 7,000단위) × @200 + ₩3,000,000} ÷ 30,000단위 = @220
     (2) 제2공정 완성품원가
         20,000단위 × (@220 + @120 + @180) = ₩10,400,000

유형 11 │ 완성도추정

가중평균법과 선입선출법의 완성품환산량 비교

가중평균법에서는 기초를 포함한 총완성품환산량을 계산하고, 선입선출법에서는 당기완성품환산량을 계산하므로 기초재공품에 포함되어 있는 완성품환산량만큼 차이가 발생한다.

가중평균법 완성품환산량 = 선입선출법 완성품환산량 + 기초재공품 완성품환산량(= 기초물량 × 기초완성도)

실전연습문제

01
상중하

㈜세무는 종합원가계산제도를 채택하고 단일제품을 생산하고 있다. 재료는 공정이 시작되는 시점에서 전량 투입되며, 가공(전환)원가는 공정 전체에 걸쳐 균등하게 발생한다. 가중평균법과 선입선출법에 의한 가공(전환)원가의 완성품환산량은 각각 108,000단위와 87,000단위이다. 기초재공품의 수량이 70,000단위라면 기초재공품 가공(전환)원가의 완성도는?

① 10%　　　　　　　② 15%　　　　　　　③ 20%

④ 25%　　　　　　　⑤ 30%

02
상중하

㈜세무는 종합원가계산제도를 채택하고 있다. 직접재료는 공정의 초기에 전량 투입되며, 전환원가(conversion costs)는 공정 전반에 걸쳐 균등하게 발생한다. 당기 제조활동과 관련하여 가중평균법과 선입선출법에 의해 각각 계산한 직접재료원가와 전환원가의 완성품환산량은 다음과 같다.

구분	직접재료원가 완성품환산량	전환원가 완성품환산량
가중평균법	3,000단위	2,400단위
선입선출법	2,000단위	1,800단위

기초재공품의 전환원가 완성도는?　　　　　　　　　　　　　　　　　　　　[세무사 22]

① 20%　　　　　　　② 30%　　　　　　　③ 40%

④ 50%　　　　　　　⑤ 60%

03
상중하

㈜세무는 단일 제품을 생산하고 있으며, 종합원가계산제도를 채택하고 있다. 직접재료는 공정 초기에 전량 투입되며, 전환원가는 공정 전반에 걸쳐 균등하게 발생한다. 재료원가의 경우 평균법에 의한 완성품환산량은 87,000단위이고 선입선출법에 의한 완성품환산량은 47,000단위이다. 또한 전환원가의 경우 평균법에 의한 완성품환산량은 35,000단위이고 선입선출법에 의한 완성품환산량은 25,000단위이다. 기초재공품의 전환원가 완성도는?　　　　　　　　　　　　　　　　　　　　[세무사 19]

① 10%　　　　　　　② 20%　　　　　　　③ 25%

④ 75%　　　　　　　⑤ 80%

04
상중하

㈜세무는 가중평균법에 의한 종합원가계산제도를 채택하고 있다. 직접재료는 공정 초기에 전량 투입되고, 전환원가는 공정 전반에 걸쳐 균등하게 발생한다. 20×1년 직접재료원가에 대한 총완성품환산량은 20,000단위, 전환원가에 대한 총완성품환산량은 18,000단위, 완성품 수량은 15,000단위이다. 20×1년 기말재공품의 전환원가 완성도는? 　　　　　　　　　　　　　[세무사 18]

① 50% 　　　　　　　　② 60% 　　　　　　　　③ 75%

④ 80% 　　　　　　　　⑤ 90%

05
상중하

㈜한국은 종합원가계산제도를 채택하고 있고, 원재료는 공정의 초기에 전량 투입되며, 가공원가는 공정 전반에 걸쳐서 진척도에 따라 균등하게 발생한다. 재료원가의 경우 가중평균법에 의한 완성품환산량은 78,000단위이고, 선입선출법에 의한 완성품환산량은 66,000단위이다. 또한 가공원가의 경우 가중평균법에 의한 완성품환산량은 54,400단위이고, 선입선출법에 의한 완성품환산량은 52,000단위이다. 기초재공품의 진척도는 몇 %인가? 　　　　　　[회계사 05]

① 10% 　　　　　　　　② 20% 　　　　　　　　③ 30%

④ 50% 　　　　　　　　⑤ 70%

정답 및 해설

01 ⑤　완성품환산량과 완성도를 비례법을 이용해서 풀이하면 다음과 같다.

100% : x = 70,000단위 : (108,000단위 - 87,000단위)

$\therefore x = 100\% \times \dfrac{21,000단위}{70,000단위} = 30\%$

02 ⑤　(3,000단위 - 2,000단위) : 100% = (2,400단위 - 1,800단위) : $x\%$

$\therefore x = 100\% \times \dfrac{600단위}{1,000단위} = 60\%$

03 ③　(87,000단위 - 47,000단위) : 100% = (35,000단위 - 25,000단위) : $x\%$

$\therefore x = 100\% \times \dfrac{10,000단위}{40,000단위} = 25\%$

04 ②

	재공품		재료원가	가공원가
기초	완성	15,000(1, 1)	15,000단위	15,000단위
착수	기말	5,000(1, x)	5,000단위	3,000단위
			20,000단위	18,000단위

5,000단위 × x = 3,000단위

$\therefore x = \dfrac{3,000단위}{5,000단위} = 0.6(60\%)$

05 ②　재료원가의 경우 공정의 초기에 전량 투입되므로 가중평균법에 의한 재료원가 완성품환산량(78,000단위)과 선입선출법에 의한 재료원가 완성품환산량(66,000단위)의 차이가 기초재공품수량(12,000단위)이다.

가공원가 가중평균법 완성품환산량 = 가공원가 선입선출법 완성품환산량 + 기초재공품수량 × 기초재공품의 진척도(x)

54,400단위 = 52,000단위 + 12,000단위 × x

$\therefore x = 0.2(20\%)$

유형 12 | 공손

[1] 공손의 구분

공손: 일정한 품질수준에 미달하는 불합격품

① 정상공손원가: 합격품을 생산하기 위해서 불가피하게 발생하는 불합격품으로 합격품의 원가에 가산

② 비정상공손원가: 공정의 비효율 때문에 발생하는 불합격품으로 기타비용 처리

> • 공손수량 중 합격수량의 일정비율 등 허용한도 내의 수량을 정상공손수량으로 간주함
> • 합격수량 = 완성품수량 + 당기합격 기말재공품 – 전기합격 기초재공품

[2] 5단계 적용 시 추가 고려사항

① 1단계(물량의 흐름 파악): 산출량에 공손품까지 포함시켜 파악해야 함

② 2단계(완성품환산량 계산): 공손품의 가공원가 완성도는 검사시점과 일치함

③ 5단계(완성품과 기말재공품에 원가 배분): 정상공손원가의 배분을 위한 2차 배분이 필요함

> **[정상공손원가의 2차 배분]**
> 기말재공품이 검사시점을 통과하였는지 여부에 따라 배분이 달라짐
> ㉠ 통과한 경우: 완성품과 기말재공품의 물량을 기준으로 배분
> ㉡ 통과하지 않은 경우: 완성품에만 전액 배분

[3] 공손품이 처분가치를 가지는 경우

① 공손품의 순실현가능가치(NRV)를 재고자산(공손품)으로 계상

② 순정상공손원가를 2차 배분함

③ 순비정상공손원가를 기타비용으로 처리함

> 순정상공손원가 = 정상공손원가 – 정상공손품 NRV
> 순비정상공손원가 = 비정상공손원가 – 비정상공손품 NRV
> NRV = 예상판매가격 – 추가완성원가 – 판매비용

[4] 기초재공품이 전기에 검사시점을 통과하여 전기정상공손원가를 배분받은 경우

① 선입선출법: 당기정상공손원가를 당기합격품에만 배분하고 전기정상공손원가는 완성품에 전액 배분됨

② 평균법: 총정상공손원가(= 전기정상공손원가 + 당기정상공손원가)를 합격품에 배분

실전연습문제

★★★
01
상중하

㈜세무는 단일 제품을 대량 생산하고 있으며, 가중평균법을 적용하여 종합원가계산을 하고 있다. 직접재료는 공정 초에 전량 투입되고, 전환원가는 공정 전체에서 균등하게 발생한다. 당기 원가계산 자료는 다음과 같다.

• 기초재공품	3,000개(완성도 80%)
• 당기착수수량	14,000개
• 당기완성품	13,000개
• 기말재공품	2,500개(완성도 60%)

품질검사는 완성도 70%에서 이루어지며, 당기 중 검사를 통과한 합격품의 10%를 정상공손으로 간주한다. 직접재료원가와 전환원가의 완성품환산량 단위당 원가는 각각 ₩30과 ₩20이다. 완성품에 배부되는 정상공손원가는?

① ₩35,000   ② ₩44,000   ③ ₩55,400
④ ₩57,200   ⑤ ₩66,000

★★
02
상중하

㈜세무는 종합원가계산을 적용하고 있으며, 제품생산 관련 정보는 다음과 같다.

• 기초재공품수량	2,000단위(전환원가 완성도 60%)
• 당기착수량	18,000단위
• 당기완성품수량	14,000단위
• 기말재공품수량	3,000단위(전환원가 완성도 80%)

원재료는 공정 초에 전량 투입되고 전환원가는 공정 전반에 걸쳐 균등하게 발생한다. ㈜세무는 재고자산 평가방법으로 평균법을 사용하며, 공정의 종료시점에서 품질검사를 실시하였다. ㈜세무가 당기 중 품질검사를 통과한 물량의 10%를 정상공손으로 간주할 경우, 비정상공손수량은?

① 1,300단위   ② 1,400단위   ③ 1,600단위
④ 1,700단위   ⑤ 2,000단위

정답 및 해설

01 ② (1) 정상공손수량 = (3,000개 + 14,000개 − 1,500개 − 3,000개 − 2,500개) × 0.1 = 1,000개
      (2) 정상공손원가 = 1,000개 × ₩30 + 1,000개 × 0.7 × ₩20 = ₩44,000
      (3) 완성품에 배부되는 정상공손원가
         ₩44,000(기말재공품이 검사시점을 통과하지 못하였으므로 정상공손원가 전액이 완성품에 배부된다)

02 ③ (1) 공손수량 = 2,000단위 + 18,000단위 − 14,000단위 − 3,000단위 = 3,000단위
      (2) 정상공손수량 = 14,000단위 × 10% = 1,400단위
      (3) 비정상공손수량 = 3,000단위 − 1,400단위 = 1,600단위

03 ★★
상중하

㈜세무는 단일 공정을 통해 제품을 대량으로 생산하고 있으며, 평균법으로 종합원가계산을 적용하고 있다. 원재료는 공정 초에 전량투입되며, 가공원가는 공정전반에 걸쳐 균등하게 발생한다. 20×1년 당기착수량은 1,250개이며, 당기완성량은 1,210개, 기초재공품 수량은 250개(가공원가 완성도 80%), 기말재공품 수량은 50개(가공원가 완성도 60%)이다. 품질검사는 가공원가 완성도 40%시점에서 이루어진다. 정상공손허용률은 10%이며, 검사시점 통과기준과 도달기준을 각각 적용하였을 때 두 방법 간의 비정상공손수량의 차이는 몇 개인가?　　　　　　　　　　　[세무사 23]

① 20개　　　　　　　　② 22개　　　　　　　　③ 24개
④ 26개　　　　　　　　⑤ 28개

04 ★★★
상중하

㈜세무는 단일제품을 생산하고 있으며, 선입선출법에 의한 종합원가계산을 적용하고 있다. 직접재료 A는 공정 초기에 전량 투입되고, 직접재료 B는 품질검사 직후 전량 투입되며, 전환원가는 공정 전반에 걸쳐 균등하게 발생한다. 품질검사는 공정의 80%시점에서 이루어지며, 당기 검사를 통과한 합격품의 10%를 정상공손으로 간주한다. 당기 생산 및 원가 자료는 다음과 같다.

구분	물량(전환원가 완성도)
기초재공품	500단위(60%)
당기 착수	4,500
당기 완성	3,500
기말재공품	1,000단위(60%)

| 구분 | 직접재료원가 | | 전환원가 |
	직접재료 A	직접재료 B	
기초재공품	₩11,200	₩0	₩18,000
당기발생원가	90,000	87,500	210,000

정상공손원가 배분 후, ㈜세무의 당기 완성품원가는?　　　　　　　　　　　[세무사 21]

① ₩307,500　　　　　　② ₩328,500　　　　　　③ ₩336,700
④ ₩357,700　　　　　　⑤ ₩377,450

정답 및 해설

03 ③ 통과기준과 도달기준과의 정상공손수량과 비정상공손수량과의 차이는 공손수량에 정상공손허용률을 곱하여 계산하면 된다.

    (1) 공손수량의 계산

        250개 + 1,250개 - 1,210개 - 50개 = 240개

    (2) 두 방법 간의 비정상공손수량의 차이

        240개 × 0.1 = 24개

04 ④

재공품(선입선출법)				재료 A	재료 B	가공원가
기초	500	(1, 0.6)	완성 ┌ 기초 500 (0, 1, 0.6)	0단위	500단위	200단위
			└ 착수 3,000 (1, 1, 1)	3,000단위	3,000단위	3,000단위
착수	4,500		정상공손 350^{*1} (1, 0, 0.8)	350단위	0단위	280단위
			비정상공손 150^{*2} (1, 0, 0.8)	150단위	0단위	120단위
			기말 1,000 (1, 0, 0.6)	1,000단위	0단위	600단위
				4,500단위	3,500단위	4,200단위
				₩90,000	₩87,500	₩210,000
				@20	@25	@50

  ^{*1} (5,000단위 - 500단위 - 1,000단위) × 0.1 = 350단위

  ^{*2} 500단위 - 350단위 = 150단위

  (1) 정상공손원가 = 350단위 × @20 + 280단위 × @50 = ₩21,000

  (2) 완성품원가 = ₩29,200(기초) + 3,000단위 × @20 + 3,500단위 × @25 + 3,200단위 × @50 + ₩21,000

        = ₩357,700

05
심중하

㈜세무는 종합원가계산제도를 채택하고 있다. 직접재료는 공정 초기에 전량 투입되며, 전환원가는 공정 전반에 걸쳐 균등하게 발생한다. 당기 완성품환산량 단위당 원가는 직접재료원가 ₩2,000, 전환원가 ₩500이었다. 생산 공정에서 공손품이 발생하는데 이러한 공손품은 제품을 검사하는 시점에서 파악된다. 공정의 50%시점에서 검사를 수행하며, 정상공손수량은 검사시점을 통과한 합격품의 10%이다. ㈜세무의 생산활동 자료가 다음과 같을 때, 정상공손원가는? [세무사 20]

- 기초재공품: 500단위(전환원가 완성도 30%)
- 당기 완성량: 1,800단위
- 당기 착수량: 2,000단위
- 기말재공품: 400단위(전환원가 완성도 70%)

① ₩440,000 ② ₩495,000 ③ ₩517,000
④ ₩675,000 ⑤ ₩705,000

06
심중하

㈜국세의 당기 중 생산 및 원가자료는 다음과 같다.

기초재공품		직접재료원가	₩1,000
		전환원가(가공원가)	2,475
당기투입원가		직접재료원가	5,600
		전환원가(가공원가)	8,300
기말재공품		수량	500단위
	완성도	직접재료원가	20%
		전환원가(가공원가)	15%
공손품		수량	200단위
	완성도	직접재료원가	50%
		전환원가(가공원가)	40%

완성품 수량은 2,000단위이고, 공손품원가를 전액 별도로 인식하고 있다. 재고자산의 단위원가 결정 방법이 가중평균법인 경우 공손품원가는? [세무사 15]

① ₩300 ② ₩420 ③ ₩540
④ ₩670 ⑤ ₩700

07
상종하

㈜세무는 평균법하의 종합원가계산을 적용하고 있으며, 당기 생산 관련 자료는 다음과 같다. 품질검사는 완성도 40%시점에서 이루어지며, 당기 검사를 통과한 정상품의 2%를 정상공손으로 간주한다. 당기의 정상공손수량은?

[세무사 13]

	물량
기초재공품	500(완성도 80%)
당기착수량	2,100
당기완성량	2,100
기말재공품	400(완성도 60%)

① 32단위   ② 34단위   ③ 40단위
④ 50단위   ⑤ 52단위

정답 및 해설

05 ②   (1) 정상공손수량 = (500단위 + 2,000단위 − 300단위) × 0.1 = 220단위
      (2) 정상공손원가 = 220단위 × @2,000 + 220단위 × 0.5 × @500 = ₩495,000

06 ⑤

재공품(가중평균법)			재료원가	가공원가
기초	완성	2,000(1, 1)	2,000단위	2,000단위
	공손	200(0.5, 0.4)	100단위	80단위
착수	기말	500(0.2, 0.15)	100단위	75단위
			2,200단위	2,155단위
			₩6,600	₩10,775
			@3	@5

∴ 공손품원가 = 100단위 × @3 + 80단위 × @5 = ₩700

07 ③   정상공손수량 = (당기완성량 + 당기합격 기말재공품 − 전기합격 기초재공품) × 일정비율
              = (2,100단위 + 400단위 − 500단위) × 0.02 = 40단위

08 ㈜청주는 단일공정을 거쳐서 제품을 생산하며, 선입선출법에 의한 종합원가계산을 적용하고 있다. 20×1년도 기초재공품은 1,000단위(완성도 40%)이고, 기말재공품은 3,000단위(완성도 80%)이며, 당기 완성품은 5,000단위이다. 공정 중에 품질검사를 실시한 결과 공손품 500단위가 발생하였고, 모두 정상공손으로 간주하였으며, 공손품의 처분가치는 없다. 기초재공품과 기말재공품은 모두 당기에 품질검사를 받은 것으로 판명되었다. 직접재료원가와 가공원가는 공정 전반에 걸쳐 균등하게 발생한다. 제품원가계산 결과 당기의 완성품환산량 단위당 원가는 ₩180이고, 완성품에 배부된 정상공손원가는 ₩33,750이었다. 품질검사는 완성도 몇 %시점에서 이루어진 것으로 추정되는가?

[세무사 10]

① 55% ② 60% ③ 65%
④ 70% ⑤ 75%

09 종합원가계산을 사용하고 있는 ㈜다봉의 3월 생산 및 원가 자료는 다음과 같다.

- 월초 재공품에 포함된 가공원가는 ₩190,000이며, 3월 중에 투입된 가공원가는 ₩960,000이다.
- 가공원가는 공정 전체를 통해 균등하게 발생하며, 그 밖의 원가는 공정 초기에 발생한다.
- 3월 생산 관련 물량흐름 및 가공원가 완성도

구분	수량	가공원가 완성도
월초 재공품	500개	?
당월 완성품	800	100%
월말 재공품	240	?
공손품*	160	80%

* 공손품은 전량 비정상공손이다.

원가계산결과, 3월 완성품에 포함된 가공원가는 가중평균법에 의하면 ₩920,000이며, 선입선출법에 의하면 ₩910,000이다. 선입선출법에 의할 경우, 공손품에 포함된 가공원가는 얼마인가?

[회계사 11]

① ₩137,143 ② ₩144,000 ③ ₩147,200
④ ₩153,600 ⑤ ₩174,545

정답 및 해설

08 ② (1) 공손품은 모두 정상공손이고 기초재공품과 기말재공품이 모두 당기 중 품질검사를 통과하였으므로 정상공손원가는 완성품과 기말재공품의 전체 물량을 기준으로 배부한다.

(2) 완성품에 배부된 정상공손원가
품질검사가 완성도 x%시점에서 이루어진다고 하면, 완성품에 배부된 정상공손원가는 다음과 같다.

$$(500단위 \times x) \times ₩180 \times \frac{5,000단위}{8,000단위} = ₩33,750$$

∴ $x = 0.6(60\%)$

09 ④ (1) 완성품원가(₩920,000) = 800개 × 가중평균법에 의한 완성품환산량 단위당 원가
→ 가중평균법에 의한 완성품환산량 단위당 원가 = @1,150

(2) 월말 재공품원가
₩190,000(월초 재공품원가) + ₩960,000(당기투입원가) - ₩920,000(완성품원가) - 160개 × 80% × @1,150(월말 공손품원가) = ₩82,800

(3) 월말 재공품의 가공원가 완성도(x)
240단위 × x = ₩82,800 ÷ @1,150
→ x = 30%

(4) 선입선출법에 의한 월말 재공품원가 + 공손품원가
= ₩190,000(월초 재공품원가) + ₩960,000(당기투입원가) - ₩910,000(완성품원가) = ₩240,000

(5) 기말재공품의 가공원가 완성품환산량 + 공손품의 가공원가 완성품환산량
= 240개 × 30% + 160개 × 80% = 200개

∴ 선입선출법에 의한 당기가공원가 완성품환산량 단위당 원가 = @1,200
선입선출법하의 공손품에 포함된 가공원가 = 160개 × 80% × @1,200 = ₩153,600

※ 다음의 자료를 이용하여 **10~11**에 답하시오.

㈜한국은 세 개의 공정을 통하여 제품을 생산하고 있으며, 가중평균법에 의한 종합원가계산을 적용하여 제품원가를 계산하고 있다. 직접재료는 각 공정의 초기에 전량 투입되고 가공원가는 전 공정에 걸쳐 균등하게 발생한다. 20×1년 2월 최종공정인 제3공정의 생산 및 원가자료는 다음과 같다.

구분	물량단위	가공원가 완성도	전공정원가	직접재료원가	가공원가
기초재공품	3,000단위	40%	₩14,750	₩2,000	₩10,250
당기투입	12,000	?	56,500	58,000	92,950
완성품	10,000	?			
기말재공품	4,000	60%			

제3공정에서는 공손품 검사를 공정의 50%시점에서 실시하며, 당월에 검사를 통과한 합격품의 5%를 정상공손으로 간주한다. 정상공손원가는 당월완성품과 월말재공품에 배부하는 회계처리를 한다. 20×1년 2월 중 제3공정에서 발견된 공손품은 추가가공 없이 즉시 모두 폐기하며, 공손품의 처분가치는 ₩0이다.

[회계사 14]

10 20×1년 2월 제3공정의 원가요소별 완성품환산량을 계산하면 얼마인가?

상중하

	전공정원가	직접재료원가	가공원가
①	15,000단위	14,500단위	12,900단위
②	15,000단위	15,000단위	13,400단위
③	15,000단위	15,000단위	12,900단위
④	14,500단위	14,500단위	13,400단위
⑤	14,500단위	14,500단위	12,900단위

11 20×1년 2월 제3공정의 비정상공손원가와 완성품원가와 관련된 월말 분개로서 옳은 것은?

상중하

① (차) 제품 177,425 (대) 재공품-제3공정 171,050
　　　　　　　　　　　　　　　비정상공손 6,375

② (차) 제품 173,875 (대) 재공품-제3공정 170,050
　　　　　　　　　　　　　　　비정상공손 3,825

③ (차) 제품 173,875 (대) 재공품-제3공정 180,250
　　 비정상공손 6,375

④ (차) 제품 174,375 (대) 재공품-제3공정 180,750
　　 비정상공손 6,375

⑤ (차) 제품 173,875 (대) 재공품-제3공정 177,700
　　 비정상공손 3,825

정답 및 해설

10 ③ 전공정원가: 15,000단위

직접재료원가: 15,000단위

가공원가: 12,900단위

계산근거: 11 해설 참고

11 ⑤

제조원가보고서(가중평균법)

	[1단계] 물량흐름	[2단계] 완성품환산량		
		전공정원가	재료원가	가공원가
기초재공품	3,000 단위(40%)			
당기투입	12,000			
계	15,000 단위			
당기완성	10,000 단위	10,000단위	10,000단위	10,000단위
정상공손	700*¹(50%)	700	700	350
비정상공손	300*¹(50%)	300	300	150
기말재공품	4,000 (60%)	4,000	4,000	2,400
계	15,000 단위	15,000단위	15,000단위	12,900단위

[3단계] 총원가의 요약	전공정원가	재료원가	가공원가	합계
기초재공품원가	₩14,750	₩2,000	₩10,250	₩27,000
당기발생원가	56,500	58,000	92,950	207,450
계	₩71,250	₩60,000	₩103,200	₩234,450

[4단계] 완성품 환산량 단위당 원가	@4.75	@4	@8

[5단계] 원가의 배분

(1차 배분)

완성품원가	10,000단위 × @4.75 + 10,000단위 × @4 + 10,000단위 × @8 =	₩167,500
정상공손원가	700단위 × @4.75 + 700단위 × @4 + 350단위 × @8 =	8,925
비정상공손원가	300단위 × @4.75 + 300단위 × @4 + 150단위 × @8 =	3,825
기말재공품원가	4,000단위 × @4.75 + 4,000단위 × @4 + 2,400단위 × @8 =	54,200
계		₩234,450

(2차 배분)	배분 전 원가	정상공손원가 배분	배분 후 원가
완성품원가	₩167,500	₩6,375*²	₩173,875
정상공손원가	8,925	(8,925)	-
비정상공손원가	3,825	-	3,825
기말재공품원가	54,200	2,550	56,750
계	₩234,450	₩0	₩234,450

*¹ 정상공손수량 = {(3,000개 + 7,000개) + 4,000개} × 5% = 700개

　비정상공손수량 = 1,000개 - 700개 = 300개

*² ₩8,925 × $\dfrac{10,000개}{14,000개}$ = ₩6,375

12 ★★
상중하

㈜프로코는 설탕을 만드는 회사로 가공원가는 공정 전반에 걸쳐 발생한다. 3월 초 기초재공품(가공원가 완성도 60%) 100봉지에 포함된 가공원가는 ₩500이다. 생산공정의 중간시점에서 품질검사를 실시한 결과 공손품이 100봉지 발생하여 모두 비정상공손(가공원가 완성도 50%)으로 간주하였다. 그리고 3월 중 완성품은 250봉지이며, 기말재공품(가공원가 완성도 80%)도 250봉지 존재한다. 선입선출법과 가중평균법으로 기말재공품에 배부된 가공원가를 각각 산정한 금액이 동일하다면 3월 중 투입한 총가공원가는 얼마인가? (단, 소수점 이하 자릿수는 절사한다)   [회계사 10]

① ₩1,121   ② ₩2,548   ③ ₩3,666
④ ₩4,367   ⑤ ₩5,984

13 ★★
상중하

북한강㈜는 완성도 65% 수준에서 검사하는 생산공정을 가지고 있다. 20×1년 2월의 월초재공품은 완성도가 40%이었으며, 월말재공품은 완성도가 70%이었다. 북한강㈜가 선입선출법을 사용하고 있을 때 생산품에 대한 정상적인 공손원가를 할당하는 것으로 옳은 것은?   [세무사 00]

	당월 착수·완성	월말재공품	월초재공품
①	아니오	아니오	아니오
②	아니오	예	예
③	예	예	아니오
④	예	아니오	예
⑤	예	예	예

14 ㈜세무는 직접재료를 가공하여 제품을 생산하고 있다. 직접재료는 공정 초기에 전량 투입되며, 전환 원가는 공정 전반에 걸쳐 균등하게 발생한다. 직접재료의 20%가 제조과정에서 증발되는데, 이러한 증발은 정상적이며 제조과정에서 평균적으로 발생한다. 완성품 1단위에는 직접재료 0.1kg이 포함되어 있고, 당기에 2,000단위가 완성되었다. 당기에 투입된 직접재료는 190kg, 기말재공품(전환원가 완성도 25%)은 38kg, 기초재공품은 90kg이었다. 기초재공품의 전환원가 완성도는? (단, 공손은 발생하지 않는다)

[세무사 18]

① 25% ② 30% ③ 40%

④ 50% ⑤ 60%

정답 및 해설

12 ③ 선입선출법과 가중평균법으로 기말재공품에 배부된 가공원가를 각각 산정한 금액이 동일하므로 전기 환산량 단위당 가공원가와 당기 환산량 단위당 가공원가가 동일하다.

전기 환산량 단위당 가공원가는 기초재공품에 포함된 가공원가에 의해 다음과 같다.

전기 환산량 단위당 가공원가 = $\dfrac{₩500}{100봉지 \times 60\%}$ = @$\dfrac{25}{3}$(= 당기 환산량 단위당 가공원가)

3월 중 투입한 총가공원가 = 3월 가공원가 완성품환산량 × 당기 환산량 단위당 가공원가

= {100봉지 × (1 - 60%) + 150봉지 + 100봉지 × 50% + 250봉지 × 80%} × @$\dfrac{25}{3}$ = ₩3,666

13 ⑤ 정상공손원가는 당기에 검사시점을 통과한 합격품에 물량을 기준으로 배분하여야 한다. 이 문제의 경우 월초재공품, 당월 착수·완성, 월말재공품이 모두 당월에 검사시점을 통과한 합격품이므로 모두 정상공손원가를 배분받을 자격이 있다.

14 ④ 기초재공품의 전환원가 완성도를 x라 한 후 정리하면 다음과 같다.

90kg/(1 - 0.2 × x) + 190kg = 200kg/(1 - 0.2) + 38kg/(1 - 0.25 × 0.2)

∴ x = 0.5(50%)

유형 13 | 작업공정별 원가계산

[1] 작업공정(operation)은 작업주문(제품종류)과 관계없이 반복적으로 동일한 작업을 수행하는 표준화된 공정을 말한다.

[2] 작업공정에서 작업주문(제품종류)별로 투입되는 재료는 다르지만 작업주문(제품종류)별로 소비하는 작업의 양이 동일한 경우, 재료원가는 추적을 통한 개별원가계산을 적용하고 가공원가는 산출량(완성품환산량)을 기준으로 배부하는 종합원가계산을 적용하게 되는데 이를 작업공정별 원가계산(operation costing)이라 한다.

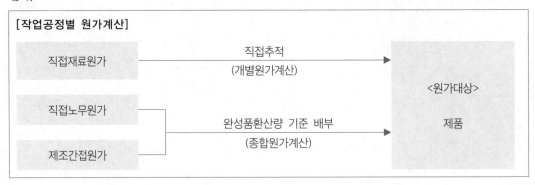

[작업공정별 원가계산]

직접재료원가 → 직접추적 (개별원가계산) → <원가대상> 제품

직접노무원가, 제조간접원가 → 완성품환산량 기준 배부 (종합원가계산) → 제품

01
상중하

서울공업사는 세 가지 형태의 제품 A, B, C를 생산하고 있다. 이들 제품은 두 가지의 가공작업 甲·乙을 거쳐 최종제품으로 완성되는데, 제품 C는 반제품형태로 판매되기 때문에 乙작업이 불필요하다. 가공작업 甲·乙의 원가는 각 제품의 수량에 비례하여 균등하게 발생한다.

---

(1) 당월 중의 생산량 및 재료원가

	생산량	직접재료원가
제품 A	9,000개	₩2,070,000
제품 B	4,000개	1,320,000
제품 C	6,000개	1,740,000

(2) 당월 중의 가공원가 발생액

	작업 甲	작업 乙
직접노무원가	₩500,000	₩1,000,000
제조간접원가	70,000	300,000

기초 및 기말의 재공품은 없다고 가정할 때, 당월 중 제품 B의 단위당 제조원가는 얼마로 계산되는가? (원 미만은 반올림할 것)

[세무사 이]

① ₩400　　　　② ₩414　　　　③ ₩428

④ ₩460　　　　⑤ ₩474

정답 및 해설

01 ④ (1) 작업별 단위당 가공원가

	작업 甲	작업 乙
작업별 가공원가*	₩570,000	₩1,300,000
작업별 생산량	÷19,000개(A, B, C)	÷13,000개(A, B)
작업별 단위당 가공원가	₩30	₩100

* 직접노무원가 + 제조간접원가

(2) 제품 B의 단위당 제조원가

직접재료원가	₩1,320,000
가공원가	
작업 甲　4,000개 × @30 =	120,000
작업 乙　4,000개 × @100 =	400,000
총원가	₩1,840,000
생산수량	÷4,000개
단위당 제조원가	₩460

㈜카이는 고객의 주문에 따라 고급 카메라를 생산하고 있다. 고객은 외부표면재료 및 도료 등을 선택할 수 있지만, 카메라의 기본적인 조립 및 가공작업은 주문별로 차이가 없다. 이러한 점을 감안하여 ㈜카이는 재료원가에 대해서는 주문별로 집계하는 개별원가계산방식을 적용하고, 가공원가에 대해서는 종합원가계산방식을 적용하는 소위 혼합원가계산(hybrid costing)을 사용하고 있다. 가공원가는 공정 전체를 통해 균등하게 발생하며, 동 원가에 종합원가계산방식을 적용할 때 사용하는 원가흐름가정은 선입선출법이다. ㈜카이의 4월 생산 및 원가 관련 자료는 다음과 같다.

(1) 월초재공품

주문번호	#101
수량	200개
직접재료원가	₩1,500,000
가공원가	960,000
가공원가 완성도	80%

(2) 당월 주문 및 생산착수

주문번호	#105	#206	#207
수량	200개	100개	150개

(3) 당월 발생원가

주문번호	#101	#105	#206	#207	합계
직접재료원가	₩500,000	₩1,800,000	₩3,200,000	₩2,400,000	₩7,900,000
가공원가	?	?	?	?	4,092,000

(4) 월말재공품

주문번호	#105	#207
수량	200개	150개
가공원가 완성도	50%	60%

4월 완성품의 원가는 얼마인가?

[회계사 11]

① ₩5,436,000   ② ₩6,556,000   ③ ₩7,396,000

④ ₩7,896,000   ⑤ ₩7,956,000

정답 및 해설

02 ④ 카메라의 기본적인 조립 및 가공작업은 주문별로 차이가 없고 원가흐름의 가정은 선입선출법이므로 당기 가공원가 완성품환산량 단위당 원가는 다음과 같다.

재공품			
기초 - #101	200개(80%)	완성 ┌ #101	200개
		└ #206	100개
착수	450개	기말 ┌ #105	200개(50%)
		└ #207	150개(60%)
	650개		650개

(1) 당기가공원가 투입원가 = ₩4,092,000
(2) 당기가공원가 완성품환산량 = 200개 × 20% + 100개 + 200개 × 50% + 150개 × 60% = 330개
(3) 당기가공원가 완성품환산량 단위당 원가: ₩4,092,000 ÷ 330개 = @12,400
(4) 4월 완성품원가(#101, #206) = ₩7,896,000
　　① #101 = 직접재료원가(₩1,500,000 + ₩500,000) + 가공원가(₩960,000 + 40개 × @12,400)
　　　　 = ₩3,456,000
　　② #206 = 직접재료원가(₩3,200,000) + 가공원가(100개 × @12,400) = ₩4,440,000

제5장
결합원가계산

유형 14   순실현가능가치법
유형 15   기말재공품이 존재하는 경우의 순실현가능가치법
유형 16   균등매출총이익률법
유형 17   추가가공 여부에 따른 의사결정
유형 18   복수의 분리점이 있는 경우의 결합원가 배분

유형 14 | 순실현가능가치법

1. 순실현가능가치법

(1) 분리점에서 연산품의 가치는 수익창출능력을 의미하는 판매가치가 순실현가치보다 적절한 금액이지만, 판매가치를 알 수 없을 경우 판매가치의 대용치로 순실현가치를 이용하여 결합원가를 배부한다.

(2) 순실현가치법(NRV method; Net Realizable Value method)은 분리점에서 순실현가치의 상대적 비율로 결합원가를 배부하는 방법으로 분리점에서 판매가치를 알 수 없어 상대적 판매가치법을 적용할 수 없을 때 사용된다. 여기서 순실현가치란 최종판매가치에서 추가완성원가와 판매비를 차감하여 계산한다.

(3) 식별된 연산품의 순실현가능가치(NRV)를 기준으로 배분하는 방법

① 분리점에서 순실현가치 = 최종판매가치 − 추가완성원가 − 판매비

② 순실현가치는 연산품을 최종 완성시켜 모두 판매할 때까지 발생할 추가완성원가와 예상판매비를 모두 고려해서 계산해야 하는 추정금액임

③ 결합원가 배분액 = 총결합원가 × 순실현가능가치(NRV) 기준 배분비율

(4) 문제풀이 시 결합흐름도를 그리면서 풀이하는 방법이 가장 효율적임

① 문제를 읽으면서 공정의 흐름을 파악함

② 결합공정과 추가가공공정에 원가를 표시하고 최종제품의 생산량과 판매가격을 표시함

2. 부산물 회계처리

(1) 회계처리

구분	생산시점	판매시점
생산기준법	부산물에 순실현가능가치만큼 결합원가를 배분함	부산물과 상계처리
판매기준법	부산물에 결합원가를 배분하지 않음	기타수익 또는 매출원가 차감

(2) 생산기준법 적용 시 부산물의 순실현가능가치만큼 결합원가를 부산물에 먼저 배분하고 나머지 결합원가를 주산물에 배분한다.

★★★
01
상중하

20×1년 초 설립된 ㈜세무는 결합된 화학처리 공정을 통해 두 가지 연산품 A제품을 생산한다. A제품과 B제품을 생산한다. A제품은 분리점에서 판매되고, B제품은 추가가공을 거쳐 판매된다. 연산품에 관한 생산 및 판매관련 자료는 다음과 같다.

제품	생산량	기말재고량	kg당 판매가격
A	1,200kg	200kg	₩100
B	800kg	100kg	₩120

결합원가는 ₩40,000이고, B제품에 대한 추가가공원가가 ₩16,000이다. ㈜세무가 결합원가를 순실현가치법으로 배부할 경우, 20×1년 매출원가는? (단, 기말재공품은 없다)

① ₩45,000   ② ₩46,500   ③ ₩48,000
④ ₩49,500   ⑤ ₩50,500

정답 및 해설

01   ③   (1) 순실현가치
     ① A제품: 1,200kg × ₩100 = ₩120,000
     ② B제품: 800kg × ₩120 - ₩16,000 = ₩80,000
     (2) 각 제품에 대한 결합원가 배부액
     ① A제품: ₩40,000 × (₩120,000/₩200,000) = ₩24,000
     ② B제품: ₩40,000 × (₩80,000/₩200,000) = ₩16,000
     (3) 각 제품의 총제조원가
     ① A제품: ₩24,000
     ② B제품: ₩16,000 + ₩16,000 = ₩32,000
     (4) 매출원가
     ₩24,000 × (1,000kg/1,200kg) + ₩32,000 × (700kg/800kg) = ₩48,000

02 ㈜세무은 동일 공정에서 결합제품 A와 B를 생산하여 추가로 원가(A: ₩40, B: ₩60)를 각각 투입
하여 가공한 후 판매하였다. 순실현가치법을 사용하여 결합원가 ₩120을 배분하면 제품 A의 총제조
원가는 ₩70이며, 매출총이익률은 30%이다. 제품 B의 매출총이익률은?

① 27.5%　　　　　　② 30%　　　　　　③ 32.5%

④ 35%　　　　　　⑤ 37.5%

03 ㈜세무는 결합공정을 거쳐 분리점에서 주산물 A와 B, 부산물 C를 생산하고 있다. 20×1년 결합공정
에 투입된 원재료는 2,200kg이며, 결합원가는 ₩31,960 발생하였다. 제품 A와 부산물 C는 추가
가공을 필요로 하지 않지만, 제품 B는 추가가공하여 최종 완성된다. 부산물의 원가는 생산기준법(생
산시점의 순실현가치법)을 적용하여 인식한다. 20×1년 생산 및 판매자료는 다음과 같다.

구분	생산량	추가가공원가	단위당 판매가격	결합원가 배분액
제품 A	1,350kg	–	₩100	₩13,950
제품 B	550	₩11,000	320	?
부산물 C	300	–	?	?
합계	2,200kg			₩31,960

순실현가치법으로 결합원가를 배분할 때 제품 A에는 ₩13,950이 배분되었다. 부산물 C의 단위당
판매가격은? (단, 재공품은 없다)

[세무사 23]

① ₩3.0　　　　　　② ₩3.2　　　　　　③ ₩3.4

④ ₩3.6　　　　　　⑤ ₩3.8

04 ㈜세무는 주산품 A, B와 부산품 S를 생산한다. 당기 중 발생한 결합원가는 ₩9,500이다. 결합원가
는 분리점에서 순실현가능가치(NRV)를 기준으로 각 제품에 배부하며, 당기의 생산 및 원가자료는
다음과 같다.

제품	분리점 이후 추가가공원가(총액)	추가가공 후 단위당 판매가격	생산량	판매량
A	₩2,000	₩40	200단위	180단위
B	1,000	20	250단위	200단위
S	500	15	100단위	90단위

주산품 B의 매출총이익은? (단, 기초재고자산은 없으며, 부산품 S는 생산시점에서 순실현가능가치
로 인식한다)

[세무사 18]

① ₩480　　　　　　② ₩560　　　　　　③ ₩580

④ ₩750　　　　　　⑤ ₩810

정답 및 해설

02 ⑤　(1) 제품 A에 배부되는 결합원가

　　　　₩70 - ₩40 = ₩30

　　(2) 제품 B에 배부되는 결합원가

　　　　₩120 - ₩30 = ₩90

　　(3) 제품 A의 매출액

　　　　$(S - ₩70) ÷ S = 0.3$

　　　　→ S = ₩100

　　(4) 제품 B의 매출액

　　　　$(₩100 - ₩40) : (S - ₩60) = ₩30 : ₩90$

　　　　→ S = ₩240

　　(5) 제품 B의 매출총이익률

　　　　$(₩240 - ₩150) ÷ ₩240 = 0.375(37.5\%)$

03 ②　(1) 각 제품별 순실현가능가치

제품 A	1,350kg × ₩100 =	₩135,000(0.45)
제품 B	550kg × ₩320 - ₩11,000 =	165,000(0.55)
합계		₩300,000

　　(2) 부산물 C의 단위당 판매가격(P)

　　　　$(₩31,960 - 300P) × 0.45 = ₩13,950$

　　　　∴ P = ₩3.2

04 ①　(1) 각 제품별 순실현가능가치

주산품 A	200단위 × ₩40 - ₩2,000 =	₩6,000(60%)
주산품 B	250단위 × ₩20 - ₩1,000 =	4,000(40%)
부산품 S	100단위 × ₩15 - ₩500 =	1,000
계		₩11,000

　　(2) 주산품 B의 단위당 원가 = {(₩9,500 - ₩1,000) × 0.4 + ₩1,000} ÷ 250단위 = @17.6

　　(3) 주산품 B의 매출총이익 = 200단위 × (@20 - @17.6) = ₩480

05

상중하

㈜세무는 결합원가 ₩15,000으로 제품 A와 제품 B를 생산한다. 제품 A와 제품 B는 각각 ₩7,000과 ₩3,000의 추가가공원가(전환원가)를 투입하여 판매된다. 순실현가치법을 사용하여 결합원가를 배분하면 제품 B의 총제조원가는 ₩6,000이며 매출총이익률은 20%이다. 제품 A의 매출총이익률은? [세무사 17]

① 23%　　　　② 24%　　　　③ 25%

④ 26%　　　　⑤ 27%

06

상중하

㈜세무는 20×1년 4월에 원재료 X를 가공하여 두 개의 결합제품인 제품 A 1,200단위와 제품 B 800단위를 생산하는데 ₩100,000의 결합원가가 발생하였다. 제품 B는 분리점에서 판매할 수도 있지만, 이 회사는 제품 B 800단위 모두를 추가가공하여 제품 C 800단위 생산한 후 500단위를 판매하였다. 제품 B를 추가가공하는데 ₩20,000의 원가가 발생하였다. 4월 초에 각 제품의 예상판매가격은 제품 A는 단위당 ₩50, 제품 B는 단위당 ₩75, 제품 C는 단위당 ₩200이었는데, 20×1년 4월에 판매된 제품들의 가격은 예상판매가격과 동일하였다. ㈜세무는 결합원가 배부에 순실현가치법을 적용하고, 경영목적상 각 제품별 매출총이익을 계산한다. 20×1년 4월 제품 C에 대한 매출총이익은 얼마인가? (단, 월초재고와 월말재공품은 없으며, 공손 및 감손도 없다) [세무사 14]

① ₩30,250　　　　② ₩35,750　　　　③ ₩43,750

④ ₩48,250　　　　⑤ ₩56,250

정답 및 해설

05 ② (1) 제품 B의 순실현가능가치비율 = ₩3,000*/₩15,000 = 0.2(20%)

      * 제품 B에 배부되는 결합원가 = ₩6,000 - ₩3,000 = ₩3,000

    (2) 제품 A의 순실현가능가치비율 = ₩12,000*/₩15,000 = 0.8(80%)

      * 제품 A에 배부되는 결합원가 = ₩15,000 - ₩3,000 = ₩12,000

    (3) 제품 B의 매출액

      (S - ₩6,000)/S = 0.2 → S = ₩7,500

    (4) 제품 B의 순실현가능가치 = ₩7,500 - ₩3,000 = ₩4,500

    (5) 제품 A의 순실현가능가치 = ₩4,500/20% × 80% = ₩18,000

    (6) 제품 A의 매출액

      S - ₩7,000 = ₩18,000 → S = ₩25,000

    (7) 제품 A의 매출총이익률 = (₩25,000 - ₩19,000)/₩25,000 = 0.24(24%)

06 ③

구분	제품 A	제품 C	합계
① 판매가치	₩60,000*1	₩160,000*2	₩220,000
② 추가가공원가	-	₩20,000	₩20,000
③ 순실현가능가치(= ① - ②)	₩60,000(30%)	₩140,000(70%)	₩200,000
④ 결합원가 배분	₩30,000	₩70,000	₩100,000
⑤ 총원가(= ② + ④)	₩30,000	₩90,000	
⑥ 생산량	1,200단위	800단위	
⑦ 단위당 원가(= ⑤ ÷ ⑥)	@25	@112.5	

*1 1,200단위 × @50 = ₩60,000

*2 800단위 × @200 = ₩160,000

∴ 매출총이익 = 500단위 × @200 - 500단위 × @112.5 = ₩43,750

07

상중하

㈜세무는 단일 재료를 이용하여 세 가지 제품 A, B, C와 부산물 X를 생산하고 있으며, 결합원가계산을 적용하고 있다. 제품 A와 B는 분리점에서 즉시 판매되나, 제품 C는 분리점에서 시장이 존재하지 않아 추가가공을 거친 후 판매된다. ㈜세무의 20×1년 생산 및 판매 관련 자료는 다음과 같다.

구분	생산량	판매량	최종 판매가격
A	100ℓ	50ℓ	₩10
B	200	100	10
C	200	50	10
X	50	30	3

20×1년 동안 결합원가는 ₩2,100이고, 제품 C의 추가가공원가는 총 ₩1,000이다. 부산물 X의 단위당 판매비는 ₩1이며, 부산물 평가는 생산기준법(순실현가치법)을 적용한다. 순실현가치법으로 결합원가를 배부할 때 제품 C의 기말재고자산 금액은? (단, 기초재고와 기말재공품은 없다)

[세무사 13]

① ₩850　　　　　　② ₩1,050　　　　　　③ ₩1,125
④ ₩1,250　　　　　　⑤ ₩1,325

08

상중하

㈜영남은 동일한 원료를 결합공정에 투입하여 주산물 X, Y와 부산물 B를 생산한다. 결합원가는 순실현가능가치(net realizable value)를 기준으로 제품에 배부한다. 당기에 결합공정에 투입된 총원가는 ₩150,000이고 주산물 X, Y 및 부산물 B의 분리점에서 순실현가능가치의 상대적 비율은 6 : 3 : 1이었다. 주산물 X에 배부된 결합원가가 ₩80,000이었다면, 부산물 B의 순실현가능가치는 얼마인가? (단, 부산물은 생산된 시점에서 순실현가능가치로 평가하여 재고자산으로 계상한다)

[회계사 09]

① ₩15,000　　　　　　② ₩30,000　　　　　　③ ₩35,000
④ ₩43,333　　　　　　⑤ ₩45,000

정답 및 해설

07 ③ (1) 부산물의 순실현가능가치

　　　$50\ell \times (\text{₩}3 - \text{₩}1) = \text{₩}100$

(2) 분리점에서 연산품의 순실현가능가치

NRV$_A$	$100\ell \times \text{₩}10 =$	₩1,000(25%)
NRV$_B$	$200\ell \times \text{₩}10 =$	2,000(50%)
NRV$_C$	$200\ell \times \text{₩}10 - \text{₩}1,000 =$	1,000(25%)
계		₩4,000(100%)

(3) 제품 C의 단위당 원가

　　　$\{\text{₩}2,000 \times 0.25(\text{결합원가 배분액}) + \text{₩}1,000(\text{추가가공원가})\} \div 200\ell = \text{₩}7.5/\ell$

(4) 제품 C의 기말재고자산 금액

　　　$\text{₩}7.5 \times 150\ell = \text{₩}1,125$

08 ② 부산물 B의 순실현가능가치(NRV) $= x$

제품	NRV 기준 배분비율	결합원가 배분액
X	6/9	₩80,000
Y	3/9	?
소계	1	₩150,000 - x
B		x
계		₩150,000

주산물 X의 결합원가 배분액 $= \text{₩}80,000 = (\text{₩}150,000 - x) \times \dfrac{6}{9}$

∴ 부산물 B의 순실현가능가치$(x) = \text{₩}30,000$

유형 15 | 기말재공품이 존재하는 경우의 순실현가능가치법

결합공정에서 재공품이 존재하는 경우의 결합원가 배분

(1) 결합공정에 재공품이 존재하는 경우에는 완성품이 결합제품이므로 완성품원가만이 결합원가가 된다.

(2) 기말재공품은 아직 분리점을 통과하지 않으므로 결합제품이 아니며, 기말재공품원가를 결합제품에 배분 해서는 안 된다. 따라서 결합공정에서 발생한 원가 중에서 종합원가계산에 의해 계산된 완성품원가가 결합원가가 되어 결합제품에 배분한다.

1단계: 결합공정에서 종합원가계산을 이용해서 완성품원가(결합원가)를 계산
2단계: 완성품원가(결합원가)를 결합제품에 배분

---

01 ★★
상중하

㈜세무는 결합공정을 통하여 연산품 A, B를 생산한다. 제품 B는 분리점에서 즉시 판매되고 있으나, 제품 A는 추가가공을 거친 후 판매되고 있으며, 결합원가는 순실현가치에 의해 배분되고 있다. 결합공정의 직접재료는 공정 초에 전량 투입되며, 전환원가는 공정 전반에 걸쳐 균등하게 발생한다. 당기 결합공정에 기초재공품은 없었으며, 직접재료 5,000kg을 투입하여 4,000kg을 제품으로 완성하고 1,000kg은 기말재공품(전환원가 완성도 30%)으로 남아 있다. 당기 결합공정에 투입된 직접재료원가와 전환원가는 ₩250,000과 ₩129,000이다. ㈜세무의 당기 생산 및 판매 자료는 다음과 같다.

구분	생산량	판매량	추가가공원가총액	단위당 판매가격
제품 A	4,000단위	2,500단위	₩200,000	₩200
제품 B	1,000	800	–	200

제품 A의 단위당 제조원가는? (단, 공손 및 감손은 없다)   [세무사 21]

① ₩98   ② ₩110   ③ ₩120
④ ₩130   ⑤ ₩150

정답 및 해설

01 ② (1) 결합공정에서의 완성품원가(결합원가)

	재공품(가중평균법)			재료원가	가공원가
기초	0	완성	4,000(1, 1)	4,000kg	4,000kg
착수	5,000	기말	1,000(1, 0.3)	1,000kg	300kg
				5,000kg	4,300kg
				₩250,000	₩129,000
				@50	@30

→ 결합원가 = 4,000kg × (@50 + @30) = ₩320,000

(2) 제품 A와 제품 B의 순실현가능가치

① 제품 A: 4,000단위 × ₩200 – ₩200,000 = ₩600,000(75%)
② 제품 B: 1,000단위 × ₩200   = ₩200,000(25%)

(3) 제품 A의 단위당 제조원가

(₩320,000 × 0.75 + ₩200,000) ÷ 4,000단위 = ₩110

02 ㈜대구는 결합공정을 통해 중간재 X를 생산하고, 이를 추가가공하여 결합제품 A와 B를 생산한다.
20×1년 결합공정에서 기초재공품은 없었고, 완성품은 8,000kg, 기말재공품은 1,000kg(완성도 40%)을 생산하였으며, 공손 및 감손은 없었다. 결합제품과 관련된 자료는 다음과 같다.

제품	기초제품수량	생산량	기말제품수량	분리점 이후 추가가공원가(총액)	단위당 판매가치
A	100개	4,000개	700개	₩20,000	₩50
B	500	2,000	125	40,000	80

당기 중 결합공정에 투입된 직접재료원가는 ₩72,000이었고, 가공원가는 ₩33,600이었다. 결합공정에서 재료는 공정 초에 모두 투입되고, 가공원가는 공정 전반에 걸쳐 균등하게 발생한다. 순실현가치법으로 결합원가를 배부할 때 결합제품 A에 얼마가 배부되는가? (단, 원가흐름은 평균법을 가정하며, 분리점 이후 추가공정에서 재공품은 없었다) [세무사 10]

① ₩44,000　　　　② ₩46,200　　　　③ ₩48,000
④ ₩55,400　　　　⑤ ₩57,600

03 ㈜갑은 종합원가계산과 결합원가계산을 혼합하여 사용한다. 결합공정을 완료하면 연산품 A와 연산품 B가 분리된다. 결합공정에서 발생한 직접재료원가는 ₩8,000이고 가공원가는 ₩2,220이다. 직접재료원가는 결합공정의 초기에 투입된다. 결합공정에서 기초재공품은 없고, 기말재공품은 100톤이며 가공원가 완성도는 40%이다. 공손과 감손은 없다. 연산품 A와 연산품 B의 관련 자료는 아래와 같다.

	연산품 A	연산품 B
결합공정 완성량	300톤	400톤
톤당 예상판매가격	₩100	₩50
톤당 추가가공원가	60	0

순실현가치법 결합원가 배분에 의한 연산품 A의 예상 톤당 영업이익은 얼마인가? [회계사 12]

① ₩23.755　　　　② ₩25.325　　　　③ ₩28.625
④ ₩31.495　　　　⑤ ₩34.235

정답 및 해설

02 ⑤ (1) 결합공정 완성품원가 = 총결합원가 = 8,000kg × (@8 + @4) = ₩96,000

① 직접재료원가 환산량 단위당 원가 = $\dfrac{₩72,000}{9,000kg}$ = @8

② 가공원가 환산량 단위당 원가 = $\dfrac{₩33,600}{8,000kg + 1,000kg × 40\%}$ = @4

(2) 결합원가 배부비율의 계산: 순실현가치(NRV)법

① 결합제품 A의 NRV = 4,000개[*1] × @50 - ₩20,000[*2] = ₩180,000(60%)

② 결합제품 B의 NRV = 2,000개[*1] × @80 - ₩40,000[*2] = ₩120,000(40%)

[*1] 결합원가 배분을 위해서는 생산량으로 NRV를 계산한다.

[*2] 분리점 이후 추가공정에서 재공품이 없으므로 추가가공원가 총액으로 NRV를 계산한다.

(3) 결합제품 A에 배부될 결합원가 배부액

₩96,000 × 60% = ₩57,600

03 ③ (1) 배분대상 결합원가(완성품원가) = 700톤 × @10 + 700톤 × @3 = ₩9,100

① 재료원가 완성품환산량 단위당 원가 = ₩8,000 ÷ 800톤 = @10

② 가공원가 완성품환산량 단위당 원가 = ₩2,220 ÷ (700톤 + 100톤 × 40%) = @3

(2) 순실현가치법에 의한 연산품 A 배분액 = ₩9,100 × (₩12,000 ÷ ₩32,000) = ₩3,412.5

① 연산품 A의 순실현가치 = 300톤 × ₩40 = ₩12,000

② 연산품 B의 순실현가치 = 400톤 × ₩50 = ₩20,000

(3) 연산품 A의 예상 톤당 영업이익 = ₩100 - $\dfrac{₩3,412.5}{300톤}$ - ₩60 = ₩28.625

기말재공품이 존재하는 경우의 순실현가능가치법 **141**

유형 16 | 균등매출총이익률법

(1) 순실현가치법에서 살펴본 바와 같이 분리점 이후 추가가공이 이루어지는 연산품의 결합원가를 순실현가치법에 의해 배부하면 매출총이익률이 서로 다르게 나타난다.

(2) 균등이익률법(constant gross-margin percentage method)은 연산품의 매출총이익률이 모두 동일하게 나타나도록 결합원가를 배부하는 방법이다. 이 방법에 의하면 기업 전체의 매출총이익률과 개별 연산품의 매출총이익률이 동일하게 계산된다.

(3) 순실현가치법과 균등이익률법은 결합공정 이후 추가가공이 이루어지는 연산품에 대해 적용하고 분리점에서 판매가능한 경우에는 물량기준법이나 상대적 판매가치법을 적용한다.

(4) 균등한 결합원가 배부는 다음의 과정을 거쳐 배부된다.

① [1단계] 여러 종류의 연산품 생산량이 모두 판매될 경우의 기업 전체 매출총이익률을 계산한다.

② [2단계] 개별 연산품 생산량이 모두 판매될 경우의 매출액에 [1단계]에서 계산된 매출총이익률을 곱한 금액을 차감하여 개별 연산품이 부담할 총제조원가를 계산한다.

③ [3단계] [2단계]에서 계산된 개별 연산품의 총제조원가에서 추가원가를 차감하여 배부되는 결합원가를 계산한다.

(5) 매출총이익률이 동일하면 매출원가율도 동일하므로 매출원가율을 이용하여 결합원가를 배분하는 것이 문제풀이 시 유용한 방법이다.

① [1단계] 여러 종류의 연산품 생산량이 모두 판매될 경우의 기업 전체 매출원가율을 계산한다.

② [2단계] 개별 연산품 생산량이 모두 판매될 경우의 매출액에 [1단계]에서 계산된 매출원가율을 곱하여 개별 연산품이 부담할 총제조원가를 계산한다.

③ [3단계] [2단계]에서 계산된 개별 연산품의 총제조원가에서 추가원가를 차감하여 배부되는 결합원가를 계산한다.

01
상중하

㈜세무는 균등이익률법을 적용하여 결합원가계산을 하고 있다. 당기에 결합 제품 A와 B를 생산하였고, 균등매출총이익률은 30%이다. 관련 자료가 다음과 같을 때 결합제품 A에 배부되는 결합원가는? (단, 재공품 재고는 없다)

제품	생산량	판매가격(단위당)	추가가공원가(총액)
A	300단위	₩30	₩2,100
B	320단위	₩25	₩3,200

① ₩2,400
② ₩3,200
③ ₩3,800
④ ₩4,200
⑤ ₩5,100

02
상중하

㈜세무는 20×1년 원재료 X를 가공하여 연산품 A와 연산품 B를 생산하는데 ₩36,000의 결합원가가 발생하였다. 분리점 이후 최종제품 생산을 위해서는 각각 추가가공원가가 발생한다. 균등매출총이익률법으로 결합원가를 연산품에 배부할 때, 연산품 B에 배부되는 결합원가는? (단, 공손 및 감손은 없으며, 기초 및 기말재공품은 없다) [세무사 20]

제품	생산량	최종 판매단가	최종판매가액	추가가공원가(총액)
A	1,000리터	₩60	₩60,000	₩8,000
B	500리터	₩40	₩20,000	₩4,000
합계	1,500리터		₩80,000	₩12,000

① ₩4,000
② ₩8,000
③ ₩12,000
④ ₩18,000
⑤ ₩28,000

정답 및 해설

01 ④ 결합제품 A에 배부되는 결합원가를 x라 하여 균등매출총이익률을 구하면 다음과 같다.
(300단위 × ₩30 - ₩2,100 - x)/(300단위 × ₩30) = 0.3
∴ x = ₩4,200

02 ② 균등매출총이익률법 문제는 균등매출원가율(= 1 - 균등매출총이익률)을 계산하여 풀면 간단하게 풀 수 있다.
(1) 균등매출원가율 = (₩36,000 + ₩12,000) ÷ ₩80,000 = 0.6
(2) 연산품 B에 배부되는 결합원가 = 연산품의 매출액 × 균등매출원가율 - 추가가공원가
= ₩20,000 × 0.6 - ₩4,000 = ₩8,000

03 결합원가계산에 관한 설명으로 옳지 않은 것은? [세무사 16]

상중하

① 물량기준법은 모든 연산품의 물량 단위당 결합원가 배부액이 같아진다.
② 분리점판매가치법(상대적 판매가치법)은 분리점에서 모든 연산품의 매출총이익률을 같게 만든다.
③ 균등이익률법은 추가가공 후 모든 연산품의 매출총이익률을 같게 만든다.
④ 순실현가치법은 추가가공 후 모든 연산품의 매출총이익률을 같게 만든다.
⑤ 균등이익률법과 순실현가치법은 추가가공을 고려한 방법이다.

04 ㈜국세는 결합공정을 통하여 주산물 X, Y와 부산물 C를 생산하였으며, 결합원가는 ₩50,000이었다. 주산물 X는 추가가공 없이 판매하지만, 주산물 Y와 부산물 C는 추가가공을 거쳐 판매한다. 20×1년의 생산 및 판매 자료는 다음과 같다.

상중하

구분	주산물 X	주산물 Y	부산물 C
추가가공원가	없음	₩13,400	₩600
생산량	900단위	900단위	200단위
단위당 판매가격	₩30	₩70	₩5

부산물은 생산시점에서 순실현가능가치로 인식한다. 균등매출총이익률법에 의해 각 주산물에 배분되는 결합원가는? [세무사 15]

	주산물 X	주산물 Y
①	₩17,300	₩32,300
②	₩17,600	₩32,000
③	₩18,100	₩31,500
④	₩18,900	₩30,700
⑤	₩19,600	₩30,000

05 ㈜세무는 원유를 투입하여 결합제품 A를 1,000단위, B를 1,500단위 생산하였다. 분리점 이전에 발생한 직접재료원가는 ₩1,690,000, 직접노무원가는 ₩390,000, 제조간접원가는 ₩520,000이다. 제품 A와 B는 분리점에 시장이 형성되어 있지 않아서 추가가공한 후에 판매하였는데, 제품 A는 추가가공원가 ₩850,000과 판매비 ₩125,000이 발생하며, 제품 B는 추가가공원가 ₩1,100,000과 판매비 ₩200,000이 발생하였다. 추가가공 후 최종 판매가치는 제품 A가 단위당 ₩2,000이며, 제품 B는 단위당 ₩3,000이다. 균등매출총이익률법에 따라 결합원가를 각 제품에 배부할 때, 제품 A에 배부되는 결합원가는? [세무사 22]

상중하

① ₩525,000	② ₩550,000	③ ₩554,000
④ ₩600,000	⑤ ₩604,000	

06 결합원가와 관련된 설명으로 옳지 않은 것은 무엇인가?

상중하

[세무사 08]

① 분리점이란 연산품과 부산품 등 결합제품을 개별적인 제품으로 식별할 수 있게 되는 제조과정 중의 한 점을 말한다.

② 균등이익률법에서는 조건이 같다면 추가가공원가가 높은 제품에 더 많은 결합원가가 배부된다.

③ 분리점판매가치법에서 분리점의 판매가치를 계산할 때에는 판매량이 아닌 생산량을 이용한다.

④ 물량기준법은 제품의 판매가격을 알 수 없을 때 유용하게 사용될 수 있다.

⑤ 기업이익을 극대화하기 위한 추가가공 의사결정을 할 때에는 기 배분된 결합원가를 고려하지 않는다.

정답 및 해설

03 ④ 순실현가치법은 추가가공 후 모든 연산품의 매출총이익률을 다르게 만든다.

04 ④ (1) 부산물 C의 순실현가능가치 = 200단위 × ₩5 - ₩600 = ₩400

(2) 결합원가 = ₩50,000 - ₩400 = ₩49,600

(3) 균등매출원가율 = $\dfrac{₩49,600 + ₩13,400}{900단위 × ₩30 + 900단위 × ₩70}$ = 0.7(70%)

(4) 주산물에 배부되는 결합원가

① 주산물 X에 배부되는 결합원가 = 900 × ₩30 × 0.7 = ₩18,900

② 주산물 Y에 배부되는 결합원가 = 900 × ₩70 × 0.7 - ₩13,400 = ₩30,700

05 ② 회사 전체의 매출원가율 = ₩4,550,000[*1] ÷ ₩6,500,000[*2] = 0.7(70%)

[*1] ₩1,690,000 + ₩390,000 + ₩520,000 + ₩850,000 + ₩1,100,000 = ₩4,550,000

[*2] 1,000단위 × ₩2,000 + 1,500단위 × ₩3,000 = ₩6,500,000

제품 A에 배부되는 결합원가 = 1,000단위 × ₩2,000 × 0.7 - ₩850,000 = ₩550,000

06 ② 균등이익률법하의 결합원가 배부액 = 매출원가 - 추가가공원가

∴ 균등이익률법에서는 조건이 같다면 추가가공원가가 높은 제품에 더 적은 결합원가가 배부된다.

[1] 각 대안별(분리점에서 그대로 판매 VS 추가가공해서 판매) 순실현가능가치를 비교하여 순실현가능가치가 큰 대안을 선택한다.

[2] 결합원가는 연산품의 분리점에서의 판매 또는 추가가공 후 판매 여부와 상관없이 이미 발생한 원가(기발생원가 = 매몰원가)로 의사결정과 무관한 비관련원가이다.

01 ★★
상중하

㈜세무는 동일한 원재료를 결합공정에 투입하여 세 종류의 결합제품 A, B, C를 생산·판매하고 있다. 결합제품 A, B, C는 분리점에서 판매될 수 있으며, 추가가공을 거친 후 판매될 수도 있다. ㈜세무의 20×1년 결합제품에 관한 자료는 다음과 같다.

제품	생산량	분리점에서의 단위당 판매가격	추가가공원가	추가가공 후 단위당 판매가격
A	400단위	₩120	₩150,000	₩450
B	450단위	150	80,000	380
C	250단위	380	70,000	640

결합제품 A, B, C의 추가가공 여부에 관한 설명으로 옳은 것을 모두 고른 것은? (단, 기초 및 기말 재고자산은 없으며, 생산된 제품은 모두 판매된다)

> ㄱ. 결합제품 A, B, C를 추가가공하는 경우, 단위당 판매가격이 높아지기 때문에 모든 제품을 추가가공해야 한다.
> ㄴ. 제품 A는 추가가공을 하는 경우, 증분수익은 ₩132,000이고 증분비용은 ₩150,000이므로 분리점에서 즉시 판매하는 것이 유리하다.
> ㄷ. 제품 B는 추가가공을 하는 경우, 증분이익이 ₩23,500이므로 추가가공을 거친 후에 판매해야 한다.
> ㄹ. 제품 C는 추가가공을 하는 경우, 증분수익 ₩65,000이 발생하므로 추가가공을 해야 한다.
> ㅁ. 결합제품에 대한 추가가공 여부를 판단하는 경우, 분리점까지 발생한 결합원가를 반드시 고려해야 한다.

① ㄱ, ㄴ
② ㄴ, ㄷ
③ ㄱ, ㄴ, ㄷ
④ ㄴ, ㄷ, ㄹ
⑤ ㄷ, ㄹ, ㅁ

정답 및 해설

01 ② (1) 결합제품 A 추가가공 시 단위당 판매가격
400단위 × ₩450 - ₩150,000 - 400단위 × ₩120 = ₩(18,000)
(2) 결합제품 B 추가가공 시 단위당 판매가격
450단위 × ₩380 - ₩80,000 - 450단위 × ₩150 = ₩23,500
(3) 결합제품 C 추가가공 시 단위당 판매가격
250단위 × ₩640 - ₩70,000 - 250단위 × ₩380 = ₩(5,000)
(4) 제품 A, C는 분리점에서 그대로 판매하고 제품 B는 추가가공해서 판매하는 것이 유리하다. 그리고 결합원가는 기발생원가(매몰원가)이므로 추가가공에 대한 의사결정 시 고려하지 아니한다.

02 ㈜세무는 결합공정에서 제품 A, B, C를 생산한다. 당기에 발생된 결합원가 총액은 ₩80,000이며 결합원가는 분리점에서의 상대적 판매가치를 기준으로 제품에 배분되며 관련 자료는 다음과 같다. 추가가공이 유리한 제품만을 모두 고른 것은? (단, 결합공정 및 추가가공 과정에서 공손과 감손은 발생하지 않고, 생산량은 모두 판매되며 기초 및 기말재공품은 없다) [세무사 19]

상중하

제품	분리점에서의 단위당 판매가격	생산량	추가가공원가	추가가공 후 단위당 판매가격
A	₩20	3,000단위	₩10,000	₩23
B	30	2,000단위	15,000	40
C	40	2,000단위	15,000	50

① A ② A, B ③ A, C
④ B, C ⑤ A, B, C

03 수락회사는 A, B, C의 세 가지 결합제품을 생산하고 있으며, 결합원가는 분리점에서의 상대적 판매가치에 의해 배분된다. 관련 자료는 다음과 같다. [세무사 06]

상중하

	제품 A	제품 B	제품 C	합계
결합원가	?	₩10,000	?	₩100,000
분리점에서의 판매가치	₩80,000	?	?	200,000
추가가공원가	3,000	2,000	₩5,000	
추가가공 후 판매가격	85,000	42,000	120,000	

만약 제품 A, B, C 중 하나만을 추가가공한다면 어느 제품을 추가가공하는 것이 가장 유리하며, 이때 추가가공으로 인해 증가하는 이익은 얼마인가?

① A, ₩2,000 ② B, ₩20,000 ③ C, ₩3,000
④ B, ₩5,000 ⑤ C, ₩15,000

정답 및 해설

02 ④ 각 제품별 추가가공 시 증분이익은 다음과 같다.

(1) 제품 A 추가가공 시 증분이익 = 3,000단위 × ₩23 - ₩10,000 - 3,000단위 × ₩20 = ₩(1,000)

(2) 제품 B 추가가공 시 증분이익 = 2,000단위 × ₩40 - ₩15,000 - 2,000단위 × ₩30 = ₩5,000

(3) 제품 C 추가가공 시 증분이익 = 2,000단위 × ₩50 - ₩15,000 - 2,000단위 × ₩40 = ₩5,000

∴ 추가가공이 유리한 제품은 B, C이다.

03 ② (1) 분리점에서의 판매가치

① 제품 A: ₩80,000

② 제품 B: ₩200,000 × 10%(결합원가 배분비율) = ₩20,000

③ 제품 C: ₩200,000 - ₩80,000 - ₩20,000 = ₩100,000

(2) 추가가공 여부 의사결정

	제품 A	제품 B	제품 C
추가가공 후 판매가격	₩85,000	₩42,000	₩120,000
(-) 분리점에서의 판매가치	80,000	20,000	100,000
증분수익	₩5,000	₩22,000	₩20,000
(-) 증분비용(추가가공원가)	3,000	2,000	5,000
증분이익	₩2,000	₩20,000	₩15,000

∴ 제품 B를 추가가공하는 것이 가장 유리하며 이로 인해 증가하는 이익은 ₩20,000이다.

04
상중하

㈜현정은 부문 1에서 원재료 A를 가공하여 2개의 결합제품 B와 C를 생산하는데, 5월 중에 원재료 A 50,000개에 대하여 ₩200,000을 투입하여 제품 B 20,000개와 제품 C 30,000개를 생산하였다. 제품 B를 완성하는 데는 추가로 ₩40,000의 분리원가가 발생하였으며 제품 B의 단위당 판매가격은 ₩3이었다. 회사는 5월 중에 제품 C를 그대로 판매할 수도 있으며, 부문 2에서 제품 C 30,000개에 추가로 ₩27,000을 투입하여 제품 D 15,000개, 제품 E 5,000개, 제품 F 10,000개를 생산할 수도 있다. 한편, 제품 D, E, F를 완성하는 데 추가로 소요되는 분리원가와 각 제품의 단위당 판매가격은 다음과 같다.

제품	분리원가	단위당 판매가격
D	₩5,000	₩8
E	1,000	2
F	2,000	6
C	–	4

이 경우 회사가 제품 C를 그대로 판매하는 것과 비교하였을 때 제품 D, E, F의 형태로 판매하는 것이 얼마나 유리 또는 불리한가?

[세무사 02]

① 제품 D, E, F의 형태로 판매하는 것이 ₩35,000 유리하다.
② 제품 D, E, F의 형태로 판매하는 것이 ₩35,000 불리하다.
③ 제품 D, E, F의 형태로 판매하는 것이 ₩62,000 유리하다.
④ 제품 D, E, F의 형태로 판매하는 것이 ₩62,000 불리하다.
⑤ 제품 D, E, F의 형태로 판매하는 것이 ₩25,000 불리하다.

정답 및 해설

04 ①

		단위당 판매가격

부문 1
₩200,000
(결합원가)

B
₩40,000
20,000개
@3

C
30,000개* 부문 2
₩27,000
(결합원가)

D 15,000개
₩5,000
@8

E 5,000개
₩1,000
@2

F 10,000개
₩2,000
@6

* 단위당 판매가격: @4

추가가공 후 판매가격(D, E, F)	15,000개 × @8 + 5,000개 × @2 + 10,000개 × @6 =	₩190,000
(-) 제품 C의 판매가격	30,000개 × @4 =	120,000
증분수익		₩70,000
(-) 증분비용	₩27,000 + (₩5,000 + ₩1,000 + ₩2,000) =	35,000
증분이익		₩35,000

∴ 제품 C를 추가가공하여 제품 D, E, F의 형태로 판매하는 것이 ₩35,000 유리하다.

유형 18 | 복수의 분리점이 있는 경우의 결합원가 배분

1단계: 물량흐름도 작성
2단계: 최종분리점으로부터 역순으로 순실현가능가치 계산
3단계: 최초분리점에서부터 차례대로 결합원가 배분

01 ★★
상중하

아래 그림과 같이 제품 A는 공정 1, 공정 2, 공정 4을 거쳐서 생산되고 제품 B는 공정 1, 공정 2, 공정 5를 거쳐서 생산된다. 제품 C는 공정 1과 공정 3을 거쳐서 생산된다. 각 공정의 제조원가는 그림에서 주어진 수치와 같다. 결합원가가 순실현가능가치를 기준으로 배부되고, 제품 A, 제품 B, 제품 C의 판매가액이 각각 ₩500,000, ₩200,000, ₩300,000일 때, 제품 A의 총제조원가는 얼마인가?

[세무사 09]

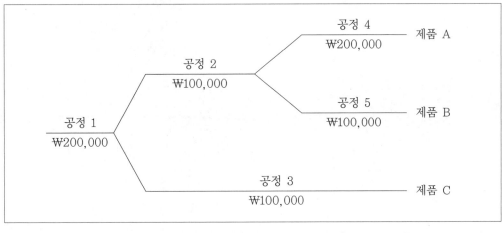

① ₩120,000   ② ₩165,000   ③ ₩250,000
④ ₩285,000   ⑤ ₩365,000

정답 및 해설

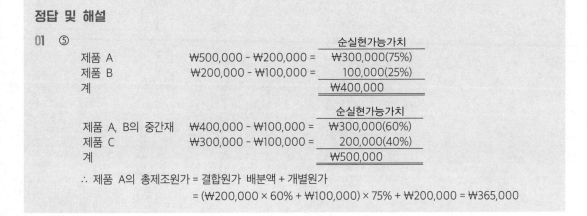

01 ⑤

		순실현가능가치
제품 A	₩500,000 - ₩200,000 =	₩300,000(75%)
제품 B	₩200,000 - ₩100,000 =	100,000(25%)
계		₩400,000

		순실현가능가치
제품 A, B의 중간재	₩400,000 - ₩100,000 =	₩300,000(60%)
제품 C	₩300,000 - ₩100,000 =	200,000(40%)
계		₩500,000

∴ 제품 A의 총제조원가 = 결합원가 배분액 + 개별원가
= (₩200,000 × 60% + ₩100,000) × 75% + ₩200,000 = ₩365,000

제2부
원가계산의 관리적 측면에 응용

제6장 표준원가계산

제7장 변동원가계산

제6장
표준원가계산

유형 19   직접재료원가 차이분석
유형 20   직접노무원가 차이분석
유형 21   제조간접원가 차이분석

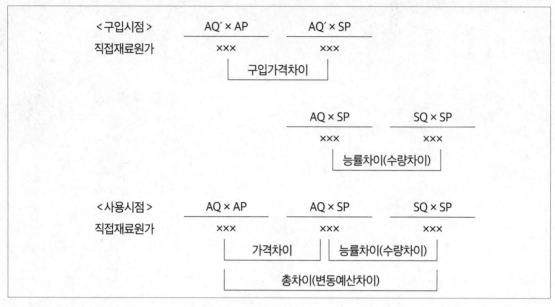

① 용어정리
- AQ: 실제투입량
- AQ′: 실제구입량
- SQ: 실제생산량에 허용된 표준투입량
- AP: 실제가격
- SP: 표준가격

② 직접재료원가 가격차이를 구입시점에서 분리하면 원재료계정은 항상 표준가격으로 기록되며 사용시점에서 분리하면 실제원가로 기록됨

01
상중하

표준원가계산에 관한 설명으로 옳은 것을 모두 고른 것은?

> ㄱ. 표준원가계산제도는 전부원가계산에서 적용할 수 있으나 변동원가계산에서는 적용할 수 없다.
> ㄴ. 표준원가계산제도는 종합원가계산제도에 적용이 가능하다.
> ㄷ. 직접재료원가 가격차이를 구입시점에서 분리하든 사용시점에서 분리하든 직접재료원가 능률차이는 동일하다.
> ㄹ. 고정제조간접원가의 예산차이는 실제투입량 변동예산과 실제산출량 변동예산의 차이를 의미한다.

① ㄱ, ㄴ　　　　　　② ㄱ, ㄷ　　　　　　③ ㄴ, ㄷ
④ ㄴ, ㄹ　　　　　　⑤ ㄷ, ㄹ

02
상중하

㈜세무는 표준원가계산을 적용하고 있다. 20×1년 단위당 표준직접재료원가는 다음과 같다.

> 제품 단위당 직접재료 표준원가: 6kg × ₩10/kg = ₩600

20×1년 ㈜세무의 실제생산량은 1,000단위, 직접재료구입량은 7,500kg, kg당 실제 구입가격은 ₩12이다. ㈜세무는 직접재료 6,500kg을 생산에 투입하였다. ㈜세무의 직접재료 가격차이와 수량차이는? (단, 직접재료 가격차이는 구입시점에서 분리한다)

	구입가격차이	수량차이
①	₩13,000(불리)	₩5,000(불리)
②	₩15,000(불리)	₩5,000(불리)
③	₩13,000(불리)	₩5,000(유리)
④	₩15,000(유리)	₩10,000(유리)
⑤	₩15,000(불리)	₩10,000(유리)

정답 및 해설

01　③　ㄱ. 표준원가계산제도는 전부원가계산에서 적용할 수 있으나 변동원가계산에서는 적용할 수 있다.
　　　　ㄹ. 고정제조간접원가의 예산차이는 실제발생과 변동예산과의 차액을 말한다.

02　②　(1) 구입가격차이 = 7,500kg × (₩12 - ₩10) = ₩15,000(불리)
　　　　(2) 수량차이 = (6,500kg - 6,000kg) × ₩10 = ₩5,000(불리)

03
상중하

다음 표준원가계산과 관련된 원가차이조정에 관한 설명으로 옳지 않은 것은? (단, 모든 재고자산의 기말잔액과 원가차이계정은 0이 아니다)

[세무사 21]

① 직접재료원가 가격차이를 원재료 사용(투입)시점에 분리하는 경우, 직접재료원가 가격차이는 원가차이조정 시 원재료계정에 영향을 미치지 않는다.

② 직접재료원가 가격차이를 원재료 구입시점에 분리하는 경우, 직접재료원가 능률차이는 실제 구입량이 아니라 실제 사용량(투입량)을 기초로 계산한다.

③ 총원가비례배분법에 의해 원가차이조정을 하는 경우, 직접재료원가 구입가격차이는 직접재료원가 능률차이계정에 영향을 미친다.

④ 직접재료원가 가격차이를 원재료 구입시점에 분리하는 경우, 원재료계정은 표준원가로 기록된다.

⑤ 원가요소별 비례배분법에 의해 원가차이조정을 하는 경우, 직접재료원가 구입가격차이는 원재료계정 기말잔액에 영향을 미친다.

04
상중하

㈜세무는 당기에 영업을 개시하였으며 표준원가계산제도를 채택하고 있다. 직접재료와 관련된 자료는 다음과 같다.

- 제품 단위당 직접재료 표준원가: 3kg × ₩10/kg = ₩30
- 직접재료 kg당 실제 구입가격: ₩12
- 직접재료 구입가격차이: ₩12,600(불리)
- 직접재료 능률차이: ₩4,000(유리)

당기 실제 제품 생산량이 2,000단위일 때 기말 직접재료 재고량은? (단, 기말재공품은 없다)

① 300kg   ② 400kg   ③ 500kg
④ 600kg   ⑤ 700kg

05 ㈜국세는 표준원가계산제도를 채택하고 있다. 20×1년 직접재료의 표준원가와 실제원가는 다음과 같
상중하 을 때, 직접재료원가 수량차이는?

[세무사 15]

표준원가	제품 단위당 직접재료 표준투입량	20kg
	직접재료 표준가격	₩30/kg
실제원가	실제 생산량	50개
	직접재료원가	₩35,000
	직접재료 구입가격	₩28/kg

① ₩5,500 유리   ② ₩5,500 불리   ③ ₩7,500 유리
④ ₩7,500 불리   ⑤ ₩0 차이 없음

정답 및 해설

03 ③ 원가요소별 비례배분법에 의해 원가차이조정을 하는 경우, 직접재료원가 구입가격차이는 직접재료원가 능
률차이계정에 영향을 미친다.

04 ⑤

AQ′ × AP	AQ′ × SP
6,300kg × @12	6,300kg × @10
= ₩75,600	= ₩63,000

구입가격차이 ₩12,600 불리

AQ × SP	SQ × SP
5,600kg × @10	(2,000단위 × 3kg) × @10
= ₩56,000	= ₩60,000

능률차이 ₩4,000 유리

∴ 기말 직접재료 재고량 = 6,300kg - 5,600kg = 700kg

05 ④

AQ × SP	SQ × SP
1,250kg* × @30/kg	(50개 × 20kg) × @30/kg
= ₩37,500	= ₩30,000

수량차이 ₩7,500 불리

* ₩35,000 ÷ ₩28/kg = 1,250kg

유형 20 │ 직접노무원가 차이분석

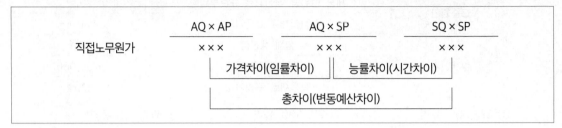

	AQ × AP	AQ × SP	SQ × SP
직접노무원가	×××	×××	×××
	가격차이(임률차이)	능률차이(시간차이)	
	총차이(변동예산차이)		

[용어정리]

- AQ: 실제투입시간
- SQ: 실제생산량에 허용된 표준투입시간
- AP: 실제임률(가격)
- SP: 표준임률(가격)

실전연습문제

01 ㈜세무는 표준원가계산제도를 채택하고 있으며, 20×1년도 직접노무원가와 관련된 자료는 다음과 같
상중하 다. 20×1년도 실제 총직접노무원가는?

• 실제생산량	100단위
• 직접노무원가 실제임률	시간당 ₩8
• 직접노무원가 표준임률	시간당 ₩10
• 실제생산량에 허용된 표준 직접작업시간	생산량 단위당 3시간
• 직접노무원가 임률차이	₩700(유리)
• 직접노무원가 능률차이	₩500(불리)

① ₩1,800   ② ₩2,500   ③ ₩2,800
④ ₩3,500   ⑤ ₩4,200

02 ㈜세무는 표준원가계산제도를 채택하고 있다. 20×1년 직접노무원가와 관련된 자료가 다음과 같을
상중하 경우, 20×1년 실제 직접노무시간은?

• 실제생산량	25,000단위
• 직접노무원가 실제임률	시간당 ₩10
• 직접노무원가 표준임률	시간당 ₩12
• 표준 직접노무시간	단위당 2시간
• 직접노무원가 임률차이	₩110,000(유리)
• 직접노무원가 능률차이	₩60,000(불리)

① 42,500시간   ② 45,000시간   ③ 50,000시간
④ 52,500시간   ⑤ 55,000시간

정답 및 해설

01 ③ (1) 변동예산(SQ × SP) = 100단위 × 3시간 × ₩10/시간 = ₩3,000
(2) 실제 총직접노무원가 = ₩3,000 + ₩500 - ₩700 = ₩2,800

02 ⑤

AQ × AP	AQ × SP	SQ × SP
	실제직접노무시간 × @12	(25,000개 × 2시간) × @12
₩550,000	= ₩660,000	= ₩600,000
	임률차이 ₩110,000 유리	능률차이 ₩60,000 불리

∴ 실제 직접노무시간 = ₩660,000 ÷ @12 = 55,000시간

03 표준원가계산제도를 채택하고 있는 ㈜세무의 20×1년도 직접노무원가와 관련된 자료는 다음과 같다. 20×1년도의 실제생산량은?

• 실제직접노무시간	101,500시간
• 직접노무원가 실제발생액	₩385,700
• 직접노무원가 능률차이	₩14,000(유리)
• 직접노무원가 임률차이	₩20,300(유리)
• 단위당 표준직접노무시간	2시간

① 51,000단위 ② 51,500단위 ③ 52,000단위
④ 52,500단위 ⑤ 53,000단위

04 ㈜세무는 표준원가계산제도를 채택하고 있으며, 당기 직접노무원가와 관련된 자료는 다음과 같다.

제품 실제생산량	1,000단위
직접노무원가 실제 발생액	₩1,378,000
단위당 표준직접노무시간	5.5시간
직접노무원가 능률차이	₩50,000(유리)
직접노무원가 임률차이	₩53,000(불리)

㈜세무의 당기 직접노무시간당 실제임률은? [세무사 21]

① ₩230 ② ₩240 ③ ₩250
④ ₩260 ⑤ ₩270

05 표준원가를 사용하는 ㈜세무의 20×1년 직접노무원가에 대한 자료가 다음과 같을 때, 20×1년 예상
상중하 제품생산량은?

[세무사 17]

직접노무원가 고정예산	₩896,400
직접노무원가 실제발생액	₩1,166,400
단위당 표준 직접노무시간	83시간
단위당 실제 직접노무시간	81시간
실제 제품생산량	300개
임률차이	₩437,400(불리)

① 300개　　　　　② 350개　　　　　③ 360개
④ 400개　　　　　⑤ 420개

정답 및 해설

03 ④　SQ × SP = 실제생산량 × 2시간 × ₩4 = ₩420,000(= ₩385,700 + ₩20,300 + ₩14,000)
　　　∴ 실제생산량 = ₩420,000/₩8 = 52,500단위

04 ④

AQ × AP	AQ × SP	SQ × SP
5,300시간 × ₩260	5,300시간 × ₩250	(1,000단위 × 5.5시간) × ₩250
= ₩1,378,000	= ₩1,325,000	= ₩1,375,000

　　　　　└─── 임률차이 ₩53,000 불리 ───┘└─── 능률차이 ₩50,000 유리 ───┘

05 ③

AQ × AP	AQ × SP	SQ × SP
(300개 × 81시간) × ₩48	(300개 × 81시간) × ₩30	(300개 × 83시간) × ₩30
= ₩1,166,400	= ₩729,000	= ₩747,000

　　　　　└─── 임률차이 ₩437,400 불리 ───┘└─── 능률차이 ₩18,000 유리 ───┘

　　　∴ 예상제품생산량 = ₩896,400 ÷ (83시간 × ₩30) = 360개

유형 21 │ 제조간접원가 차이분석

[1] 변동제조간접원가 차이분석

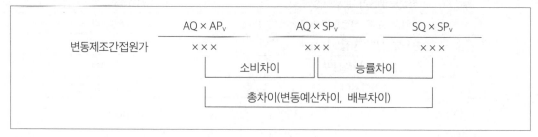

① 용어정리

- AQ: 실제조업도
- AP_V: 실제배부율
- SQ: 실제생산량에 허용된 표준조업도
- SP_V: 변동제조간접원가 표준배부율

② 변동제조간접원가 표준배부율(SP_V)

$$SP_V = \frac{VOH예산}{기준조업도} = \frac{\underset{VOH \text{ 변동예산}}{실제투입량기준} (AQ \times SP_V)}{AQ} = \frac{\underset{VOH \text{ 변동예산}}{실제산출량기준} (SQ \times SP_V)}{SQ}$$

[2] 고정제조간접원가 차이분석

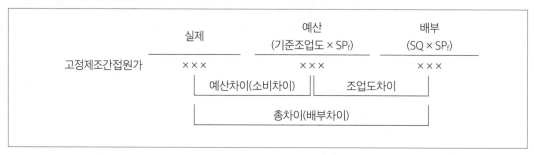

① 용어정리

- SQ: 실제생산량에 허용된 표준조업도
- SP_f: 고정제조간접원가 표준배부율

② 고정제조간접원가 표준배부율(SP_f)

$$SP_f = \frac{FOH예산}{기준조업도}$$

01 ㈜세무는 표준원가제도를 도입하고 있다. 변동제조간접원가의 배부기준은 직접노무시간이며, 제품 1
상중하 개를 생산하는 데 소요되는 표준직접노무시간은 2시간이다. 20×1년 3월 실제 발생한 직접노무시간
은 10,400시간이고, 원가자료는 다음과 같다.

• 변동제조간접원가 실제 발생액	₩23,000
• 변동제조간접원가 능률차이	₩2,000(불리)
• 변동제조간접원가 총차이	₩1,000(유리)

㈜세무의 20×1년 3월 실제 제품생산량은?

① 4,600개　　　　　　② 4,800개　　　　　　③ 5,000개
④ 5,200개　　　　　　⑤ 5,400개

02 ㈜세무는 표준원가계산제도를 적용하고 있다. 20×1년 변동제조간접원가와 고정제조간접원가 예산
상중하 은 각각 ₩540,000과 ₩625,000이다. 20×1년 기준조업도는 1,000직접노무시간이며, 실제직
접노무시간은 900시간이다. 제조간접원가의 조업도차이가 ₩110,000(불리)이라면 제조간접원가
의 능률차이는?

[세무사 23]

① ₩20,820(불리)　　　② ₩41,040(불리)　　　③ ₩62,680(불리)
④ ₩86,680(불리)　　　⑤ ₩95,040(불리)

 정답 및 해설

01　②　(1) 변동제조간접원가 변동예산(SQ × SP) = ₩23,000 + ₩3,000(소비차이) – ₩2,000(능률차이) = ₩24,000
　　　　(2) 표준변동제조간접원가 배부율(SP) = ₩26,000 ÷ 10,400시간 = @2.5/시간
　　　　(3) 실제 제품생산량 = ₩24,000 ÷ (2시간 × @2.5/시간) = 4,800개

02　②　(1) 제조간접원가 표준배부율계산
　　　　　① 변동제조간접원가 표준배부율(SP$_v$) = ₩540,000 ÷ 1,000h = @540/h
　　　　　② 고정제조간접원가 표준배부율(SP$_f$) = ₩625,000 ÷ 1,000h = @625/h
　　　　(2) 제조간접원가 능률차이
　　　　　① 실제생산량에 허용되는 표준노무시간(SQ) = (₩625,000 – ₩110,000) ÷ @625/h = 824h
　　　　　② 변동제조간접원가 능률차이 = (900h – 824h) × @540/h = ₩41,040(불리)

03

상중하

㈜세무는 표준원가계산제도를 사용하고 있으며, 매월 동일한 표준원가를 적용한다. 20×1년 5월과 6월의 실제 제품 생산량은 각각 100단위와 120단위이었고, 다음과 같은 조업도차이가 발생했다.

기간	조업도차이
5월	₩1,000(불리)
6월	₩600(불리)

㈜세무의 고정제조간접원가 월간 예산은?

[세무사 22]

① ₩3,000   ② ₩3,200   ③ ₩4,800

④ ₩5,400   ⑤ ₩6,000

04

상중하

㈜세무는 표준원가계산제도를 채택하고 있으며, 직접노무시간을 기준으로 제조간접원가를 배부한다. 20×1년의 생산 및 원가 자료가 다음과 같을 때, 변동제조간접원가 소비차이는?

[세무사 20]

변동제조간접원가 실제발생액	₩130,000
실제총직접노무시간	8,000시간
당기제품생산량	3,600단위
제품당 표준직접노무시간	2시간
변동제조간접원가 능률차이	₩8,000(불리)

① ₩25,000(유리)   ② ₩25,000(불리)   ③ ₩50,000(유리)

④ ₩50,000(불리)   ⑤ ₩75,000(불리)

05
상중하

㈜세무는 표준원가계산제도를 채택하고 있으며 기계작업시간을 기준으로 고정제조간접원가를 배부한다. 다음 자료에 의할 경우 기준조업도 기계작업시간은? (단, 기초 및 기말재공품은 없다)

[세무사 19]

- 실제 제품 생산량: 700단위
- 제품 단위당 표준기계작업시간: 2시간
- 실제발생 고정제조간접원가: ₩12,000
- 고정제조간접원가 예산차이: ₩2,000(불리)
- 고정제조간접원가 조업도차이: ₩4,000(유리)

① 600 ② 800 ③ 1,000
④ 1,200 ⑤ 1,400

정답 및 해설

03 ① FOH 월간 예산 - 실제 생산량 × SP_f = 조업도차이
   $\begin{cases} \text{FOH 월간 예산} - 100단위 \times SP_f = ₩1,000 \\ \text{FOH 월간 예산} - 120단위 \times SP_f = ₩600 \end{cases}$
   ∴ FOH 월간 예산 = ₩3,000

04 ④ (1) 변동제조간접원가 표준배부율(SP_V) = ₩8,000 ÷ (8,000시간 - 3,600단위 × 2시간) = ₩10
   (2) 변동제조간접원가 소비차이 = ₩130,000 - 8,000시간 × @10 = ₩50,000(불리)

05 ③

실제	예산	배부(SQ × SP_f)
	1,000시간 × @10	(700단위 × 2시간) × @10
₩12,000	= ₩10,000	= ₩14,000

   예산(소비)차이 ₩2,000 불리   조업도차이 ₩4,000 유리

   ∴ 기준조업도 기계작업시간은 1,000시간이다.

06
상중하

㈜세무는 표준원가계산제도를 도입하고 있다. 20×1년의 변동제조간접원가 예산은 ₩300,000이고, 고정제조간접원가 예산은 ₩800,000이다. ㈜세무는 제조간접원가 배부기준으로 직접노무시간을 사용하고 있다. 기준조업도는 직접노무시간 1,000시간이고, 20×1년에 실제로 투입된 직접노무시간은 850시간이다. 20×1년의 고정제조간접원가 조업도차이가 ₩80,000(불리)할 경우 변동제조간접원가 능률차이는?

[세무사 18]

① ₩15,000(유리) ② ₩45,000(유리) ③ ₩10,000(불리)
④ ₩15,000(불리) ⑤ ₩45,000(불리)

07
상중하

단일 제품을 제조·판매하는 ㈜세무의 20×1년 관련 자료는 다음과 같다. ㈜세무가 고정제조간접원가 표준배부율을 계산할 때 사용한 연간 예산 고정제조간접원가는?

[세무사 17]

실제 제품생산량	45,000단위
제품 단위당 표준직접노무시간	2시간
예상 총직접노무시간(기준조업도)	72,000시간
실제발생 고정제조간접원가	₩66,000
조업도차이	₩16,200(유리)

① ₩62,600 ② ₩64,800 ③ ₩66,000
④ ₩68,400 ⑤ ₩70,200

★★★
08
상중하

표준원가계산제도를 사용하는 ㈜국세는 직접노무시간을 기준으로 제조간접원가를 배부한다. 20×1년도 기준조업도는 20,000직접노무시간이나, 실제 직접노무시간은 22,500시간이다. 변동제조간접원가의 표준배부율은 직접노무시간당 ₩6이다. 다음은 20×1년도의 제조간접원가와 관련된 자료이다.

> • 변동제조간접원가
>   – 실제발생액: ₩110,000
>   – 배부액: ₩138,000
> • 고정제조간접원가
>   – 소비차이: ₩30,000(불리)
>   – 조업도차이: ₩27,000(유리)

20×1년도의 고정제조간접원가 실제발생액은?　　　　　　　　　　　　　　　　　[세무사 15]

① ₩150,000　　　　　　② ₩170,000　　　　　　③ ₩190,000
④ ₩210,000　　　　　　⑤ ₩246,000

정답 및 해설

06 ①

실제	예산	배부(SQ × SP$_f$)
	1,000시간 × @800	900시간 × @800
	= ₩800,000	= ₩720,000

    예산(소비)차이　　　　조업도차이 ₩80,000 불리

변동제조간접원가 능률차이 = (900시간 – 850시간) × @300* = ₩15,000(유리)
*　SP$_V$ = ₩300,000 ÷ 1,000시간 = @300

07 ②

실제	예산	배부(SQ × SP$_f$)
	72,000시간 × @0.9	45,000단위 × 2시간 × @0.9
₩66,000	= ₩64,800	= ₩81,000

    예산(소비)차이 ₩1,200 불리　　　조업도차이 ₩16,200 유리

08 ④ SQ = ₩138,000 ÷ ₩6 = 23,000직접노무시간

실제	예산	배부(SQ × SP$_f$)
	20,000시간 × @9	23,000시간 × @9
₩210,000	= ₩180,000	= ₩207,000

    예산(소비)차이 ₩30,000 불리　　　조업도차이 ₩27,000 유리

제7장
변동원가계산

유형 22   전부/변동/초변동원가계산
유형 23   각 원가계산방법 간의 이익차이조정
유형 24   초변동원가계산

1. 의의

직접재료원가, 직접노무원가, 변동제조간접원가 및 고정제조간접원가로 구성되는 제조원가 중 재고가능 여부에 따라 전부원가계산, 변동원가계산, 초변동원가계산으로 구분할 수 있다.

구분	전부원가계산	변동원가계산	초변동원가계산
직접재료원가	제품원가[*1]	제품원가	제품원가
직접노무원가	제품원가[*1]	제품원가	기간비용
변동제조간접원가	제품원가[*1]	제품원가	기간비용
고정제조간접원가	제품원가[*1]	기간비용	기간비용
변동판매관리비	기간비용[*2]	기간비용	기간비용
고정판매관리비	기간비용[*2]	기간비용	기간비용

[*1] 제품원가: 재고가능원가이며 판매 시까지 재고자산으로 계상하고 판매시점에 매출원가로 비용 처리
[*2] 기간비용(기간원가): 재고불능원가이며 발생한 시점에 비용 처리

2. 제품원가계산방법의 상호비교(기능별 표시방법에 의한 포괄손익계산서의 상호비교)

I/S(전부원가계산)		I/S(변동원가계산)		I/S(초변동원가계산)	
매출액	×××	매출액	×××	매출액	×××
매출원가	×××	변동원가	×××	직접재료매출원가	×××
매출총이익	×××	변동매출원가 ×××		재료처리량 공헌이익	×××
판매관리비	×××	변동판매관리비 ×××		운영비용	×××
영업이익	×××	공헌이익	×××	직접노무원가 ×××	
		고정원가	×××	변동제조간접원가 ×××	
		고정제조간접원가 ×××		고정제조간접원가 ×××	
		고정판매관리비 ×××		변동판매관리비 ×××	
		영업이익	×××	고정판매관리비 ×××	
				영업이익	×××

[*1] 전부원가계산하의 포괄손익계산서를 전통적인 포괄손익계산서라고 함
[*2] 변동원가계산하의 포괄손익계산서를 공헌이익 포괄손익계산서 또는 행태별 포괄손익계산서라고 함

3. 영업이익의 비교

구분	영업이익
생산량 > 판매량(기초재고 < 기말재고)	전부원가계산 > 변동원가계산 > 초변동원가계산
생산량 = 판매량(기초재고 = 기말재고)	전부원가계산 = 변동원가계산 = 초변동원가계산
생산량 < 판매량(기초재고 > 기말재고)	전부원가계산 < 변동원가계산 < 초변동원가계산

※ 단, 위의 비교는 기초재고와 기말재고의 원가요소별 단위당 원가가 동일한 경우에 성립됨

4. 각 제품원가계산방법의 장·단점

[1] 전부원가계산의 장·단점

① 장점

ⓐ 경영자의 장기적인 의사결정에 적합한 정보를 제공함

ⓑ 모든 제조원가를 제품원가에 포함시키므로 변동원가와 고정원가의 구분이 불필요함

ⓒ 수익·비용 대응의 원칙에 부합함

② 단점

ⓐ 생산량이 변동할 경우 제품 단위당 원가가 변함

ⓑ 영업이익이 판매량뿐만 아니라 생산량에 의해서도 영향을 받음

ⓒ 재고과잉 유인이 존재

[2] 변동원가계산의 장·단점

① 장점

ⓐ 경영자의 단기적인 의사결정에 적합한 정보를 제공함

ⓑ 영업이익이 판매량에 의해서만 결정되므로 재고과잉 유인이 없음

② 단점

ⓐ 변동원가와 고정원가로 구분되지 않는 준변동원가(혼합원가)를 자의적으로 구분해야 함

ⓑ 고정제조간접원가가 기간비용 처리되므로 수익·비용 대응의 원칙에 어긋남

[3] 초변동원가계산의 장·단점

① 장점

ⓐ 당기에 발생한 가공원가를 기간비용 처리하므로 판매량을 초과하여 생산하려는 유인을 억제하는 효과가 있음

ⓑ 직접재료원가만 제품원가에 포함시키므로 가공원가를 변동원가와 고정원가로 구분할 필요가 없음

② 단점

ⓐ 재고자산 최소화가 수요의 불확실성이 크거나 규모의 경제가 존재하는 경우에는 오히려 영업에 악영향을 미칠 수도 있음

ⓑ 재고누적을 방지하기 위해 덤핑판매 등의 부작용이 발생할 가능성이 있음

★★
01 다음은 제품 A를 생산·판매하는 ㈜세무의 당기 전부원가 손익계산서와 공헌이익 손익계산서이다.
상중하

전부원가 손익계산서	
매출액	₩1,000,000
매출원가	650,000
매출총이익	350,000
판매관리비	200,000
영업이익	₩150,000

공헌이익 손익계산서	
매출액	₩1,000,000
변동원가	520,000
공헌이익	480,000
고정원가	400,000
영업이익	₩80,000

제품의 단위당 판매가격 ₩1,000, 총고정판매관리비 ₩50,000일 때 전부원가계산에 의한 기말제품재고는? (단, 기초 및 기말 재공품, 기초제품은 없다)

① ₩85,000   ② ₩106,250   ③ ₩162,500
④ ₩170,000   ⑤ ₩212,500

★★
02 ㈜세무의 생산량 관련범위 내에 해당하는 원가 자료는 다음과 같다. ( )에 들어갈 금액으로 옳지
상중하 않은 것은?

		생산량	
		2,000개	5,000개
총원가			
	변동원가	A( )	?
	고정원가	B( )	?
	소계	?	E( )
단위당 원가			
	변동원가	C( )	?
	고정원가	?	₩10
	소계	D( )	₩30

① A: ₩40,000   ② B: ₩50,000   ③ C: ₩20
④ D: ₩45   ⑤ E: ₩90,000

03 ㈜세무는 20×1년 초에 설립되었다. 20×1년 생산량과 판매량은 각각 3,200개와 2,900개이다.
심중하 동 기간 동안 고정제조간접원가는 ₩358,400 발생하였고, 고정판매관리비는 ₩250,000 발생하였다. 전부원가계산을 적용하였을 때 기말제품의 단위당 제품원가는 ₩800이다. 변동원가계산을 적용하였을 때 기말제품재고액은? (단, 재공품은 없다)

[세무사 23]

① ₩192,600   ② ₩198,000   ③ ₩206,400
④ ₩224,000   ⑤ ₩232,800

정답 및 해설

01 ③   (1) 판매량 = ₩1,000,000 ÷ ₩1,000 = 1,000개
     (2) 변동판매관리비 = ₩200,000 - ₩50,000 = ₩150,000
     (3) 단위당 변동판매관리비 = ₩150,000 ÷ 1,000개 = ₩150
     (4) 단위당 변동제조원가 = ₩520,000/1,000개 - ₩150 = ₩370
     (5) 단위당 고정제조간접원가 = (₩400,000 - ₩50,000 - ₩70,000) ÷ 1,000개 = ₩280
     (6) 기말재고 수량 = ₩70,000 ÷ ₩280 = 250개
     (7) 기말제품재고 = (₩370 + ₩280) × 250개 = ₩162,500

02 ⑤   (1) 단위당 변동원가 = ₩30 - ₩10 = ₩20
     (2) 총고정원가 = 5,000개 × ₩10 = ₩50,000
     ∴ A: 2,000개 × ₩20 = ₩40,000
        B: ₩50,000
        C: ₩20
        D: ₩20 + ₩50,000 ÷ 2,000개 = ₩45
        E: 5,000개 × ₩20 + ₩50,000 = ₩150,000

03 ③   (1) 기말재고수량 = 3,200개 - 2,900개 = 300개
     (2) 단위당 고정제조간접원가 = ₩358,400 ÷ 3,200개 = @112/개
     (3) 단위당 변동제조원가 = @800/개 - @112/개 = @688/개
     (4) 변동원가계산 적용 시 기말제품재고액 = 300개 × @688/개 = ₩206,400

04 ㈜세무의 기초 제품수량은 없고 당기 제품 생산수량은 500단위, 기말 제품수량은 100단위이다. 제품 단위당 판매가격은 ₩1,300이며, 당기에 발생한 원가는 다음과 같다. 변동원가계산에 의한 당기 영업이익은? (단, 기초 및 기말재공품은 없다) [세무사 19]

• 직접재료원가	₩250,000
• 직접노무원가	80,000
• 변동제조간접원가	160,000
• 변동판매관리비	40,000
• 고정제조간접원가	40,000
• 고정판매관리비	15,000

① ₩13,000 ② ₩23,000 ③ ₩33,000
④ ₩43,000 ⑤ ₩53,000

05 ㈜세무는 20×1년 초에 영업을 개시하였다. ㈜세무는 전부원가계산을 적용하고 있으며, 재고자산의 원가흐름가정은 선입선출법이다. 20×1년과 20×2년의 생산 및 원가자료는 다음과 같다.

항목	20×1년	20×2년
제품 생산량	1,500단위	1,750단위
제품 판매량	1,200단위	( )단위
기말제품 수량	( )단위	150단위
제품 단위당 변동제조원가	₩38	₩40
고정제조간접원가	₩48,000	₩70,000

㈜세무의 20×2년도 매출원가는? (단, 기초 및 기말재공품은 없다) [세무사 18]

① ₩147,000 ② ₩148,000 ③ ₩148,600
④ ₩149,000 ⑤ ₩149,400

06 다음은 ㈜세무의 공헌이익 손익계산서와 전부원가 손익계산서이다. 고정판매관리비가 ₩94,000이
상종하 고 제품의 판매가격이 단위당 ₩1,500일 때, 전부원가계산에 의한 기말제품재고는? (단, 기초 및 기
말재공품, 기초제품은 없다)

[세무사 17]

공헌이익 손익계산서	
매출액	₩1,200,000
변동원가	456,000
공헌이익	744,000
고정원가	766,000
영업이익(손실)	(22,000)

전부원가 손익계산서	
매출액	₩1,200,000
매출원가	937,600
매출총이익	262,400
판매관리비	150,000
영업이익(손실)	112,400

① ₩154,000   ② ₩171,300   ③ ₩192,000
④ ₩214,500   ⑤ ₩234,400

정답 및 해설

04 ③ (1) 물량흐름 파악

제품			
기초	0	판매	400
생산	500	기말	100

(2) 단위당 변동원가 = (₩250,000 + ₩80,000 + ₩160,000) ÷ 500단위 + ₩40,000 ÷ 400단위
= ₩1,080

(3) 변동원가계산에 의한 당기 영업이익 = (₩1,300 − ₩1,080) × 400단위 − ₩55,000 = ₩33,000

05 ④ (1) 물량흐름 파악

제품(20×1년)				제품(20×2년)			
기초	0	판매	1,200	기초	300	판매	1,900
생산	1,500	기말	300	생산	1,750	기말	150

(2) 각 연도별 단위당 고정제조간접원가 계산

① 20×1년 단위당 고정제조간접원가 = ₩48,000 ÷ 1,500단위 = ₩32

② 20×2년 단위당 고정제조간접원가 = ₩70,000 ÷ 1,750단위 = ₩40

(3) 20×2년도 매출원가 = 300단위 × (₩38 + ₩32) + 1,600단위 × (₩40 + ₩40) = ₩149,000

06 ⑤ (1) 판매량 = ₩1,200,000 ÷ ₩1,500 = 800개

(2) 변동판매관리비 = ₩150,000 − ₩94,000 = ₩56,000

(3) 단위당 변동제조원가 = (₩456,000 − ₩56,000) ÷ 800개 = ₩500

(4) 단위당 고정제조간접원가 = (₩937,600 ÷ 800개) − ₩500 = ₩672

(5) 기말재고에 포함된 고정제조간접원가 = ₩112,400 + ₩22,000 = ₩134,400

(6) 기말재고 수량 = ₩134,400 ÷ ₩672 = 200개

∴ 기말제품재고 = 200개 × (₩500 + ₩672) = ₩234,400

07 대한회사의 당기 제품제조 및 영업활동과 관련한 다음의 자료를 토대로 하여 변동제조원가 발생액과
상중하　고정판매관리비 발생액을 구하면 각각 얼마인가?　　　　　　　　　　　　　　　　[세무사 08]

• 매출액	₩2,000,000
• 고정제조원가 당기발생액	600,000
• 변동판매관리비 당기발생액	200,000
• 당기 제품생산량	70,000개
• 당기 제품판매량	65,000개
• 변동매출원가는 ₩780,000이고 변동원가계산에 의한 영업이익은 ₩300,000이다.	
• 기초제품 재고와 기초 및 기말재공품 재고는 없다.	

	변동제조원가	고정판매관리비
①	₩780,000	₩120,000
②	₩840,000	₩120,000
③	₩780,000	₩180,000
④	₩840,000	₩180,000
⑤	₩840,000	₩60,000

08 단일제품을 생산 및 판매하는 ㈜갑을의 개업 첫 달 영업결과는 다음과 같다.
상중하

• 생산량은 450개이며, 판매량은 300개이다.
• 제품의 단위당 판매가격은 ₩7,000이다.
• 판매관리비는 ₩100,000이다.
• 초변동원가계산에 의한 영업이익은 ₩125,000이다.
• 변동원가계산에 의한 영업이익은 ₩350,000이다.
• 전부원가계산에 의한 영업이익은 ₩500,000이다.
• 제조원가는 변동원가인 직접재료원가와 직접노무원가, 고정원가인 제조간접원가로 구성되어 있다.
• 월말재공품은 없다.

당월에 발생한 총제조원가는 얼마인가?　　　　　　　　　　　　　　　　　　　　[세무사 11]

① ₩1,800,000　　　　② ₩1,875,000　　　　③ ₩2,100,000
④ ₩2,250,000　　　　⑤ ₩2,475,000

정답 및 해설

07 ② (1) 단위당 변동제조원가 = 변동매출원가 ÷ 판매량 = ₩780,000 ÷ 65,000개 = @12

∴ 변동제조원가 발생액 = 70,000개 × @12 = ₩840,000

(2) 공헌이익 포괄손익계산서

매출액		₩2,000,000
변동원가		980,000
변동매출원가	₩780,000	
변동판매관리비	200,000	
공헌이익		₩1,020,000
고정원가		$600,000 + x$
고정제조원가	₩600,000	
고정판매관리비	x	
영업이익		₩300,000

₩1,020,000 - (₩600,000 + x) = ₩300,000

∴ x(고정판매관리비 발생액) = ₩120,000

08 ④ (1) 당기 재고증가량

450개 - 300개 = 150개

(2) 초변동원가계산과 변동원가계산의 영업이익차이에서 개당 변동가공원가

(₩350,000 - ₩125,000) ÷ 150개 = ₩1,500/개

(3) 변동원가계산과 전부원가계산의 영업이익차이에서 개당 고정제조간접원가

(₩500,000 - ₩350,000) ÷ 150개 = ₩1,000/개

(4) 초변동원가계산의 영업이익에서 개당 직접재료원가

300개 × (₩7,000 - DM) - 450개 × (₩1,500 + ₩1,000) - ₩100,000 = ₩125,000

→ DM = ₩2,500/개

(5) 당월에 발생한 총제조원가

450개 × (₩2,500 + ₩1,500 + ₩1,000) = ₩2,250,000

[별해]

(1) 전부원가계산에 의한 개당 매출원가(x) 계산

(₩7,000 - x) × 300개 - ₩100,000 = ₩500,000

→ x = ₩5,000

(2) 당월에 발생한 총제조원가

₩5,000 × 450개 = ₩2,250,000

㈜한국은 책장을 제조해서 판매한다. 20×1년 1월 1일부터 20×1년 12월 31일 중에 발생한 원가는 다음과 같다.

원가항목	재고가능원가와 기간원가의 구분	금액
변동제조원가	재고가능원가	₩260,000
고정제조원가	재고가능원가	40,000
변동판매비	기간원가	254,000
고정판매관리비	기간원가	150,000

변동제조원가는 제품생산량에 대한 변동원가이다. 변동판매비는 제품판매량에 대한 변동원가이다. 다음은 재고자산 관련 자료이다.

	20×1년 1월 1일 기초재고	20×1년 12월 31일 기말재고
직접재료 재고(무게)	100kg	200kg
재공품 재고	0단위	0단위
제품 재고	?	2,000단위

20×1년도 생산량은 10,000개이다. 제품 1단위를 생산하기 위하여 직접재료 0.1kg이 사용되었다. 20×1년도의 매출액은 ₩900,000이었으며, 20×1년 1월 1일의 제품재고는 ₩30,000이었다. 기초재고의 단위당 제품원가와 기중 생산된 제품의 단위당 원가는 동일하다. 여기서 단위당 제품원가는 외부보고용 원가를 의미한다.

09
상중하

20×1년도 초의 제품재고의 수량과 20×1년 중 단위당 변동원가는 각각 얼마인가? (소수점 미만은 원 단위로 반올림한다)

	기초 제품재고의 수량	단위당 변동원가
①	1,000단위	₩51
②	1,000단위	₩54
③	2,000단위	₩51
④	2,000단위	₩54
⑤	1,200단위	₩26

★★
10 전부원가계산에 따른 20×1년도 ㈜한국의 영업이익은 얼마인가?

상중하

① ₩630,000　　　② ₩226,000　　　③ ₩196,000

④ ₩225,746　　　⑤ ₩480,000

정답 및 해설

09 ② (1) 기초 제품재고의 수량 = 기초 제품재고금액 ÷ 전기 단위당 제품원가
= ₩30,000 ÷ ₩30/단위[*] = 1,000단위

[*] 전기·당기 동일 단위당 제품원가(전부원가)
(₩260,000 + ₩40,000) ÷ 10,000단위 = ₩30/단위

(2) 단위당 변동원가 = 단위당 변동제조원가 + 단위당 변동판매비
= ₩260,000 ÷ 10,000단위 + ₩254,000 ÷ 9,000단위[*] = ₩54/단위

제품(수량)			
기초	1,000단위	판매	9,000단위
생산	10,000단위	기말	2,000단위
	11,000단위		11,000단위

10 ②

I/S(전부원가계산)		
매출액		₩900,000
매출원가	9,000단위 × @30 =	270,000
매출총이익		₩630,000
판매관리비	₩254,000 + ₩150,000 =	404,000
영업이익		₩226,000

11 ★★
상중하

제조기업인 ㈜세무가 변동원가계산방법에 의하여 제품원가를 계산할 때 제품원가에 포함되는 항목을 모두 고른 것은?

ㄱ. 직접재료원가	ㄴ. 직접노무원가
ㄷ. 본사건물 감가상각비	ㄹ. 월정액 공장임차료

① ㄱ, ㄴ   ② ㄱ, ㄹ   ③ ㄴ, ㄷ
④ ㄴ, ㄹ   ⑤ ㄱ, ㄷ, ㄹ

12 ★★
상중하

전부원가계산, 변동원가계산, 초변동원가계산에 관한 설명으로 옳지 않은 것은?

① 기초재고가 없다면, 당기 판매량보다 당기 생산량이 더 많을 때 전부원가계산상의 당기 영업 이익보다 초변동원가계산상의 당기 영업이익이 더 작다.
② 변동원가계산은 전부원가계산에 비해 판매량 변화에 의한 이익의 변화를 더 잘 파악할 수 있다.
③ 초변동원가계산에서는 기초재고가 없고 판매량이 일정할 때 생산량이 증가하더라도 재료처리 량 공헌이익은 변하지 않는다.
④ 일반적으로 인정된 회계원칙에서는 전부원가계산에 의해 제품원가를 보고하고 있다.
⑤ 전부원가계산은 변동원가계산에 비해 경영자의 생산과잉을 더 잘 방지한다.

13 ★★
상중하

원가계산, 변동원가계산 및 초변동원가계산에 관한 설명으로 옳지 않은 것은? [세무사 12]

① 초변동원가계산에서는 직접노무원가와 변동제조간접원가를 기간비용으로 처리한다.
② 초변동원가계산에서는 매출액에서 직접재료원가를 차감하여 재료처리량 공헌이익(throughput contribution)을 산출한다.
③ 변동원가계산은 변동제조원가만을 재고가능원가로 간주한다. 따라서 직접재료원가, 변동가공 원가를 제품원가에 포함시킨다.
④ 전부원가계산의 영업이익은 일반적으로 생산량과 판매량에 의해 영향을 받는다.
⑤ 변동원가계산에서는 원가를 기능에 따라 구분하여 변동원가와 고정원가로 분류한다.

14
상중하

다음은 생산량 및 판매량과 관련된 전부원가계산과 변동원가계산 및 초변동원가계산의 특징을 설명한 글이다. 타당하지 않은 것은?

[세무사 10]

① 전부원가계산에서는 기초재고가 없을 때 판매량이 일정하다면 생산량이 증가할수록 매출총이익이 항상 커진다.

② 생산량이 판매량보다 많으면 전부원가계산의 영업이익이 변동원가계산의 영업이익보다 항상 크다.

③ 변동원가계산하의 영업이익은 판매량에 비례하지만, 전부원가계산하의 영업이익은 생산량과 판매량의 함수관계로 결정된다.

④ 전부원가계산에서는 원가를 제조원가와 판매관리비로 분류하므로 판매량 변화에 따른 원가와 이익의 변화를 파악하기 어려운 반면, 변동원가계산에서는 원가를 변동원가와 고정원가로 분류하여 공헌이익을 계산하므로 판매량 변화에 의한 이익의 변화를 알 수 있다.

⑤ 초변동원가계산에서는 기초재고가 없고 판매량이 일정할 때 생산량이 증가하더라도 재료처리량 공헌이익(throughput contribution)은 변하지 않는다.

정답 및 해설

11 ① 변동제조원가에 해당하는 것은 ㄱ, ㄴ이다.

12 ⑤ 전부원가계산은 변동원가계산에 비해 경영자의 생산과잉을 유도할 수 있다.

13 ⑤ 변동원가와 고정원가의 분류는 기능에 따른 분류가 아니라 원가행태에 따른 분류이다.

14 ② 생산량이 판매량보다 많다고 해서, 즉 기말재고수량이 기초에 비해 증가한다고 해서 전부원가계산의 영업이익이 변동원가계산의 영업이익보다 항상 큰 것은 아니다. 전부원가계산의 영업이익과 변동원가계산의 영업이익의 차이는 당기에 비용화된 고정제조간접원가 금액의 차이로 인한 것인데, 동 금액은 재고수량뿐만 아니라 재고 단위당 고정제조간접원가에 의해서도 영향을 받기 때문이다.

유형 23 | 각 원가계산방법 간의 이익차이조정

1. **전부원가계산과 변동원가계산의 영업이익 차이조정(단, 재고자산평가는 선입선출법)**

　　　변동원가계산하에서의 영업이익
(+) 기말재고자산에 포함된 고정제조간접원가(FOH)
(−) 기초재고자산에 포함된 고정제조간접원가(FOH)
　　　전부원가계산하에서의 영업이익

2. **변동원가계산과 초변동원가계산의 영업이익 차이조정(단, 재고자산평가는 선입선출법)**

　　　초변동원가계산하에서의 영업이익
(+) 기말재고자산에 포함된 변동가공원가($= DL + VOH$)
(−) 기초재고자산에 포함된 변동가공원가($= DL + VOH$)
　　　변동원가계산하에서의 영업이익

3. **전부원가계산과 초변동원가계산의 영업이익 차이조정(단, 재고자산평가는 선입선출법)**

　　　초변동원가계산하에서의 영업이익
(+) 기말재고자산에 포함된 가공원가($= DL + VOH + FOH$)
(−) 기초재고자산에 포함된 가공원가($= DL + VOH + FOH$)
　　　전부원가계산하에서의 영업이익

4. **정상원가계산하의 영업이익 차이조정(단, 제조간접원가 배부차이는 매출원가에서 조정)**

　　　변동원가계산하에서의 영업이익
(+) 기말재고자산에 포함된 고정제조간접원가 예정배부액
(−) 기초재고자산에 포함된 고정제조간접원가 예정배부액
　　　전부원가계산하에서의 영업이익

5. **표준원가계산하의 영업이익 차이조정(단, 원가차이는 매출원가에서 조정)**

　　　변동원가계산하에서의 영업이익
(+) 기말재고자산에 포함된 고정제조간접원가 표준배부액
(−) 기초재고자산에 포함된 고정제조간접원가 표준배부액
　　　전부원가계산하에서의 영업이익

★★
01 ㈜세무의 20×2년 재무제표를 분석한 결과 전부원가계산보다 변동원가계산의 영업이익이
상중하 ₩30,000 더 많았다. 20×2년 기초재고수량은? (단, 20×1년과 20×2년의 생산·판매활동 자료
는 동일하고, 선입선출법을 적용하며, 재공품은 없다)

• 당기 생산량	5,000개
• 기초재고수량	?
• 기말재고수량	500개
• 판매가격(개당)	₩1,500
• 변동제조간접원가(개당)	500
• 고정제조간접원가(총액)	750,000

① 580개　　　　　　② 620개　　　　　　③ 660개
④ 700개　　　　　　⑤ 740개

정답 및 해설

01　④　(1) 개당 고정제조간접원가 = ₩750,000 ÷ 5,000개 = @150
　　　　(2) 재고 감소액 = ₩30,000 ÷ @150 = 200개
　　　　(3) 기초재고수량 = 200개 + 500개 = 700개

02

상중하

20×1년 초 영업을 개시한 ㈜세무의 20×1년도와 20×2년도의 생산 및 판매와 관련된 자료는 다음과 같다.

구분	20×1년	20×2년
생산량	5,000개	10,000개
판매량	4,000개	10,000개
식섭재료원가	₩500,000	₩1,000,000
직접노무원가	₩600,000	₩1,200,000
변동제조간접원가	₩400,000	₩800,000
고정제조간접원가	₩200,000	₩250,000
변동판매관리비	₩200,000	₩400,000
고정판매관리비	₩300,000	₩350,000

㈜세무의 20×2년도 전부원가계산에 의한 영업이익이 ₩100,000일 때, 변동원가계산에 의한 영업이익은? (단, 재공품은 없으며 원가흐름은 선입선출법을 가정한다)

① ₩85,000
② ₩115,000
③ ₩120,000
④ ₩135,000
⑤ ₩140,000

03

상중하

20×1년 초에 설립된 ㈜세무는 단일제품을 생산·판매하며, 실제원가계산을 사용하고 있다. ㈜세무는 20×1년에 6,000단위를 생산하여 4,000단위를 판매하였고, 20×2년에는 6,000단위를 생산하여 7,000단위를 판매하였다. 연도별 판매가격과 원가구조는 동일하며 원가자료는 다음과 같다.

원가항목	단위당 원가	연간 총원가
직접재료원가	₩85	
직접노무원가	40	
변동제조간접원가	105	
변동판매관리비	50	
고정제조간접원가		₩120,000
고정판매관리비		350,000

20×2년 전부원가계산에 의한 영업이익이 ₩910,000일 경우, 20×2년 변동원가계산에 의한 영업이익은? (단, 기초 및 기말 재공품은 없는 것으로 가정한다)

① ₩890,000
② ₩900,000
③ ₩910,000
④ ₩920,000
⑤ ₩930,000

04
상중하

정상원가계산을 사용하는 ㈜세무는 단일제품을 제조·판매하는 기업이다. 20×1년도의 고정제조간접원가 총예산액 및 실제 발생액은 ₩720,000이었다. 20×1년 제품의 생산 및 판매량은 다음과 같고, 기초 및 기말 재공품은 없다.

- 기초재고 40,000단위
- 생산량 140,000단위
- 판매량 160,000단위

고정제조간접원가 배부율은 120,000단위를 기준으로 산정하며, 이 배부율은 매년 동일하게 적용된다. 한편, 제조원가의 원가차이는 전액 매출원가에서 조정한다. 변동원가계산에 의한 영업이익이 ₩800,000인 경우, 전부원가계산에 의한 영업이익은?

① ₩680,000
② ₩700,000
③ ₩750,000
④ ₩830,000
⑤ ₩920,000

정답 및 해설

02 ② (1) 각 연도별 개당 고정제조간접원가
    ① 20×1년 FOH = ₩200,000/5,000개 = ₩40
    ② 20×2년 FOH = ₩250,000/10,000개 = ₩25
(2) 각 원가계산방법별 이익차이 조정

전부원가계산에 의한 영업이익	₩100,000
(+) 기초재고에 포함된 FOH	40,000[*1]
(-) 기말재고에 포함된 FOH	(25,000)[*2]
(=) 변동원가계산에 의한 영업이익	₩115,000

[*1] 1,000개 × ₩40 = ₩40,000
[*2] 1,000개 × ₩25 = ₩25,000

03 ⑤ 각 원가계산방법별 이익차이 조정

전부원가계산에 의한 영업이익	₩910,000
(+) 기초재고에 포함된 FOH	40,000[*1]
(-) 기말재고에 포함된 FOH	(20,000)[*2]
(=) 변동원가계산에 의한 영업이익	₩930,000

[*1] 2,000단위 × ₩20 = ₩40,000
[*2] 1,000단위 × ₩20 = ₩20,000

04 ① (1) 각 연도별 단위당 고정제조간접원가(정상원가계산)
    FOH = ₩720,000/120,000단위 = ₩6
(2) 각 원가계산방법별 이익차이 조정

변동원가계산에 의한 영업이익	₩800,000
(-) 기초재고에 포함된 FOH	240,000[*1]
(+) 기말재고에 포함된 FOH	(120,000)[*2]
(=) 전부원가계산에 의한 영업이익	₩680,000

[*1] 40,000단위 × ₩6 = ₩240,000
[*2] 20,000단위 × ₩6 = ₩120,000

05
상중하

20×1년에 영업을 개시한 ㈜세무는 단일제품을 생산·판매하고 있으며, 전부원가계산제도를 채택하고 있다. ㈜세무는 20×1년 2,000단위의 제품을 생산하여 단위당 ₩1,800에 판매하였으며, 영업활동에 관한 자료는 다음과 같다.

- 제조원가
  - 단위당 직접재료원가: ₩400
  - 단위당 직접노무원가: ₩300
  - 단위당 변동제조간접원가: ₩200
  - 고정제조간접원가: ₩250,000
- 판매관리비
  - 단위당 변동판매관리비: ₩100
  - 고정판매관리비: ₩150,000

㈜세무의 20×1년 영업이익이 변동원가계산에 의한 영업이익보다 ₩200,000이 많을 경우, 판매수량은? (단, 기말재공품은 없다)   [세무사 21]

① 200단위   ② 400단위   ③ 800단위
④ 1,200단위   ⑤ 1,600단위

06
상중하

㈜세무는 단일제품을 생산·판매하고 있으며, 선입선출법에 의한 종합원가계산을 적용하고 있다. 직접재료는 공정 초에 전량 투입되며, 전환원가는 공정 전반에 걸쳐 균등하게 발생한다. 당기 재고자산 관련 자료는 다음과 같다.

구분	기초재고	기말재고
재공품(전환원가 완성도)	1,500단위(40%)	800단위(50%)
제품	800	1,000

㈜세무는 당기에 8,500단위를 제조공정에 투입하여 9,200단위를 완성하였고, 완성품환산량 단위당 원가는 직접재료원가 ₩50, 전환원가 ₩30으로 전기와 동일하다. ㈜세무의 당기 전부원가계산에 의한 영업이익이 ₩315,000일 경우, 초변동원가계산에 의한 영업이익은?   [세무사 21]

① ₩300,000   ② ₩309,000   ③ ₩315,000
④ ₩321,000   ⑤ ₩330,000

㈜세무는 단일 제품을 생산·판매하고 있으며, 3년간의 자료는 다음과 같다.

구분	20×1년	20×2년	20×3년
기초제품재고량(단위)	–	20,000	10,000
당기생산량(단위)	60,000	30,000	50,000
당기판매량(단위)	40,000	40,000	40,000
기말제품재고량(단위)	20,000	10,000	20,000

3년간 판매가격과 원가구조의 변동은 없다. 20×1년 전부원가계산하의 영업이익은 ₩800,000이고, 고정원가가 ₩600,000일 때, 20×3년 전부원가계산하의 영업이익은? (단, 원가흐름은 선입선출법을 가정하며, 기초 및 기말재공품은 없다)   [세무사 20]

① ₩640,000   ② ₩660,000   ③ ₩680,000

④ ₩700,000   ⑤ ₩720,000

정답 및 해설

05 ②   (1) 단위당 고정제조간접원가 = ₩250,000 ÷ 2,000단위 = @125

       (2) 기말재고수량 = ₩200,000 ÷ @125 = 1,600단위

       (3) 판매수량 = 2,000단위 – 1,600단위 = 400단위

06 ③

전부원가계산에 의한 영업이익	₩315,000
(+) 기초재고에 포함된 가공원가	42,000 = (1,500단위 × 0.4 + 800단위) × @30
(–) 기말재고에 포함된 가공원가	42,000 = (800단위 × 0.5 + 1,000단위) × @30
초변동원가계산에 의한 영업이익	₩315,000

07 ①   전부원가계산에 의하면 영업이익이 판매량뿐만 아니라 생산량에 의해서도 달라지므로 재고변동으로 인해 비용화된 또는 이연된 고정제조간접원가를 조정하면 전부원가계산에 의한 영업이익을 구할 수 있다.

       (1) 20×1년 재고변동으로 인해 비용화되지 않은 고정제조간접원가

           20,000단위 × @10[*] = ₩200,000

         [*] ₩600,000 ÷ 60,000단위 = @10

       (2) 20×3년 재고변동으로 인해 비용화되지 않은 고정제조간접원가

           20,000단위 × @12[*1] – 10,000단위 × @20[*2] = ₩40,000

         [*1] ₩600,000 ÷ 50,000단위 = @12

         [*2] ₩600,000 ÷ 30,000단위 = @20

       (3) 20×3년 전부원가계산하의 영업이익

           ₩800,000 – ₩200,000 + ₩40,000 = ₩640,000

08
상중하

㈜세무는 20×1년 초에 영업을 개시하였다. 20×1년에는 4,000단위를 생산하였고, 20×2년에는 전부원가계산에 의한 영업이익이 변동원가계산에 의한 영업이익보다 ₩25,000 많았다. 20×2년의 생산 및 원가자료는 다음과 같다.

항목		수량/금액
기초제품 수량		( )단위
생산량		4,000단위
기말제품 수량		1,200단위
제품 단위당	판매가격	₩250
	직접재료원가	80
	직접노무원가	40
	변동제조간접원가	30
	변동판매관리비	10
고정제조간접원가(총액)		₩200,000
고정판매관리비(총액)		100,000

㈜세무의 20×2년도 기초제품 수량은? (단, 20×1년과 20×2년의 제품 단위당 판매가격과 원가구조는 동일하고, 기초 및 기말재공품은 없다)　　　　　　　　　　　　　　　　[세무사 18]

① 500단위　　　　　　　② 650단위　　　　　　　③ 700단위
④ 950단위　　　　　　　⑤ 1,700단위

09
상중하

㈜세무는 20×1년 초에 영업을 개시하였다. 20×2년도 기초제품 수량은 100단위, 생산량은 2,000단위, 판매량은 1,800단위이다. 20×2년의 제품 판매가격 및 원가자료는 다음과 같다.

항목		금액
제품 단위당	판매가격	₩250
	직접재료원가	30
	직접노무원가	50
	변동제조간접원가	60
	변동판매관리비	15
고정제조간접원가(총액)		₩50,000
고정판매관리비(총액)		10,000

20×2년도 변동원가계산에 의한 영업이익과 초변동원가계산에 의한 영업이익의 차이금액은? (단, 20×1년과 20×2년의 제품 단위당 판매가격과 원가구조는 동일하고, 기초 및 기말재공품은 없다)
　　　　　　　　　　　　　　　　[세무사 18]

① ₩10,000　　　　　　　② ₩11,000　　　　　　　③ ₩20,000
④ ₩22,000　　　　　　　⑤ ₩33,000

정답 및 해설

08 ③ 추정문제의 경우 기초제품수량을 미지수 x로 놓고 전부원가계산 시 재고변동에 따른 비용화된(기초재고) 또는 이연된(기말재고) 고정제조간접원가를 조정하여 계산하면 된다. 또한 단위당 고정제조간접원가의 경우에는 매년 단위당 고정제조간접원가가 생산량에 따라서 달라지므로 각 연도별로 계산(위 문제의 경우는 동일)하여야 한다.

20×1년 단위당 고정제조간접원가 = ₩200,000 ÷ 4,000단위 = @50

20×2년 단위당 고정제조간접원가 = ₩200,000 ÷ 4,000단위 = @50

$(1,200단위 - x) × @50 = ₩25,000$

$∴ x = 700단위$

09 ④ 변동원가계산에 의한 영업이익과 초변동원가계산에 의한 영업이익의 차이는 재고에 포함된 변동가공원가의 금액의 차이이다.

제품			
기초	100	판매	1,800
생산	2,000	기말	300

$(300단위 - 100단위) × (@50 + @60) = ₩22,000$

10 ★★★
상중하

㈜세무는 전부원가계산방법을 채택하여 단일 제품 A를 생산·판매하며, 재고자산 계산은 선입선출법을 적용한다. 20×1년 제품 A의 생산·판매와 관련된 자료는 다음과 같다.

구분	수량	재고금액
기초제품	1,500단위	₩100,000(고정제조간접원가 ₩45,000 포함)
당기완성품	24,000단위	
당기판매	23,500단위	
기말제품	2,000단위	₩150,000(고정제조간접원가 포함)

20×1년 재공품의 기초와 기말재고는 없으며, 고정제조간접원가는 ₩840,000, 고정판매관리비는 ₩675,000이다. ㈜세무의 20×1년 전부원가계산에 의한 영업이익이 ₩745,000일 경우, 변동원가계산에 의한 영업이익과 기말제품재고액은? [세무사 16]

	영업이익	기말제품재고액
①	₩710,000	₩80,000
②	₩710,000	₩90,000
③	₩720,000	₩80,000
④	₩720,000	₩90,000
⑤	₩730,000	₩90,000

11 ★★
상중하

㈜국세의 20×1년도 전부원가계산에 의한 영업이익은 ₩1,000,000이다. ㈜국세의 원가자료가 다음과 같을 경우 20×1년도 변동원가계산에 의한 영업이익은 얼마인가? (단, 원가요소 금액은 총액이다) [세무사 12]

	수량(단위)	직접재료원가	직접노무원가	변동제조간접원가	고정제조간접원가
기초재공품	200	₩50,000	₩30,000	₩20,000	₩240,000
기초제품	400	100,000	70,000	40,000	700,000
기말재공품	500	100,000	65,000	25,000	500,000
기말제품	300	75,000	90,000	35,000	600,000
매출원가	1,000	1,000,000	750,000	650,000	2,000,000

① ₩640,000   ② ₩840,000   ③ ₩900,000
④ ₩1,100,000   ⑤ ₩1,160,000

정답 및 해설

10 ③ 전부원가계산에 의한 영업이익과 변동원가계산에 의한 영업이익의 차이는 재고에 포함된 고정제조간접원가 금액의 차이이다.

(1) 변동원가계산에 의한 영업이익

① 제품 물량의 흐름

제품			
기초	1,500	판매	23,500
생산	24,000	기말	2,000

② 각 원가계산방법에 의한 이익차이조정

전부원가계산에 의한 영업이익	₩745,000
(+) 기초재고에 포함된 FOH	45,000
(−) 기말재고에 포함된 FOH	70,000[*]
변동원가계산에 의한 영업이익	₩720,000

[*] ₩840,000 ÷ 24,000단위 = @35
  2,000단위 × @35 = ₩70,000

(2) 기말제품재고액

₩150,000 − ₩70,000 = ₩80,000

11 ②

변동원가계산에 의한 영업이익		₩x
(+) 기말재고자산에 포함된 고정제조간접원가		1,100,000
┌ 기말제품	₩600,000	
└ 기말재공품	500,000	
(−) 기초재고자산에 포함된 고정제조간접원가		(940,000)
┌ 기초제품	₩700,000	
└ 기초재공품	240,000	
전부원가계산에 의한 영업이익		₩1,000,000

∴ 변동원가계산에 의한 영업이익(x) = ₩840,000

★★★
12
상중하

20×1년 초에 설립된 ㈜국세는 노트북을 제조하여 판매하고 있다. ㈜국세는 재고자산의 원가흐름 가정으로 선입선출법을 적용하며, 실제원가계산으로 제품원가를 산출한다. ㈜국세의 매월 최대 제품생산능력은 1,000대이며, 20×1년 1월과 2월의 원가자료는 다음과 같다.

구분	1월	2월
생산량	900대	800대
판매량	800	?
고정제조간접원가	₩180,000	₩200,000

2월의 전부원가계산하의 영업이익이 변동원가계산하의 영업이익보다 ₩20,000만큼 큰 경우, ㈜국세의 2월 말 제품재고수량은 얼마인가? (단, 매월 말 재공품은 없는 것으로 가정한다) [세무사 11]

① 160대　　　　　　② 170대　　　　　　③ 180대
④ 190대　　　　　　⑤ 200대

★★★
13
상중하

㈜광주는 실제원가로 제품원가를 계산하고 있다. ㈜광주는 20×1년 1월 초에 개업하였으며, 20×1년과 20×2년의 제품 생산량과 판매량, 원가자료는 다음과 같다.

구분	20×1년	20×2년
생산량	10,000개	14,000개
판매량	8,000	15,000
고정제조간접원가	₩240,000	?
고정판매관리비	180,000	₩230,000

20×2년의 전부원가계산에 의한 이익은 ₩500,000이고, 변동원가계산에 의한 이익은 ₩528,000이었다. 20×2년에 발생된 고정제조간접원가는 얼마인가? (단, 20×1년과 20×2년의 기초재공품 및 기말재공품은 없으며, 물량 및 원가흐름은 선입선출법을 가정한다) [세무사 10]

① ₩200,000　　　　② ₩220,000　　　　③ ₩240,000
④ ₩260,000　　　　⑤ ₩280,000

196 회계사 · 세무사 · 경영지도사 단번에 합격! **해커스 경영아카데미** cpa.Hackers.com

정답 및 해설

12 ① 전부원가계산하의 영업이익이 변동원가계산하의 영업이익보다 ₩20,000 크므로, 2월 말 재고수량을 x라 하고 계산하면 다음과 같다.

$x \times ₩250^{*1} - 100대 \times ₩200^{*2} = ₩20,000$

^{*1} ₩200,000/800대 = ₩250

^{*2} ₩180,000/900대 = ₩200

∴ x = 160대

13 ⑤ 20×2년의 제품 단위당 고정제조간접원가를 x라 하고 계산하면 다음과 같다.

변동원가계산에서의 영업이익		₩528,000
(+) 기말제품에 포함된 고정제조간접원가	1,000개$^{*1} \times x$ =	1,000x
(−) 기초제품에 포함된 고정제조간접원가	2,000개$^{*1} \times$ @24^{*2} =	(48,000)
전부원가계산에서의 영업이익		₩500,000

^{*1} 20×2년 기초제품수량 = 20×1년 기말제품수량 = 10,000개 − 8,000개 = 2,000개

20×2년 기말제품수량 = 2,000개 + 14,000개 − 15,000개 = 1,000개

^{*2} 20×1년 제품 단위당 고정제조간접원가 = $\dfrac{₩240,000}{10,000개}$ = @24

₩528,000 + 1,000x − ₩48,000 = ₩500,000 → x = @20

∴ 20×2년에 발생된 고정제조간접원가 = 14,000개 × @20 = ₩280,000

★★
14
상중하

20×1년 초에 설립된 ㈜동건은 제품원가계산 목적으로 전부원가계산을, 성과평가 목적으로는 변동원가계산을 사용한다. 20×2년도 기초제품 수량은 2,000단위이고 기말제품 수량은 1,400단위이었으며, 기초재공품의 완성품환산량은 1,000단위이고 기말재공품의 완성환산량은 800단위이었다. 완성품환산량 단위당 원가는 20×1년도에 ₩10(이 중 50%는 변동원가)이고 20×2년도에 ₩12(이 중 40%는 변동원가)이었다. 20×2년도 전부계산원가에 의한 영업이익은 변동원가계산에 의한 영업이익과 비교하여 어떠한 차이가 있는가? (단, 회사의 원가흐름가정은 선입선출법(FIFO)이다)

[회계사 09]

① ₩80만큼 크다.
② ₩760만큼 작다.
③ ₩810만큼 크다.
④ ₩840만큼 크다.
⑤ ₩4,800만큼 작다.

★★★
15
상중하

다음은 ㈜현정의 제조원가와 생산 및 판매량에 관한 자료이다. 고정제조간접원가 배부율을 계산하기 위한 기준조업도는 20,000개이며, 과대 또는 과소 배부된 제조간접원가는 전액 매출원가에서 조정된다. 변동원가계산에 의한 순이익이 ₩6,000,000일 때 전부원가계산에 의한 순이익은 얼마인가? (단, 고정제조간접원가 배부율은 기초제품과 당기제품에 동일하게 적용된다)

[회계사 05]

• 제조간접원가	
– 단위당 변동원가	₩1,000
– 고정원가	₩3,000,000
• 생산 및 판매량	
– 기초제품재고량	2,000개
– 생산량	18,000개
– 판매량	19,000개

① ₩5,850,000   ② ₩5,950,000   ③ ₩6,050,000
④ ₩6,150,000   ⑤ ₩6,250,000

정답 및 해설

14 ④

변동원가계산에 의한 영업이익(20×2년)			₩x
(+) 기말재고자산에 포함된 고정제조간접원가			15,840
┌ 기말제품	1,400단위 × ₩7.2[*1] =	₩10,080	
└ 기말재공품[*3]	800단위 × ₩7.2[*1] =	5,760	
(-) 기초재고자산에 포함된 고정제조간접원가			(15,000)
┌ 기초제품	2,000단위 × ₩5[*2] =	₩(10,000)	
└ 기초재공품[*3]	1,000단위 × ₩5[*2] =	(5,000)	
전부원가계산에 의한 영업이익(20×2년)			x + ₩840

[*1] 20×2년: ₩12 × 60% = ₩7.2
[*2] 20×1년: ₩10 × 50% = ₩5
[*3] 재공품의 수량은 완성품환산량으로 측정한다.
∴ 20×2년도 전부원가계산에 의한 영업이익은 변동원가계산에 의한 영업이익에 비해 ₩840만큼 더 크다.

15 ①

제품(수량)

기초	2,000개	판매	19,000개
생산	18,000개	기말	1,000개
	20,000개		20,000개

변동원가계산하의 순이익		₩6,000,000
(+) 기말재고자산에 포함된 고정제조간접원가	1,000개 × @150[*1] =	150,000
(-) 기초재고자산에 포함된 고정제조간접원가	2,000개 × @150[*2] =	(300,000)
전부원가계산하의 순이익		₩5,850,000

[*1] 당기 제품 단위당 고정제조간접원가 = ₩3,000,000 ÷ 20,000개 = @150
[*2] 전기 제품 단위당 고정제조간접원가는 당기와 동일하다.

유형 24 │ 초변동원가계산

[1] 초변동원가계산은 직접재료원가만 제품원가에 포함시키고 직접노무원가, 변동제조간접원가 및 고정제조 간접원가는 발생금액을 모두 기간원가로 처리하기 때문에 전부원가계산과 변동원가계산의 손익계산서 양식과는 또 다른 양식의 손익계산서를 사용한다.

[2] **초변동원가계산 손익계산서 양식**

초변동원가계산 손익계산서		
매출액		×××
매출원가(직접재료원가, 제품단위수준 변동매출원가)		×××
재료처리량 공헌이익		×××
운영비용[*1]		
직접노무원가(= 생산량[*2] × 단위당 직접노무원가)	×××	
변동제조간접원가(= 생산량[*2] × 단위당 변동제조간접원가)	×××	
고정제조간접원가	×××	
변동판매관리비(= 판매량 × 단위당 변동판매관리비)	×××	
고정판매관리비	×××	×××
영업이익		×××

[*1] 운영비용으로 표시되는 금액은 전액 당기의 실제발생액이다.
[*2] 재공품이 존재하는 경우에는 선입선출법에 의한 완성품환산량을 적용해야 한다.

[3] 매출액에서 판매된 제품의 매출원가(직접재료원가)를 차감한 금액을 재료처리량 공헌이익(throughput contribution: 쓰루풋 공헌이익)이라고 하는데, 재료처리량 공헌이익만큼 현금이 증가되는 것으로 보아 현금창출 공헌이익이라고도 한다. 또한 운영비용(operating expense)은 재료처리량 공헌이익을 증가시키기 위해 발생된 모든 비용으로 고정원가 성격으로 파악한다.

★★
01
심중하

당기에 설립된 ㈜국세는 1,300단위를 생산하여 그중 일부를 판매하였으며, 관련 자료는 다음과 같다.

• 직접재료매입액	₩500,000
• 직접노무원가	기본원가의 30%
• 제조간접원가	전환원가의 40%
• 매출액	₩900,000
• 판매관리비	₩200,000
• 직접재료 기말재고액	₩45,000
• 재공품 기말재고액	없음
• 제품 기말재고액 중 직접재료원가	₩100,000

초변동원가계산에 의한 당기 영업이익은?   [세무사 15]

① ₩20,000   ② ₩40,000   ③ ₩80,000

④ ₩150,000   ⑤ ₩220,000

정답 및 해설

01 ①

매출액	₩900,000
(-) 직접재료매출원가	(355,000) = ₩500,000 - ₩45,000 - ₩100,000
재료처리량 공헌이익	₩545,000
(-) 직접노무원가	(195,000)[*1]
(-) 제조간접원가	(130,000)[*2]
(-) 판매관리비	(200,000)
(-) 영업이익	₩20,000

[*1] $(₩455,000 + DL) \times 0.3 = DL \rightarrow DL = ₩195,000$
[*2] $(₩195,000 + OH) \times 0.4 = OH \rightarrow OH = ₩130,000$

02 ⭐⭐
상중하

다음은 ㈜한국의 원가계산을 위한 자료이다. 고정제조간접원가 및 고정판매관리비는 각각 ₩2,400,000 및 ₩1,000,000으로 매년 동일하며, 단위당 판매가격과 변동원가도 각 연도와 상관없이 일정하다.

	20×1년	20×2년	20×3년
기초재고수량	–	4,000개	4,000개
생산량	20,000개	16,000	12,000
판매량	16,000	16,000	16,000
기말재고수량	4,000	4,000	–
단위당 판매가격	₩1,000		
단위당 변동원가			
직접재료원가	₩40		
직접노무원가	60		
변동제조간접원가	80		
변동판매관리비	20		

다음의 원가계산 결과에 관한 설명 중 옳은 것을 모두 열거한 것은? (단, 기초 및 기말재고는 모두 완성품이며, 재공품 재고는 존재하지 않는다)

[회계사 13]

(가) 20×1년 전부원가계산의 영업이익은 변동원가의 영업이익보다 ₩480,000 더 크다.
(나) 20×2년 변동원가계산의 영업이익과 초변동원가계산(throughput costing 또는 super−variable costing)의 영업이익은 같다.
(다) 변동원가계산의 영업이익은 상기 3개년 모두 동일하다.
(라) 초변동원가계산의 영업이익은 상기 3개년 동안 매년 증가한다.
(마) 변동원가계산 영업이익과 초변동원가계산 영업이익 차이의 절댓값은 20×1년보다 20×3년의 경우가 더 크다.

① (가), (나), (마)
② (나), (다), (라)
③ (다), (라), (마)
④ (가), (나), (다), (라)
⑤ (가), (나), (다), (라), (마)

정답 및 해설

02 ④ (마) 변동원가계산과 초변동원가계산 영업이익의 차이의 금액의 크기는 동일하다.
       20×1년: 4,000개 × (@DL + @VOH)
       20×3년: 4,000개 × (@DL + @VOH)

제3부

관리회계

제8장 원가추정

제9장 원가 · 조업도 · 이익분석

제10장 관련원가와 의사결정

제11장 종합예산 및 자본예산

제12장 책임회계와 성과평가

제13장 대체가격

제14장 불확실성하의 의사결정

제15장 최신관리회계

제8장
원가추정

유형 **25**   고저점법
유형 **26**   누적평균시간 학습모형

유형 25 | 고저점법

고저점법(high-low method)은 최고조업도에서의 원가와 최저조업도에서의 원가를 직선으로 연결해서 원가함수를 추정하는 방법이다. 여기서 주의할 점은 원가의 최고점과 최저점을 연결하는 것이 아니라 조업도의 최고점과 최저점을 연결한다는 것이다.

$$\text{단위당 변동원가(v)} = \frac{\text{최고조업도에서의 원가} - \text{최저조업도에서의 원가}}{\text{최고조업도} - \text{최저조업도}}$$

$$\text{총고정원가(FC)} = \text{최고(최저)조업도에서의 원가} - \text{최고(최저)조업도} \times \text{단위당 변동원가}$$

실전연습문제

01
상중하

㈜세무의 최근 6개월간 A제품 생산량 및 총원가 자료이다.

월	생산량(단위)	총원가
1	110,000	₩10,000,000
2	50,000	7,000,000
3	150,000	11,000,000
4	70,000	7,500,000
5	90,000	8,500,000
6	80,000	8,000,000

원가추정은 고저점법(high-low method)을 이용한다. 7월에 A제품 100,000단위를 생산하여 75,000단위를 단위당 ₩100에 판매할 경우, 7월의 전부원가계산에 의한 추정 영업이익은? (단, 7월에 A제품의 기말제품 이외에는 재고자산이 없다)

① ₩362,500   ② ₩416,000   ③ ₩560,000

④ ₩652,500   ⑤ ₩750,000

정답 및 해설

01   ⑤   (1) 고저점법에 의하여 2월, 3월의 원가자료를 이용하여 원가함수(y = ax + b)를 추정해보면 a = ₩40,
       b = ₩5,000,000이다.
    (2) 전부원가계산에 의한 단위당 매출원가 = ₩40 + ₩5,000,000/100,000단위 = ₩90
    (3) 7월 전부원가계산에 의한 영업이익 = (₩100 - ₩90) × 75,000단위 = ₩750,000

02 ㈜세무는 원가행태를 추정하기 위해 고저점법을 적용한다. ㈜세무의 경영자는 추정된 원가함수를 토대로 7월의 목표이익을 ₩167,500으로 설정하였다. 목표이익을 달성하기 위한 추정 목표매출액은? (단, 당월 생산된 제품은 당월에 전량 판매되고, 추정 매출액은 관련범위 내에 있다) [세무사 20]

월	총원가	총매출액
3월	₩887,000	₩980,000
4월	791,000	855,000
5월	985,500	1,100,000
6월	980,000	1,125,000

① ₩1,160,000 ② ₩1,165,000 ③ ₩1,170,000
④ ₩1,180,000 ⑤ ₩1,200,000

03 ㈜세무의 지난 6개월간 기계가동시간과 기계수선비에 대한 자료는 다음과 같다. ㈜세무가 고저점법을 사용하여 7월의 기계수선비를 ₩2,019,800으로 추정하였다면, 예상 기계가동시간은? (단, 기계수선비의 원가동인은 기계가동시간이다) [세무사 17]

월	기계가동시간	기계수선비
1월	3,410시간	₩2,241,000
2월	2,430	1,741,000
3월	3,150	1,827,000
4월	3,630	2,149,000
5월	2,800	2,192,500
6월	2,480	1,870,000

① 2,800시간 ② 3,140시간 ③ 3,250시간
④ 3,500시간 ⑤ 3,720시간

04 ㈜세무의 제조간접원가는 소모품비, 감독자급여, 수선유지비로 구성되어 있다. 이 회사의 제조간접원
상중하 가의 원가동인은 기계시간으로 파악되었다. ㈜세무의 20×1년 1월, 2월, 3월 및 4월 각각에 대해
실제 사용한 기계시간과 제조간접원가의 구성 항목별 실제원가는 다음과 같다. ㈜세무는 원가추정에
고저점법을 이용한다. 20×1년 5월에 75,000기계시간을 사용할 것으로 예상되는 경우 설명이 옳은
것은?

[세무사 14]

월	기계시간	소모품비	감독자급여	수선유지비	합계
1월	70,000시간	₩56,000	₩21,000	₩121,000	₩198,000
2월	60,000	48,000	21,000	105,000	174,000
3월	80,000	64,000	21,000	137,000	222,000
4월	90,000	72,000	21,000	153,000	246,000

① 5월의 예상 소모품비는 ₩55,000이다.
② 5월의 예상 수선유지비는 ₩129,000이다.
③ 5월의 예상 변동제조간접원가는 ₩170,000이다.
④ 5월의 예상 고정제조간접원가는 ₩21,000이다.
⑤ 5월의 예상 총제조간접원가는 ₩220,000이다.

정답 및 해설

02 ⑤ 이 문제는 조업도로 매출액(금액)이 주어졌으므로 변동비율을 계산하여 총고정원가를 구해야 한다.
　(1) 변동비율
　　(₩980,000 - ₩791,000) ÷ (₩1,125,000 - ₩855,000) = 0.7
　(2) 총고정원가
　　₩980,000 - ₩1,125,000 × 0.7 = ₩192,500
　(3) 추정 원가함수식
　　$y = 0.7 \times x + ₩192,500$(단, x = 매출액)
　(4) 추정 목표매출액
　　$(1 - 0.7) \times x - ₩192,500 = ₩167,500$
　　∴ $x = ₩1,200,000$

03 ③ (1) 기계시간당 변동원가 = (₩2,149,000 - ₩1,741,000) ÷ (3,630시간 - 2,430시간) = @340/시간
　(2) 총고정원가 = ₩2,149,000 - 3,630시간 × @340/시간 = ₩914,800
　(3) 예상 기계가동시간: @340/시간 × x + ₩914,800 = ₩2,019,800
　　∴ x = 3,250시간

04 ② 수선유지비 함수 추정: 저점(60,000시간, ₩105,000), 고점(90,000시간, ₩153,000)

　(1) 단위당 변동제조간접원가 = $\dfrac{₩153,000 - ₩105,000}{90,000시간 - 60,000시간}$ = @1.6/시간

　(2) 기간당 고정제조간접원가 = ₩153,000 - 90,000시간 × @1.6/시간 = ₩9,000
　∴ 5월 예상 수선유지비 = 75,000시간 × @1.6/시간 + ₩9,000 = ₩129,000

05
상중하

㈜국세는 단일제품을 생산·판매하고 있으며, 7월에 30단위의 제품을 단위당 ₩500에 판매할 계획이다. ㈜국세는 제품 1단위를 생산하는 데 10시간의 직접노무시간을 사용하고 있으며, 제품 단위당 변동판매비와 관리비는 ₩30이다. ㈜국세의 총제조원가에 대한 원가동인은 직접노무시간이며, 고저점법에 의하여 원가를 추정하고 있다. 제품의 총제조원가와 직접노무시간에 대한 자료는 다음과 같다.

	총제조원가	직접노무시간
1월	₩14,000	120시간
2월	17,000	100
3월	18,000	135
4월	19,000	150
5월	16,000	125
6월	20,000	140

㈜국세가 7월에 30단위의 제품을 판매한다면 총공헌이익은 얼마인가? [세무사 12]

① ₩1,700　　　　　　② ₩2,100　　　　　　③ ₩3,000

④ ₩12,900　　　　　　⑤ ₩13,800

정답 및 해설

05 ② (1) $\hat{y} = a + bx$(단, x: 직접노무시간, $\hat{y}$: 총제조원가 추정치)을 고점(150시간, ₩19,000), 저점(100시간, ₩17,000)을 이용해 구하면 다음과 같다.

① 단위당 변동원가 = b = $\dfrac{₩19,000 - ₩17,000}{150시간 - 100시간}$ = ₩40/시간

② 총고정원가 = a = ₩19,000 - 150시간 × ₩40/시간 = ₩13,000(= ₩17,000 - 100시간 × ₩40/시간)

→ $\hat{y}$ = ₩13,000 + ₩40x

(2) 제품 단위당 공헌이익 = 제품 단위당 판매가격 - 단위당 변동제조원가 - 단위당 변동판매관리비

= ₩500 - ₩40/시간 × 10시간 - ₩30 = ₩70

(3) 7월의 총공헌이익 = 30단위 × ₩70 = ₩2,100

[1] 의의

누적생산량이 두 배로 증가할 때마다 단위당 누적평균시간이 (1−학습률)의 비율만큼 감소하는 학습효과가 발생하는 경우의 학습곡선모형

[2] 기본가정

① 종속변수에 영향을 주는 독립변수는 단 하나임

② 원가행태는 관련범위 내에서는 비선형임(∵ 학습효과)

[3] 누적평균시간 학습모형: 총누적시간(TL) = $x \cdot y$

$$y = a \cdot x^{-b}$$

(단, x: 누적생산량, y: 단위당 누적평균시간, a: 첫 단위 생산시간, b: 학습지수)

01
상중하

㈜세무는 최근에 신제품을 개발하여 처음으로 10단위를 생산했으며, 추가로 10단위를 생산하는 데 필요한 직접노무시간은 처음 10단위 생산에 소요된 직접노무시간의 60%인 것으로 나타났다. ㈜세무의 신제품 생산에 누적평균시간 학습모형이 적용된다면 학습률은?

[세무사 22]

① 60% ② 65% ③ 80%
④ 85% ⑤ 90%

02
상중하

올해 창업한 ㈜세무는 처음으로 A광역시로부터 도로청소 특수차량 4대의 주문을 받았다. 이 차량은 주로 수작업을 통해 제작되며, 소요될 원가자료는 다음과 같다.

- 1대당 직접재료원가: ₩85,000
- 첫 번째 차량 생산 직접노무시간: 100시간
- 직접노무원가: 직접노무시간당 ₩1,000
- 제조간접원가: 직접노무시간당 ₩500

위의 자료를 바탕으로 계산된 특수차량 4대에 대한 총제조원가는? (단, 직접노무시간은 80% 누적평균시간학습모형을 고려하여 계산한다)

[세무사 21]

① ₩542,000 ② ₩624,000 ③ ₩682,000
④ ₩724,000 ⑤ ₩802,000

03
상중하

㈜국세는 1로트(lot)의 크기를 10대로 하는 로트생산방식에 의해 요트를 생산·판매하고 있다. ㈜국세는 최근 무인잠수함을 개발하고 5대를 생산·판매하였으며, 관련 원가자료는 다음과 같다.

• 직접재료원가(₩2,000,000/대)	₩10,000,000
• 직접노무원가(₩30,000/시간)	30,000,000
• 변동제조간접원가(₩5,000/직접노무시간)	5,000,000

무인잠수함도 로트생산방식으로 생산하되, 1로트의 크기는 5대이다. 무인잠수함의 직접노무시간은 요트 생산과 같이 로트당 누적평균시간 학습곡선모형을 따르며, 학습률도 동일하다. 요트 생산의 누적생산량과 로트당 평균 직접노무시간은 다음과 같다.

누적생산량	누적로트 수	로트당 평균 직접노무시간
10	1	1,300
20	2	1,170
40	4	1,053

㈜국세는 무인잠수함 35대에 대한 납품 제의를 받았다. 이 납품과 관련된 무인잠수함 1대의 평균 변동제조원가는?

[세무사 15]

① ₩5,451,000 ② ₩6,080,000 ③ ₩6,165,000
④ ₩6,544,000 ⑤ ₩6,832,000

정답 및 해설

01 ③ 처음 10단위 생산 시 소요된 직접노무시간을 10시간으로 가정한 후 학습률을 구하면 다음과 같다.

(1) 누적생산량 20단위 생산 시 누적시간 = 10시간 + 10시간 × 0.6 = 16시간

(2) 평균시간 = 16시간 ÷ 20단위 = 0.8시간

(3) 학습률 = 0.8시간 ÷ 1시간 = 80%

02 ④ (1) 학습곡선모형에 의한 총직접노무시간

생산량	직접노무시간	총직접노무시간
1대	100시간	100시간
2대	80시간(= 100시간 × 0.8)	160시간
4대	64시간(= 80시간 × 0.8)	256시간

(2) 총제조원가

4대 × ₩85,000 + 256시간 × ₩1,000 + 256시간 × ₩500 = ₩724,000

03 ⑤ (1) 학습률(x)

1,300시간 × x = 1,170시간

→ x = 0.9(90%)

(2) 학습곡선모형에 의한 총직접노무시간

생산량	직접노무시간	총직접노무시간
1lot(5대)	1,000시간	1,000시간
2lot(10대)	900시간(= 1,000시간 × 0.9)	1,800시간
4lot(20대)	810시간(= 900시간 × 0.9)	3,240시간
8lot(40대)	729시간(= 810시간 × 0.9)	5,832시간

(3) 무인잠수함 1대의 평균 변동제조원가

직접재료원가	₩2,000,000 × 35대 =	₩70,000,000
직접노무원가	₩30,000 × 4,832시간 =	144,960,000
변동제조간접원가	₩5,000 × 4,832시간 =	24,160,000
총제조원가		₩239,120,000
단위당 평균 변동제조원가		₩6,832,000

사업개시 후 2년간인 20×1년과 20×2년의 손익자료는 다음과 같다. (단위: 만원)

	20×1년	20×2년
매출액	100	300
직접재료원가	40	120
직접노무원가	10	22.4
제조간접원가	20	50
판매관리비	15	15
영업이익	15	92.6

20×1년부터 20×3년까지의 단위당 판매가격, 시간당 임률, 단위당 변동제조간접원가, 총고정제조간접원가, 총판매관리비는 일정하다. 직접노무시간에는 누적평균시간 학습모형이 적용된다. 매년 기초 및 기말재고는 없다. 20×3년의 예상매출액이 400만원이라면 예상영업이익은 얼마인가?

[회계사 12]

① ₩1,327,700　　　　② ₩1,340,800　　　　③ ₩1,350,300
④ ₩1,387,700　　　　⑤ ₩1,398,900

다음 자료를 이용하여 최초 16단위를 생산할 때 추정되는 누적 총노무시간은 몇 분인가? (단, 노무시간은 누적평균시간모형을 따른다)

[세무사 10]

누적생산량	누적 총노무시간(분)
1	10,000
2	18,000

① 81,920분　　　　② 98,260분　　　　③ 104,976분
④ 112,654분　　　　⑤ 130,321분

정답 및 해설

04 ② (1) 학습효과를 반영한 직접노무원가 추정(단위: 만원)

누적생산량	누적평균 단위당 직접노무원가		총직접노무원가
1	10		10
2		$\times k$	
4	8.1	$\times k$	32.4
8	7.29	$\times k$	58.32

(₩10 + ₩22.4) ÷ 4단위 = @8.1

$10 \times k \times k$ = @8.1 → k = 0.9

직접노무원가는 90%의 학습률이 적용되므로 20×3년 예상직접노무원가는 ₩25.92이다.

(2) 20×3년 예상영업이익(단위: 만원)

	20×3년
매출액	₩400
직접재료원가	160
직접노무원가	25.92
제조간접원가	65[*]
판매관리비	15
영업이익	₩134.08

[*] 제조간접원가 중 고정제조간접원가총액 및 단위당 변동제조원가는 매년 일정하다.
① 단위당 변동제조간접원가 = ₩30 ÷ 2단위 = ₩15
② 고정제조간접원가 = ₩5
③ 20×3년 제조간접원가 = ₩15 × 4단위 + ₩5 = ₩65

05 ③ (1) 학습률(k)의 계산

① 누적생산량 1단위일 때 단위당 누적평균시간 = 10,000분 ÷ 1단위 = 10,000분/단위

② 누적생산량 2단위일 때 단위당 누적평균시간 = 18,000분 ÷ 2단위 = 9,000분/단위

→ 학습률(k) = $\dfrac{9,000분}{10,000분}$ = 0.9(90%)

(2) 누적생산량 16단위일 때 단위당 누적평균시간

10,000분 × k^4 = 10,000분 × 0.9^4 = 6,561분

(3) 최초 16단위 생산 시 추정되는 누적 총노무시간

16단위 × 6,561분 = 104,976분

제9장
원가 · 조업도 · 이익분석

유형 27   일반적인 CVP분석

유형 28   ABC계산의 CVP분석

유형 29   복수제품 CVP분석

유형 30   안전한계율

유형 31   영업레버리지

유형 32   현금흐름분기점

유형 33   비선형함수의 CVP분석

1. 변동원가계산 손익계산서

변동원가계산 손익계산서						
매출액	→	S	→	$Q \times p$	→	$Q \times p$
변동원가	→	VC	→	$Q \times v$	→	$Q \times v$
공헌이익	→	CM	→	$Q \times (p-v)$	→	$Q \times cm$
고정원가	→	FC		FC		FC
영업이익	→	π		π		π

- 판매량 = Q
- 매출액 = Sales = S
- 단위당 판매가격 = p
- 변동원가 = Variable Cost = VC
- 단위당 변동원가 = unit variable cost = v
- 총공헌이익 = Total Contribution Margin = TCM = CM
- 단위당 공헌이익 = unit contribution margin = cm
- 공헌이익률 = contribution margin ratio = cmr
- 고정원가 = Fixed Cost = FC
- 영업이익 = Operating Income = OI = π

2. 공헌이익

공헌이익 = 매출액 − 변동원가
= 판매량 × 단위당 판매가격 − 판매량 × 단위당 변동원가
= 판매량 × (단위당 판매가격 − 단위당 변동원가)
↓
= 판매량 × 단위당 공헌이익
= 고정원가 + 영업이익

▶ $CM = S - VC = Q \times p - Q \times v = Q \times (p-v)$
$= Q \times cm = FC + \pi$

3. 공헌이익률

공헌이익률 $= \dfrac{공헌이익(CM)}{매출액(S)} = \dfrac{Q \times (p-v)}{Q \times p} = \dfrac{p-v}{p} = 1 - \dfrac{v}{p} = 1 -$ 변동비율[*]

$= \dfrac{Q \times cm}{Q \times p} = \dfrac{cm}{p} = \dfrac{단위당\ 공헌이익}{단위당\ 판매가격}$

[*] 변동비율 $= \dfrac{변동원가(VC)}{매출액(S)} = \dfrac{Q \times v}{Q \times p} = \dfrac{v}{p}$

공헌이익률 = 1 − 변동비율 → 공헌이익률 + 변동비율 = 1

▶ $CM = S - VC = S \times cmr = FC + \pi$

4. 손익분기점 판매량

매출액 − 변동원가 − 고정원가 = 0	→ $S - VC - FC = 0$
공헌이익 − 고정원가 = 0	→ $CM - FC = 0$
공헌이익 = 고정원가	→ $CM = FC$
판매량 × 단위당 공헌이익 = 고정원가	→ $Q \times cm = FC$
판매량 = $\dfrac{\text{고정원가}}{\text{단위당 공헌이익}}$	→ $Q = \dfrac{FC}{cm}$

5. 손익분기점 매출액

매출액 − 변동원가 − 고정원가 = 0	→ $S - VC - FC = 0$
공헌이익 − 고정원가 = 0	→ $CM - FC = 0$
공헌이익 = 고정원가	→ $CM = FC$
매출액 × 공헌이익률 = 고정원가	→ $S \times cmr = FC$
매출액 = $\dfrac{\text{고정원가}}{\text{공헌이익률}}$	→ $S = \dfrac{FC}{cmr}$

6. 목표판매량

매출액 − 변동원가 − 고정원가 = 목표이익	→ $S - VC - FC = 목표\,\pi$
공헌이익 − 고정원가 = 목표이익	→ $CM - FC = 목표\,\pi$
공헌이익 = 고정원가 + 목표이익	→ $CM = FC + 목표\,\pi$
판매량 × 단위당 공헌이익 = 고정원가 + 목표이익	→ $Q \times cm = FC + 목표\,\pi$
판매량 = $\dfrac{\text{고정원가} + \text{목표이익}}{\text{단위당 공헌이익}}$	→ $Q = \dfrac{FC + 목표\,\pi}{cm}$

7. 목표매출액

매출액 − 변동원가 − 고정원가 = 목표이익	→ $S - VC - FC = 목표\,\pi$
공헌이익 − 고정원가 = 목표이익	→ $CM - FC = 목표\,\pi$
공헌이익 = 고정원가 + 목표이익	→ $CM = FC + 목표\,\pi$
매출액 × 공헌이익률 = 고정원가 + 목표이익	→ $S \times cmr = FC + 목표\,\pi$
매출액 = $\dfrac{\text{고정원가} + \text{목표이익}}{\text{공헌이익률}}$	→ $S = \dfrac{FC + 목표\,\pi}{cmr}$

8. 단일세율인 경우

세전목표이익 − 법인세 = 세후목표이익

세전목표이익 − 세전목표이익 × 세율 = 세후목표이익

세전목표이익 × (1 − 세율) = 세후목표이익

$$\text{세전목표이익} = \dfrac{\text{세후목표이익}}{1 - \text{세율}}$$

01
상중하

㈜세무는 20×1년 3월 제품 A(단위당 판매가격 ₩800) 1,000단위를 생산·판매하였다. 3월의 단위당 변동원가는 ₩500이고, 총고정원가는 ₩250,000이 발생하였다. 4월에는 광고비 ₩15,000을 추가 지출하면 ₩50,000의 매출이 증가할 것으로 기대하고 있다. 이를 실행할 경우 ㈜세무의 4월 영업이익에 미치는 영향은? (단, 단위당 판매가격, 단위당 변동원가, 광고비를 제외한 총고정원가는 3월과 동일하다)

① ₩3,750 감소 　　　② ₩3,750 증가 　　　③ ₩15,000 감소
④ ₩15,000 증가 　　　⑤ ₩35,000 증가

02
상중하

㈜세무의 20×1년 매출 및 원가자료는 다음과 같다.

매출액	?
변동원가	₩700,000
공헌이익	₩500,000
고정원가	300,000
영업이익	₩200,000

20×2년에는 판매량이 20% 증가할 것으로 예상된다. ㈜세무의 20×2년 예상 영업이익은? (단, 판매량 이외의 다른 조건은 20×1년과 동일하다)

① ₩260,000 　　　② ₩280,000 　　　③ ₩300,000
④ ₩340,000 　　　⑤ ₩380,000

03
상중하

다음은 단일 제품을 생산·판매하는 ㈜세무의 20×1년 요약 공헌이익 손익계산서이다.

구분	금액	단위당 금액
매출액	₩80,000	₩250
변동원가	48,000	150
공헌이익	₩32,000	₩100
고정원가	15,000	
영업이익	₩17,000	

㈜세무는 20×2년에 고정원가를 ₩5,000 증가시키고 단위당 변동원가를 ₩20 감소시켜, ₩22,000의 영업이익을 달성하고자 한다. 20×2년의 판매단가가 20×1년과 동일하다면 20×2년의 판매량은 20×1년보다 몇 단위가 증가하여야 하는가? (단, 매년 생산량과 판매량은 동일하다)

① 10단위 　　　② 15단위 　　　③ 20단위
④ 25단위 　　　⑤ 30단위

04 ㈜세무는 단일 제품을 생산하여 판매한다. 제품 단위당 판매가격은 ₩1,000, 단위당 변동원가는
심중하 ₩600, 총 고정원가는 ₩1,900,000으로 예상된다. 세법에 의할 경우 총 고정원가 중 ₩100,000
과 단위당 변동원가 중 ₩50은 세법상 손금(비용)으로 인정되지 않을 것으로 예상된다. ㈜세무에 적
용될 세율이 20%인 경우 세후순이익 ₩41,000을 얻기 위한 제품의 판매수량은? [세무사 23]

① 4,050단위   ② 4,450단위   ③ 4,750단위
④ 5,000단위   ⑤ 5,100단위

정답 및 해설

01 ② (1) 제품 A의 공헌이익률 = (₩800 - ₩500) ÷ ₩800 = 0.375(37.5%)

      (2) 영업이익에 미치는 영향 = ₩50,000 × 0.375 - ₩15,000 = ₩3,750 증가

02 ③ (1) 공헌이익률 = ₩500,000 ÷ (₩700,000 + ₩500,000) = 5/12

      (2) 예상 영업이익 = ₩1,200,000 × 1.2 × 5/12 - ₩300,000 = ₩300,000

03 ⑤ (1) 20×1년: ₩100 × Q - ₩15,000 = ₩17,000 → Q = 320단위

      (2) 20×2년: ₩120 × Q - ₩20,000 = ₩22,000 → Q = 350단위

      ∴ 20×2년의 판매량은 20×1년보다 30단위(= 350단위 - 320단위) 증가하여야 한다.

04 ⑤ (1) 변동원가계산에 의한 수익·원가 구조

단위당 판매가격(P)	₩1,000
단위당 변동원가(V)	(600)
단위당 공헌이익(CM)	₩400
총 고정원가	₩1,900,000

      (2) 세후순이익을 달성하기 위한 제품의 판매수량

        ① 세법상 과세소득 = ₩450 × Q - ₩1,800,000

        ② 세후순이익 ₩41,000을 얻기 위한 제품의 판매수량

          ₩400 × Q - ₩1,900,000 - (450 × Q - ₩1,800,000) × 0.2 = ₩41,000

          ∴ Q = 5,100단위

05
상중하

㈜세무는 당기에 영업을 처음 시작하였으며, 실제원가계산을 사용한다. 당기 제품 생산량은 2,000단위이다. 제품 단위당 판매가격은 ₩1,000, 단위당 직접재료원가는 ₩280, 단위당 직접노무원가는 ₩320이고, 당기 총 고정제조간접원가는 ₩200,000, 총 고정판매관리비는 ₩300,000이다. 변동제조간접원가와 변동판매관리비는 존재하지 않는다. 변동원가계산에 의한 손익분기점은 전부원가계산에 의한 손익분기점보다 몇 단위 더 많은가?   [세무사 23]

① 100단위   ② 150단위   ③ 200단위
④ 250단위   ⑤ 300단위

06
상중하

㈜세무는 외부 판매대리점을 통해 건강보조식품을 판매하고 있는데, 20×1년도 손익계산서의 자료는 다음과 같다.

• 매출액	₩100,000
• 변동매출원가	45,000
• 고정매출원가	15,000
• 변동판매비와 관리비(판매대리점 수수료)	18,000
• 고정판매비와 관리비	4,000
• 영업이익	18,000

㈜세무는 20×1년에 판매대리점에게 매출액의 18%를 판매대리점 수수료로 지급하였는데, 20×2년에는 판매대리점 대신 회사 내부판매원을 통해 판매하려고 한다. 이 경우, 내부판매원에게 매출액의 15%에 해당하는 수수료와 고정급여 ₩8,000이 지출될 것으로 예상된다. ㈜세무가 20×2년에 내부판매원을 통해 20×1년과 동일한 영업이익을 얻기 위해 달성해야 할 매출액은?   [세무사 20]

① ₩75,000   ② ₩81,818   ③ ₩90,000
④ ₩100,000   ⑤ ₩112,500

07 ㈜세무는 20×1년 초에 설립되어 인공지능을 이용한 스피커를 생산하고 있다. 스피커의 단위당 변동
상중하 원가는 ₩6,000이며 연간 고정원가 총액은 ₩1,500,000이다. ㈜세무는 당기에 국내시장에서 스피커 300단위를 판매하고, 국내시장에서 판매하고 남는 스피커는 해외시장에 판매할 계획이다. 스피커의 국내 판매가격은 단위당 ₩10,000이며, 해외 판매가격은 단위당 ₩9,000이다. 해외시장에서 판매하더라도 원가구조에는 변함이 없으며, 국내시장에 미치는 영향은 없다. 법인세율이 20%일 경우 손익분기점 판매량은? [세무사 18]

① 350단위 ② 375단위 ③ 400단위
④ 450단위 ⑤ 500단위

정답 및 해설

05 ④ (1) 변동원가계산에 의한 수익·원가 구조

단위당 판매가격(P)	₩1,000
단위당 변동원가(V)	(600)
단위당 공헌이익(CM)	₩400
총 고정원가	₩500,000

(2) 각 원가계산방법에 의한 손익분기점 판매량 차이
① 변동원가계산에 의한 손익분기점 판매량 = ₩500,000 ÷ ₩400 = 1,250단위
② 전부원가계산에 의한 손익분기점 판매량 = ₩300,000 ÷ (₩400 - ₩100[*]) = 1,000단위
　[*] ₩200,000 ÷ 2,000단위 = ₩100
③ 손익분기점 판매량의 차이 = 1,250단위 - 1,000단위 = 250단위

06 ⑤ (1) 원가구조 변경 후 공헌이익률
1 - (0.45 + 0.15) = 0.4
(2) 변경 후 동일한 영업이익 달성을 위한 매출액(S)
0.4S - ₩15,000 - ₩12,000 = ₩18,000
∴ S = ₩112,500

07 ③ (1) 변동원가계산에 의한 수익·원가구조

	국내시장	해외시장
단위당 판매가격	₩10,000	₩9,000
단위당 변동원가	6,000	6,000
단위당 공헌이익	₩4,000	₩3,000
총 고정원가		₩1,500,000

(2) 손익분기점 판매량(BEQ)
₩4,000 × 300단위 + ₩3,000 × (BEQ - 300단위) = ₩1,500,000
∴ BEQ = 400단위

08 ㈜세무는 주문을 받고 생산하여 판매하는 기업이다. 단위당 직접재료원가 ₩6,200, 단위당 변동가공원가(전환원가) ₩11,800이며 연간 고정제조간접원가는 ₩4,200,000이다. 20×0년도에 280개를 주문받아 판매하였으며, 매출총이익률은 25%였다. 판매가격과 원가구조가 20×0년과 동일하다면 20×1년도에 ₩1,000,000 이상의 매출총이익을 얻기 위한 최소 판매량은? [세무사 17]

① 160개   ② 170개   ③ 180개

④ 190개   ⑤ 200개

09 ㈜세무는 20×1년에 제품 A를 생산하기로 결정하였다. 제품 A의 20×1년 생산량과 판매량은 일치하며, 기초 및 기말재공품은 없다. 제품 A는 노동집약적 방법 또는 자본집약적 방법으로 생산 가능하며, 생산방법에 따라 품질과 판매가격의 차이는 없다. 각 생산방법에 의한 예상제조원가는 다음과 같다.

구분	노동집약적 생산방법	자본집약적 생산방법
단위당 변동제조원가	₩300	₩250
연간 고정제조간접원가	₩2,100,000	₩3,100,000

㈜세무는 제품 A 판매가격을 단위당 ₩600으로 책정하고, 제조원가 외에 단위당 변동판매관리비 ₩50과 연간 고정판매관리비 ₩1,400,000이 발생될 것으로 예상하였다. ㈜세무가 20×1년에 노동집약적 생산방법을 택할 경우 손익분기점 판매량(A)과 두 생산방법 간에 영업이익의 차이가 발생하지 않는 판매량(B)은 각각 얼마인가? [세무사 16]

	A	B
①	8,400단위	20,000단위
②	10,000단위	15,000단위
③	10,000단위	20,000단위
④	14,000단위	15,000단위
⑤	14,000단위	20,000단위

10 원가−조업도−이익분석과 관련된 설명으로 옳지 않은 것은? (단, 답지항에서 변동되는 조건 외의 다른 조건은 일정하다고 가정한다) [세무사 16]

① 계단원가(준고정원가)가 존재하면 손익분기점은 반드시 계단 수(구간 수)만큼 존재한다.
② 법인세율이 증가하면 같은 세후 목표이익을 달성하기 위한 판매량이 많아진다.
③ 단위당 변동원가가 작아지면 손익분기점이 낮아진다.
④ 공헌이익률이 증가하면 목표이익을 달성하기 위한 매출액이 작아진다.
⑤ 법인세율이 증가해도 손익분기점은 바뀌지 않는다.

★★

11 ㈜국세는 단일제품을 생산하고 있으며, 주문받은 수량만을 생산하여 해당 연도에 모두 판매한다. ㈜국세의 법인세율은 40% 단일세율이며, 관련 자료는 다음과 같다.

상중하

[세무사 11]

구분	20×1년	20×2년
매출액	₩2,000,000	₩2,500,000
제품 단위당 변동원가	600	720
총고정원가	400,000	510,000

㈜국세의 20×1년 세후이익은 ₩240,000이며, 20×2년 세후이익은 20×1년보다 10% 증가하였다. ㈜국세의 20×2년 공헌이익률은 얼마인가?

① 36% ② 38% ③ 40%
④ 42% ⑤ 44%

정답 및 해설

08 ⑤ (1) 변동제조원가
$$₩6,200 + ₩11,800 = ₩18,000$$
(2) 단위당 매출원가
$$₩18,000 + \frac{₩4,200,000}{280개} = ₩33,000$$
(3) 단위당 판매가격(P)
$$(P - ₩33,000) ÷ P = 0.25$$
$$→ P = ₩44,000$$
(4) ₩1,000,000 이상의 매출총이익을 얻기 위한 최소 판매량
$$(₩44,000 - ₩18,000) × Q - ₩4,200,000 ≥ ₩1,000,000$$
$$∴ Q ≥ 200개$$

09 ⑤ (1) 각 방법별 변동원가계산에 의한 수익·원가 구조

	노동집약적 생산방법	자본집약적 생산방법
단위당 판매가격	₩600	₩600
단위당 변동원가	350	300
단위당 공헌이익	₩250	₩300
총고정원가	₩3,500,000	₩4,500,000

(2) 노동집약적 생산방법을 택할 경우 손익분기점 판매량(A)
$$₩250 × A = ₩3,500,000$$
$$∴ A = 14,000단위$$
(3) 두 생산방법 간에 영업이익의 차이가 발생하지 않는 판매량(B)
$$₩250 × B - ₩3,500,000 = ₩300 × B - ₩4,500,000$$
$$∴ B = 20,000단위$$

10 ① 계단원가가 존재한다고 해서 손익분기점이 반드시 계단 수만큼 존재하는 것은 아니다.

11 ② $(₩2,500,000 × x - ₩510,000) × (1 - 0.4) = ₩240,000 × (1 + 0.1)$
$$∴ 공헌이익률(x) = 0.38(38\%)$$

12
★★
상중하

㈜부산은 20×1년에 제품 A 100,000단위를 생산하여 모두 판매하였다. 20×1년의 제품 단위당 판매가격은 ₩5이었으며, 제품 A의 생산과 관련하여 투입된 제조원가는 다음과 같다.

항목	금액	단위당 원가
직접재료원가	₩120,000	₩1.2
직접노무원가	150,000	1.5
고정제조간접원가	200,000	2.0
계	₩470,000	₩4.7

㈜부산의 경영자는 20×2년에 단위당 원가가 ₩1인 직접재료로 교체하고, 판매단가를 ₩4으로 인하하면 판매량이 40,000단위 증가할 것으로 예상하고 있다. 기본원가(Prime costs)는 변동원가이며, 제조간접원가는 모두 고정원가라고 가정한다. 경영자의 예상을 따른다면 20×2년의 이익은 20×1년의 이익에 비하여 얼마만큼 증가(혹은 감소)하였는가? (단, 20×1년과 20×2년 모두 기초 및 기말재고자산은 없으며, 제조원가 이외의 원가는 고려하지 않는다) [세무사 10]

① ₩48,000 증가   ② ₩25,000 감소   ③ ₩20,000 감소
④ ₩15,000 감소   ⑤ ₩10,000 감소

13
★★
상중하

㈜대한은 매출을 촉진하기 위해서 판매사원이 제품 4,000단위를 초과하여 판매하는 경우에, 초과 판매된 1단위당 ₩200씩 특별판매수당을 지급한다. 이러한 조건하에서 5,000단위를 판매하여 세차감후순이익 ₩1,920,000을 달성하였다. 제품의 판매단가는 ₩2,000이며, 월간 고정원가는 ₩1,400,000이고 월간 최대판매수량은 8,000단위이다. 위의 조건대로 특별판매수당을 지급하고 세차감후순이익 ₩2,400,000을 달성하려면, 현재의 최대판매수량기준으로 몇 %의 조업도를 달성하여야 하는가? (단, 회사의 월초, 월말 재고자산은 없으며, 세율은 세차감전이익의 20%라고 가정한다) [세무사 09]

① 60%   ② 65%   ③ 70%
④ 75%   ⑤ 80%

12 ③ 변동원가계산 시에는 고정원가가 회사의 이익변동에 영향을 미치지 않는다.

(1) 20×1년의 총공헌이익 = 100,000단위 × ₩2.3 = ₩230,000

단위당 판매가격	₩5
단위당 변동원가 ₩1.2 + ₩1.5 =	(2.7)
단위당 공헌이익	₩2.3
생산·판매량 = 100,000단위	

(2) 20×2년의 총공헌이익 = 140,000단위 × ₩1.5 = ₩210,000

단위당 판매가격	₩4
단위당 변동원가 ₩1 + ₩1.5 =	(2.5)
단위당 공헌이익	₩1.5
생산·판매량 = 100,000단위 + 40,000단위 = 140,000단위	

∴ 20×2년의 이익은 20×1년의 이익에 비하여 ₩20,000(= ₩210,000 - ₩230,000)만큼 감소한다.

13 ④ (1) 판매량을 Q, 특별판매수당 지급 전 단위당 변동원가를 x라고 한 후 정리하면 다음과 같다.

	0단위 ≤ Q ≤ 4,000단위	4,001단위 ≤ Q ≤ 8,000단위
단위당 판매가격(p)	₩2,000	₩2,000
단위당 변동원가(v)	x	x + ₩200
단위당 공헌이익(cm)	₩2,000 - x	₩1,800 - x
고정원가(FC)	₩1,400,000	

5,000단위 판매 시 세차감후순이익 ₩1,920,000을 달성하였으므로 세차감전순이익은 ₩2,400,000[= ₩1,920,000 ÷ (1 - 20%)]이다.

4,000단위 × (₩2,000 - x) + 1,000단위 × (₩1,800 - x) - ₩1,400,000 = ₩2,400,000

       5,000단위 판매 시 총공헌이익   고정원가

→ x = ₩1,200

(2) 주어진 자료를 다시 정리하면 다음과 같다.

	0단위 ≤ Q ≤ 4,000단위	4,001단위 ≤ Q ≤ 8,000단위
단위당 판매가격(p)	₩2,000	₩2,000
단위당 변동원가(v)	1,200	1,400
단위당 공헌이익(cm)	₩800	₩600
고정원가(FC)	₩1,400,000	

목표 세차감후순이익 = ₩2,400,000

목표 세차감전순이익 = ₩2,400,000 ÷ (1 - 20%) = ₩3,000,000

목표판매량을 Q(Q > 4,000단위)라 하고 계산하면 다음과 같다.

4,000단위 × @800 + (Q - 4,000단위) × @600 - ₩1,400,000 = ₩3,000,000

       총공헌이익   고정원가

→ Q = 6,000단위

(3) 현재의 최대판매수량기준으로 75%(= $\dfrac{6,000단위}{8,000단위}$)의 조업도를 달성해야 한다.

★★★
14
상중하

대한회사는 단위당 ₩50에 제품을 생산·판매한다. 대한회사의 단위당 변동원가는 직접재료원가 ₩14, 직접노무원가 ₩5, 변동제조간접원가 ₩3, 변동판매관리비 ₩2이다. 연간 총고정원가는 고정제조간접원가 ₩55,000, 고정판매관리비 ₩80,200이다. 대한회사가 단위당 판매가를 ₩50에서 ₩48으로 인하할 경우, 기존의 연간 손익분기점 판매량을 유지하려면 연간 총고정원가를 얼마나 줄여야 하는가?

[세무사 08]

① ₩10,400   ② ₩13,200   ③ ₩15,300
④ ₩124,800   ⑤ ₩135,000

★★
15
상중하

경기공업사는 단일제품을 생산판매하고 있다. 제품 단위당 판매가격은 ₩500이며, 20×1년 5월의 요약 공헌이익 포괄손익계산서는 다음과 같다.

공헌이익 포괄손익계산서	
매출액(1,000단위)	₩500,000
변동원가	300,000
공헌이익	₩200,000
고정원가	150,000
순이익	₩50,000

상기 자료와 관련된 다음의 분석 중에서 옳지 않은 것은?

[세무사 00]

① 손익분기점 판매량은 750단위이다.
② 매출액이 1/2로 감소하면 순손실 ₩50,000이 발생한다.
③ 목표이익 ₩80,000을 얻기 위한 판매량은 1,150단위이다.
④ 매출액 대비 20%의 목표이익률을 달성하기 위한 매출액은 ₩375,000이다.
⑤ 회사의 법인세율이 30%라고 가정하면, 세후목표이익 ₩70,000을 달성하기 위한 매출액은 ₩625,000이다.

14 ① [자료분석]

	기존	단위당 판매가 인하
단위당 판매가(p)	₩50	₩48
단위당 변동원가(v)	24^{*1}	24^{*1}
단위당 공헌이익(cm)	₩26	₩24
연간 총고정원가(FC)	₩135,200^{*2}	₩x

^{*1} 단위당 변동원가(v)

직접재료원가	₩14
직접노무원가	5
변동제조간접원가	3
변동판매관리비	2
계	₩24

^{*2} 연간 총고정원가(FC)

고정제조간접원가	₩55,000
고정판매관리비	80,200
계	₩135,200

(1) 기존 손익분기점 판매량 = 총고정원가 ÷ 단위당 공헌이익 = ₩135,200 ÷ ₩26 = 5,200단위

(2) 단위당 판매가 인하 후 연간 총고정원가를 x라고 하면, 손익분기점 판매량이 인하 전과 같으므로 단위당 판매가 인하 후 손익분기점 판매량은 다음과 같이 계산할 수 있다.

x ÷ ₩24 = 5,200단위 → x = ₩124,800

(3) 총고정원가를 ₩10,400(= ₩135,200 - ₩124,800)만큼 줄여야 한다.

[별해]

(1) 기존 손익분기점 판매량 = ₩135,200 ÷ ₩26 = 5,200단위

(2) 단위당 공헌이익 감소액 = ₩2(= 단위당 판매가 인하액)

(3) 총고정원가가 ₩10,400(= 5,200단위 × ₩2) 감소해야 손익분기점 판매량이 유지된다.

15 ④ [자료분석]

단위당 판매가격(p)	₩500
단위당 변동원가(v)	300
단위당 공헌이익(cm)	₩200 → 공헌이익률(CMR) 40%
고정원가(FC)	₩150,000

[지문분석]

① 손익분기점 판매량 = $\dfrac{₩150,000}{₩200}$ = 750단위

② 매출액 1/2 감소 시 판매수량은 500단위이다.

500단위 × @200 - ₩150,000 = ₩(50,000)

③ 목표판매량 Q = $\dfrac{FC + \pi}{cm}$ = $\dfrac{₩150,000 + ₩80,000}{₩200}$ = 1,150단위

④ 목표매출액 S = $\dfrac{FC + \pi}{CMR}$ = $\dfrac{₩150,000 + S × 20\%}{40\%}$

∴ S = ₩750,000

⑤ 세전목표이익 π = $\dfrac{₩70,000}{1 - 30\%}$ = ₩100,000

목표매출액 S = $\dfrac{FC + \pi}{CMR}$ = $\dfrac{₩150,000 + ₩100,000}{40\%}$ = ₩625,000

16 ★★
상중하

손익분기점 분석의 기본가정과 한계에 관한 설명으로 옳지 않은 것은?

[세무사 09]

① 단위당 판매가격은 수요·공급의 원리에 따라 판매량을 증가시키기 위해서는 낮추어야 한다는 것을 가정한다.

② 모든 원가는 고정원가와 변동원가로 나누어질 수 있으며, 고정원가는 매출수량의 증가에 관계없이 관련범위 내에서 일정하고, 변동원가는 매출수량의 증가에 정비례하는 것을 가정한다.

③ 의사결정이 이루어지는 관련범위 내에서 조업도만이 원가에 영향을 미치는 유일한 요인이라고 가정한다.

④ 원가요소, 능률, 생산성은 일정범위 내에서 변동하지 않으며, 생산·관리·판매의 효율성에도 변동이 없다고 가정한다.

⑤ 대부분의 원가요소는 기간이 매우 길 경우에는 변동원가가 되며, 기간이 매우 짧은 경우에는 고정원가가 될 것이므로 원가와 원가동인의 관계가 지속적으로 성립될 것으로 기대되는 예측 가능한 범위를 정하여야 한다.

정답 및 해설

16 ① 단위당 판매가격은 일정하다고 가정한다(수익의 선형성).

유형 28 │ ABC계산의 CVP분석

[1] 비단위수준활동으로는 묶음수준활동, 제품수준활동과 설비수준활동이 있으며, 단위수준활동과 비단위수준활동으로 구성되어 있는 활동기준원가계산의 총원가는 다음과 같은 식으로 나타난다.

$$총원가 = \underbrace{a_1 x_1 + a_2 x_2 + a_3 x_3}_{\text{비단위수준활동 변동원가}} + 활동기준원가계산하의 고정원가$$

단, a_1: 단위수준활동의 단위당 변동원가 x_1: 단위수준활동의 원가동인 총수
    a_2: 묶음수준활동의 단위당 변동원가 x_2: 묶음수준활동의 원가동인 총수
    a_3: 제품수준활동의 단위당 변동원가 x_3: 제품수준활동의 원가동인 총수

[2] 기본적 CVP분석에서 고정원가로 분류되었던 항목 중에서 활동기준에서는 비단위수준활동의 변동원가로 분석되는 항목이 존재하므로 활동기준고정원가는 기본적 CVP분석에 의한 고정원가와는 차이가 발생하며 이는 설비수준활동원가이다.

[3] 기본적 CVP분석에서 변동원가를 결정하는 요인은 오직 조업도(판매량)뿐이므로 기본적 CVP분석의 틀 안에서 활동기준원가계산으로 손익분기수량을 계산하는 경우에는 비단위수준활동 변동원가는 조업도(판매량)에 따라 변동이 되지 않으므로 고정원가로 간주된다. 만약, 비단위수준활동 변동원가가 증가 또는 감소된다면 이는 기본적 CVP분석 틀 안에서는 준고정원가의 성격이므로 고정원가에서 조정하면 된다.

$$판매가격 \times 판매량 = 단위당 변동원가 \times 판매량 + \underbrace{a_2 x_2 + a_3 x_3}_{\text{비단위수준활동 변동원가}} + 활동기준 고정원가$$

$$판매가격 \times 판매량 - 단위당 변동원가 \times 판매량 = \underbrace{a_2 x_2 + a_3 x_3 + 활동기준 고정원가}_{\text{고정원가로 간주하는 금액}}$$

$$손익분기점 판매량 = \frac{a_2 x_2 + a_3 x_3 + 활동기준 고정원가}{단위당 판매가격 - 단위당 변동원가} = \frac{고정원가}{단위당 판매가격 - 단위당 변동원가}$$

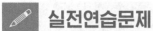

01
상중하

㈜세무는 단일 제품을 생산하여 단위당 ₩150에 판매한다. 연간 생산가능 수량 2,000단위에 근거한 제품 단위당 원가는 다음과 같다.

직접재료원가	₩10
직접노무원가	15
단위수준활동원가	25
제품수준활동원가	14
설비수준활동원가	6
	₩70

위 원가 항목 중 제품수준 활동원가와 설비수준 활동원가는 고정원가로, 나머지는 변동원가로 가정한다. 총고정원가 중 ₩10,000은 세법상 손금(비용)으로 인정되지 않으며, 이 회사에 적용되는 세율은 20%이다. 세후순이익 ₩16,000을 얻기 위한 제품 판매수량은?　　　　　[세무사 19]

① 460단위　　　　　　② 520단위　　　　　　③ 550단위
④ 600단위　　　　　　⑤ 625단위

02
상중하

㈜세무항공은 항공기 1대를 이용하여 김포와 제주 간 노선을 주 5회 왕복운항하고 있으며, 이 항공기의 좌석 수는 총 110석이다. 이 노선의 항공권은 1매당 편도요금은 ₩30,000이고, 항공권을 대행판매하는 여행사에 판매된 요금의 3%가 수수료로 지급되며, 항공권 1매당 예상되는 기내식사비용은 ₩1,100이다. 편도운항당 연료비는 ₩700,000이 소요되며, 비행설비 임차료와 공항사용료는 매주 ₩4,800,000이며 승무원 급여와 복리후생비는 매주 ₩7,800,000이 발생한다. ㈜세무항공이 손익분기점에 도달하기 위해 매주 최소 판매해야 할 항공권 수량은? (단, 항공권은 편도기준으로 여행사를 통해서만 판매된다)　　　　　[세무사 14]

① 475매　　　　　　② 575매　　　　　　③ 600매
④ 700매　　　　　　⑤ 800매

정답 및 해설

01　⑤　(₩150 - ₩50) × Q - ₩40,000* - {(₩150 - ₩50) × Q - ₩30,000} × 0.2 = ₩16,000
　　　　* (₩14 + ₩6) × 2,000단위 = ₩40,000
　　　　∴ 세후순이익 ₩16,000을 얻기 위한 제품 판매수량(Q) = 625단위

02　④　Q × ₩30,000 - Q × ₩30,000 × 3% - Q × ₩1,100 - 10회 × ₩700,000 - ₩4,800,000 - ₩7,800,000 = 0
　　　　∴ 손익분기점 항공권 수량(Q) = 700매

유형 29 | 복수제품 CVP분석

[1] 기본적인 가정하에서는 단일 종류의 제품으로 CVP분석을 하였으나 대부분의 기업들은 여러 종류의 제품을 생산·판매하고 있다. 이처럼 복수제품을 생산·판매하는 기업의 CVP분석을 위해서는 다양한 변수를 모두 고려해야 하는 어려움이 존재하기 때문에 복수제품의 매출배합이 일정하다는 가정하에서 CVP분석이 이루어진다.

[2] 일정한 매출배합

① 매출배합이 일정하다는 것은 제품의 종류별로 판매량의 비율 또는 매출액의 비율이 일정하게 유지된다는 것을 의미한다.

② 일반적으로 매출배합이라고 하는 경우에는 판매량의 비율을 의미한다. 매출액의 비율을 제시할 때에는 '매출액 비율' 또는 '매출액 구성비'라는 표현을 사용한다.

[3] 가중평균 공헌이익법(매출수량비율이 주어진 경우에 적용)

① 판매량의 배합비율이 일정하게 유지될 경우 가중평균 단위당 공헌이익법은 제품별 단위당 공헌이익을 판매량의 배합비율로 가중평균한 단위당 공헌이익을 이용하여 CVP분석을 하는 방법이다.

② 가중평균 공헌이익(WACM)

> 가중평균 단위당 공헌이익 = Σ(각 제품의 단위당 공헌이익 × 각 제품의 판매량 배합비율)
>
> $$= \frac{\text{기업 전체의 공헌이익}}{\text{기업 전체의 판매량}}$$

[4] 가중평균 공헌이익률법(매출액 비율의 주어진 경우)

① 매출액의 배합비율이 일정하게 유지될 경우 가중평균 공헌이익률법은 제품별 공헌이익률을 매출액의 배합비율로 가중평균한 공헌이익률을 이용하여 CVP분석을 하는 방법이다.

② 가중평균 공헌이익률법(WACMR)

> 가중평균 공헌이익률 = Σ(각 제품의 공헌이익률 × 각 제품의 매출액 배합비율)
>
> $$= \frac{\text{기업 전체의 공헌이익}}{\text{기업 전체의 매출액}}$$

01
상중하

㈜세무는 제품 A와 제품 B를 생산·판매하고 있다. 20×1년 ㈜세무의 매출액과 영업이익은 각각 ₩15,000,000과 ₩3,000,000이며, 고정원가는 ₩2,250,000이다. 제품 A와 제품 B의 매출배합비율이 각각 25%와 75%이며, 제품 A의 공헌이익률은 23%이다. 제품 B의 공헌이익률은?

① 29.25%　　　② 34.4%　　　③ 35%
④ 37.4%　　　⑤ 39%

02
상중하

㈜세무는 제품 A, B, C를 생산 및 판매하고 있으며, 20×1년 3월 제품에 관한 자료는 다음과 같다.

구분	A제품	B제품	C제품
단위당 판매가격	₩150	₩100	₩250
단위당 변동원가	105	80	125
고정원가	₩18,000		

제품 A, B, C의 매출구성비(매출액 기준)가 3 : 2 : 5이다. ㈜세무가 3월에 세후순이익 ₩12,000을 달성하기 위한 총매출액은? (단, 법인세율은 40%이다)

① ₩80,000　　　② ₩100,000　　　③ ₩120,000
④ ₩140,000　　　⑤ ₩160,000

03
상중하

㈜세무는 제품 A와 B, C를 생산 및 판매하고 있으며, 20×1년의 예산 자료는 다음과 같다.

구분	제품 A	제품 B	제품 C	합계
매출액	₩900,000	₩2,250,000	₩1,350,000	₩4,500,000
변동원가	540,000	1,125,000	810,000	2,475,000
고정원가	₩810,000			

예산 매출배합이 일정하게 유지된다고 가정할 경우, 제품 A의 연간 손익분기점 매출액은?

① ₩360,000　　　② ₩380,000　　　③ ₩400,000
④ ₩405,000　　　⑤ ₩540,000

정답 및 해설

01 ⑤ (1) 회사전체 공헌이익

　　　　₩3,000,000 + ₩2,250,000 = ₩5,250,000

　　(2) 회사전체 공헌이익률

　　　　₩5,250,000 ÷ ₩15,000,000 = 0.35(35%)

　　(3) 제품 B의 공헌이익률(x)

　　　　$0.25 \times 0.23 + 0.75 \times x = 0.35$

　　　　$\therefore x = 0.39(39\%)$

02 ② (1) 각 제품별 공헌이익률

　　　　① A제품: ₩45/₩150 = 30%

　　　　② B제품: ₩20/₩100 = 20%

　　　　③ C제품: ₩125/₩250 = 50%

　　(2) SET의 공헌이익률

　　　　$30\% \times 3/10 + 20\% \times 2/10 + 50\% \times 5/10 = 38\%$

　　(3) 세후순이익 ₩12,000을 달성하기 위한 매출액(S)

　　　　$0.38 \times S - ₩18,000(\text{고정원가}) = ₩12,000/(1 - 40\%)$

　　　　$\therefore S = ₩100,000$

03 ① (1) 각 제품별 공헌이익률

제품 A	제품 B	제품 C
$\dfrac{₩900,000 - ₩540,000}{₩900,000}$	$\dfrac{₩2,250,000 - ₩1,125,000}{₩2,250,000}$	$\dfrac{₩1,350,000 - ₩810,000}{₩1,350,000}$
= 0.4	= 0.5	= 0.4

　　(2) 가중평균 공헌이익률(매출액 비율로 가중평균)

　　　　$0.4 \times \dfrac{₩900,000}{₩4,500,000} + 0.5 \times \dfrac{₩2,250,000}{₩4,500,000} + 0.4 \times \dfrac{₩1,350,000}{₩4,500,000} = 0.45$

　　(3) 전체 제품의 연간 손익분기점 매출액(BES)

　　　　$0.45 \times BES = ₩810,000$

　　　　→ BES = ₩1,800,000

　　(4) 제품 A의 연간 손익분기점 매출액

　　　　$₩1,800,000 \times \dfrac{₩900,000}{₩4,500,000} = ₩360,000$

04

상중하

㈜세무는 제품 A와 B를 생산·판매하고 있다. 제품별 판매 및 원가에 관한 자료는 다음과 같다.

구분	제품 A	제품 B	합계
판매량	?	?	100단위
매출액	₩200,000	₩300,000	₩500,000
변동원가	?	?	₩375,000
고정원가			₩150,000

제품 A의 단위당 판매가격은 ₩4,000이다. 손익분기점에 도달하기 위한 제품 B의 판매량은? (단, 매출배합은 일정하다고 가정한다)

[세무사 22]

① 55단위   ② 60단위   ③ 80단위
④ 85단위   ⑤ 90단위

05

상중하

㈜세무는 제품 A와 제품 B를 생산·판매한다. 각 제품의 단위당 판매가격은 제품 A는 ₩200, 제품 B는 ₩150이며, 공헌이익률은 제품 A는 40%, 제품 B는 50%이다. 제품 A와 제품 B의 매출수량배합은 1 : 2로 일정하고, 당기 총 고정원가는 ₩34,500이다. 당기이익 ₩23,000을 얻기 위한 총 매출액은?

[세무사 19]

① ₩120,000   ② ₩125,000   ③ ₩128,000
④ ₩132,000   ⑤ ₩142,000

정답 및 해설

04 ② (1) 제품 B의 손익분기점 매출액

① 가중평균 공헌이익률 = (₩500,000 - ₩375,000) ÷ ₩500,000 = 0.25(25%)

② 전체 손익분기점 매출액(BES)

0.25 × BES = ₩150,000 → BES = ₩600,000

③ 제품 B의 손익분기점 매출액 = ₩600,000 × 0.6 = ₩360,000

(2) 제품 B의 판매가격

① 현재 매출액 수준에서의 제품 A의 판매량 = ₩200,000 ÷ ₩4,000 = 50단위

② 현재 매출액 수준에서의 제품 B의 판매량 = 100단위 - 50단위 = 50단위

③ 제품 B의 판매가격 = ₩300,000 ÷ 50단위 = ₩6,000

(3) 제품 B의 손익분기점 판매량

₩360,000 ÷ ₩6,000 = 60단위

05 ② 복수제품 CVP분석 문제는 항상 매출배합 비율이 수량 비율인지 매출액 비율인지를 먼저 파악해야 한다. 수량 비율이 주어지면 가중평균 공헌이익을, 매출액 비율이 주어지면 가중평균 공헌이익률을 구해서 문제를 풀어야 한다.

(1) 가중평균 공헌이익(WACM)

$(₩200 × 0.4 × 1 + ₩150 × 0.5 × 2) ÷ 3단위 = \dfrac{₩230}{3단위}$

(2) 당기이익 ₩23,000을 얻기 위한 판매량(Q)

$\dfrac{₩230}{3단위} × Q - ₩34,500 = ₩23,000 → Q = 750단위$

(3) 당기이익 ₩23,000을 얻기 위한 총매출액

$₩200 × 750단위 × \dfrac{1}{3} + ₩150 × 750단위 × \dfrac{2}{3} = ₩125,000$

06

⭐⭐
상중하

㈜세무는 직접재료를 투입하여 두 개의 공정을 거쳐 제품을 생산하고 있다. 제1공정에서는 직접재료 1톤을 투입하여 제품 A 400kg과 중간제품 M 600kg을 생산하며, 제2공정에서는 중간제품 M을 가공하여 제품 B 600kg을 생산한다. 직접재료는 제1공정에 전량 투입되고, 전환원가는 공정 전반에 걸쳐 균등하게 발생하며, 모든 공정에서 공손 및 감손은 발생하지 않는다. 제1공정에서는 변동전환원가 ₩200/톤, 고정원가는 ₩70,000이 발생하였으며, 제2공정에서는 변동전환원가 ₩1,200/톤 고정원가 ₩58,000이 발생하였다. 직접재료 구입원가는 ₩2,000/톤이며, 제품 A와 B의 판매가격은 각각 ₩3,000/톤, ₩5,000/톤이다. 생산된 모든 제품이 전량 판매된다고 가정할 경우, 각 제품의 손익분기점 판매량은? [세무사 18]

	제품 A	제품 B
①	40톤	60톤
②	48톤	72톤
③	50톤	75톤
④	60톤	90톤
⑤	80톤	120톤

07

⭐⭐
상중하

㈜세무는 제품 A(공헌이익률 50%)와 제품 B(공헌이익률 30%) 두 제품만을 생산·판매하는데, 두 제품 간 매출액의 상대적 비율은 일정하게 유지된다. ㈜세무의 20×1년 매출액 총액은 ₩7,000,000, 총고정원가는 ₩1,750,000으로 예측하고 있으며, 예상 영업이익은 ₩700,000으로 설정하였다. ㈜세무가 20×1년의 예상 영업이익을 달성하기 위한 제품 A와 제품 B의 매출액은? [세무사 16]

	제품 A	제품 B
①	₩700,000	₩6,300,000
②	₩840,000	₩6,160,000
③	₩1,750,000	₩5,250,000
④	₩2,800,000	₩4,200,000
⑤	₩3,150,000	₩3,850,000

08

⭐⭐
상중하

㈜국세는 다음과 같이 3가지 제품을 생산·판매할 계획이다.

	제품 A	제품 B	제품 C
단위당 판매가격	₩10	₩12	₩14
단위당 변동원가	₩6	₩4	₩8
예상 판매량	100개	150개	250개

고정원가는 총 ₩2,480으로 전망된다. 예상판매량 배합비율이 유지된다면, 제품 C의 손익분기점 매출액은? [세무사 15]

① ₩800 ② ₩1,200 ③ ₩1,440
④ ₩2,000 ⑤ ₩2,800

정답 및 해설

06 ① (1) 변동원가계산에 의한 수익·원가 구조 파악

	제품 A	제품 B
단위당 판매가격	₩3,000	₩5,000
단위당 변동원가	2,200 = ₩2,000 + ₩200	3,400 = ₩2,000 + ₩200 + ₩1,200
단위당 공헌이익	₩800	₩1,600
총고정원가	₩128,000	

(2) 가중평균 공헌이익(WACM)

$0.4 \times ₩800 + 0.6 \times ₩1,600 = ₩1,280$

(3) 각 제품별 손익분기점 판매량

① 제품 전체 판매량(BEQ)

$₩1,280 \times BEQ - ₩128,000 \rightarrow BEQ = 100$톤

② 제품 A 손익분기점 판매량 = 100톤 × 0.4 = 40톤

③ 제품 B 손익분기점 판매량 = 100톤 × 0.6 = 60톤

07 ③ 이 문제는 가중평균 공헌이익률을 먼저 구하고 각 제품별 매출액 비율을 계산하여야 한다.

(1) 가중평균 공헌이익률(WACMR)

$₩7,000,000 \times WACMR - ₩1,750,000 = ₩700,000 \rightarrow WACMR = 0.35$

(2) 제품 A의 매출액 비율(x)

$0.5x + 0.3(1 - x) = 0.35 \rightarrow x = 0.25(25\%)$

∴ 제품 A의 매출액 = ₩7,000,000 × 0.25 = ₩1,750,000

제품 B의 매출액 = ₩7,000,000 × (1 - 0.25) = ₩5,250,000

08 ⑤ (1) 각 제품별 단위당 공헌이익 계산

	제품 A	제품 B	제품 C
단위당 판매가격	₩10	₩12	₩14
단위당 변동원가	6	4	8
단위당 공헌이익	₩4	₩8	₩6
총고정원가		₩2,480	

(2) 가중평균 공헌이익

$₩4 \times 0.2 + ₩8 \times 0.3 + ₩6 \times 0.5 = ₩6.2$

(3) 손익분기점 판매량(BEQ)

$₩6.2 \times BEQ = ₩2,480 \rightarrow BEQ = 400$개

(4) 제품 C의 손익분기점 매출액

400개 × 0.5 × ₩14 = ₩2,800

해커스 세무사 객관식 眞원가관리회계

제9장

원가·조업도·이익분석

09
상중하

㈜한국은 A, B, C 세 가지 제품을 만들고 있는 회사이다. 이들 제품에 관한 자료는 다음과 같다. 또한 월 고정원가는 ₩150,000이다. 세 가지 제품의 매출구성비(매출액기준)가 5 : 2 : 3일 때 월 ₩37,500의 세후목표이익을 얻기 위해서 필요한 총매출액은 얼마인가? (단, 법인세율은 25%이다)

[회계사 01]

	제품 A	제품 B	제품 C
단위당 판매가격	₩120	₩100	₩150
단위당 변동원가	72	70	120

① ₩720,000　　　　② ₩680,000　　　　③ ₩625,000
④ ₩755,000　　　　⑤ ₩725,000

10
상중하

㈜도원은 정밀기계를 위한 특수필터와 가정의 전자제품용 일반필터를 생산하여 판매하고 있다. 20×1년도 ㈜도원의 제품 생산량과 단위당 자료는 다음과 같다.

구분	특수필터	일반필터
생산량	2,000개	6,000개
판매가격	₩500	₩300
직접재료원가	150	100
직접노무원가	60	80
변동제조간접원가	90	60
변동판매관리비	50	30

㈜도원의 연간 최대조업도는 21,000기계시간이며, 20×1년도 변동제조간접원가는 기계시간당 ₩30이었다. ㈜도원의 매년 생산량과 판매량은 동일한 것으로 가정한다. ㈜도원은 특수필터 제품에 대한 판매활동을 강화하여 특수필터와 일반필터의 매출배합을 2 : 3으로 변경하는 것을 고려하고 있다. 매출배합의 변경은 오직 특수필터 제품의 변동판매관리비에만 영향을 준다. 특수필터와 일반필터의 전체 판매량을 8,000단위로 하고 매출배합을 변경할 경우에 두 제품의 판매로 인한 총공헌이익이 매출배합 변경 전과 동일하다면, 특수필터 제품의 단위당 변동판매관리비는 얼마인가? [회계사 09]

① ₩50　　　　② ₩65　　　　③ ₩75
④ ₩85　　　　⑤ ₩95

정답 및 해설

09 ③ [자료분석]

	제품 A	제품 B	제품 C
단위당 판매가격	₩120	₩100	₩150
단위당 변동원가	72	70	120
단위당 공헌이익	₩48	₩30	₩30
공헌이익률	40%	30%	20%
매출구성비	5 :	2 :	3
고정원가(FC)	₩150,000		

월 ₩37,500의 세후목표이익을 얻기 위해서 필요한 총매출액(S)은 다음과 같다.

$$0.5S \times 0.4 + 0.2S \times 0.3 + 0.3S \times 0.2 = ₩150,000 + \frac{₩37,500}{1 - 0.25}$$

$$\therefore S = ₩625,000$$

10 ⑤ [자료분석]

	특수필터	일반필터
단위당 판매가격(p)	₩500	₩300
단위당 변동원가(v)	350[1]	270[2]
단위당 공헌이익(cm)	₩150	₩30
생산·판매량(Q)	2,000단위	6,000단위

[1] ₩150 + ₩60 + ₩90 + ₩50 = ₩350
[2] ₩100 + ₩80 + ₩60 + ₩30 = ₩270

(1) 전체 판매량은 8,000단위로 하고 매출배합을 2 : 3으로 변경한 후 특수필터 단위당 변동판매관리비를 x라고 하면 다음과 같다.

	특수필터	일반필터
단위당 판매가격(p)	₩500	₩300
단위당 변동원가(v)	₩300 + x	270
단위당 공헌이익(cm)	₩200 - x	₩30
생산·판매량(Q)	3,200단위[1]	4,800단위[2]

[1] 8,000단위 × 40% = 3,200단위
[2] 8,000단위 × 60% = 4,800단위

(2) 변경 후 총공헌이익 = 변경 전 총공헌이익이므로 매출배합 변경 후 특수필터 제품의 단위당 변동판매관리비(x)는 다음과 같다.

3,200단위 × (₩200 - x) + 4,800단위 × ₩30 = 2,000단위 × ₩150 + 6,000단위 × ₩30

$$\therefore x = ₩95$$

유형 30 | 안전한계율

(1) 안전한계(margin of safety)는 실제·예산 매출액(판매량)에서 손익분기점 매출액(판매량)을 차감한 것으로 손익분기점 매출액(판매량)을 초과하는 실제·예산 매출액(판매량)을 의미한다. 즉, 영업손실이 발생하지 않기 위해 감내할 수 있는 매출액(판매량)의 최대 감소금액(수량)이기 때문에 기업의 안전성 지표로 이용된다.

(2) 안전한계 매출액(판매량)이 실제·예산 매출액(판매량)에서 차지하는 비율을 안전한계율(margin of safety ratio)라고 한다. 안전한계율은 다음에 설명하는 영업레버리지도와 역의 관계를 가진다.

(3) **안전한계율**

$$\text{안전한계율} = \frac{\text{안전한계 S(Q)}}{\text{S(Q)}} = \frac{\text{S(Q)} - \text{손익분기점 S(Q)}}{\text{S(Q)}} = \frac{\text{영업이익}}{\text{공헌이익}} = \frac{\pi}{CM}$$

▶ $\dfrac{\text{매출액} - \text{손익분기점 매출액}}{\text{매출액}}$ → 분자와 분모에 공헌이익률을 곱하면 → $\dfrac{\text{공헌이익} - \text{고정원가}^*}{\text{공헌이익}} = \dfrac{\text{영업이익}}{\text{공헌이익}}$

* 손익분기점 매출액 × 공헌이익률 = 손익분기점에서의 공헌이익
  손익분기점에서는 영업이익이 영(₩0)이므로 공헌이익과 고정원가가 동일한 금액이다.

▶ 안전한계율 – 공헌이익률 = 매출액이익률
$$\frac{\text{S} - \text{손익분기점(S)}}{\text{S}} \times \text{공헌이익률} = \frac{CM - FC}{S} = \frac{\pi}{S} = \text{매출액이익률}$$

▶ $\dfrac{\text{S} - \text{손익분기점(S)}}{\text{S}} = 1 - \dfrac{BEP(S)}{S} = 1 - \text{손익분기점 조업률}$

[4] **안전한계와 영업이익의 관계**

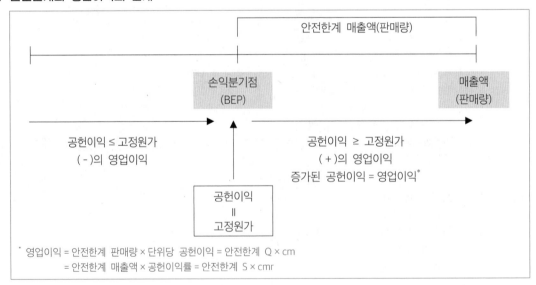

* 영업이익 = 안전한계 판매량 × 단위당 공헌이익 = 안전한계 Q × cm
        = 안전한계 매출액 × 공헌이익률 = 안전한계 S × cmr

실전연습문제

01
상중하

㈜세무는 단일 제품 A를 생산·판매하고 있다. 제품 A의 단위당 판매가격은 ₩2,000, 단위당 변동원가는 ₩1,400, 총고정원가는 ₩90,000이다. ㈜세무의 세후목표이익 ₩42,000을 달성하기 위한 매출액과, 이 경우의 안전한계는? (단, 법인세율은 30%이다)

	매출액	안전한계
①	₩300,000	₩100,000
②	₩440,000	₩140,000
③	₩440,000	₩200,000
④	₩500,000	₩140,000
⑤	₩500,000	₩200,000

해커스 세무사 객관식 真원가관리회계

제9장

원가·조업도·이익분석

정답 및 해설

01 ⑤ (1) 공헌이익률
$$(₩2,000 - ₩1,400) ÷ ₩2,000 = 0.3(30\%)$$

(2) 세후목표이익 ₩42,000을 달성하기 위한 매출액(S)
$$0.3 × S - ₩90,000 = ₩42,000/(1 - 0.3)$$
$$→ S = ₩500,000$$

(3) 손익분기점 매출액(BES)
$$0.3 × BES = ₩90,000$$
$$→ BES = ₩300,000$$

(4) 안전한계
$$₩500,000 - ₩300,000 = ₩200,000$$

02 다음은 ㈜국세의 조업도 변화에 따른 총수익, 총변동원가 및 총고정원가를 그래프로 나타낸 것이다.

상중하

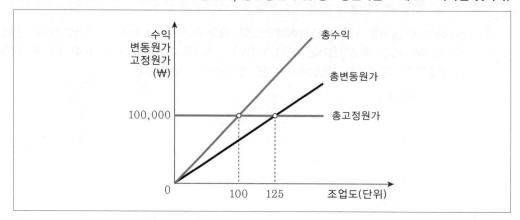

위 그래프를 이용할 경우, ㈜국세가 안전한계율 37.5%를 달성하는 데 필요한 목표판매수량은 몇 단위인가?

[세무사 12]

① 600단위   ② 700단위   ③ 800단위

④ 900단위   ⑤ 1,000단위

03 ㈜감평의 20×6년도 제품에 관한 자료가 다음과 같을 때 안전한계율은?

상중하

• 단위당 판매가격	₩5,000
• 공헌이익률	35%
• 총고정원가	₩140,000
• 법인세율	30%
• 세후이익	₩208,250

① 68%   ② 70%   ③ 72%

④ 74%   ⑤ 76%

정답 및 해설

02 ③ (1) 단위당 판매가격 = ₩100,000 ÷ 100단위 = ₩1,000

(2) 단위당 변동원가 = ₩100,000 ÷ 125단위 = ₩800

(3) 단위당 공헌이익 = ₩200(공헌이익률: 20%)

(4) 손익분기점 매출액 = ₩100,000 ÷ 20% = ₩500,000

(5) 안전한계율 = $\dfrac{\text{매출액} - \text{손익분기점 매출액}}{\text{매출액}}$ = 37.5%

(6) 안전한계율 37.5%를 달성하기 위한 매출액 = ₩800,000

(7) 목표판매수량 = ₩800,000 ÷ ₩1,000 = 800단위

03 ① (1) 영업이익 = $\dfrac{\text{₩208,250}}{1 - 0.3}$ = ₩297,500

(2) 공헌이익 = ₩297,500 + ₩140,000 = ₩437,500

(3) 손익분기점 매출액 × 0.35 = ₩140,000

   → 손익분기점 매출액 = ₩400,000

(4) 매출액 = $\dfrac{\text{₩437,500}}{0.35}$ = ₩1,250,000

(5) 안전한계율 = $\dfrac{\text{안전한계}}{\text{매출액}}$ = $\dfrac{\text{₩1,250,000} - \text{₩400,000}}{\text{₩1,250,000}}$ = 68%

[별해]

안전한계율 = $\dfrac{\text{안전한계}}{\text{매출액}}$ = $\dfrac{\text{영업이익}}{\text{공헌이익}}$ = $\dfrac{\text{₩297,500}}{\text{₩437,500}}$ = 68%

04
상중하

다음은 단일제품을 생산·판매하는 A기업과 B기업의 관련범위 내에서 작성된 손익분기도표(CVP도표; Cost – Volume – Profit graph)이다. 두 기업의 판매단가와 고정원가는 동일하나, 단위당 변동원가는 서로 다르다. 상기 CVP도표와 관련된 설명으로 타당하지 않은 것은? [회계사 10]

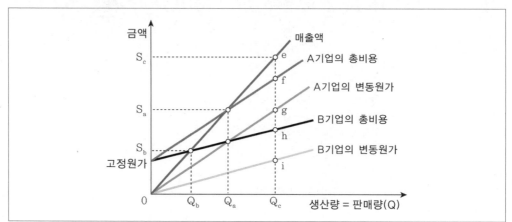

① Q_c에서 A기업의 이익은 $\overline{ef}$로 표시되며 $(Q_c - Q_a)$에 A기업의 단위당 공헌이익을 곱하여 계산할 수 있다.

② S_c에서 B기업의 영업레버리지도(degree of operating leverage)는 $\left(\dfrac{S_b}{S_c - S_b}\right)$로 계산할 수 있다.

③ S_c에서 A기업과 B기업의 안전한계율(margin of safety ratio)의 차이는 $\left(\dfrac{S_a - S_b}{S_c}\right)$이다.

④ Q_c에서 A기업과 B기업의 공헌이익 차이는 두 기업의 단위당 변동원가 차이에 Q_c을 곱하여 계산할 수 있다.

⑤ 관련범위 내의 어떤 매출액(S)에서도 B기업의 공헌이익률이 A기업의 공헌이익률보다 크다.

정답 및 해설

04 ② (1) 영업레버리지도 $= \dfrac{1}{안전한계율}$

(2) S_c에서 B기업의 안전한계율 $= \dfrac{안전한계}{매출액} = \dfrac{매출액 - 손익분기점\ 매출액}{매출액} = \dfrac{S_c - S_b}{S_c}$

(3) S_c에서 B기업의 영업레버리지도 $= \dfrac{S_c}{S_c - S_b}$ → 타당하지 않음

[지문분석]

① 이익 = 매출액 - 총비용 = S_c(매출액선의 e) - 총비용선의 f $= \overline{ef}$

이익 = 총공헌이익 - 총고정원가

    = 총공헌이익 - 손익분기점 공헌이익

    = 판매량 × 단위당 공헌이익(cm) - 손익분기점 판매량 × cm

    $= Q_c \times cm - Q_a \times cm = (Q_c - Q_a) \times cm$ → 타당함

③ S_c에서 A기업 안전한계율 $= \dfrac{S_c - S_a}{S_c}$, B기업 안전한계율 $= \dfrac{S_c - S_b}{S_c}$

∴ S_c에서 A기업과 B기업의 안전한계율의 차이 $= \dfrac{S_a - S_b}{S_c}$ → 타당함

④ 두 기업의 판매단가가 동일하므로 두 기업의 단위당 공헌이익의 차이는 단위당 변동원가의 차이와 일치한다. → 타당함

⑤ 두 기업의 판매단가가 동일하고, A기업의 단위당 변동원가 > B기업의 단위당 변동원가이므로
A기업의 단위당 공헌이익 < B기업의 단위당 공헌이익이다.

∴ A기업의 공헌이익률 < B기업의 공헌이익률 → 타당함

유형 31 │ 영업레버리지

[1] 변동원가와 고정원가의 상대적인 비율을 원가구조(cost structure)라고 한다. 동일한 업종을 영위하는 기업이라 하더라도 원가구조는 설비투자의 규모에 따라 다를 수 있다. 노동집약적인 기업(소규모 설비투자)은 변동원가의 비중이 높고 고정원가의 비중이 낮지만 자본집약적인 기업(대규모 설비투자)은 변동원가의 비중이 낮고 고정원가의 비중이 높다. 이처럼 기업의 설비투자규모에 따라 변동원가와 고정원가의 상대적인 비율이 달라지지만 어떠한 원가구조를 전략적으로 택할지는 기업이 처한 경영환경에 따라 다르다.

[2] 총원가(= 변동원가 + 고정원가)에서 고정원가가 차지하는 비율이 높을수록 고정원가가 지렛대 역할을 하여 매출액의 변화율보다 영업이익의 변화율이 크게 나타나는 현상을 영업레버리지(operating leverage)효과라 한다. 이러한 영업레버리지효과의 크기를 측정하는 수단으로 영업레버리지도(DOL; Degree of Operating Leverage)를 이용한다.

[3] **영업레버리지도**

$$\text{영업레버리지도(DOL)} = \frac{\text{영업이익 변화율}}{\text{매출액 변화율}} = \frac{\text{공헌이익}}{\text{영업이익}} \times \frac{1}{\text{안전한계율}}$$

01

★★
상중하

㈜세무의 20×1년 자료는 다음과 같다. 다음 설명 중 옳은 것은?

• 매출액	₩50,000
• 변동원가	30,000
• 공헌이익	20,000
• 고정원가	15,000
• 영업이익	5,000

① 공헌이익률은 60%이다.
② 안전한계율(margin of safety percentage)은 30%이다.
③ 손익분기점 매출액은 ₩40,000이다.
④ 영업레버리지도는 5이다.
⑤ 판매량이 10% 증가하면 영업이익은 ₩2,000 증가한다.

02

★★
상중하

㈜세무의 총변동원가가 ₩240,000, 총고정원가가 ₩60,000, 공헌이익률이 40%이며, 법인세율은 20%이다. 이에 관한 설명으로 옳지 않은 것은? (단, 기초재고와 기말재고는 동일하다)

① 매출액은 ₩400,000이다.
② 안전한계율은 62.5%이다.
③ 영업레버리지도는 1.2이다.
④ 세후 영업이익은 ₩80,000이다.
⑤ 손익분기점 매출액은 ₩150,000이다.

정답 및 해설

01 ⑤ [지문분석]
　① ₩20,000/₩50,000 = 0.4(40%)
　② 손익분기점 매출액(BES) = ₩15,000/0.4 = ₩37,500
　　　안전한계율 = (₩50,000 - ₩37,500)/₩50,000 = 0.25(25%)
　③ 손익분기점 매출액(BES) = ₩15,000/0.4 = ₩37,500
　④ 영업레버리지도(DOL) = 1/0.25 = 4

02 ③ [지문분석]
　⑤ 손익분기점 매출액(BES) = ₩60,000/0.4 = ₩150,000
　② 안전한계율 = (₩400,000 - ₩150,000)/₩400,000 = 0.625(62.5%)
　③ 영업레버리지도(DOL) = 1/0.625 = 1.6

해커스 세무사 객관식 真원가관리회계

제9장

원가·조업도·이익분석

03 ㈜세무의 매출액은 ₩700,000이고 공헌이익률은 54%이며 영업레버리지도는 3이다. 4월에
상중하 고정원가인 광고비를 3월보다 ₩30,000 증가시키면 매출이 3월보다 10% 증가하며 공헌이익률의
변화는 없다. ㈜세무가 광고비를 ₩30,000 증가시킬 때, 4월의 영업이익은? [세무사 17]

① ₩98,000　　　　　　　② ₩102,100　　　　　　③ ₩115,800
④ ₩128,500　　　　　　　⑤ ₩133,800

04 ㈜세무의 20×1년 연간 실제 매출액은 ₩100,000이고 연간 실제 고정원가는 ₩30,000이며, 변
상중하 동원가율은 60%, 법인세율은 20%이다. 다음 설명 중 옳은 것은? [세무사 13]

① 영업레버리지도는 4이다.
② 당기순이익은 ₩10,000이다.
③ 판매량이 5% 증가하면 영업이익은 ₩1,600 증가한다.
④ 안전한계율(M/S비율)은 33.3%이다.
⑤ 손익분기매출액은 ₩70,000이다.

05 ㈜동진은 단일 제품을 생산 및 판매하고 있으며, 매년도 기초와 기말의 재고자산은 없다. 20×1년도
상중하 의 매출 및 원가자료는 다음과 같다.

• 매출액	₩4,000,000	• 변동원가	₩2,000,000
• 공헌이익	₩2,000,000	• 고정원가	₩1,000,000
• 영업이익	₩1,000,000		

20×2년도에도 고정원가와 제품 단위당 판매가격은 20×1년도와 같을 것으로 예상된다. 또한
20×2년도의 제품 판매량은 20×1년도보다 20% 증가하고 20×2년도의 손익분기점 매출액은
20×1년도보다 25% 증가할 것으로 예상된다. 20×2년도 ㈜동진의 영업레버리지도(degree of
operating leverage)는 얼마로 예상되는가? (단, 영업레버리지도는 소수점 셋째 자리에서 반올
림하여 계산하라) [회계사 11]

① 1.99　　　　　　　　② 2.09　　　　　　　③ 2.19
④ 2.29　　　　　　　　⑤ 2.39

정답 및 해설

03 ⑤ 3월의 영업이익을 알아야 4월의 영업이익을 구할 수 있으므로 3월의 영업이익을 계산해야 한다. 그러기 위해서는 고정원가를 알아야 하므로 영업레버리지를 이용하여 고정원가를 먼저 구한다.

(1) 고정원가(FC)

$$\text{영업레버리지} = \frac{\text{공헌이익}}{\text{공헌이익 - 고정원가}} = ₩700,000 \times \frac{0.54}{₩700,000 \times 0.54 - FC} = 3 \rightarrow FC = ₩252,000$$

(2) 3월의 영업이익

₩700,000 × 0.54 - ₩252,000 = ₩126,000

(3) 4월의 영업이익

₩126,000 × (1 + 0.1 × 3) - ₩30,000 = ₩133,800

04 ① (1) 공헌이익 = ₩100,000 × (1 - 60%) = ₩40,000

(2) 영업이익 = ₩100,000 × (1 - 60%) - ₩30,000 = ₩10,000

(3) 영업레버리지도 $= \dfrac{\text{공헌이익}}{\text{영업이익}} = \dfrac{₩40,000}{₩10,000} = 4$

[지문분석]

② 당기순이익 = ₩10,000 × (1 - 20%) = ₩8,000

③ 영업레버리지도 $= \dfrac{\text{영업이익 변화율}}{\text{매출액 변화율}} = \dfrac{\text{영업이익 변화율}}{5\%} = 4 \rightarrow$ 영업이익 변화율 = 20%

영업이익 증가량 = ₩10,000 × 20% = ₩2,000

④ 안전한계율 $= \dfrac{\text{영업이익}}{\text{공헌이익}} = \dfrac{₩10,000}{₩40,000}$

$= \dfrac{1}{\text{영업레버리지도}} = \dfrac{1}{4} = 0.25$

⑤ 손익분기매출액 = ₩30,000 ÷ (1 - 60%) = ₩75,000

05 ② (1) 20×2년 매출액

20×2년 제품 단위당 판매가격이 20×1년과 같을 것으로 예상되고 제품 판매량은 20×1년에 비해 20% 증가할 것으로 예상되므로, 20×2년 매출액은 20×1년에 비해 20% 증가할 것으로 예상된다.

→ 20×2년 매출액 = ₩4,000,000 × (1 + 20%) = ₩4,800,000

(2) 20×2년 공헌이익률

① 손익분기점 매출액(BEP S) $= \dfrac{\text{고정원가(FC)}}{\text{공헌이익률(CMR)}} = \dfrac{\text{고정원가(FC)}}{\text{공헌이익(CM) ÷ 매출액(S)}}$

20×1년 BEP S $= \dfrac{₩1,000,000}{₩2,000,000 ÷ ₩4,000,000} = ₩2,000,000$

② 20×2년 손익분기점 매출액은 20×1년에 비해 25% 증가할 것으로 예상된다.

20×2년 BEP S = ₩2,000,000 × (1 + 25%) = ₩2,500,000

③ 20×2년의 고정원가 20×1년과 같을 것으로 예상된다.

20×2년의 CMR $= \dfrac{FC}{BEP\ S} = \dfrac{₩1,000,000}{₩2,500,000} = 0.4(40\%)$

(3) 영업레버리지도(DOL)

20×2년의 DOL $= \dfrac{\text{공헌이익}}{\text{영업이익}} = \dfrac{\text{공헌이익}}{\text{공헌이익 - 고정원가}}$

$= \dfrac{S \times CMR}{S \times CMR - FC} = \dfrac{₩4,800,000 \times 40\%}{₩4,800,000 \times 40\% - ₩1,000,000} = 2.09$

06 레버리지 분석에 관한 설명으로 옳지 않은 것은? [세무사 09]

상중하

① 영업레버리지도가 높아지면 매출액의 변동에 따른 영업이익의 변동폭이 커진다는 것을 의미하기 때문에 영업레버리지도는 매출액의 변동에 대한 영업이익의 불확실성을 나타낸다.

② 재무레버리지도가 높아지면 영업이익의 변동에 따른 당기순이익의 변동폭이 커지므로 당기순이익의 불확실성 정도가 커진다.

③ 경기가 나빠질 것으로 예상됨에도 불구하고 자기자본의 조달 없이 차입금만으로 자금을 조달하면 재무레버리지도가 높아져 기업위험은 증가할 수 있다.

④ 기업의 부채비율이 높아진다고 하더라도 이자보상비율이 100% 이상이라면, 재무레버리지도에는 영향을 미치지 않는다.

⑤ 고정원가가 높고 단위당 변동원가가 낮은 구조를 갖는 기업은 영업레버리지도가 높게 나타나며, 단위당 판매가격이 일정할 때 영업레버리지도가 높은 기업은 공헌이익률도 높게 나타난다.

정답 및 해설

06 ④ (1) 재무레버리지도란 이자비용이 지레 역할을 하여 영업이익 변화율보다 당기순이익 변화율이 확대되는 효과인 재무레버리지의 측정지표로서 영업이익 변화율 대비 당기순이익 변화율의 비율로 정의된다.

$$재무레버리지도 = \frac{당기순이익\ 변화율}{영업이익\ 변화율} = \frac{영업이익}{영업이익 - 이자비용}$$

(2) 이자보상비율이란 기업의 이자비용 지급능력에 대한 안전성 측정지표로서 이자비용 대비 영업이익의 비율로 정의된다.

$$이자보상비율 = \frac{영업이익}{이자비용}$$

(3) $재무레버리지도 = \frac{이자보상비율}{이자보상비율 - 1}$ 이므로 이자보상비율이 재무레버리지도에 영향을 미친다.

유형 32 | 현금흐름분기점

[1] 현금유입액과 현금유출액은 현금회수 및 현금지급에 대한 기업의 정책에 따라 달라지기 때문에 정확한 현금흐름을 예측하여 분석하는 것은 매우 어렵다. 따라서 현금주의 CVP분석은 감가상각비를 제외한 모든 수익과 비용이 현금의 유입과 유출을 수반하는 것으로 가정하고 CVP분석이 이루어진다.

[2] 현금유입액과 현금유출액이 일치하여 순현금흐름이 영(₩0)이 되는 판매량 또는 매출액을 현금흐름분기점(cash break-even point)이라 한다.

[3] 법인세가 존재하지 않는 경우 순현금흐름

현금유입액	−	현금유출액		=	순현금흐름
↓		↓			
매출액	−	변동원가 − (고정원가 - 감가상각비)		=	순현금흐름
↓		↓ ↓			
Q × p	−	Q × v − (FC − D*)		=	순현금흐름
	↓				
Q × cm		− FC + D		=	순현금흐름
	↓				
(발생주의에 의한 회계상) 세전영업이익		+ D		=	순현금흐름

* 감가상각비(Depreciation) → Dep 또는 D

[4] 법인세가 존재하는 경우 순현금흐름(단일세율 가정)

현금유입액	−	현금유출액		=	순현금흐름
↓		↓			
매출액	− 변동원가 − (고정원가 - 감가상각비)	− 법인세*		=	순현금흐름
↓	↓ ↓	↓			
Q × p	− Q × v − (FC − D)	− (Q × cm − FC) × t		=	순현금흐름
	↓				
Q × cm	− FC + D	− (Q × cm − FC) × t		=	순현금흐름
(Q × cm − FC) × (1 − t)	+	D		=	순현금흐름
	↓				
(발생주의에 의한 회계상) 세후영업이익	+	D		=	순현금흐름

* 법인세는 현금주의에 의해 납부하는 것이 아니라 발생주의에 의한 법인세를 납부한다.

01 ㈜세무의 20×1년 제품 A의 생산·판매와 관련된 자료는 다음과 같다.

★★
상중하

• 단위당 판매가격	₩25
• 단위당 변동제조원가	10
• 단위당 변동판매관리비	6
• 연간 총고정제조간접원가	1,500(감가상각비 ₩200 포함)
• 연간 총고정판매관리비	2,500(감가상각비 ₩300 포함)

㈜세무는 변동원가계산을 채택하고 있으며, 감가상각비를 제외한 모든 수익과 비용은 발생 시점에 현금으로 유입되고 지출된다. 법인세율이 20%일 때 ㈜세무의 세후현금흐름분기점 판매량은?

① 180단위 ② 195단위 ③ 360단위
④ 375단위 ⑤ 390단위

02 ㈜세무의 20×1년 매출액은 ₩3,000,000이고 세후이익은 ₩360,000이며, 연간 고정원가의

★★
상중하

30%는 감가상각비이다. 20×1년 ㈜세무의 안전한계율은 40%이고 법인세율이 25%일 경우, 법인세를 고려한 현금흐름분기점 매출액은? (단, 감가상각비를 제외한 수익발생과 현금유입시점은 동일하고, 원가(비용)발생과 현금유출시점도 동일하며, 법인세 환수가 가능하다)   [세무사 21]

① ₩1,080,000 ② ₩1,200,000 ③ ₩1,260,000
④ ₩1,800,000 ⑤ ₩2,100,000

정답 및 해설

01 ④ 법인세율이 20%일 때 세후현금흐름분기점 판매량(CEQ)은 다음과 같다.

(₩25 - ₩16) × CEQ - ₩3,500 - (₩9 × CEQ - ₩4,000) × 0.2 = 0

∴ CEQ = 375단위

02 ① 현금흐름분기점 매출액 = 변동원가 + 현금유출고정원가 + 법인세 환수액

현금흐름분기점 매출액 × 공헌이익률 - 고정원가 - 법인세 환수액 = 0

(1) 세전영업이익

₩360,000 ÷ (1 - 0.25) = ₩480,000

(2) 공헌이익(x)

₩480,000 ÷ x = 0.4 → x = ₩1,200,000

(3) 공헌이익률(CMR)

₩3,000,000 × CMR = ₩1,200,000 → CMR = 0.4(40%)

(4) 고정원가

₩1,200,000 - ₩480,000 = ₩720,000

(5) 현금흐름분기점 매출액(y)

y × 0.4 - ₩720,000 × 0.7 - (y × 0.4 - ₩720,000) × 0.25 = 0

∴ y = ₩1,080,000

03
상중하

㈜세무는 단일 제품 C를 생산하며, 변동원가계산을 적용한다. 20×2년 제품 C의 생산량과 판매량은 1,000개로 동일하고, 기초 및 기말재공품은 없다. 20×2년 제품 C의 생산 및 판매와 관련된 자료는 다음과 같다. 감가상각비를 제외하고, 수익발생과 현금유입시점은 동일하며 원가(비용)발생과 현금유출시점도 동일하다.

• 단위당 판매가격	₩6,000
• 단위당 변동제조원가	₩3,200
• 단위당 변동판매관리비	₩1,600
• 연간 고정제조간접원가	₩242,000(기계 감가상각비 ₩72,000 포함)
• 연간 고정판매관리비	₩206,800(매장건물 감가상각비 ₩64,800 포함)
• 법인세율	25%
• 기계와 매장건물은 20×0년에 취득하였다.	

㈜세무의 세후현금흐름분기점 판매량(A)과 판매량이 1,000개인 경우의 세후영업이익(B)은?

[세무사 16]

	(A)	(B)
①	222단위	₩563,400
②	444단위	₩563,400
③	222단위	₩666,000
④	444단위	₩666,000
⑤	666단위	₩666,000

04
상중하

㈜김해의 차기 연간 경영활동에 관한 자료가 다음과 같다.

• 단위당 판매가격	₩1,000
• 총고정원가(감가상각비 ₩2,000,000 포함)	₩5,000,000
• 단위당 변동원가	₩500
• 예상판매량	10,000개

법인세율이 20%일 경우 현금분기점 판매량은 몇 개인가? (단, 감가상각비를 제외한 나머지 수익과 비용은 모두 현금거래로 이루어진 것이며, 손실이 발생할 경우 법인세가 환급된다고 가정한다)

[세무사 10]

① 4,900개   ② 5,000개   ③ 5,100개
④ 5,200개   ⑤ 5,300개

정답 및 해설

03 ① (1) 세후현금흐름분기점 판매량(A)

(₩6,000 − ₩4,800) × A − (₩448,800 − ₩136,800) − (₩1,200 × A − ₩448,800) × 0.25 = 0

∴ A = 222단위

(2) 판매량이 1,000개인 경우의 세후영업이익(B)

{(₩6,000 − ₩4,800) × 1,000개 − ₩448,800} × (1 − 0.25) = ₩563,400

04 ② [자료분석]

단위당 판매가격(p)	₩1,000
단위당 변동원가(v)	500
단위당 공헌이익(cm)	₩500
총고정원가(FC)	₩5,000,000 감가상각비(Dep) ₩2,000,000 포함
법인세율(t)	20%

법인세율이 20%일 경우 현금분기점 판매량(Q)은 다음과 같다.

$$Q × ₩1,000 = \underset{변동원가}{Q × ₩500} + \underset{현금고정원가}{₩5,000,000 − ₩2,000,000} + \underset{법인세}{(Q × ₩500 − ₩5,000,000) × 20\%}$$

매출액   변동원가   현금고정원가   법인세

∴ Q = 5,000개

[별해]

$$Q = \frac{FC(1 - t) - Dep}{cm(1 - t)} = \frac{₩5,000,000 × (1 - 20\%) - ₩2,000,000}{₩500 × (1 - 20\%)} = 5,000개$$

유형 33 | 비선형함수의 CVP분석

(1) 고정원가가 준고정원가(계단원가)의 행태를 가지는 경우에는 다음과 같은 순서에 따라 CVP분석이 이루어져야 한다.

> 1단계: 고정원가의 관련범위 분석
> 2단계: 관련범위별로 CVP분석 수행
> 3단계: 관련범위별로 수행한 CVP분석의 결괏값이 관련범위 내에 존재하는 경제적 해인지 판단

(2) 관련범위 내에 존재하지 않는 결괏값은 경제적인 의미를 갖지 못하는 값이므로 최종적인 해가 될 수 없다. 이렇게 분석한 최종 결괏값은 하나가 아닌 여러 개의 결괏값으로 나타날 수 있다는 점에 유의해야 한다.

01
상중하

㈜세무는 단위당 판매가격이 ₩300이고, 단위당 변동원가가 ₩180인 단일제품을 생산 및 판매하고 있다. ㈜세무의 최대조업도는 5,000단위이고, 고정원가는 조업도 수준에 따라 변동하며 이와 관련된 자료는 다음과 같다.

연간 조업도	고정원가
0 ~ 2,000단위	₩300,000
2,001 ~ 4,000단위	450,000
4,001 ~ 5,000단위	540,000

㈜세무가 달성할 수 있는 최대 영업이익은?

① ₩12,000   ② ₩15,000   ③ ₩24,000
④ ₩30,000   ⑤ ₩60,000

정답 및 해설

01 ⑤ (1) Q = 2,000단위
          (₩300 - ₩180) × 2,000단위 - ₩300,000 = ₩(60,000)
      (2) Q = 4,000단위
          (₩300 - ₩180) × 4,000단위 - ₩450,000 = ₩30,000
      (3) Q = 5,000단위
          (₩300 - ₩180) × 5,000단위 - ₩540,000 = ₩60,000
      ∴ ㈜세무가 달성할 수 있는 최대 영업이익 = ₩60,000

02
상중하

㈜세무는 단일 제품을 생산·판매한다. 제품 단위당 판매가격은 ₩100, 단위당 변동원가는 ₩60으로 일정하나, 고정원가는 제품 생산범위에 따라 상이하다. 제품 생산범위가 첫 번째 구간(1 ~ 1,000단위)에서 두 번째 구간(1,001 ~ 2,000단위)으로 넘어가면 고정원가가 ₩17,600 증가한다. 첫 번째 구간의 손익분기점이 860단위인 경우, 두 번째 구간의 손익분기점은 몇 단위인가? [세무사 23]

① 1,150단위　　　　② 1,200단위　　　　③ 1,250단위
④ 1,300단위　　　　⑤ 1,440단위

03
상중하

㈜창원은 냉장고를 구입하여 판매하는 회사이다. 20×1년 냉장고의 단위당 판매가격은 ₩10,000이며, 변동비율은 80%이다. 판매량이 5,000대 이하인 경우 고정판매비는 ₩8,500,000이며, 판매량이 5,000대 초과한 경우 고정판매비는 ₩11,000,000이다. ㈜창원은 세후순이익 ₩1,450,000을 달성하기 위해서는 몇 대의 냉장고를 판매해야 하는가? (단, ㈜창원의 법인세율은 세전이익 ₩1,000,000 이하까지는 25%이며, ₩1,000,000 초과분에 대해서는 30%이다) [세무사 10]

① 4,250대　　　　② 4,500대　　　　③ 4,750대
④ 5,250대　　　　⑤ 6,500대

04
상중하

대한회사는 제품의 단위당 판매가격을 ₩400으로 설정하였다. 제품을 생산하여 판매하기까지 발생하는 제품 단위당 변동원가는 단위당 판매가격의 70%이며, 총고정원가는 판매수량이 50,000개까지는 ₩3,000,000, 50,000개를 초과하여 90,000개까지는 ₩4,500,000, 그리고 90,000개를 초과하여 최대생산가능량인 130,000개까지는 ₩6,000,000이다. 대한회사가 ₩9,000,000의 이익을 얻으려면 제품을 몇 개나 생산·판매하여야 하는가? [세무사 08]

① 100,000개　　　　② 50,000개　　　　③ 125,000개
④ 130,000개　　　　⑤ 112,500개

정답 및 해설

02 ④ (1) 변동원가계산에 의한 수익·원가 구조

단위당 판매가격(P)	₩100
단위당 변동원가(VC)	(60)
단위당 공헌이익(CM)	₩40

(2) 관련범위 내에서의 고정원가(FC)

① 1단위 ≤ Q ≤ 1,000단위

FC = 860단위 × ₩40 = ₩34,400

② 1,001단위 ≤ Q ≤ 2,000단위

FC = ₩34,400 + ₩17,600 = ₩52,000

(3) 두 번째 구간에서의 손익분기점(BEQ)

₩40 × BEQ = ₩52,000

∴ BEQ = 1,300단위

03 ⑤ (1) 단위당 공헌이익 = 단위당 판매가격 × 공헌이익률 = ₩10,000 × (1 - 80%) = ₩2,000

(2) 세후순이익 = ₩1,450,000 = ₩750,000(세율 25% 적용) + ₩700,000(세율 30% 적용)

$$→ \ 세전목표이익 = \frac{₩750,000}{1 - 25\%} + \frac{₩700,000}{1 - 30\%} = ₩2,000,000$$

	판매량 ≤ 5,000대	판매량 > 5,000대
단위당 공헌이익	₩2,000	₩2,000
고정판매비	₩8,500,000	₩11,000,000

→ 판매량 5,000대 이하에서는 최대 5,000대 판매량일 때 세전목표이익 = ₩2,000 × 5,000대 - ₩8,500,000 = ₩1,500,000이므로 세전목표이익 ₩2,000,000을 달성할 수 없다.

$$∴ \ 목표판매량 = \frac{₩11,000,000 + ₩2,000,000}{₩2,000} = 6,500대$$

04 ③ 판매량을 Q, 목표이익 ₩9,000,000을 달성하기 위한 판매량을 x라고 하자.

	0개 ≤ Q ≤ 50,000개	50,001개 ≤ Q ≤ 90,000개	90,001개 ≤ Q ≤ 130,000개
단위당 판매가격(p)	₩400	₩400	₩400
단위당 변동원가(v)	280	280	280
단위당 공헌이익(cm)	₩120	₩120	₩120
누적총고정원가(FC)	₩3,000,000	₩4,500,000	₩6,000,000

(1) 0개 ≤ Q ≤ 50,000개

x = (₩3,000,000 + ₩9,000,000) ÷ ₩120 = 100,000개 → 부적합

(2) 50,001개 ≤ Q ≤ 90,000개

x = (₩4,500,000 + ₩9,000,000) ÷ ₩120 = 112,500개 → 부적합

(3) 90,001개 ≤ Q ≤ 130,000개

x = (₩6,000,000 + ₩9,000,000) ÷ ₩120 = 125,000개 → 적합

∴ 목표이익을 달성하기 위한 판매량(x) = 125,000개

해커스 세무사 객관식 真원가관리회계

제9장

원가·조업도·이익분석

제10장
관련원가와 의사결정

유형 34 특별주문에 따른 의사결정
유형 35 외부구입 또는 자가제조에 따른 의사결정
유형 36 보조부문 폐지 여부에 따른 의사결정
유형 37 제품라인의 유지 또는 폐지에 따른 의사결정
유형 38 제약자원하의 의사결정

1. 증분접근법(차액접근법)

증분접근법(incremental approach) 또는 차액접근법(differential approach)은 각 대안 간 차이가 있는 관련항목(관련수익과 관련비용)을 고려한 증분이익(= 증분수익 – 증분비용)으로 의사결정을 하는 방법이다. 증분접근법에 의한 의사결정 시 기회비용(opportunity cost)도 함께 고려되어야 한다.

(1) 관련수익(relevant revenue)은 경영자의 의사결정과 관련이 있는 수익으로 각 대안 간 차이가 나는 미래의 현금수익을 말한다. 만약 과거에 이미 발생된 수익이거나 각 대안 간 차이가 나지 않는 미래의 수익은 경영자의 의사결정과 관련이 없는 비관련수익(irrelevant revenue)이라 한다.

(2) 관련원가(relevant cost)는 경영자의 의사결정과 관련이 있는 원가로 각 대안 간 차이가 나는 미래의 현금지출원가를 말한다. 만약, 과거에 이미 발생된 원가(매몰원가: sunk cost)이거나 각 대안 간 차이가 나지 않는 미래의 원가는 경영자의 의사결정과 관련이 없는 비관련원가(irrelevant cost)라 한다.

(3) 매몰원가(sunk cost)는 경영자의 과거 의사결정으로 이미 발생된 원가로 기발생원가 또는 과거원가라 한다. 매몰원가는 현재와 미래의 의사결정으로 인해 금액의 증감·변화가 발생하지 않는 대표적인 비관련원가이다.

(4) 관련원가와 비관련원가의 요약

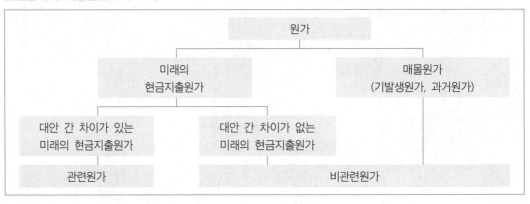

(5) 기회비용(opportunity cost)은 선택가능한 여러 가지 대안 중 하나의 대안을 선택했을 때 포기하는 다른 대안들 중에서 가장 큰 대안을 의미한다. 즉, 단기의사결정에서의 기회비용은 하나의 대안을 선택하기 위해 포기하는 여러 가지의 대안들 중에서 가장 큰 대안의 이익을 말한다.

2. 특별주문수락 가정 시 재무적 정보모형

> - 증분수익: 특별주문 매출액(= 특별주문수량 × 특별주문 단위당 판매가격) 증가
> - 증분비용: 특별주문 변동원가(= 특별주문수량 × 특별주문 단위당 변동원가) 증가
>   특별주문 고정원가 변동
>   기회비용 • 기존 임대료수익 등 포기
>   • 정규판매 포기수량 × 정규판매 단위당 공헌이익 등 증가
> - 증분이익: (+) 특별주문 수락이 유리
>   (−) 특별주문 거절이 유리

[1] 특별주문을 수락하더라도 기존 설비능력으로 충분히 생산할 수 있다면 특별주문의 수락으로 인하여 증가되는 매출액과 변동원가를 고려하여 수락 여부를 결정하면 된다.

[2] 유휴설비능력이 없거나 부족한 경우에는 특별주문을 수락하기 위하여 설비능력을 확충하든지 기존의 정규판매시장에서의 판매량을 줄여야 한다.

① 설비능력을 확충할 경우에는 특별주문의 수락으로 인하여 증가되는 매출액과 변동원가뿐만 아니라 추가적인 설비원가(관련고정원가)까지 고려하여 수락 여부를 결정해야 한다.

② 정규 판매시장에서 판매량을 줄여야 하는 경우에는 특별주문의 수락으로 인하여 증가되는 매출액과 변동원가, 특별주문에 따른 공헌이익 증가분 및 기존의 정규판매량 감소로 인한 매출액과 변동원가의 감소액, 즉 정규판매 공헌이익 감소분 모두를 고려해야 한다.

01
상중하

㈜세무는 단일제품 8,000단위를 생산 및 판매하고 있다. 제품의 단위당 판매가격은 ₩500, 단위당 변동원가는 ₩300이다. ㈜세무는 ㈜한국으로부터 단위당 ₩450에 1,500단위의 특별주문을 받았다. 이 특별주문을 수락하는 경우, 별도의 포장 작업이 추가로 필요하여 단위당 변동원가가 ₩20 증가하게 된다. ㈜세무의 연간 최대생산능력이 9,000단위라면, 이 특별주문을 수락하는 경우, 증분손익은?

① 손실 ₩105,000   ② 손실 ₩75,000   ③ 손실 ₩55,000
④ 이익 ₩95,000   ⑤ 이익 ₩195,000

02
상중하

다음은 ㈜세무가 생산·판매하는 제품 A에 관한 자료이다.

구분	자료 내용
최대 생산가능수량	10,000단위
현재 생산·판매수량	8,000단위
단위당 외부 판매가격	₩300
단위당 변동제조원가	₩100
단위당 변동판매비	₩40
단위당 고정제조간접원가	₩90(최대 생산가능수량 기준)

㈜한국은 ㈜세무에게 제품 A에 특수장치를 부착한 제품 B를 제작하여, 단위당 ₩220에 1,500단위를 공급해 줄 것을 제안하였다. ㈜세무는 제품 A의 생산라인에서 제품 B를 생산할 수 있으며, ㈜한국의 주문으로 기존 판매 및 원가구조는 영향을 받지 않는다. ㈜세무는 제품 A에 단위당 ₩30의 특수장치를 추가하여 제품 B를 생산하며, 제품 B의 단위당 변동판매비는 ₩30이 된다. ㈜세무가 ㈜한국의 특별주문을 수락하는 경우 이익에 미치는 영향은?

① ₩90,000 감소   ② ₩90,000 증가   ③ ₩120,000 감소
④ ₩120,000 증가   ⑤ ₩150,000 증가

03
★★
상중하

㈜세무는 20×1년 연간 최대생산량이 8,000단위인 생산설비를 보유하고 있다. ㈜세무는 당기에 제품 7,000단위를 단위당 ₩1,000에 판매할 것으로 예상하며, 단위당 변동제조원가는 ₩500, 단위당 변동판매관리비는 ₩100이다. ㈜세무는 거래처로부터 제품 2,000단위를 판매할 수 있는 특별주문을 받았으며, 단위당 변동제조원가와 단위당 변동판매관리비는 변화가 없다. 이 특별주문을 수락한다면, 예상 판매량 중 1,000단위를 포기해야 한다. 이때, 특별주문 제품의 단위당 최저판매가격은?

[세무사 20]

① ₩500　　　　　　② ₩600　　　　　　③ ₩800
④ ₩900　　　　　　⑤ ₩1,000

정답 및 해설

01 ④　특별주문 수락 시

특별주문 매출액 증가	1,500단위 × ₩450 =	₩675,000 (+)
특별주문 변동원가 증가	1,500단위 × ₩320 =	480,000 (−)
기회비용	500단위 × ₩200 =	100,000 (−)
증분이익		₩95,000 (+)

02 ②　특별주문 수락 시

특별주문 매출액 증가	1,500단위 × ₩220 =	₩330,000 (+)
특별주문 변동원가 증가	1,500단위 × ₩160 =	240,000 (−)
증분이익		₩90,000 (+)

03 ③　특별주문 제품의 단위당 최저판매가격 = 단위당 지출가능원가 + 단위당 관련 고정원가 + 단위당 기회비용
= (₩500 + ₩100) + ₩0 + ₩200[*] = ₩800

[*] 단위당 기회비용 = 1,000단위 × (₩1,000 − ₩600) ÷ 2,000단위 = ₩200

04
상중하

㈜세무는 20×1년에 오토바이를 생산·판매하고 있다. 오토바이 1대당 판매가격은 ₩200이며, 단위당 제조원가 내역은 다음과 같다.

• 직접재료원가	₩86
• 직접노무원가	45
• 변동제조간접원가	9
• 고정제조간접원가	42
• 단위당 제조원가	₩182

㈜세무는 경찰청으로부터 순찰용 오토바이 100대를 1대당 ₩180에 공급해달라는 특별주문을 받았다. 특별주문에 대해서는 오토바이를 순찰용으로 변경하기 위해 내비게이션을 장착하는 데 1대당 ₩10의 원가가 추가적으로 발생한다. 또한 경찰청 로고제작을 위해 디자인 스튜디오에 ₩1,200을 지급해야 한다. 현재 ㈜세무의 생산능력은 최대생산능력에 근접해 있으므로 특별주문을 수락하면 기존 오토바이 10대의 생산을 포기해야 한다. ㈜세무가 경찰청의 특별주문을 수락할 때, 증분이익은?

[세무사 20]

① ₩0
② 증분이익 ₩800
③ 증분이익 ₩1,000
④ 증분이익 ₩1,200
⑤ 증분이익 ₩1,400

05
상중하

㈜세무의 최대생산능력은 5,000개이다. 정규시장 1개당 ₩200에 4,000개 판매할 것으로 예상된다. 한 번에 50개씩 묶음 생산하며, 4,000개를 생산하는 경우 원가는 다음과 같다.

생산량에 따라 변하는 변동원가	₩240,000
묶음 수에 따라 변하는 변동원가	80,000
고정원가	400,000
	₩720,000

1개당 ₩130에 1,500개를 구입하겠다는 특별주문을 받았다. 특별주문에 대해서는 100개씩 묶음 생산하며, 특별주문은 전량을 수락하거나 거절해야 한다. 이 특별주문을 수락하는 경우 ㈜세무의 이익은 얼마나 증가 또는 감소하는가?

[세무사 19]

① ₩75,000 증가
② ₩30,000 증가
③ ₩20,000 증가
④ ₩20,000 감소
⑤ ₩40,000 증가

㈜세무는 20×1년에 제품 A를 5,000단위 생산하여 전량 국내시장에 판매할 계획이다. 제품 A의 단위당 판매가격은 ₩10,000, 단위당 변동제조원가는 ₩7,000, 단위당 변동판매관리비는 ₩1,000이다. ㈜세무는 20×1년 초에 해외 거래처로부터 제품 A 3,000단위를 ₩8,000에 구입하겠다는 특별주문을 받았다. 해외 거래처의 주문을 수락하기 위해서는 제품 A 1단위당 부품 B(단위당 외부구입가격: ₩500) 1단위를 추가로 투입해야 하고, 20×1년도 국내시장 판매량을 350단위 감소시켜야 한다. 특별주문과 관련된 판매관리비는 주문수량에 관계없이 ₩300,000 발생한다. ㈜세무가 특별주문을 수락할 경우, 20×1년도 예산이익의 증가(또는 감소)금액은? (단, 특별주문은 전량 수락하든지 기각해야 한다) [세무사 18]

① ₩300,000 증가
② ₩420,000 증가
③ ₩500,000 증가
④ ₩550,000 감소
⑤ ₩800,000 감소

정답 및 해설

04 ④ (1) 최소특별주문판매가격 = 단위당 지출가능원가 + 단위당 관련 고정원가 + 단위당 기회비용
= ₩140 + ₩10 + ₩12^{*1} + ₩6^{*2} = ₩168
 ^{*1} 단위당 관련고정원가 = ₩1,200 ÷ 100대 = ₩12
 ^{*2} 단위당 기회비용 = 10대 × (₩200 - ₩140) ÷ 100대 = ₩6
(2) 특별주문 수락 시 증분이익 = (₩180 - ₩168) × 100대 = ₩1,200

05 ② (1) 특별주문 시 매출액 증가액 = 1,500개 × ₩130 = ₩195,000
(2) 특별주문 시 생산량에 비례하는 변동원가 증가액 = 1,500개 × ₩60^{*1} = ₩90,000
 ^{*1} ₩240,000 ÷ 4,000개 = ₩60
(3) 특별주문 시 묶음 수에 비례하는 변동원가 증가액 = (1,500개 ÷ 100개) × ₩1,000^{*2} = ₩15,000
 ^{*2} ₩80,000 ÷ (4,000개 ÷ 50개) = ₩1,000
(4) 특별주문 시 기회비용 = 500개 × (₩200 - ₩60) - (500개/50개) × ₩1,000 = ₩60,000
(5) 특별주문에 따른 증분이익 = ₩195,000 - ₩90,000 - ₩15,000 - ₩60,000 = ₩30,000

06 ③ (1) 특별주문에 따른 매출액 증가액 = 3,000단위 × ₩8,000 = ₩24,000,000
(2) 특별주문에 따른 변동원가 증가액 = 3,000단위 × (₩7,000 + ₩500) = ₩22,500,000
(3) 특별부문에 따른 판매관리비 증가액 = ₩300,000
(4) 특별주문에 따른 기회비용 = 350단위 × (₩10,000 - ₩8,000) = ₩700,000
(5) 특별주문에 따른 증분이익 = (1) - (2) - (3) - (4) = ₩500,000

07 ㈜세무는 흠집이 있는 제품 C를 5개 보유하고 있다. 흠집이 없는 정상적 제품 C의 판매가격은
상중하 ₩300이다. 제품 C의 생산에는 단위당 변동제조원가 ₩80과 단위당 고정제조원가 ₩20이 투입되
었다. 흠집이 있는 제품 C를 외부에 단위당 ₩150에 처분하려면 단위당 판매관리비가 ₩12이 소요
될 것으로 추정된다. 이 의사결정에 고려될 관련 항목은? [세무사 17]

① 단위당 판매관리비 ₩12
② 단위당 변동제조원가 ₩80
③ 단위당 고정제조원가 ₩20
④ 단위당 제조원가 ₩100
⑤ 정상 판매가격 ₩300

08 ㈜세무는 단일 제품 A를 생산·판매하며, 관련범위 내 연간 최대생산능력은 10,000단위이다. ㈜세
상중하 무는 현재 제품 A 7,500단위를 생산하여 단위당 판매가격 ₩400으로 정규시장에 모두 판매한다.
최근 ㈜세무는 ㈜한국으로부터 단위당 가격 ₩350에 제품 A 3,000단위를 구입하겠다는 특별주문
을 받았다. ㈜한국의 특별주문은 전량 수락하든지 기각하여야 하며, 특별주문 수락 시 정규시장 판매
를 일부 포기하여야 한다. 제품 A의 단위당 직접재료원가는 ₩80, 단위당 직접노무원가는 ₩120,
단위당 변동판매관리비는 ₩0이며, 조업도 수준에 따른 총제조간접원가는 다음과 같다.

조업도 수준	총제조간접원가
최대생산능력의 55%	₩1,755,000
최대생산능력의 65%	1,865,000
최대생산능력의 75%	1,975,000
최대생산능력의 80%	2,030,000

㈜세무가 ㈜한국의 특별주문을 수락한다면, 증가 또는 감소할 영업이익은? (단, 변동제조간접원가의
추정은 고저점법을 이용한다) [세무사 16]

① ₩30,000 감소　　　② ₩45,000 감소　　　③ ₩75,000 증가
④ ₩90,000 증가　　　⑤ ₩120,000 증가

㈜세무의 정상판매량에 기초한 20×1년 예산손익계산서는 다음과 같다.

매출액(5,000단위, ₩60)	₩300,000
변동매출원가	(150,000)
변동판매비	(60,000)
공헌이익	₩90,000
고정제조간접원가	(50,000)
고정판매비	(20,000)
영업이익	₩20,000

㈜세무의 연간 최대생산능력은 6,000단위이다. 새로운 고객이 20×1년 초 1,500단위를 단위당 ₩50에 구입하겠다고 제의하였으며, 이 제의는 부분 수락할 수 없다. 이 제의를 수락하고 정상가격에 의한 기존의 거래를 감소시켜 영업이익을 극대화한다면, 20×1년에 증가되는 영업이익은?

[세무사 13]

① ₩1,000   ② ₩3,000   ③ ₩9,000
④ ₩14,000   ⑤ ₩17,000

정답 및 해설

07 ①   외부에 처분 시 단위당 판매관리비 ₩12이 추가로 발생하므로 의사결정에 고려될 관련 원가 항목이다.

08 ③   (1) 고저점법에 의한 제조간접원가 추정(A = 단위당 변동원가, B = 총고정원가)
$$\begin{cases} 10{,}000단위 \times 0.8 \times A + B = ₩2{,}030{,}000 \\ 10{,}000단위 \times 0.55 \times A + B = ₩1{,}755{,}000 \end{cases}$$
→ A = ₩110, B = ₩1,150,000
  (2) 특별주문에 따른 매출액 증분손익 계산
    ① 특별주문에 따른 매출액 증가 = 3,000단위 × ₩350 = ₩1,050,000
    ② 특별주문에 따른 변동원가 증가액 = 3,000단위 × (₩80 + ₩120 + ₩110) = ₩930,000
    ③ 특별주문에 따른 기회비용 = 500단위 × (₩400 − ₩310) = ₩45,000
    ④ 특별주문에 따른 증분이익 = ₩1,050,000 − ₩930,000 − ₩45,000 = ₩75,000

09 ②   증분수익
    특별주문에 따른 공헌이익 증가   ₩8 × 1,500단위 = ₩12,000
  증분비용
    기회비용(기존판매분 감소에 따른 공헌이익 감소분)   ₩18 × 500단위 = (9,000)
  증분이익   ₩3,000

★★★
10
상중하

㈜국세는 야구공을 생산·판매하고 있으며, 월간 최대생산능력은 30,000단위이다. ㈜국세가 생산하는 야구공의 단위당 원가자료는 다음과 같다.

• 직접재료원가	₩200
• 직접노무원가	100
• 변동제조간접원가	50
• 고정제조간접원가	100
• 변동판매비와 관리비	25
• 고정판매비와 관리비	30

㈜국세는 현재 정상주문에 대해 단위당 ₩500의 가격으로 판매를 하고 있는데, 최근 해외사업자로부터 할인된 가격으로 3,000단위를 구입하겠다는 특별주문을 받았다. ㈜국세가 이 주문을 수락할 경우에는 생산능력의 제한으로 인하여 기존 정상주문 중 1,200단위의 판매를 포기해야 한다. 그러나 특별주문 수량에 대한 단위당 변동판매비와 관리비는 ₩5만큼 감소할 것으로 예상하고 있다. ㈜국세가 해외사업자의 특별주문에 대하여 제시할 수 있는 단위당 최저판매가격은 얼마인가? [세무사 12]

① ₩370   ② ₩375   ③ ₩420
④ ₩425   ⑤ ₩500

정답 및 해설

10 ③ 특별주문 단위당 최저판매가격(p) = 특별주문 단위당 증분비용의 회수

$$p = \text{특별주문 단위당 변동원가} + \frac{\text{관련 고정원가 등} + \text{총기회비용}}{\text{특별주문수량}}$$

$$= ₩370 + \frac{₩0 + 1,200단위 \times ₩125}{3,000단위}$$

$$= ₩420$$

유형 35 | 외부구입 또는 자가제조에 따른 의사결정

- 증분수익:　　　　　임대료수익 등의 증가
- 증분비용:　　증가　　외부구입원가(= 외부구입량 × 단위당 외부구입가격) 증가
　　　　　　　감소　　• 자가제조 변동원가(= 자가제조생산량 × 단위당 변동원가) 감소
　　　　　　　　　　　• 관련 고정원가 변동
- 증분이익:　　(+) 외부구입이 유리 (−) 자가제조가 유리

(1) 부품의 자가제조 또는 외부구입의 의사결정 시에는 자가제조할 경우의 관련원가와 외부구입가격을 비교하여 외부구입가격이 자가제조할 경우의 관련원가보다 더 낮다면 외부에서 구입하는 것이 유리하다. 이러한 의사결정을 할 때에는 자가제조와 관련한 변동제조원가뿐만 아니라 자가제조 여부에 따라서 증가하거나 감소하는 고정원가(관련 고정원가)도 고려해야 한다. 예컨대 자가제조함에 따라 공장의 감독자를 추가로 고용해야 한다면, 공장감독자의 급여는 고정원가일지라도 의사결정 시 고려해야 하는 관련원가인 것이다.

(2) 외부에서 부품을 구입하는 경우에 기존설비를 임대하거나 다른 제품의 생산에 활용할 수 있다면 임대수익이나 다른 제품의 공헌이익은 부품을 자가제조하는 데에 대한 생산설비의 기회비용이므로 의사결정에 반드시 고려해야 한다.

01
상중하

레저용 요트를 전문적으로 생산·판매하고 있는 ㈜세무는 매년 해당 요트의 주요 부품인 자동제어센서 2,000단위를 자가제조하고 있으며, 관련 원가자료는 다음과 같다.

구분	총원가	단위당 원가
직접재료원가	₩700,000	₩350
직접노무원가	500,000	250
변동제조간접원가	300,000	150
고정제조간접원가	800,000	400
합계	₩2,300,000	₩1,150

㈜세무는 최근 외부업체로부터 자동제어센서 2,000단위 전량을 단위당 ₩900에 공급하겠다는 제안을 받았다. ㈜세무가 동 제안을 수락할 경우, 기존설비를 임대하여 연간 ₩200,000의 수익을 창출할 수 있으며, 고정제조간접원가의 20%를 회피할 수 있다. ㈜세무가 외부업체로부터 해당 부품을 공급받을 경우, 연간 영업이익에 미치는 영향은?

① ₩0
② ₩60,000 감소
③ ₩60,000 증가
④ ₩140,000 감소
⑤ ₩140,000 증가

02
상중하

㈜세무는 A부품을 매년 1,000단위씩 자가제조하여 제품생산에 사용하고 있다. A부품을 연간 1,000단위 생산할 경우 단위당 원가는 다음과 같다.

구분	단위당 원가
변동제조원가	₩33
고정제조간접원가	5
합계	₩38

최근에 외부의 공급업자로부터 A부품 1,000단위를 단위당 ₩35에 납품하겠다는 제안을 받았다. A부품을 전량 외부에서 구입하면 연간 총고정제조간접원가 중 ₩400이 절감되며, A부품 생산에 사용하던 설비를 다른 부품 생산에 활용함으로써 연간 ₩200의 공헌이익을 추가로 얻을 수 있다. ㈜세무가 외부 공급업자의 제안을 수락하면, A부품을 자가제조할 때보다 연간 영업이익은 얼마나 증가(혹은 감소)하는가?

[세무사 22]

① ₩1,400 감소
② ₩1,400 증가
③ ₩3,600 감소
④ ₩3,600 증가
⑤ ₩4,800 감소

03 ★★
상중하

㈜세무는 제품 A와 제품 B를 생산하고 있는데, ㈜대한으로부터 제품 A 전량을 단위당 ₩18에 공급하는 제안을 받았다. 이 제안을 검토하기 위해 ㈜세무의 회계부서에서 분석한 제품 A에 대한 원가자료는 다음과 같다.

구분	단가	1,000단위
직접재료원가	₩5	₩5,000
직접노무원가	4	4,000
변동제조간접원가	1	1,000
감독자급여	3	3,000
특수기계감가상각비	2	2,000
공통간접원가 배분액	5	5,000
제조원가 합계	₩20	₩20,000

제품 A를 생산하지 않을 경우 제품 A 감독자는 추가비용 없이 해고가능하고, 특수기계는 제품 A 제조에만 사용되는 전용기계이다. 공통간접원가는 공장임대료 등으로 제품 A 생산라인을 폐쇄하더라도 감소하지 않는다. 제품 A를 생산하지 않을 경우 그에 대한 여유생산 능력으로 제품 B를 추가 생산할 수 있는데, 이로 인해 증가되는 수익은 ₩5,000이고 증가되는 원가는 ₩3,000이다. ㈜세무가 ㈜대한의 제안을 받아들이면 자가생산하는 것보다 얼마나 유리(불리)한가? [세무사 21]

① ₩3,000 유리
② ₩3,000 불리
③ ₩4,000 유리
④ ₩4,000 불리
⑤ ₩5,000 유리

정답 및 해설

01 ③ 외부구입 시 증분손익

외부구입원가	2,000단위 × ₩900 =	₩1,800,000	(−)
변동제조원가		1,500,000[*1]	(+)
회피가능고정원가		160,000[*2]	(+)
임대수익		200,000	(+)
증분이익		₩60,000	(+)

[*1] ₩700,000 + ₩500,000 + ₩300,000 = ₩1,500,000
[*2] ₩800,000 × 0.2 = ₩160,000

02 ① 외부구입 시 증분손익

외부구입원가	1,000단위 × ₩35 =	₩(35,000)	
변동제조원가 절감액	1,000단위 × ₩33 =	33,000	
총고정제조간접원가 절감액		400	
부품 생산 활용으로 인한 수익		200	
증분손실		₩(1,400)	

03 ② (1) 외부구입원가 = 1,000단위 × ₩18 = ₩18,000
(2) 외부구입 시 제조원가 절감액 = 1,000단위 × ₩10 + ₩3,000 = ₩13,000
(3) 기회수익 = ₩5,000 − ₩3,000 = ₩2,000
(4) 외부구입 시 증분손실 = ₩18,000 − ₩13,000 − ₩2,000 = ₩3,000

04 ㈜국세는 부품 A를 자가제조하며, 관련된 연간 생산 및 원가자료는 다음과 같다.

상중하

• 직접재료원가	₩10,000
• 직접노무원가	20,000
• 변동제조간접원가	10,000
• 고정제조간접원가	10,000
• 생산량	250단위

최근에 외부업체로부터 부품 A 250단위를 단위당 ₩200에 공급하겠다는 제안을 받았다. 부품 A를 전량 외부에서 구입하면 고정제조간접원가 중 ₩10,000이 절감되며, 기존설비를 임대하여 연간 ₩15,000의 수익을 창출할 수 있다. 외부업체의 제안을 수용하면, 자가제조보다 연간 얼마나 유리(또는 불리)한가? [세무사 15]

① ₩15,000 유리   ② ₩15,000 불리   ③ ₩25,000 유리

④ ₩25,000 불리   ⑤ ₩35,000 유리

05 ㈜세무는 부품 A를 매년 1,000단위씩 자가생산하여 제품 생산에 사용하고 있는데 부품 A 생산과 관련된 원가자료는 다음과 같다.

상중하

	단위당 원가
직접재료원가	₩150
직접노무원가	30
변동제조간접원가	20
고정제조간접원가	40
계	₩240

㈜하청이 부품 A를 단위당 ₩215에 전량 공급해 주겠다는 제안을 하였다. ㈜하청의 제안을 수락하면 부품 A의 생산 공간을 부품 B 생산에 이용할 수 있어 부품 B의 총제조원가를 매년 ₩7,000 절감할 수 있고, 부품 A의 고정 기술사용료가 매년 ₩9,000 절감된다. 한편, ㈜간청은 ㈜세무에게 다른 제안을 하였다. ㈜간청의 제안을 수락하면 부품 A의 총고정제조간접원가가 매년 10% 절감되나, 부품 A의 생산공간을 부품 B 생산에 이용할 수 없어 부품 B의 총제조원가는 절감되지 않는다. ㈜간청의 기술지도로 인하여 부품 A의 고정 기술사용료는 매년 ₩7,000 절감된다. 각 제안별 수락에 따른 영업이익의 증감액이 동일하게 되는 ㈜간청의 제안가격은? [세무사 13]

① ₩180   ② ₩198   ③ ₩202

④ ₩210   ⑤ ₩212

06

상중하

㈜국세는 현재 제품 생산에 필요한 부품 10,000단위를 자가제조하여 사용하고 있는데, 최근에 외부의 제조업자가 이 부품을 전량 납품하겠다고 제의하였다. ㈜국세가 이러한 제의에 대한 수락 여부를 검토하기 위하여 원가자료를 수집한 결과, 10,000단위의 부품을 제조하는 데 발생하는 총제조원가는 다음과 같으며, 최대로 허용 가능한 부품의 단위당 구입가격은 ₩330으로 분석되었다.

직접재료원가	₩1,800,000
직접노무원가	700,000
변동제조간접원가	500,000
고정제조간접원가	500,000
총제조원가	₩3,500,000

이 경우, ㈜국세가 회피가능한 고정제조간접원가로 추정한 최대금액은 얼마인가? [세무사 12]

① ₩150,000　　　　② ₩200,000　　　　③ ₩250,000

④ ₩300,000　　　　⑤ ₩500,000

정답 및 해설

04 ① (1) 외부구입원가 = 250단위 × ₩200 = ₩50,000

(2) 외부구입 시 제조원가 절감액 = ₩10,000 + ₩20,000 + ₩10,000 + ₩10,000 = ₩50,000

(3) 기회수익 = ₩15,000

(4) 외부구입 시 증분이익 = ₩50,000 - ₩50,000 + ₩15,000 = ₩15,000

05 ④ (1) ㈜하청의 제안을 수락할 경우 증분원가

외부구입원가	₩215 × 1,000단위 =	₩(215,000)
총제조원가 절감액		7,000
기술사용료 절감		9,000
계		₩(199,000)

(2) ㈜간청의 제안(제안가격: x)을 수락할 경우 증분원가

외부구입원가	x × 1,000단위 =	₩$(1,000)x$
총제조원가 절감액		4,000
기술사용료 절감		7,000
계		₩$(1,000)x$ + ₩11,000

(3) 영업이익의 증감액이 동일하게 되는 ㈜간청의 제안가격(x)

₩$(1,000)x$ + ₩11,000 = ₩(199,000)

∴ x = ₩210

06 ④ 외부구입 시 단위당 최대구입가격 = 외부구입 시 단위당 원가 절감액

$$₩330 = \text{단위당 변동원가 절감액} + \frac{\text{총고정원가 절감액} + \text{총기회수익}}{\text{외부구입수량}} = ₩300 + \frac{x + ₩0}{10,000단위}$$

∴ x = ₩300,000

07
상중하

선풍기 제조회사인 ㈜국세는 소형모터를 자가제조하고 있다. 소형모터 8,000개를 자가제조하는 경우, 단위당 원가는 다음과 같다.

직접재료원가	₩7
직접노무원가	3
변동제조간접원가	2
특수기계 감가상각비	2
공통제조간접원가 배부액	5
제품원가	₩19

㈜한국이 ㈜국세에게 소형모터 8,000개를 단위당 ₩18에 공급할 것을 제안하였다. ㈜국세가 ㈜한국의 공급제안을 수용하는 경우, 소형모터 제작을 위해 사용하던 특수기계는 다른 용도로 사용 및 처분이 불가능하며, 소형모터에 배부된 공통제조간접원가의 40%를 절감할 수 있다. ㈜국세가 ㈜한국의 공급제안을 수용한다면, 자가제조하는 것보다 얼마나 유리 또는 불리한가? [세무사 11]

① ₩24,000 불리 ② ₩32,000 불리 ③ ₩24,000 유리
④ ₩32,000 유리 ⑤ 차이 없음

08
상중하

㈜한국완구는 매년 완구생산에 필요한 부품인 모터 3,000개 중 일부를 자체생산하고, 나머지 부족한 부분은 외주로 충당하고 있다. 자체생산은 모터부서에서 담당하며 연간 총 2,000개의 모터를 생산한다. 모터 1개당 변동제조원가는 ₩55이며, 모터부서의 총고정원가는 연간 ₩150,000이다. 자체생산 시 발생하는 모터부서의 총고정원가 중 80%만이 모터부서 폐지 시 회피가능한 원가이다. 외주로 조달하는 모터는 연간 총 1,000개이다. 당기 초 외주업체는 전격적으로 모터의 판매가격을 모터 1개당 ₩120에서 ₩100으로 인하하였다. 이에 따라 ㈜한국완구는 기업 내 모터부서를 폐지하고, 모터 3,000개를 전량 외주업체에서 구매할 것을 검토하기 시작하였다. 이에 모터부서는 부서 폐지를 막기 위한 자구방안으로 단위당 변동제조원가 ₩10과 회피가능 고정원가 ₩10,000을 동시에 절감하였다. 만약 ㈜한국완구가 외주업체로부터 모터 3,000개 전량을 구입할 경우 ㈜한국완구의 순이익에 미치는 영향은 얼마인가? (단, 모터부서의 최대생산능력은 자구방안과 관계없이 항상 2,000개이다) [회계사 08]

① ₩0 ② ₩10,000 증가 ③ ₩30,000 증가
④ ₩40,000 증가 ⑤ ₩40,000 감소

정답 및 해설

07 ② 부품을 외부구입할 경우 증분손익

증분수익				₩0
증분비용				32,000
증가	외부구입비용	8,000개 × ₩18 =	₩144,000	
감소 ⎡	변동제조원가	8,000개 × (₩7 + ₩3 + ₩2) =	(96,000)	
⎣	공통제조간접원가	8,000개 × ₩5 × 40% =	(16,000)	
증분손실				₩(32,000)

08 ① (1) 모터부서 최대생산능력은 항상 2,000개이므로 의사결정에 관련된 수량은 2,000개이다.

(2) 모터를 외부구입할 경우 증분손익

증분수익					₩0
증분비용					0
증가 ⎡	외부구입비용		2,000개 × ₩100 =	₩200,000	
⎢	기회비용 ⎡	변동원가	2,000개 × ₩10*1 =	20,000	
⎣	⎣	고정원가		10,000*2	
감소 ⎡	변동원가		2,000개 × ₩55 =	(110,000)	
⎣	고정원가		₩150,000 × 80% =	(120,000)*3	
증분이익(손실)					₩0

*1 부서 유지 시 변동제조원가 절감액
*2 부서 유지 시 고정원가 절감액
*3 부서 폐지 시 회피가능 고정원가

유형 36 | 보조부문 폐지 여부에 따른 의사결정

• 증분수익:		임대료수익 등의 증가
• 증분비용:	증가	외부구입원가(= 외부구입용역량* × 단위당 외부구입가격) 증가
	감소	폐지 보조부문 변동원가(= 현재용역량 × 단위당 변동원가) 감소
		관련 고정원가 변동
		타보조부문 변동원가 감소

* 외부구입용역량 = 현재용역량 × (1 - 상호용역수수율)
• 증분이익: (+) 보조부문 폐지가 유리 (−) 보조부문 유지가 유리

[1] 보조부문의 유지 또는 폐지와 관련한 의사결정문제는 앞에서 살펴본 부품의 자가제조 또는 외부구입 의사결정문제와 거의 유사하다. 다만, 복수의 보조부문이 존재하여 보조부문 상호 간의 용역수수가 있는 경우에는 ① 보조부문을 유지할 경우 제공하는 용역량과 보조부문의 폐지 시 외부에서 제공받아야 하는 용역량은 차이가 있다는 점과 ② 보조부문의 폐지 시 당해 보조부문의 원가뿐만 아니라 다른 보조부문의 원가도 일부 절감할 수 있다는 점에 유의하여 의사결정을 해야 한다.

[2] 이 경우에도 외부로부터 제공받을 용역의 품질, 외부공급자의 신뢰성 등 질적 요인을 함께 고려해야 한다.

★★★
01
상중하

㈜세무는 보조부문 A, B와 제조부문 P, Q를 운영하고 있으며, 각 부문의 용역수수관계와 각 보조부문에서 발생한 원가는 다음과 같다.

사용부문	보조부문		제조부문		용역생산량
제공부문	A	B	P	Q	
A	10%	40%	20%	30%	1,000단위
B	20%	10%	40%	30%	2,000단위

- 보조부문 A의 원가: ₩50,000 + ₩70×1,000단위
- 보조부문 B의 원가: ₩30,000 + ₩150×2,000단위

㈜세무는 현재 운영하고 있는 보조부문을 폐쇄하는 방안을 고려하던 중, ㈜한국으로부터 보조부문 A가 생산하던 용역을 단위당 ₩150에, ㈜대한으로부터는 보조부문 B가 생산하던 용역을 단위당 ₩200에 공급하겠다는 제의를 받았다. ㈜세무가 보조부문의 용역을 외부에서 구입하더라도 각 보조부문에서 발생하는 고정원가를 회피할 수 없다. 다음 설명 중 옳은 것은?　[세무사 18]

① ㈜세무는 보조부문 A와 B를 계속해서 유지하는 것이 유리하다.
② ㈜세무가 보조부문 A를 폐쇄하고 ㈜한국의 제의를 수락할 경우, 영업이익이 ₩7,000 증가한다.
③ ㈜세무가 보조부문 B를 폐쇄하고 ㈜대한의 제의를 수락할 경우, 영업이익이 ₩20,000 감소한다.
④ ㈜세무가 보조부문 A의 용역을 외부로부터 구입할 경우, 지불할 수 있는 최대가격은 단위당 ₩120이다.
⑤ ㈜세무가 보조부문 B의 용역을 외부로부터 구입할 경우, 지불할 수 있는 최대가격은 단위당 ₩170이다.

정답 및 해설

01 ② (1) 보조부문 A를 폐쇄하는 경우
　① 보조부문 A의 용역제공 구입량 = 1,000단위 × (1 - 0.1 - 0.2 × 0.4) = 820단위
　② A의 외부구입원가 = 820단위 × ₩150 = ₩123,000
　③ 보조부문 A의 원가 절감액 = 1,000단위 × ₩70 = ₩70,000
　④ 보조부문 B의 원가 절감액 = 2,000단위 × 0.2 × ₩150 = ₩60,000
　⑤ 보조부문 A 폐쇄 시 증분손익 = ₩(123,000) + ₩70,000 + ₩60,000 = ₩7,000(증분이익)
　⑥ 보조부문 A 폐쇄 시 지불가능 최대금액(x)
　　(820단위 × x) + ₩130,000 ≥ 0
　　→ x ≤ ₩158.5
(2) 보조부문 B를 폐쇄하는 경우
　① 보조부문 B의 용역제공 구입량 = 2,000단위 × (1 - 0.1 - 0.2 × 0.4) = 1,640단위
　② B의 외부구입원가 = 1,640단위 × ₩200 = ₩328,000
　③ 보조부문 B의 원가 절감액 = 2,000단위 × ₩150 = ₩300,000
　④ 보조부문 A의 원가 절감액 = 1,000단위 × 0.4 × ₩70 = ₩28,000
　⑤ 보조부문 B 폐쇄 시 증분손익 = ₩(328,000) + ₩300,000 + ₩28,000 = 0
　⑥ 보조부문 B 폐쇄 시 지불가능 최대금액(x)
　　(1,640단위 × x) + ₩328,000 ≥ 0
　　→ x ≤ ₩200

※ 다음 자료에 의하여 **02**와 **03**에 답하시오.

㈜동운은 두 개의 제조부문(P_1, P_2)과 세 개의 보조부문(S_1, S_2, S_3)을 가지고 있으며, 부문 간의 용역수수 관계와 보조부문의 원가자료는 다음과 같다.

[회계사 11]

| 사용부문 | 제조부문 | | 보조부문 | | | 합계 |
제공부문	P_1	P_2	S_1	S_2	S_3	
S_1	4,000단위	3,000단위	0단위	1,500단위	1,500단위	10,000단위
S_2	5,000단위	4,000단위	1,000단위	0단위	0단위	10,000단위
S_3	4,000단위	5,000단위	1,000단위	0단위	0단위	10,000단위
변동원가	?	?	₩300,000	₩200,000	₩100,000	?
고정원가	?	?	500,000	100,000	200,000	?

㈜동운은 동일한 생산수준을 유지하면서 보조부문 S_1의 용역을 모두 외부로부터 구입하고자 하며, 이 경우에 보조부문 S_1의 고정원가 10%, 보조부문 S_2의 고정원가 5%, 보조부문 S_3의 고정원가 5%가 각각 감소할 것으로 예상된다.

02 보조부문 S_1의 용역을 모두 외부로부터 구입하는 경우, ㈜동운이 필요로 하는 보조부문 S_1의 용역은 몇 단위인가?

상중하

① 9,600단위   ② 9,700단위   ③ 9,800단위

④ 9,900단위   ⑤ 10,000단위

03 보조부문 S_1의 용역을 모두 외부로부터 구입하는 경우, ㈜동운이 외부구입으로 인한 손실을 발생시키지 않고 지불할 수 있는 보조용역 S_1의 최대 구입금액은 얼마인가?

상중하

① ₩365,000   ② ₩375,000   ③ ₩385,000

④ ₩395,000   ⑤ ₩405,000

정답 및 해설

02 ② 보조부문 S_1의 용역을 모두 외부로부터 구입하는 경우 ㈜동운이 필요로 하는 보조부문 S_1의 용역
= 보조부문 유지 시 필요용역량 × (1 - 보조부문 간 용역수수에 따른 자가소비율)
= 10,000단위 × (1 - 0.15 × 0.1 - 0.15 × 0.1) = 9,700단위

03 ④ 보조용역 S_1의 최대 구입금액 = 보조부문 S_1 폐지 시 원가 절감액

	S_1	S_2	S_3	합계
변동원가	₩300,000	₩200,000 × 10% = ₩20,000	₩100,000 × 10% = ₩10,000	₩330,000
고정원가	₩500,000 × 10% = ₩50,000	₩100,000 × 5% = ₩5,000	₩200,000 × 5% = ₩10,000	₩65,000
계	₩350,000	₩25,000	₩20,000	₩395,000

유형 37 | 제품라인의 유지 또는 폐지에 따른 의사결정

- 증분수익: 증가   임대료수익 등
-          감소   폐지된 제품 매출액 감소
- 증분비용: 증가   기회비용(타제품 판매량 감소에 따른 타제품 공헌이익 감소)
-          감소   폐지된 제품 변동원가 감소
-                관련 고정원가 변동
- 증분이익: (+) 제품라인 폐지가 유리 (−) 제품라인 유지가 유리

(1) 제품라인의 유지 또는 폐지에 관한 의사결정은 회사 전체의 이익에 얼마만큼의 영향을 미치는가를 기준으로 이루어진다. 즉, 특정 제품라인을 폐지할 경우 회사 전체의 이익이 그대로 유지하는 경우보다 더 크다면 특정 제품라인을 폐지하는 것이 유리하다.

(2) 제품라인의 폐지와 관련한 변동원가뿐만 아니라 폐지로 인하여 감소하는 고정원가(관련 고정원가)도 고려해야 하는데, 고정원가는 제품라인을 폐지할 경우에 회피가능한 고정원가와 회피불가능한 고정원가로 나누어진다.

① 회피가능한 고정원가(avoidable fixed cost): 제품라인을 폐지할 경우 발생되지 않는 고정원가로써 특정 제품라인에 종사하는 감독자급여나 해당 제품라인에서 생산되는 제품의 광고선전비 등이 있음

② 회피불가능한 고정원가(unavoidable fixed cost): 제품라인을 폐지하더라도 계속해서 발생하는 고정원가로써 본사 사무비용이나 기업이미지를 높이기 위한 광고선전비 등이 있음. 따라서 특정 제품라인을 폐지할 경우에는 그 제품의 변동원가뿐만 아니라 회피가능한 고정원가도 고려하여 의사결정을 해야 함

★★
01
심중하

㈜세무는 제품라인 A, B, C부문을 유지하고 있다. 20×1년 각 부문별 손익계산서는 다음과 같다.

	A부문	B부문	C부문	합계
매출액	₩200,000	₩300,000	₩500,000	₩1,000,000
변동원가	100,000	200,000	220,000	520,000
공헌이익	₩100,000	₩100,000	₩280,000	₩480,000
고정원가				
급여	₩30,000	₩50,000	₩80,000	160,000
광고선전비	20,000	60,000	70,000	140,000
기타배부액	10,000	30,000	50,000	100,000
영업손익	₩40,000	₩(40,000)	₩80,000	₩80,000

㈜세무의 경영자는 B부문의 폐쇄를 결정하기 위하여 각 부문의 자료를 수집한 결과 다음과 같이 나타났다.

- 급여는 회피불능원가이다.
- 광고선전은 각 부문별로 이루어지기 때문에 B부문을 폐쇄할 경우 B부문의 광고선전비는 더 이상 발생하지 않는다.
- 기타배부액 총 ₩100,000은 각 부문의 매출액에 비례하여 배부한 원가이다.
- B부문을 폐쇄할 경우 C부문의 매출액이 20% 감소한다.

㈜세무가 B부문을 폐쇄할 경우 ㈜세무 전체 이익의 감소액은? (단, 재고자산은 없다)

① ₩36,000 ② ₩46,000 ③ ₩66,000
④ ₩86,000 ⑤ ₩96,000

정답 및 해설

01 ⑤ B부문을 폐쇄할 경우

B부문의 공헌이익 감소	₩(100,000)
광고선전비 감소	60,000
C부문의 공헌이익 감소	(56,000)*
이익 감소액	₩(96,000)

* ₩280,000 × 0.2 = ₩56,000

㈜세무는 X, Y, Z제품을 생산·판매하고 있으며, 20×1년도 제품별 예산손익계산서는 다음과 같다.

구분		X제품	Y제품	Z제품
매출액		₩100,000	₩200,000	₩150,000
매출원가	변동원가	40,000	80,000	60,000
	고정원가	30,000	70,000	50,000
매출총이익		₩30,000	₩50,000	₩40,000
판매관리비	변동원가	20,000	10,000	10,000
	고정원가	20,000	20,000	20,000
영업이익(손실)		₩(10,000)	₩20,000	₩10,000

㈜세무의 경영자는 영업손실을 초래하고 있는 X제품의 생산을 중단하려고 한다. X제품의 생산을 중단하면, X제품의 변동원가를 절감하고, 매출원가에 포함된 고정원가의 40%와 판매관리비에 포함된 고정원가의 60%를 회피할 수 있다. 또한, 생산 중단에 따른 여유생산능력을 임대하여 ₩10,000의 임대수익을 얻을 수 있다. X제품의 생산을 중단할 경우, 20×1년도 회사 전체의 예산 영업이익은 얼마나 증가(또는 감소)하는가? (단, 기초 및 기말 재고자산은 없다)

① ₩4,000 감소   ② ₩5,000 증가   ③ ₩6,000 감소
④ ₩7,000 증가   ⑤ ₩8,000 증가

03
상중하

㈜세무는 A, B, C 세 종류의 제품을 생산·판매하고 있으며, 관련 자료는 다음과 같다.

구분	제품 A	제품 B	제품 C
매출액	₩100,000	₩200,000	₩150,000
변동원가	70,000	110,000	130,000
고정원가	20,000	40,000	30,000
이익	10,000	50,000	(10,000)

각 제품별 고정원가는 회사 전체적으로 발생하는 고정원가 ₩90,000을 각 제품의 매출액에 비례하여 배분한 것으로, 제품 생산 여부나 생산 및 판매 수량에 관계없이 일정하게 발생한다. 손실이 발생하고 있는 제품 C의 생산을 중단하는 경우 제품 A의 매출액은 50% 증가하고, 제품 B의 매출액은 변화없을 것으로 예상된다. 제품 C의 생산을 중단하면 회사 전체 이익은 얼마나 감소하는가?

[세무사 23]

① ₩1,000   ② ₩3,000   ③ ₩5,000
④ ₩7,000   ⑤ ₩9,000

정답 및 해설

02 ③ X제품 생산 중단 시

X제품 공헌이익 감소분	₩40,000[1]	(-)
회피가능고정제조간접원가	12,000[2]	(+)
회피가능고정판매관리비	12,000[3]	(+)
임대수익	10,000	(+)
증분손실	₩6,000	(-)

[1] ₩100,000 − ₩40,000 − ₩20,000 = ₩40,000
[2] ₩30,000 × 0.4 = ₩12,000
[3] ₩20,000 × 0.6 = ₩12,000

03 ③ 제품 C 생산 중단 시

제품 C의 공헌이익 감소	₩20,000	(-)
제품 A의 공헌이익 증가	15,000	(+)
증분손실	₩5,000	(-)

04
상중하

㈜한국은 제품라인별로 부문 X, 부문 Y 및 부문 Z를 유지하고 있다. ㈜한국의 지난 달 부문별 및 회사 전체의 매출액, 비용, 이익에 관한 정보는 다음과 같다.

	부문 X	부문 Y	부문 Z	회사 전체
매출액	₩1,250	₩750	₩500	₩2,500
변동원가	500	250	300	1,050
공헌이익	₩750	₩500	₩200	₩1,450
고정원가				
급여	₩325	₩205	₩150	₩680
감가상각비	10	20	20	50
기타일반관리비	260	156	104	520
총고정원가	595	381	274	1,250
영업이익(손실)	₩155	₩119	₩(74)	₩200

㈜한국의 재무담당이사(CFO)가 부문 Z의 폐지 여부 결정을 하기 위해 세 부문에 부과되는 비용들에 대해 분석한 결과는 다음과 같다.

(1) 급여는 각 부문에 속한 종업원들에게 직접 지급되며, 부문 Z가 폐지될 경우 회사는 부문 Z에 근무하는 종업원들을 추가 비용의 발생 없이 즉시 해고시킬 수 있다.
(2) 감가상각비는 각 부문의 설비에 대한 것이다. 각 부문의 설비는 부문의 특성에 맞게 주문제작된 것이기 때문에, 부문 Z가 폐지될 경우 부문 Z의 설비는 시장가치가 없다.
(3) 기타일반관리비는 회계·구매·관리비용을 나타내며, 각 부문의 매출액을 기준으로 각 부문에 배부된다. 부문 Z가 폐지되더라도 매월 발생하는 기타일반관리비 총액은 변동하지 않을 것으로 예상된다.

㈜한국이 부문 Z를 폐지하기로 결정한 경우, 부문 Z가 사용하던 유휴 공간 및 설비에 대한 대체적 용도가 없다. 다음 설명 중 옳지 않은 것은? [회계사 14]

① 지난 달 회사 전체 공통고정원가는 ₩520이다.
② 지난 달 부문 X에 대해 추적가능한 고정원가는 ₩325이다.
③ 지난 달 부문 Y에 대한 공통고정원가 배부 전 부문이익(segment margin)은 ₩275이다.
④ 부문 Z를 폐지하기로 결정한 경우, 회피가능한 고정원가는 월 ₩150이다.
⑤ 부문 Z를 폐지하기로 결정한 경우, 회사 전체의 영업이익은 월 ₩50만큼 감소할 것이다.

㈜세무는 기존 제품에 추가하여 새로운 제품 F(단위당 변동제조원가 ₩34)를 생산·판매하려고 한다. 이 경우 기존 제품의 총공헌이익이 연간 ₩80,000 감소할 것으로 예상된다. 제품 F를 생산하면, 연간 총고정제조간접원가 중 ₩55,000이 제품 F에 배부되며, 기존에 납부하던 연간 유휴토지부담금 ₩25,000이 전액 면제된다. 제품 F를 판매할 경우, 판매 대리점에 지급하는 기존 제품에 대한 연간 고정판매비를 ₩35,000만큼 줄이는 대신에 제품 F의 판매비를 단위당 ₩4씩 지급하게 된다. 제품 F의 연간 판매량이 4,000단위로 예상될 때, ㈜세무의 연간 총손익에 변화가 없으려면 제품 F의 단위당 판매가격은?

[세무사 17]

① ₩13   ② ₩23   ③ ₩35

④ ₩43   ⑤ ₩55

정답 및 해설

04 ② 각 고정원가의 성격은 다음과 같다.
- 급여: 회피가능, 추적가능
- 감가상각비: 회피불능, 추적가능
- 기타일반관리비: 회피불능, 추적불능

∴ 부문 X의 추적가능한 고정원가는 ₩335(= ₩325 + ₩10)이다.
                                   급여 감가상각비

05 ④ 새로운 제품 F를 생산·판매하는 경우 판매가격을 x, 총손익의 변화를 0으로 하고 x에 관한 식을 세워보면 다음과 같다.

4,000단위 × (x - ₩34) - ₩80,000 + ₩25,000 + ₩35,000 - 4,000단위 × ₩4 = 0

∴ x = ₩43

㈜갑은 제품 A와 제품 B를 생산·판매하고 있으며, 20×1년 제품별 손익계산서는 다음과 같다.

	제품 A	제품 B	합계
매출액	₩100,000	₩50,000	₩150,000
매출원가			
직접재료원가	₩25,000	₩15,000	₩40,000
직접노무원가	20,000	13,000	33,000
제조간접원가	11,000	10,000	21,000
계	₩56,000	₩38,000	₩94,000
매출총이익	₩44,000	₩12,000	₩56,000
판매관리비	30,000	15,000	45,000
영업이익	₩14,000	(₩3,000)	₩11,000

㈜갑의 20×1년 제조간접원가 ₩21,000 중 ₩9,000은 작업준비원가이며, 나머지 ₩12,000은 공장설비의 감가상각비이다. 작업준비원가는 배치생산횟수에 비례하여 발생하며, 공장설비의 감가상각비는 회피불가능한 원가로서 매출액을 기준으로 각 제품에 배부된다. 각 제품의 판매관리비 중 40%는 변동원가이고 나머지는 회피불가능한 고정원가이다. 만약 제품 B의 생산라인을 폐지하면, 제품 A의 판매량은 30% 증가하게 되며 제품 A의 배치생산횟수는 20% 증가할 것으로 기대된다. 20×2년에도 제품별 수익 및 비용 구조는 전년도와 동일하게 유지될 것으로 예상된다. ㈜갑이 20×2년 초에 제품 B의 생산라인을 폐지할 경우 연간 증분이익은 얼마인가?　　　　[회계사 12]

① ₩2,000　　　　② ₩2,300　　　　③ ₩2,900

④ ₩3,200　　　　⑤ ₩3,600

07
상중하

㈜울산은 A, B, C 세 종류의 제품을 생산·판매하고 있다. 20×1년 ㈜울산의 제품별 손익을 살펴본 결과 다음과 같이 나타났다.

항목	A제품	B제품	C제품	합계
매출액	₩1,000,000	₩2,000,000	₩1,000,000	₩4,000,000
변동원가	500,000	1,800,000	700,000	3,000,000
공헌이익	₩500,000	₩200,000	₩300,000	₩1,000,000
고정원가	200,000	400,000	200,000	800,000
이익	₩300,000	(₩200,000)	₩100,000	₩200,000

경영자는 손실을 보고하고 있는 B제품의 생산중단을 고려하고 있으며, 이에 대한 자료를 다음과 같이 수집하였다. 총 고정원가 ₩800,000은 각 제품의 매출액에 비례하여 배부한 것이며, B제품 생산중단 시 총고정원가의 10%는 회피가능하고, 또한 C제품의 매출액이 20% 감소할 것으로 예상된다. ㈜울산이 B제품의 생산을 중단할 경우 회사 전체 이익은 얼마나 감소하는가?　　　　　　　　　　[회계사 10]

① ₩120,000　　　　　　② ₩150,000　　　　　　③ ₩170,000

④ ₩180,000　　　　　　⑤ ₩200,000

정답 및 해설

06 ② 제품 B의 생산라인을 폐지하는 경우 증분손익

증분수익		₩(37,700)
증가　제품 A 판매량 증가	₩12,300[*1]	
감소　제품 B 매출액 감소	(50,000)	
증분비용		40,000
증가　　　　　-		
감소　제품 B 변동원가 감소	40,000[*2]	
증분이익(손실)		₩2,300

[*1] 제품 A 판매량 증가로 인한 증분수익
(₩100,000 - ₩25,000 - ₩20,000 - ₩12,000) × 30% - ₩3,000 × 20% = ₩12,300
[*2] 제품 B 변동원가 감소로 인한 증분비용
₩15,000 + ₩13,000 + ₩6,000 + ₩6,000 = ₩40,000

07 ④ B제품의 생산을 중단할 경우

B제품 공헌이익 감소		₩(200,000)
고정원가의 감소	₩800,000 × 10% =	80,000
C제품 공헌이익 감소	₩300,000 × 20% =	(60,000)
증분이익(손실)		₩(180,000)

∴ 회사 전체 이익은 ₩180,000만큼 감소한다.

유형 38 | 제약자원하의 의사결정

(1) 제약자원이 하나인 경우 - 최적 생산배합의 결정

기업이 제품을 생산·판매하기 위해서는 여러 가지 생산요소를 투입해야 한다. 그러나 기업이 사용하고자 하는 생산요소는 한정되어 있기 때문에 무한정 이를 사용할 수가 없다. 따라서 기업의 경영자는 이용가능한 생산요소를 가장 효율적으로 사용하는 방법을 찾아야 한다.

① 최적 생산배합의 문제를 해결하는 최적 의사결정기준은 공헌이익을 극대화시키는 방향으로 제한된 자원을 활용하는 것이다.

② 제한된 자원을 고려하여 기업의 공헌이익을 극대화하기 위해서는 제품 단위당 공헌이익이 아닌 제한된 자원 단위당 공헌이익이 큰 제품을 우선적으로 선택해서 생산해야 한다.

(2) 제약자원이 2개 이상인 경우 - 선형계획법

제약자원이 2개 이상인 경우에는 제한된 자원의 사용이나 투입배합의 결정이 복잡한 양상을 띠게 되는데 그 분석을 위해서는 선형계획법이 사용된다.

① 선형계획법(LP; Linear Programming)이란 여러 가지 제약조건하에서 특정한 목적(이익극대화나 비용최소화)을 달성하기 위해 희소한 자원을 배분하는 수리적인 기법을 말한다. 선형계획법에 따라 최적해를 찾는 방법에는 도해법과 심플렉스법이 있는데, 심플렉스법은 관리회계의 범위를 넘어서는 내용이므로 여기서는 도해법만 살펴보기로 한다.

② 도해법의 기본개념은 제약조건을 그래프상에 표시하여 실행가능영역을 도출한 뒤에, 이 영역의 범위 내에서 목적함수가 최대화 또는 최소화되도록 의사결정변수의 값을 결정하는 것이다.

③ 선형계획법에 따라 최적 해를 찾는 과정은 복잡하므로 도해법을 적용할 때는 다음 4단계를 이용하는 것이 좋다.

> [1단계] **목적함수의 결정**: 의사결정의 목적을 체계화하여 수식으로 정리한다.
>
> [2단계] **제약조건의 구체화**: 제한된 자원에 대한 조건을 수식으로 표현한다. 이러한 제약조건에는 기계시간, 노동시간, 제한된 자원의 양 등이 사용된다.
>
> [3단계] **실행가능영역의 도해**: 2단계에서 구한 제약조건을 그래프로 표시한 후, 모든 제약조건을 충족하는 실행가능영역을 표시한다.
>
> [4단계] **최적 해의 계산**: 실행가능영역 중에서 목적함수를 최대화하거나 최소화하는 최적 해를 구한다. 일반적으로 최적 해는 실행가능영역의 꼭짓점 중에서 찾아진다.

실전연습문제

★★★
01
상중하

㈜세무는 세 종류의 제품 A, B, C를 독점 생산 및 판매하고 있다. 제품생산을 위해 사용되는 공통설비의 연간 사용시간은 총 40,000시간으로 제한되어 있다. 20×1년도 예상 자료는 다음과 같다. 다음 설명 중 옳은 것은?

구분	제품 A	제품 B	제품 C
단위당 판매가격	₩500	₩750	₩1,000
단위당 변동원가	₩150	₩300	₩600
단위당 공통설비사용시간	5시간	10시간	8시간
연간 최대 시장수요량	2,000단위	3,000단위	2,000단위

① 제품단위당 공헌이익이 가장 작은 제품은 C이다.
② 공헌이익을 최대화하기 위해 생산할 제품 C의 설비사용시간은 12,000시간이다.
③ 공헌이익을 최대화하기 위해 생산할 총제품수량은 5,000단위이다.
④ 공헌이익을 최대화하기 위해서는 제품 C, 제품 B, 제품 A의 순서로 생산한 후 판매해야 한다.
⑤ 획득할 수 있는 최대공헌이익은 ₩2,130,000이다.

정답 및 해설

01 ⑤ (1) 최적 생산배합

구분	제품 A	제품 B	제품 C
단위당 공헌이익	₩70	₩45	₩50
설비사용시간당 공헌이익	₩14/시간	₩4.5/시간	₩6.25/시간
생산의 우선순위	1순위	3순위	2순위
설비사용시간	5시간 × 2,000단위 = 10,000시간	40,000시간 - 10,000시간 - 16,000시간 = 14,000시간	8시간 × 2,000단위 = 16,000시간
최적 생산배합	2,000단위	14,000시간 ÷ 10시간 = 1,400단위	2,000단위

(2) 최대공헌이익

2,000단위 × ₩350 + 1,400단위 × ₩450 + 2,000단위 × ₩400 = ₩2,130,000

02

★★★
상중하

㈜세무는 제품 A와 B를 생산하고 있으며, 제품 생산에 관한 자료는 다음과 같다.

구분	제품 A	제품 B
제품 단위당 공헌이익	₩30	₩50
제품 단위당 기계시간	0.5시간	1시간
제품 단위당 노무시간	1.5시간	2시간

월간 이용가능한 기계시간은 1,000시간, 노무시간은 2,400시간으로 제한되어 있다. 월간 고정원가는 ₩20,000으로 매월 동일하고, 제품 A와 B의 시장수요는 무한하다. ㈜세무가 이익을 극대화하기 위해서는 제품 A와 B를 각각 몇 단위 생산해야 하는가? [세무사 22]

	제품 A	제품 B
①	0단위	1,000단위
②	800단위	500단위
③	800단위	600단위
④	900단위	500단위
⑤	1,600단위	0단위

03

★★★
상중하

㈜세무는 제약자원인 특수기계를 이용하여 제품 A, 제품 B, 제품 C를 생산·판매한다. 제품의 생산·판매와 관련된 자료는 다음과 같다.

구분	제품 A	제품 B	제품 C
단위당 판매가격	₩50	₩60	₩120
단위당 변동원가	₩20	₩36	₩60
단위당 특수기계 이용시간	2시간	1시간	3시간

특수기계의 최대이용가능시간이 9,000시간이고, 각각의 제품에 대한 시장수요가 1,000단위(제품 A), 3,000단위(제품 B), 2,000단위(제품 C)로 한정되어 있을 때, ㈜세무가 달성할 수 있는 최대 공헌이익은? [세무사 20]

① ₩181,250   ② ₩192,000   ③ ₩196,250
④ ₩200,000   ⑤ ₩211,250

정답 및 해설

02 ③ [자료분석]

	제품 A	제품 B
단위당 공헌이익	₩30	₩50
총고정원가	₩20,000	
단위당 기계시간	0.5시간	1시간
단위당 노무시간	1.5시간	2시간

제품 A, B의 월간 판매량을 각각 x, y, 월간 영업이익을 Z라고 한 후 정리하면 다음과 같다.

(1) $Z = 30x + 50y - ₩20,000$

(2) 기계시간 $x + 2y \leq 2,000$시간

노무시간 $3x + 4y \leq 4,800$시간

$x, y \geq 0$

(3)

(x, y)	$Z = 30x + 50y - ₩20,000$
(0, 1,000)	₩30,000
(800, 600)	34,000 → 선택
(1,600, 0)	28,000

03 ② (1) 각 제품별 제약자원당 공헌이익

구분	제품 A	제품 B	제품 C
단위당 판매가격	₩50	₩60	₩120
단위당 변동원가	₩20	₩36	₩60
단위당 공헌이익	₩30	₩24	₩60
단위당 특수기계 이용시간	2시간	1시간	3시간
기계시간당 공헌이익	₩15/시간	₩24/시간	₩20/시간
생산의 우선순위	3순위	1순위	2순위

(2) 최적 생산배합

① 제품 B: 3,000단위(3,000단위 × 1시간 = 3,000시간)

② 제품 C: 2,000단위(2,000단위 × 3시간 = 6,000시간)

(3) 최대공헌이익

3,000단위 × ₩24 + 2,000단위 × ₩60 = ₩192,000

04

㈜세무는 두 종류의 제품 A, 제품 B를 생산·판매한다. 두 제품의 월간 예상 판매 및 원가자료는 다음과 같다.

항목	제품 A	제품 B
제품 단위당 판매가격	₩50	₩45
제품 단위당 변동제조원가	32	25
제품 단위당 고정제조간접원가	5	7
제품 단위당 변동판매관리비	8	5
제품 단위당 고정판매관리비	2	2
기계시간당 생산량	4단위	2단위
월간 예상수요량	120단위	80단위

㈜세무의 월간 최대 사용가능한 기계시간은 50시간이다. ㈜세무가 영업이익을 극대화할 수 있는 월 최적 제품배합은? (단, 월간 고정원가 총액은 일정하다) [세무사 18]

	제품 A	제품 B
①	40단위	80단위
②	60단위	70단위
③	80단위	60단위
④	100단위	50단위
⑤	120단위	40단위

05

㈜세무는 제품 A, 제품 B 및 제품 C를 생산하여 판매한다. 이 세 제품에 공통으로 필요한 재료 K를 품귀현상으로 더 이상 구입할 수 없게 되었다. ㈜세무의 재료 K 보유량은 3,000kg이며, 재료 K가 소진되면 제품 A, 제품 B 및 제품 C는 더 이상 생산할 수 없다. ㈜세무는 각 제품의 사전계약 물량을 의무적으로 생산하여야 하며, 사전계약 물량과 별도로 추가 최대수요량까지 각 제품을 판매할 수 있다. ㈜세무의 관련 자료가 다음과 같을 때, 최대의 공헌이익 총액(사전계약 물량 포함)은? [세무사 17]

구분	제품 A	제품 B	제품 C
사전계약 물량	100단위	100단위	300단위
추가 최대수요량	400단위	100단위	1,500단위
단위당 판매가격	₩100	₩80	₩20
공헌이익률	24%	25%	60%
단위당 재료 K 사용량	3kg	5kg	2kg

① ₩19,000   ② ₩19,500   ③ ₩20,000
④ ₩20,500   ⑤ ₩21,000

정답 및 해설

04 ⑤ (1) 각 제품별 제약자원단위당 공헌이익

항목	제품 A	제품 B
제품 단위당 판매가격	₩50	₩45
제품 단위당 변동원가	40	30
제품 단위당 공헌이익	₩10	₩15
제품 단위당 기계시간	0.25시간	0.5시간
기계시간당 공헌이익	₩40/시간	₩30/시간
생산의 우선순위	1순위	2순위

(2) 최적 제품배합
① 제품 A: 120단위(= 30시간 ÷ 0.25시간)
② 제품 B: 40단위(= 20시간 ÷ 0.5시간)

05 ③ (1) 최적 생산배합

구분	제품 A	제품 B	제품 C
단위당 판매가격	₩100	₩80	₩20
공헌이익률	24%	25%	60%
단위당 공헌이익	₩24	₩20	₩12
단위당 재료 K 사용량	3kg	5kg	2kg
재료 K kg당 공헌이익	₩8/kg	₩4/kg	₩6/kg
생산의 우선순위	1순위	3순위	2순위
의무생산량	100단위	100단위	300단위
나머지 생산량	400단위	-	200단위*
최적 생산량	500단위	100단위	500단위

* (3,000kg - 100단위 × 3kg - 100단위 × 5kg - 300단위 × 2kg - 400단위 × 3kg) ÷ 2kg = 200단위

(2) 최대의 공헌이익 총액
500단위 × ₩24 + 100단위 × ₩20 + 500단위 × ₩12 = ₩20,000

㈜세무는 제품 A와 제품 B를 생산·판매하고 있으며, 두 제품의 단위당 연간 자료는 다음과 같다. 변동제조간접원가는 제품생산에 소요되는 기계시간을 기준으로 계산한다.

구분	제품 A	제품 B
판매가격	₩200,000	₩240,000
직접재료원가	85,000	95,000
직접노무원가	10,000	10,000
변동제조간접원가(기계시간당 ₩5,000)	20,000	30,000
변동판매관리비	5,000	15,000
고정제조간접원가	15,000	25,000
고정판매관리비	30,000	20,000
단위당 원가 계	165,000	195,000

㈜세무가 제품 A와 제품 B의 생산에 사용할 수 있는 최대 기계시간은 연간 3,700시간이다. ㈜세무가 제품을 외부로 판매할 경우 시장의 제한은 없으나, 연간 외부 최대 수요량은 제품 A 700개, 제품 B 400개이다. ㈜세무가 영업이익을 최대화할 수 있는 제품배합은? [세무사 16]

	제품 A	제품 B
①	700개	100개
②	700개	150개
③	700개	400개
④	250개	400개
⑤	325개	400개

㈜국세의 제품 생산과 관련된 자료는 다음과 같다.

구분	제품 A	제품 B
연간 최대 판매가능 수량	3,000단위	4,500단위
단위당 공헌이익	₩25	₩30
단위당 소요 노무시간	1시간	1.5시간

연간 최대노무시간이 6,000시간일 때, 달성할 수 있는 최대공헌이익은? [세무사 15]

① ₩75,000　　　　② ₩95,000　　　　③ ₩105,000
④ ₩120,000　　　　⑤ ₩135,000

정답 및 해설

06 ②

구분	제품 A	제품 B
판매가격	₩200,000	₩240,000
직접재료원가	85,000	95,000
직접노무원가	10,000	10,000
변동제조간접원가(기계시간당 ₩5,000)	20,000	30,000
변동판매관리비	5,000	15,000
단위당 공헌이익	₩80,000	₩90,000
단위당 기계시간	4시간	6시간
기계시간당 공헌이익	₩20,000/시간	₩15,000/시간
생산우선순위	1순위	2순위
최적 제품배합	700개	150개*

* (3,700시간 - 700개 × 4시간) ÷ 6시간 = 150개

07 ⑤ (1) 최적 생산배합

구분	제품 A	제품 B
연간 최대 판매가능 수량	3,000단위	4,500단위
단위당 공헌이익	₩25	₩30
단위당 소요 노무시간	1시간	1.5시간
노무시간당 공헌이익	₩25/시간	₩20/시간
최적 생산배합	3,000단위	2,000단위*

* (6,000시간 - 3,000단위 × 1시간) ÷ 1.5시간 = 2,000단위

(2) 최대공헌이익
3,000단위 × ₩25 + 2,000단위 × ₩30 = ₩135,000

08
상중하

㈜한국은 일반형과 고급형으로 분류되는 두 종류의 정수기를 생산·판매하고 있다. 일반형과 고급형 정수기 한 단위를 생산하는 데 소요되는 기계시간은 각각 1시간과 2시간이다. 이 회사가 매월 사용가능한 최대 기계시간은 총 6,000시간이다. ㈜한국이 20×1년 3월에 대해 예측한 일반형과 고급형 정수기의 판매가격, 원가 및 시장수요량에 관한 자료는 다음과 같다.

항목	일반형	고급형
단위당 판매가격	₩42	₩64
단위당 변동원가	26	40
단위당 고정원가	6	6
단위당 총원가	32	46
시장수요량	2,500단위	1,500단위

㈜한국은 20×1년 3월의 판매예측에 포함하지 않았던 한 고객으로부터 고급형 정수기 500단위를 단위당 ₩74의 가격에 20×1년 3월 중에 구입하고자 하는 특별주문을 받았다. ㈜한국이 이 고객의 특별주문을 수락할 경우 해당 제품의 단위당 변동원가에 미치는 영향은 없다. ㈜한국이 이 고객의 특별주문을 수락할 경우, 20×1년 3월 영업이익은 얼마만큼 증가하게 될 것인가? [회계사 14]

① ₩6,000 ② ₩9,000 ③ ₩11,000
④ ₩14,000 ⑤ ₩17,000

09
상중하

㈜대한은 한복 A와 한복 B를 생산하여 판매하고 있다. 한복 A와 한복 B의 제작에 사용되는 재료인 명주와 염료는 1년에 각각 100kg과 150리터만 확보가 가능하다. 한복 A에 대한 시장수요는 무한하나, 한복 B에 대한 시장수요는 연간 70단위이다. 단위당 공헌이익 및 생산 관련 재료사용량이 다음과 같을 때 최적 제품배합에 의한 총공헌이익은 얼마인가?

[회계사 13]

구분	한복 A	한복 B
단위당 공헌이익	₩3,000	₩1,000
단위당 명주 사용량	1kg	1kg
단위당 염료 사용량	2리터	1리터

① ₩225,000　　　② ₩200,000　　　③ ₩160,000
④ ₩150,000　　　⑤ ₩100,000

정답 및 해설

08 ③

	일반형	고급형	특별주문
단위당 판매가격	₩42	₩64	₩74
단위당 변동원가	26	40	40
단위당 공헌이익	₩16	₩24	₩34
소요기계시간	1시간	2시간	
기계시간당 공헌이익	₩16	₩12	

회사의 유휴기계시간은 500시간(= 6,000시간 - 5,500시간)이므로, 특별주문을 수락하는 경우 1,000시간의 기계시간이 추가로 소요되므로 250단위의 고급형 정수기 판매를 포기하여야 한다.

(+) 특별주문 수락에 따른 공헌이익　　500단위 × ₩34 =　₩17,000
(-) 고급형 정수기 판매 포기　　　　　250단위 × ₩24 =　　6,000
　　　　　　　　　　　　　　　　　　　　　　　　　　　₩11,000

∴ 특별주문 수락 시 영업이익은 ₩11,000만큼 증가한다.

09 ① (1) 한복 A 먼저 생산 시: 한복 A 75개, 한복 B 0개 생산 → 총공헌이익 ₩225,000[*1]
　　[*1] 75개 × ₩3,000 = ₩225,000
(2) 한복 B 먼저 생산 시: 한복 B 70개, 한복 A 30개 생산 → 총공헌이익 ₩160,000[*2]
　　[*2] 30개 × ₩3,000 + 70개 × ₩1,000 = ₩160,000
(3) 최적 제품배합에 의한 총공헌이익은 한복 A 먼저 생산 시 총공헌이익인 ₩225,000이다.

해커스 세무사 객관식 真원가관리회계

제10장

관련원가와 의사결정

10 ★★★
상중하

㈜대한은 다음과 같은 3가지 제품을 동일한 생산라인에서 기계작업을 통하여 생산·판매하고 있다. 생산·판매와 관련된 자료는 다음과 같다.

	A제품	B제품	C제품
단위당 판매가격	₩500	₩350	₩500
단위당 변동원가	200	100	100
단위당 기계소요시간	2시간	1시간	2시간
월간 시장수요	150개	270개	40개

㈜대한의 월간 최대기계가동시간은 450시간이며 월 ₩40,000의 고정원가가 발생한다. 현재 ㈜대한은 기계를 가장 효율적으로 가동하고 있으며, 새로운 D제품을 생산라인에 추가할지를 고려하고 있다. D제품의 단위당 변동원가는 ₩300이며 단위당 기계소요시간은 4시간이다. ㈜대한이 생산한 제품은 모두 판매할 수 있으며, D제품을 추가하여도 판매가격과 원가의 변동은 없다. D제품을 생산라인에 추가하여서 영업이익을 증가시키고자 한다면, D제품의 단위당 판매가격은 최소한 얼마를 초과하여야 하는가?

[세무사 09]

① ₩700   ② ₩800   ③ ₩900
④ ₩1,000   ⑤ ₩1,100

11 ★★
상중하

㈜도원은 정밀기계를 위한 특수필터와 가정의 전자제품용 일반필터를 생산하여 판매하고 있다. 20×1년도 ㈜도원의 제품 생산량과 단위당 자료는 다음과 같다.

구분	특수필터	일반필터
판매가격	₩500	₩300
직접재료원가	150	100
직접노무원가	60	80
변동제조간접원가	90	60
변동판매관리비	50	30

㈜도원의 연간 최대조업도는 21,000기계시간이며, 20×1년도 변동제조간접원가는 기계시간당 ₩30이었다. ㈜도원의 매년 생산량과 판매량은 동일한 것으로 가정한다. ㈜도원이 연간 최대조업도 하에서 특수필터와 일반필터를 각각 최소한 1,500단위 이상 판매하는 경우, 총공헌이익을 최대화하기 위한 특수필터와 일반필터의 판매량은 얼마인가?

[회계사 09]

	특수필터 판매량	일반필터 판매량
①	4,500단위	6,750단위
②	4,500단위	8,250단위
③	5,000단위	1,500단위
④	6,000단위	1,500단위
⑤	6,500단위	1,500단위

10 ③ [자료분석]

	A제품	B제품	C제품	D제품
단위당 판매가격	₩500	₩350	₩500	p
단위당 변동원가	200	100	100	₩300
단위당 공헌이익	₩300	₩250	₩400	p – ₩300
단위당 기계소요시간	2시간	1시간	2시간	4시간
기계시간당 공헌이익	₩150	₩250	₩200	$\dfrac{p - ₩300}{4}$
생산·판매 우선순위	3순위	1순위	2순위	

				합계
월간시장수요	150개	270개	40개	460개
기계소요시간	300시간	270시간	80시간	650시간

D제품 추가 전 최적 생산·매출 배합

B제품 270개 × 1시간 = 270시간
C제품 40개 × 2시간 = 80
     350시간 → 여유시간 450시간 – 350시간 = 100시간
         A제품 50개(= 100시간 ÷ 2시간) 생산

∴ 최적 생산·매출배합(A, B, C) = (50개, 270개, 40개)

D제품 추가 시 영업이익이 증가하려면 D제품 기계시간당 공헌이익이 최소한 A제품(3순위) 기계시간당 공헌이익보다 커야 한다.

$$\frac{p - ₩300}{4} \geq ₩150$$

∴ $p \geq ₩900$

11 ④ [자료분석]

	특수필터		일반필터	
단위당 판매가격		₩500		₩300
단위당 변동원가	₩150 + ₩60 + ₩90 + ₩50 =	350	₩100 + ₩80 + ₩60 + ₩30 =	270
단위당 공헌이익		₩150		₩30
단위당 기계소요시간*	₩90 ÷ ₩30 =	3시간	₩60 ÷ ₩30 =	2시간
기계시간당 공헌이익		₩50		₩15
생산·판매 우선순위		1순위		2순위
최소 생산·판매량		1,500단위		1,500단위

* 단위당 변동제조간접원가 ÷ 기계시간당 변동제조간접원가

연간최대조업도(기계시간: 제약자원)   21,000시간
최소 생산·판매를 위한 기계시간 1,500단위 × (3시간 + 2시간) = (7,500)
                      특수필터 일반필터
여유조업도(유휴설비)   13,500시간

1순위인 특수필터 4,500단위(= 13,500시간 ÷ 3시간)를 우선 추가생산·판매한다.

	특수필터	일반필터
최소 판매량	1,500단위	1,500단위
추가 판매량	4,500	0
계	6,000단위	1,500단위

12 ★★★
상중하

㈜제아는 청소기와 공기청정기를 생산하고 있다. 제품생산과 관련된 정보는 다음과 같다.

구분	청소기	공기청정기
최대 판매가능수량	6,000개	9,000개
단위당 공헌이익	₩50	₩60
단위당 소요기계시간	2시간	3시간

생산에 투입가능한 최대 기계시간이 33,000시간이라고 할 때, 추가적인 설비투자 없이 최적 생산량을 생산한다면 ㈜제아가 달성할 수 있는 최대 공헌이익은 얼마인가?　　　　　　　　　　[회계사 08]

① ₩369,600　　　　　② ₩690,000　　　　　③ ₩720,000
④ ₩780,000　　　　　⑤ ₩840,000

정답 및 해설

12 ③

	청소기	공기청정기
단위당 공헌이익	₩50	₩60
단위당 소요기계시간	÷ 2시간	÷ 3시간
기계시간당 공헌이익	₩25	₩20
생산·판매순위	1순위	2순위
최대 판매가능수량	6,000개	9,000개
최적 생산량	6,000개	7,000개*

* 회사 투입가능 최대 기계시간		33,000시간
청소기 우선 생산에 소요된 기계시간	6,000개 × 2시간 =	(12,000)
여유기계시간(유휴설비)		21,000시간
공기청정기 단위당 소요기계시간		÷ 3시간
공기청정기 생산량		7,000개

∴ 최대 공헌이익 = 6,000개 × ₩50 + 7,000개 × ₩60 = ₩720,000

cpa.Hackers.com

제11장
종합예산 및 자본예산

유형 39   종합예산
유형 40   현금예산
유형 41   자본예산

[1] 제조예산(production budget)이란 예상판매량과 기말제품재고수준을 충족시키기 위하여 생산해야 할 제품수량을 결정하는 것으로써 생산량예산이라고도 한다. 일정기간의 목표생산량은 예상판매량에 기업의 재고정책에 따른 기말제품재고량을 가산하고 기초제품재고량을 차감하여 결정된다.

목표생산량 = 예상판매량 + 기말제품재고량 − 기초제품재고량

[2] 직접재료원가 예산과 관련하여 추가적으로 분석해야 할 사항은 원재료구입예산이다. 원재료구입예산(materials purchase budget)은 목표생산량을 달성하는 데 투입될 원재료수량(예상원재료투입량)의 확보 및 기업의 재고정책에 따른 기말원재료 재고수준의 유지를 위해 구입해야 할 원재료수량과 금액을 결정하는 예산이다. 이는 원재료의 목표구입량에 원재료 단위당 구입가격을 곱하여 산출하는데, 원재료 목표구입량은 예상원재료투입량에 기업의 재고정책에 따른 기말원재료재고량을 가산하고 기초원재료재고량을 차감하여 계산한다.

원재료구입예산 = 원재료목표구입량 × 원재료 단위당 구입가격
        = (예상원재료투입량 + 기말원재료재고량 − 기초원재료재고량) × 원재료 단위당 구입가격

[3] 생산활동을 수행하지 않는 상기업의 경우에는 제조예산 대신 상품매입예산을 산출한다. 상기업의 일정기간의 목표매입량은 예상판매량에 기업의 재고정책에 따른 기말상품재고량을 가산하고 기초상품재고량을 차감하여 결정되며, 이와 같이 결정된 목표매입량에 상품 단위당 매입가격을 곱하여 상품매입예산이 산출된다.

상품매입예산 = 목표매입량 × 상품 단위당 매입가격
       = (예상판매량 + 기말상품재고량 − 기초상품재고량) × 상품 단위당 매입가격

상품매입예산을 묻는 문제는 항상 T계정을 이용하여 풀어야 효율적으로 접근할 수 있다.

실전연습문제

★★
01 손세정제를 제조하는 ㈜세무의 20×1년도 직접재료예산과 관련된 자료는 다음과 같다. 이를 바탕으
상중하 로 구한 2분기의 직접재료구매예산액은?   [세무사 21]

	1분기	2분기	3분기	4분기
판매예산에 따른 각 분기별 제품판매량				
	1,000통	3,000통	5,000통	2,000통

- 판매예산에 따른 각 분기별 제품판매량

- 각 분기별 기말목표 제품재고량은 다음 분기 판매량의 20%로 한다.
- 각 분기별 기말목표 재료재고량은 다음 분기 제품생산량에 필요한 재료량의 10%로 한다.
- 손세정제 1통을 만드는 데 20kg의 재료가 필요하다.
- 재료의 구입단가는 kg당 ₩2이다.

① ₩106,000   ② ₩124,000   ③ ₩140,000
④ ₩152,000   ⑤ ₩156,000

정답 및 해설

01 ③ T계정을 이용하여 풀이하는 것이 가장 좋은 방법이다.

제품(2분기)

기초	600통	판매	3,000통
생산	3,400통	기말	1,000통

제품(3분기)

기초	1,000통	판매	5,000통
생산	4,400통	기말	400통

원재료(2분기)

기초	6,800kg	판매	68,000kg[*1]
투입	70,000kg	기말	8,800kg[*2]

[*1] 3,400통 × 20kg = 68,000kg
[*2] 4,400통 × 20kg × 0.1 = 8,800kg
∴ 직접재료구매예산액 = 70,000kg × ₩2 = ₩140,000

02 다음은 ㈜세무의 20×1년도 2/4분기 판매량예산이다. 월말 제품재고는 다음 달 판매량의 10%를 보유하는 정책을 유지하고 있으며, 제품 단위당 직접노무시간은 4월 3시간, 5월 3시간, 6월에는 4시간 소요될 것으로 예상하고 있다. 시간당 임금이 4월에 ₩50, 5월부터 매월 ₩5씩 상승한다고 할 때, 6월의 직접노무원가 예산은? (단, 7월의 판매량예산은 5,000단위이다) [세무사 20]

• 4월: 3,000단위	• 5월: 4,000단위	• 6월: 4,000단위

① ₩780,000 ② ₩960,000 ③ ₩984,000
④ ₩1,080,000 ⑤ ₩1,200,000

03 ㈜세무는 단일 제품 A를 생산하는데 연간 최대생산능력은 70,000단위이며, 20×1년에 제품 A를 45,000단위 판매할 계획이다. 원재료는 공정 초에 전량 투입(제품 A 1단위 생산에 4kg 투입)되며, 제조과정에서 공손과 감손 등으로 인한 물량 손실은 발생하지 않는다. 20×1년 초 실제재고와 20×1년 말 목표재고는 다음과 같다.

구분	20×1년 초	20×1년 말
원재료	4,000kg	5,000kg
재공품	1,500단위(완성도 60%)	1,800단위(완성도 30%)
제품	1,200단위	1,400단위

재공품 계산에 선입선출법을 적용할 경우, ㈜세무가 20×1년에 구입해야 하는 원재료(kg)는? [세무사 16]

① 180,000kg ② 182,000kg ③ 183,000kg
④ 184,000kg ⑤ 185,600kg

04 ㈜국세의 월별 상품 매출액 예산은 다음과 같다.

월	매출액 예산
1월	₩5,000
2월	10,000
3월	20,000
4월	40,000

매출액에 대한 매출원가의 비율은 80%이고, 월말재고는 다음 달 예상 매출원가의 20%이다. 3월에 예상되는 상품매입액은? [세무사 15]

① ₩12,000 ② ₩16,000 ③ ₩18,400
④ ₩19,200 ⑤ ₩20,800

정답 및 해설

02 ③

제품(6월)

월초	400단위	판매	4,000단위
생산	4,100단위	월말	500단위

∴ 직접노무원가 예산 = 4,100단위 × 4시간 × ₩60 = ₩984,000

03 ③ (1) 제품 물량흐름

제품(20×1년)

기초	1,200단위	판매	45,000단위
생산	45,200단위	기말	1,400단위

(2) 재공품 물량흐름

재공품(20×1년)

기초	1,500단위(0.6)	완성	45,200단위
착수	45,500단위	기말	1,800단위(0.3)

(3) 원재료 물량흐름

원재료(20×1년)

기초	4,000kg	투입	182,000kg*
착수	183,000kg	기말	5,000kg

* 45,500단위 × 4kg = 182,000kg

∴ 구입해야 하는 원재료 = 183,000kg

04 ④

상품(3월)

기초	3,200*3	매출원가	16,000*1
매입	19,200	기말	6,400*2

*1 ₩20,000 × (1 - 0.2) = ₩16,000

*2 ₩40,000 × (1 - 0.2) × 0.2 = ₩6,400

*3 ₩20,000 × (1 - 0.2) × 0.2 = ₩3,200

[별해]

3월 예상 상품매입액 = 3월 예상 매출원가 + 3월 예상 기말재고 - 3월 예상 기초재고

= ₩20,000 × (1 - 0.2) + ₩40,000 × (1 - 0.2) × 0.2 - ₩20,000 × (1 - 0.2) × 0.2

= ₩19,200

다음은 ㈜세무의 20×1년 분기별 생산량예산의 일부 자료이다. 제품생산을 위하여 단위당 2g의 재료가 균일하게 사용되며, 2분기의 재료구입량은 820g으로 추정된다. ㈜세무가 다음 분기 예산 재료 사용량의 일정 비율만큼을 분기 말 재고로 유지하는 정책을 사용하고 있다면 그 비율은? [세무사 13]

	2분기	3분기
생산량예산	400단위	500단위

① 9% ② 10% ③ 11%

④ 12% ⑤ 13%

20×1년 1월부터 3월까지의 대한회사의 예상 상품매출액은 다음과 같다.

월별	예상 매출액
1월	₩3,500,000
2월	4,100,000
3월	3,800,000

매월 기말재고액은 다음 달 예상 매출원가의 25%이며, 상품의 매출총이익률은 30%이다. 2월의 예상 상품매입액은 얼마인가? [세무사 08]

① ₩2,467,500 ② ₩2,817,500 ③ ₩2,625,000

④ ₩3,010,000 ⑤ ₩4,672,500

정답 및 해설

05 ②

2분기			
기초	400단위 × 2g × x	사용량	400 × 2g
구입량	820g	기말	500단위 × 2g × x

∴ x = 10%

06 ②

	1월	2월	3월
예상 매출액	₩3,500,000	₩4,100,000	₩3,800,000
예상 매출원가[1]	2,450,000	2,870,000	2,660,000
기말재고액[2]	717,500	665,000	–

[1] 예상 매출액 × 매출원가율 = 예상 매출액 × (1 – 매출총이익률) = 예상 매출액 × 70%
[2] 다음 달 예상 매출원가 × 25%
∴ 2월 예상 상품매입액 = 2월 예상 매출원가 + 2월 말 재고액 – 2월 초 재고액
= ₩2,870,000 + ₩665,000 – ₩717,500 = ₩2,817,500

유형 40 | 현금예산

현금예산(cash budget)은 예산편성기간의 현금유입액과 현금유출액에 대한 예산이다. 현금예산을 작성하면 잉여현금과 부족현금을 사전에 파악할 수 있어 기업의 유동성을 관리할 수 있고 영업활동 등을 통한 현금창출능력을 파악할 수 있다. 현금예산은 월별 또는 분기별로 작성하는 것이 바람직한데 그 이유는 현금이 부족할 경우 기업이 영업활동을 계속적으로 수행할 수 없기 때문이다.

기초현금 + 현금유입액[1] = 현금유출액[2] + 기말현금

[1] 현금매출, 매출채권의 회수금액, 이자수익, 배당금수익, 부채의 차입, 주식 발행, 유형자산의 처분 등
[2] 현금매입, 매입채무의 지급액, 제조원가의 지급, 판매관리비의 지급, 부채의 상환, 배당금 지급, 유형자산의 취득 등

★★
01
상중하

㈜세무의 20×1년 4월 초 현금잔액은 ₩450,000이며, 3월과 4월의 매입과 매출은 다음과 같다.

구분	매입액	매출액
3월	₩600,000	₩800,000
4월	500,000	700,000

매출은 모두 외상으로 이루어지며, 매출채권은 판매한 달에 80%, 그 다음 달에 20%가 현금으로 회수된다. 모든 매입 역시 외상으로 이루어지고, 매입채무는 매입액의 60%를 구입한 달에, 나머지 40%는 그 다음 달에 현금으로 지급한다. ㈜세무는 모든 비용을 발생하는 즉시 현금으로 지급하고 있으며, 4월 중에 급여 ₩20,000, 임차료 ₩10,000, 감가상각비 ₩15,000이 발생하였다. ㈜세무의 4월 말 현금잔액은?

① ₩540,000 ② ₩585,000 ③ ₩600,000
④ ₩630,000 ⑤ ₩720,000

정답 및 해설

01 ③ (1) 현금유입액 = ₩800,000 × 0.2 + ₩700,000 × 0.8 = ₩720,000
  (2) 현금유출액 = ₩600,000 × 0.4 + ₩500,000 × 0.6 + ₩20,000 + ₩10,000 = ₩570,000
  (3) 4월 말 현금잔액 = ₩450,000 + ₩720,000 − ₩570,000 = ₩600,000

02
상중하

20×1년 초 영업을 개시한 상품매매기업인 ㈜세무의 20×1년 1분기 월별 매출액 예산은 다음과 같다.

	1월	2월	3월
매출액	₩2,220,000	₩2,520,000	₩2,820,000

㈜세무는 매출원가의 20%를 이익으로 가산하여 상품을 판매하고, 월말재고로 그 다음 달 매출원가의 40%를 보유하는 재고정책을 실시하고 있다. ㈜세무의 매월 상품매입 중 50%는 현금매입이고, 50%는 외상매입이다. 외상매입대금 중 80%는 매입한 달의 1개월 후에, 20%는 매입한 달의 2개월 후에 지급된다. 상품매입과 관련하여 ㈜세무의 20×1년 2월 예상되는 현금지출액은? (단, 매입에누리, 매입환출, 매입할인 등은 발생하지 않는다)

① ₩1,076,000   ② ₩1,100,000   ③ ₩1,345,000
④ ₩2,176,000   ⑤ ₩2,445,000

03
상중하

㈜세무는 20×1년의 분기별 현금예산을 편성 중이며, 관련 매출 자료는 다음과 같다.

	1분기	2분기	3분기	4분기
예상 매출액	₩250,000	₩300,000	₩200,000	₩275,000

분기별 예상 매출액 중 현금매출은 40%이며, 외상매출은 60%이다. 외상매출은 판매된 분기(첫 번째 분기)에 60%, 두 번째 분기에 30%, 세 번째 분기에 10%가 현금으로 회수된다. 20×1년 매출과 관련하여 3분기에 예상되는 현금 유입액은?

① ₩152,000   ② ₩206,000   ③ ₩218,000
④ ₩221,000   ⑤ ₩267,000

04 ★★★
상중하

㈜세무는 상품매매업을 영위하고 있으며, 20×2년 1분기의 매출액 예산은 다음과 같다.

구분	1월	2월	3월
매출액	₩100,000	₩120,000	₩150,000
매출원가율	80%	75%	70%

㈜세무의 20×1년 말 재무상태표에 표시된 상품재고는 ₩10,000이고, 매입채무는 ₩42,400이다. ㈜세무는 20×2년에 매월 기말재고로 다음 달 예상 매출원가의 10%를 보유한다. 매월 상품매입은 현금매입 40%와 외상매입 60%로 구성되며, 외상매입대금은 그 다음 달에 모두 지급한다. 상품매입으로 인한 2월의 현금지출 예산은?

[세무사 22]

① ₩74,000
② ₩84,000
③ ₩85,500
④ ₩91,500
⑤ ₩95,000

정답 및 해설

02 ④

상품(1월)				상품(2월)			
월초	0	매출원가	1,850,000	월초	840,000	매출원가	2,100,000
매입	2,690,000	월말	840,000	매입	2,200,000	월말	940,000
	2,690,000		2,690,000		3,040,000		3,040,000

20×1년 2월 예상현금지출액 = ₩2,690,000 × 0.5 × 0.8 + ₩2,200,000 × 0.5 = ₩2,176,000

03 ④

₩250,000 × 0.6 × 0.1 + ₩300,000 × 0.6 × 0.3 + ₩200,000 × 0.6 × 0.6 + ₩200,000 × 0.4
= ₩221,000

04 ②

상품(1월)				상품(2월)			
월초	10,000	매출원가	80,000[*1]	월초	9,000	매출원가	90,000[*2]
구입	79,000	월말	9,000[*3]	구입	91,500	월말	10,500[*4]
	89,000		89,000		100,500		100,500

[*1] ₩100,000 × 0.8 = ₩80,000 [*2] ₩120,000 × 0.75 = ₩90,000
[*3] ₩90,000 × 0.1 = ₩9,000 [*4] ₩150,000 × 0.7 × 0.1 = ₩10,500
∴ 2월의 현금지출 예산 = ₩91,500 × 0.4 + ₩79,000 × 0.6 = ₩84,000

㈜세무의 외상매출대금은 판매 당월(첫째 달)에 60%, 둘째 달에 35%, 셋째 달에 5% 회수된다. 20×1년 12월 31일 재무상태표의 매출채권 잔액은 ₩70,000이며, 이 중 ₩60,000은 20×1년 12월 판매분이고, ₩10,000은 20×1년 11월 판매분이다. 20×2년 1월에 현금매출 ₩80,000과 외상매출 ₩350,000이 예상될 때, 매출과 관련된 20×2년 1월의 현금유입액과 1월 말 매출채권 잔액은? [세무사 17]

	현금유입액	매출채권 잔액
①	₩335,000	₩145,000
②	₩345,000	₩145,000
③	₩345,000	₩147,500
④	₩352,500	₩145,000
⑤	₩352,500	₩147,500

㈜국세는 월간예산을 수립하고 있다. 다음 자료를 이용하여 추정한 ㈜국세의 20×2년 2월 말 현금잔액은 얼마인가? [세무사 12]

재무상태표	
20×2년 1월 1일 현재	
자산	
현금	₩28,000
매출채권(순액)	78,000
상품	104,000
유형자산(장부금액)	1,132,000
총자산	₩1,342,000
부채 및 자본	
매입채무	₩200,000
자본금	800,000
이익잉여금	342,000
총부채 및 자본	₩1,342,000

- 상품의 20×2년 1월 매출액은 ₩260,000, 2월 매출액은 ₩230,000 그리고 3월 매출액은 ₩210,000으로 각각 추정하고 있다. 모든 매출은 외상으로 이루어지며, 매출채권은 판매한 달에 55%, 다음 달에 40%가 현금으로 회수되고, 5%는 대손(손상)처리되어 판매한 당월의 비용으로 처리한다.
- 월별 매출총이익률은 20%이다.
- 상품의 월말재고액은 다음 달 예상 매출원가의 50%로 유지한다.
- 모든 매입은 외상으로 이루어지며 매입채무는 매입한 다음 달에 전액 현금으로 상환한다.
- 기타 운영비 ₩21,700은 매월 현금으로 지급한다.
- 감가상각비는 연간 ₩17,000이다.
- 세금은 무시한다.

① ₩18,400   ② ₩27,300   ③ ₩28,100
④ ₩40,100   ⑤ ₩40,800

정답 및 해설

05 ⑤ (1) 20×2년 1월 현금유입액

₩10,000 + ₩60,000 × 35%/40% + ₩350,000 × 60% + ₩80,000 = ₩352,500

(2) 20×2년 1월 말 매출채권 잔액

₩350,000 × 40% + ₩60,000 × 5%/40% = ₩147,500

06 ④ (1) 20×2년 1월 상품매입액

	상품		
월초	₩104,000	매출원가	₩208,000[*1]
구입	196,000[*3]	월말	92,000[*2]
	₩300,000		₩300,000

[*1] ₩260,000 × 80% = ₩208,000

[*2] ₩230,000 × 80% × 50% = ₩92,000

[*3] ₩208,000 + ₩92,000 − ₩104,000 = ₩196,000

(2) 20×2년 2월 말 현금잔액

20×2년 1월 1일 현금잔액		₩28,000
기초 매출채권 회수		78,000
1월 외상매출금 회수액	₩260,000 × 0.95 =	247,000
2월 외상매출금 회수액	₩230,000 × 0.55 =	126,500
기초 매입채무 지급		(200,000)
1월 매입대금 지급		(196,000)
기타 운영비	₩21,700 × 2개월 =	(43,400)
20×2년 2월 말 현금잔액		₩40,100

07
상중하

단일상품을 구입하여 판매하고 있는 ㈜국세는 20×1년 초에 당해 연도 2분기 예산을 편성 중에 있다. 20×1년 4월의 외상매출액은 ₩3,000,000, 5월의 외상매출액은 ₩3,200,000 그리고 6월의 외상매출액은 ₩3,600,000으로 예상된다. ㈜국세의 매출은 60%가 현금매출이며, 40%가 외상매출이다. 외상매출액은 판매일로부터 1달 뒤에 모두 현금으로 회수된다. ㈜국세는 상품을 모두 외상으로 매입하며, 외상매입액은 매입일로부터 1달 뒤에 모두 현금으로 지급한다. ㈜국세는 다음 달 총판매량의 20%를 월말재고로 보유하며, 매출총이익률은 20%이다. ㈜국세가 20×1년 5월 중 상품 매입대금으로 지급할 현금은 얼마인가? (단, 월별 판매 및 구입단가는 변동이 없다고 가정한다) [세무사 11]

① ₩6,000,000   ② ₩6,080,000   ③ ₩6,400,000
④ ₩6,560,000   ⑤ ₩6,600,000

08
상중하

금년 초에 설립된 미도상사는 상품구매원가의 120%로 상품가격을 책정하고 있다. 미도상사는 매월 구매상품 40%는 현금구입하고 나머지 60%는 외상구입한다. 외상구입 대금은 구입한 달의 다음 달에 지급한다. 미도상사는 매월 기말재고로 그 다음 달 예상 판매량의 30%를 보유하는 정책을 실시하고 있다. 1, 2, 3월의 예상 매출액은 다음과 같다. (단, 3개월 동안의 판매가격 및 구매단가는 불변이다)

	예상 매출액
1월	₩9,600
2월	12,000
3월	15,600

구입대금 지급으로 인한 미도상사의 2월 중 예상 현금지출액은 얼마인가? [세무사 95]

① ₩8,760   ② ₩9,160   ③ ₩10,960
④ ₩13,152   ⑤ ₩10,512

정답 및 해설

07 ② (1) 4월 매입액이 5월 매입대금 지급액이다.

(2) 4월 초 재고 = $\dfrac{₩3,000,000}{0.4} \times 0.8 \times 0.2 = ₩1,200,000$

(3) 4월 매출원가 = $\dfrac{₩3,000,000}{0.4} \times 0.8 = ₩6,000,000$

(4) 4월 말 재고 = $\dfrac{₩3,200,000}{0.4} \times 0.8 \times 0.2 = ₩1,280,000$

(5) 4월 매입액 = 5월 매입대금 지급액 = ₩6,000,000 + ₩1,280,000 - ₩1,200,000 = ₩6,080,000

08 ③

상품(1월)				상품(2월)			
월초	0^{*1}	매출원가	$8,000^{*2}$	월초	3,000	매출원가	$10,000^{*4}$
구입	11,000	월말	$3,000^{*3}$	구입	10,900	월말	$3,900^{*5}$
	11,000		11,000		13,900		13,900

^{*1} 금년 초에 설립되었으므로 기초재고액은 없다.

> **참고** ₩9,600 ÷ 1.2 × 0.3 = ₩2,400으로 계산하면 오류이므로 주의해야 한다.

^{*2} ₩9,600 ÷ 1.2 = ₩8,000

^{*3} ₩12,000 ÷ 1.2 × 0.3 = ₩3,000

^{*4} ₩12,000 ÷ 1.2 = ₩10,000

^{*5} ₩15,600 ÷ 1.2 × 0.3 = ₩3,900

2월 구매액 중 현금지출액	₩10,900 × 0.4 =	₩4,360
1월 외상구매액 중 2월 현금지급액	₩11,000 × 0.6 =	6,600
2월 중 예상 현금지출액		₩10,960

유형 41 │ 자본예산

1. 회수기간법

회수기간법(payback period method)이란 회수기간을 기준으로 투자안을 평가하는 방법을 말한다.

[1] 회수기간이란 투자에 소요된 투자자금을 회수하는 데 걸리는 기간을 의미하며, 일반적으로 연 단위로 표시한다.

[2] 회수기간법은 투자시점 이후에 발생하는 현금흐름이 연중 균등하게 발생한다고 가정하며, 매년 순현금유입액이 균등할 경우 회수기간은 다음과 같이 계산된다.

$$회수기간 = \frac{투자액}{연간\ 순현금유입액}$$

[3] 매년 순현금유입액이 균등하지 않은 경우에는 순현금유입의 누적액이 투자액과 일치하는 기간이 회수기간이 된다.

2. 영업현금흐름

$$\begin{aligned}영업현금흐름 &= 영업이익 \times (1-t) + 감가상각비 = (S - VC - FC) \times (1-t) + D \\ &= (영업수익 - 현금유출비용) \times (1-t) + 감가상각비 \times t = (S - O) \times (1-t) + D \times t \\ &\quad (단,\ t는\ 법인세율임)\end{aligned}$$

3. 순현재가치법

[1] 순현재가치법(NPV법; Net Present Value method)이란 투자안으로 인해 발생하는 현금유입액의 현재가치에서 현금유출액의 현재가치를 차감한 순현재가치로 투자안의 경제성을 평가하는 방법이다. 순현재가치가 (+)인 경우 (+)의 순현재가치만큼 기업가치가 증가하고 (−)인 경우 (−)의 순현재가치만큼 기업가치가 감소하는 것으로 보기 때문에 순현재가치를 극대화하는 투자안을 선택하는 것이 기업가치를 극대화할 수 있다.

[2] 계산산식

$$순현재가치(NPV) = 현금유입액의\ 현재가치 - 현금유출액의\ 현재가치$$
$$= \sum_{t=0}^{n} \frac{유입 CF_t}{(1+r)^t} - \sum_{t=0}^{n} \frac{유출 CF_t}{(1+r)^t}$$

단, 유입CF_t: t기의 현금유입액

유출CF_t: t기의 현금유출액

r: 자본비용(할인율)

[3] 자본비용은 투자를 위한 자본을 조달하는 데 소요된 자본(조달)비용으로 투자안으로부터 요구되는 최저요구수익률(minimum required rate of return)을 의미한다. 자본비용은 타인자본비용과 자기자본비용을 가중평균하여 계산하므로 가중평균자본비용(WACC; Weighted Average Cost of Capital)이라고도 한다.

실전연습문제

01 ㈜세무는 온라인 교육을 확대하기 위해 새로운 온라인 강의설비를 ₩280,000에 구입할 것을 검토하
상중하 고 있다. 이 설비는 향후 5년에 걸쳐서 강사료, 시설관리비 등에서 ₩330,000의 현금절감효과를 가진다. 현금절감액은 연중 균일하게 발생하지만, 연도별 현금흐름은 다음과 같이 균일하지 않다. 이러한 상황에서 설비투자에 대한 회수기간은?   [세무사 21]

연도	1	2	3	4	5
현금절감액	₩100,000	₩80,000	₩60,000	₩50,000	₩40,000

① 3.2년 ② 3.4년 ③ 3.5년
④ 3.6년 ⑤ 3.8년

02 ㈜국세는 올해 초에 신제품 생산을 위한 전용기계 도입 여부를 순현재가치법으로 결정하려고 한다. 신제
상중하 품의 판매가격은 단위당 ₩500이며, 생산 및 판매와 관련된 단위당 변동원가는 ₩300, 그리고 현금유출을 수반하는 고정원가를 매년 ₩600,000으로 예상한다. 전용기계의 구입가격은 ₩1,000,000이고, 정액법으로 감가상각한다(내용연수 5년, 잔존가치 없음). 할인율은 10%이며 법인세율이 40%이고, 매출액, 변동원가, 현금유출 고정원가, 법인세는 전액 해당 연도 말에 현금으로 회수 및 지급된다. 전용기계 도입이 유리하기 위해서는 신제품을 매년 최소 몇 단위를 생산 판매해야 하는가? (단, 10%, 5년의 단일금액의 현가계수는 0.621이고, 정상연금 현가계수는 3.791이다)   [세무사 15]

① 4,198단위 ② 4,532단위 ③ 5,198단위
④ 5,532단위 ⑤ 6,652단위

정답 및 해설

01 ⑤   3년 + (₩280,000 - ₩240,000) ÷ ₩50,000 = 3.8년

02 ②   영업현금흐름 = (영업수익 - 현금유출비용) × (1 - t) + 감가상각비 × t ≥ 현금구입가격
{(₩200 × Q - ₩600,000) × (1 - 0.4) + ₩200,000 × 0.4} × 3.791 ≥ ₩1,000,000 → Q ≥ 4,531.522
∴ 최소판매단위 = 4,532단위

제12장
책임회계와 성과평가

유형 42   원가중심점의 성과평가
유형 43   매출차이분석
유형 44   투자중심점의 성과평가

복수의 생산요소 투입 시 원가차이분석: 생산요소 간 대체가능할 때

참고 직접재료원가, 직접노무원가의 경우 → 능률차이 = 배합차이 + 수율차이

생산요소	AQ × AP	AQ × SP 실제수율, 실제배합	AQ′ × SP = (Total AQ × BM) × SP 실제수율, 예산배합	SQ × SP 예산수율, 예산배합
A	×××	×××	×××	×××
B	×××	×××	×××	×××
계	×××	×××	×××	×××

	배합차이	수율차이
가격차이	능률차이	
총차이(변동예산차이)		

[용어정리]

- AQ: 실제투입량
- AQ′(= Total AQ × BM): 예산(표준)배합하의 실제투입량
- Total AQ$\left(= \sum_i AQ_i\right)$: 실제총투입량
- BM: 예산(표준)배합비율
- SQ: 실제생산량에 허용된 표준투입량
- AP: 실제가격
- SP: 표준가격

01
상중하

㈜세무는 표준원가계산제도를 채택하고 있으며, 상호 대체가능한 원재료 A와 B를 이용하여 제품을 생산한다. 원재료투입량과 표준가격은 다음과 같다.

원재료	실제투입량	표준투입량	kg당 표준가격
A	150kg	120kg	₩30
B	150kg	180kg	₩20

재료원가 차이분석에 관한 설명으로 옳은 것은? (단, 표준투입량은 실제생산량에 허용된 원재료투입량을 의미하며, 원가차이의 유리(혹은 불리) 여부도 함께 판단할 것)

[세무사 22]

① 원재료 A와 B에서 발생한 수량차이(능률차이)는 총 ₩300 유리하다.
② 배합차이로 인해 재료원가가 예상보다 ₩600 더 발생했다.
③ 배합차이로 인해 원재료 A의 원가는 예상보다 ₩900 적게 발생했다.
④ 수율차이(순수수량차이)는 발생하지 않았다.
⑤ 원재료 A와 B의 실제투입량 합계가 300kg에서 400kg으로 증가하면 유리한 수율차이가 발생한다.

정답 및 해설

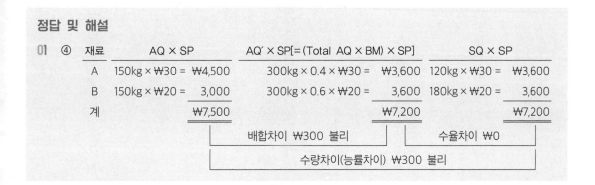

01 ④
재료	AQ × SP		AQ′ × SP[=(Total AQ × BM) × SP]		SQ × SP	
A	150kg × ₩30 =	₩4,500	300kg × 0.4 × ₩30 =	₩3,600	120kg × ₩30 =	₩3,600
B	150kg × ₩20 =	3,000	300kg × 0.6 × ₩20 =	3,600	180kg × ₩20 =	3,600
계		₩7,500		₩7,200		₩7,200

배합차이 ₩300 불리   수율차이 ₩0

수량차이(능률차이) ₩300 불리

02 ㈜한국은 상호대체가 가능한 두 종류의 노무등급인 고급노무인력과 저급노무인력을 제조공정에 투입
하여 제품을 생산한다. 이 회사는 표준원가계산제도를 사용하여 직접노무원가에 대해 매월 실제원가
와 표준원가의 차이를 분석하고자 한다. 이를 위한 20×1년 2월의 각 노무등급별 표준직접노무원가
에 관한 자료는 다음과 같다.

	표준임률	실제생산량에 허용된 표준노무시간
고급노무인력	₩20	200시간
저급노무인력	12	200

20×1년 2월의 각 노무등급별 실제임률과 실제로 사용된 직접노무시간은 다음과 같다.

	실제임률	실제 사용된 직접노무시간
고급노무인력	₩21	220시간
저급노무인력	13	160

㈜한국의 20×1년 2월 직접노무원가의 배합차이와 수율차이는 각각 얼마인가? [세무사 14]

	배합차이	수율차이
①	₩280 유리	₩300 유리
②	₩280 유리	₩300 불리
③	₩240 불리	₩300 유리
④	₩240 불리	₩320 유리
⑤	₩240 불리	₩320 불리

03
상중하

마리아벤처기업은 인터넷서비스업을 제공함에 있어서 전문가와 비전문 주부사원을 동시에 채용하고 있다. 이들에 대한 1분당 표준임금과 그에 따른 서비스 1회의 표준원가는 다음과 같다.

	표준시간	표준임률	표준원가
표준임금			
전문가	3분	1분당 ₩300	₩900
비전문가	7분	1분당 ₩100	₩700
서비스 단위당 표준원가			₩1,600

이 회사는 지난 1주일간 500회의 서비스를 제공하였으며, 이에 따라 실제로 발생된 임금은 다음과 같았다.

	실제시간	실제임률	실제원가
실제임금			
전문가	1,200분	1분당 ₩400	₩480,000
비전문가	4,000분	1분당 ₩130	₩520,000
실제원가 총액			₩1,000,000

마리아벤처기업이 설정한 표준원가를 기초로 변동예산과 실제원가의 차이를 임률차이와 능률차이로 구분하고, 능률차이를 다시 배합차이와 수율차이로 구분할 때, 정확한 수율차이(yield variance)는 얼마인가?

[회계사 02]

① 불리한 차이 ₩32,000
② 불리한 차이 ₩72,000
③ 유리한 차이 ₩32,000
④ 유리한 차이 ₩40,000
⑤ 유리한 차이 ₩72,000

정답 및 해설

02 ④

	AQ × SP	AQ′ × SP[=(Total AQ × BM) × SP]	SQ × SP
고급	220시간 × ₩20 = ₩4,400	380시간 × 0.5 × ₩20 = ₩3,800	200시간 × ₩20 = ₩4,000
저급	160시간 × ₩12 = 1,920	380시간 × 0.5 × ₩12 = 2,280	200시간 × ₩12 = 2,400
계	₩6,320	₩6,080	₩6,400

배합차이 ₩240 불리   수율차이 ₩320 유리

03 ①

	AQ′ × SP[= (Total AQ × BM) × SP]	SQ × SP
전문가	(5,200분[*1] × 0.3) × ₩300 = ₩468,000	(500회 × 3분) × ₩300 = ₩450,000
비전문가	(5,200분[*1] × 0.7) × ₩100 = 364,000	(500회 × 7분) × ₩100 = 350,000
계	5,200분 × ₩160[*2] = ₩832,000	(500회 × 10분) × ₩160[*2] = ₩800,000

수율차이 ₩32,000 불리

[*1] 실제총사용시간 = 1,200분 + 4,000분 = 5,200분
[*2] 가중평균표준가격 = ₩1,600 ÷ 10분 = ₩160/분(or ₩300/분 × 30% + ₩100/분 × 70% = ₩160/분)

[별해]
수율차이 = (실제총투입량 − 표준총투입량) × 가중평균표준가격
= [5,200분 − (500회 × 10분)] × (₩1,600 ÷ 10분) = ₩32,000 불리

1. 매출가격차이와 매출조업도차이

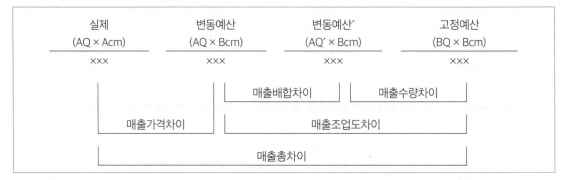

[용어정리]

- AQ: 실제판매량
- SV: 표준(예산) 단위당 변동원가
- BQ: 예산판매량
- Bcm: 예산 단위당 공헌이익 = BP − SV
- AP: 실제 단위당 판매가격
- Acm: 수정된 실제 단위당 공헌이익 = AP − SV
- BP: 예산 단위당 판매가격
- BM: 예산매출배합
- AQ′: 예산매출배합하의 실제판매량 = Total AQ × BM(Total AQ: 실제총판매량)

  ⇒ 관건: AQ′(= Total AQ × BM)의 계산

  ① Total AQ = $\sum_{i}$ AQ$_i$: 실제총판매량

  ② BM: 예산매출배합

2. 시장점유율차이와 시장규모차이

→ 관건: BACM, 예산시장점유율 파악

[용어정리]

- 실제점유율: 실제총판매량 ÷ 실제시장규모
- 예산점유율: 예산총판매량 ÷ 예산시장규모
- 단위당 예산가중평균공헌이익(BACM): 예산총공헌이익 ÷ 예산총판매량
- 변동예산″: 실제규모 × 실제점유율 × BACM = AQ′ × Bcm = (Total AQ × BM) × Bcm
- 고정예산: 예산규모 × 예산점유율 × BACM = BQ × Bcm[(고정)예산총공헌이익]

실전연습문제

★★
01
상중하

㈜세무는 사무실용과 가정용 공기청정기를 판매한다. 다음은 ㈜세무의 20×1년 예산과 실제 결과에 대한 자료이다.

〈20×1년 예산〉

제품	단위당 판매가격	단위당 변동원가	판매수량
사무실용 공기청정기	₩180	₩120	30,000대
가정용 공기청정기	135	90	90,000대

〈20×1년 실제 결과〉

제품	단위당 판매가격	단위당 변동원가	판매수량
사무실용 공기청정기	₩165	₩112.5	37,800대
가정용 공기청정기	120	82.5	88,200대

20×1년도 공기청정기의 전체 실제시장규모는 1,050,000대이며, ㈜세무의 시장점유율차이는 ₩1,023,750(유리)이다. ㈜세무가 예상한 20×1년도 전체 공기청정기의 시장규모는? [세무사 20]

① 857,143대 ② 923,077대 ③ 1,100,000대
④ 1,150,000대 ⑤ 1,200,000대

정답 및 해설

01 ⑤ (1) 시장점유율차이
= 실제시장규모 × 실제점유율 × BACM(예산가중평균공헌이익) - 실제시장규모 × 예산점유율 × BACM
₩1,023,750 = 1,050,000대 × 0.12[*1] × @48.75[*2] - 1,050,000대 × x × @48.75[*2]
→ x(예산점유율) = 0.1
[*1] (37,800대 + 88,200대) ÷ 1,050,000대 = 0.12
[*2] (₩180 - ₩120) × 30,000대/120,000대 + (₩135 - ₩90) × 90,000대/120,000대 = @48.75
(2) 120,000대 ÷ 예상시장규모 = 0.1
∴ 예상시장규모 = 1,200,000대

02 ㈜갑은 단일제품을 생산·판매한다. ㈜갑은 표준원가를 이용하여 종합예산을 편성한다. 다음은 ㈜갑의 20×1년 2월 중 생산과 관련된 자료이다.

〈표준 및 예상조업도에 관한 자료〉
- 직접재료원가: 제품 단위당 10kg, kg당 ₩50
- 직접노무원가: 제품 단위당 3시간, 시간당 ₩250
- 변동제조간접원가: 직접노무시간을 기준으로 배부하며, 배부율은 직접노무시간당 ₩120
- 고정제조간접원가 월 예산액: ₩132,600
- 예상조업도: 780직접노무시간

〈실제원가 및 실제조업도에 관한 자료〉
- 직접재료원가: 2,300kg 구입 및 전량 사용, kg당 ₩55
- 직접노무원가: 740시간, 시간당 ₩260
- 변동제조간접원가 발생액: ₩90,000
- 고정제조간접원가 발생액: ₩130,000
- 실제생산수량: 240단위

㈜갑이 20×1년 2월 초 작성한 종합예산의 총제조원가 금액과 20×1년 2월 말 작성한 변동예산의 총제조원가 금액은 각각 얼마인가?

[회계사 12]

	2월 초 종합예산 총제조원가	2월 말 변동예산 총제조원가
①	₩551,200	₩519,000
②	₩551,200	₩508,800
③	₩519,000	₩551,200
④	₩508,800	₩519,000
⑤	₩508,800	₩551,200

03 상중하

㈜국세는 사무용과 가정용 복사기를 판매한다. ㈜국세는 20×1년 복사기 시장규모가 800,000대일 것으로 예측했으나, 실제 시장규모는 700,000대로 집계되었다. 20×1년 예산과 실제 결과에 대한 자료가 다음과 같을 때, ㈜국세의 시장점유율차이는 얼마인가?

[세무사 11]

〈20×1년도 예산〉

제품종류	판매단가	단위당 변동원가	판매수량 및 비율	
			수량	비율
사무용	₩1,200	₩700	20,000대	25%
가정용	900	500	60,000	75
계			80,000	100

〈20×1년도 실제 결과〉

제품종류	판매단가	단위당 변동원가	판매수량 및 비율	
			수량	비율
사무용	₩1,100	₩625	25,200대	30%
가정용	820	400	58,800	70
계			84,000	100

① ₩3,840,000 불리   ② ₩4,960,000 불리   ③ ₩5,270,000 불리
④ ₩4,750,000 유리   ⑤ ₩5,950,000 유리

정답 및 해설

02 ① (1) 2월 초 종합예산 총제조원가(예상조업도 780직접노무시간, 예상생산량 260단위)

변동제조원가   260단위 × (₩500 + ₩750 + ₩360) = ₩418,600
고정제조간접원가   132,600
계   ₩551,200

(2) 2월 말 변동예산 총제조원가(실제생산량 240단위)

변동제조원가   240단위 × (₩500 + ₩750 + ₩360) = ₩386,400
고정제조간접원가   132,600
계   ₩519,000

03 ⑤ (1) 실제점유율 = 84,000대 ÷ 700,000대 = 0.12
(2) 예산점유율 = 80,000대 ÷ 800,000대 = 0.1
(3) 예산가중평균공헌이익 = ₩500 × 0.25 + ₩400 × 0.75 = ₩425
(4) 시장점유율차이 = 700,000대 × (0.12 - 0.1) × ₩425 = ₩5,950,000 유리

04 동남컨설팅의 모든 컨설팅용역은 책임연구원 1명과 보조연구원 2명이 수행하고 있다. 동남컨설팅의
컨설팅용역 수행에 관한 20×1년 1월과 2월의 예산과 실제 자료는 다음과 같다.

구분	책임연구원 1명당	보조연구원 1명당
시간당 예산공헌이익	₩100,000	₩50,000
매월 예산투입시간	140시간	180시간
1월 실제투입시간	?	171
2월 실제투입시간	?	153

동남컨설팅의 모든 연구원이 컨설팅용역을 수행하는 데 실제 투입한 총시간은 20×1년 1월과 2월에
각각 450시간씩인 것으로 파악되었다. 컨설팅용역 수행에 투입된 시간에 의할 경우, 공헌이익을 기
준으로 계산한 책임연구원과 보조연구원의 1월과 2월 매출배합차이는 각각 얼마인가? [회계사 11]

	20×1년 1월		20×1년 2월	
	책임연구원	보조연구원	책임연구원	보조연구원
①	₩1,800,000 불리	₩900,000 유리	₩1,800,000 유리	₩900,000 불리
②	₩900,000 불리	₩1,800,000 유리	₩900,000 불리	₩1,800,000 유리
③	₩1,800,000 유리	₩900,000 불리	₩1,800,000 불리	₩900,000 유리
④	₩900,000 유리	₩1,800,000 불리	₩900,000 유리	₩1,800,000 불리
⑤	₩1,800,000 유리	₩900,000 유리	₩1,800,000 불리	₩900,000 불리

05 대한회사는 A와 B의 두 제품을 생산·판매하고 있다. 예산에 의하면 제품 A의 단위당 공헌이익은
₩20이고, 제품 B의 공헌이익은 ₩4이다. 20×1년의 예산매출수량은 제품 A가 800단위, 제품 B
는 1,200단위로 총 2,000단위였다. 그러나 실제매출수량은 제품 A가 500단위, 제품 B가 2,000
단위로 총 2,500단위였다. 대한회사의 20×1년 매출배합차이와 매출수량차이를 계산하면 각각 얼
마인가? [세무사 08]

	매출배합차이	매출수량차이
①	₩8,000 유리	₩5,200 불리
②	₩8,000 유리	₩5,200 유리
③	₩5,200 불리	₩8,000 불리
④	₩5,200 유리	₩8,000 불리
⑤	₩8,000 불리	₩5,200 유리

정답 및 해설

04 ① (1) 실제 투입시간의 계산

	책임연구원	보조연구원
1월	450시간 - 342시간 = 108시간	2명 × 171시간/명 = 342시간
2월	450시간 - 306시간 = 144시간	2명 × 153시간/명 = 306시간

(2) 예산매출배합(BM)의 계산

매월 예산총투입시간 = 1명 × 140시간 + 2명 × 180시간 = 500시간

$$\therefore \text{BM책임} = \frac{140\text{시간}}{500\text{시간}} = 0.28(28\%)$$

$$\text{BM보조} = \frac{360\text{시간}}{500\text{시간}} = 0.72(72\%)$$

(3) 매출배합차이

	책임연구원	보조연구원
1월	(108시간 - 450시간 × 28%) × ₩100,000 = ₩(1,800,000) 불리	(342시간 - 450시간 × 72%) × ₩50,000 = ₩900,000 유리
2월	(144시간 - 450시간 × 28%) × ₩100,000 = ₩1,800,000 유리	(306시간 - 450시간 × 72%) × ₩50,000 = ₩(900,000) 불리

05 ⑤ [자료분석]

	제품 A	제품 B	합계
예산단위당 공헌이익(Bcm)	₩20	₩4	-
예산매출수량(BQ)	800단위(40%)	1,200단위(60%)	2,000단위
실제매출수량(AQ)	500	2,000	2,500

제품	변동예산 (AQ × Bcm)	변동예산′ (AQ′ × Bcm)	고정예산 (BQ × Bcm)
A	500단위 × ₩20 = ₩10,000	(2,500단위 × 40%) × ₩20 = ₩20,000	800단위 × ₩20 = ₩16,000
B	2,000단위 × ₩4 = 8,000	(2,500단위 × 60%) × ₩4 = 6,000	1,200단위 × ₩4 = 4,800
계	₩18,000	₩26,000	₩20,800

매출배합차이 ₩8,000 불리   매출수량차이 ₩5,200 유리

06 ㈜광원은 보통과 고급의 두 가지 우산을 판매한다. ㈜광원의 20×1년 2월의 매출에 대한 자료는 다음
과 같다. 두 가지 우산의 매출수량차이는 얼마인가? (모든 차이는 공헌이익을 기준으로 한다)

[세무사 04]

• 고정예산 총공헌이익	₩2,800,000
• 2월에 판매될 예상 우산수량	2,000단위
• 보통우산의 단위당 예산공헌이익	₩1,000
• 고급우산의 단위당 예산공헌이익	₩3,000
• 총매출수량차이	₩700,000 불리
• 보통우산의 실제 매출배합비율	60%

① 보통 ₩400,000 불리, 고급 ₩300,000 불리
② 보통 ₩300,000 불리, 고급 ₩400,000 불리
③ 보통 ₩100,000 유리, 고급 ₩800,000 불리
④ 보통 ₩800,000 불리, 고급 ₩100,000 유리
⑤ 보통 ₩500,000 불리, 고급 ₩200,000 불리

정답 및 해설

06 ① (1) 보통우산의 예산매출배합비율(BM)을 x라고 하면 고급우산의 BM은 $1 - x$이다.

		BQ × Bcm
보통우산	2,000단위 × x × @1,000 =	2,000,000x
고급우산	2,000단위 × $(1 - x)$ × @3,000 =	₩6,000,000 - 6,000,000x
계		₩6,000,000 - 4,000,000x

₩6,000,000 - 4,000,000x = ₩2,800,000(고정예산 총공헌이익) → x = 0.8(80%)

(2) 실제총판매량(Total AQ) = Q

	AQ' × Bcm [= (Total AQ × BM) × Bcm]		BQ × Bcm	
보통우산	(Q × 80%) × @1,000 =	800Q	(2,000단위 × 80%) × @1,000 =	₩1,600,000
고급우산	(Q × 20%) × @3,000 =	600Q	(2,000단위 × 20%) × @3,000 =	1,200,000
계		1,400Q		₩2,800,000

총매출수량차이 ₩700,000 U

1,400Q - ₩2,800,000 = ₩(700,000) → Q = 1,500단위

	AQ' × Bcm	BQ × Bcm	매출수량차이
보통우산	800Q = ₩1,200,000	₩1,600,000	₩400,000 불리
고급우산	600Q = 900,000	1,200,000	300,000 불리
계	₩2,100,000	₩2,800,000	₩700,000 불리

유형 44 | 투자중심점의 성과평가

[1] 투자수익률(ROI)

$$ROI = \frac{영업이익}{투자액} = \frac{영업이익}{매출액} \times \frac{매출액}{투자액} = 매출액이익률 \times 자산회전율$$

① 장점: 투자에 대한 규모와 수익성을 고려함
② 단점: 목표불일치현상, 사업의 성격이 이질적인 경우 성과비교 무의미함

[2] 잔여이익(RI)

$$RI = 영업이익 - 투자액 \times 최저필수수익률$$

① 장점: 목표일치, 사업의 성격이 이질적인 경우 최저필수수익률의 조정에 따른 성과비교 가능함
② 단점: 투자에 대한 규모를 고려하지 못함(규모가 클수록 유리)

[3] 경제적 부가가치(EVA)

$$EVA = 영업이익 \times (1 - 세율) - 투하자본 \times 가중평균자본비용$$

① 투하자본

$$비유동부채 + 자기자본 = 총자산 - 유동부채 = 비유동자산 + (유동자산 - 유동부채)$$

② 가중평균자본비용(WACC)

$$WACC = \frac{자기자본}{자기자본 + 타인자본} \times 자기자본비용 + \frac{타인자본}{자기자본 + 타인자본} \times 타인자본비용 \times (1 - 세율)$$

③ 구성비율: 자기자본과 타인자본의 구성비율 계산 시 시장가치(Market Value)에 의해 계산해야 함
  ㉠ 장점
    ⓐ 영업, 재무, 투자활동의 성과인 당기순이익에 비해 기업 고유의 영업활동과 관련된 가치 증가를 파악할 수 있음
    ⓑ EVA에 의해 경영자의 성과를 측정하면 주주의 부를 극대화할 수 있도록 동기부여 가능함
  ㉡ 단점
    ⓐ 회계상 영업이익을 기초로 계산되므로 발생주의의 한계점을 가짐
    ⓑ 투자규모에 대한 효과를 고려하지 못함

01 ★★
상중하

㈜세무는 평균영업용자산과 영업이익을 이용하여 투자수익률(ROI)과 잔여이익(RI)을 산출하고 있다. ㈜세무의 20×1년 평균영업용자산은 ₩2,500,000이며, ROI는 10%이다. ㈜세무의 20×1년 RI가 ₩25,000이라면 최저필수수익률은?

① 8%   ② 9%   ③ 10%
④ 11%   ⑤ 12%

02 ★★
상중하

㈜세무는 사업부 성과평가를 위해 각 사업부의 EVA(경제적 부가가치)를 계산한다. 다음은 사업부 중 한 곳인 A사업부의 재무상태표와 포괄손익계산서의 일부 자료이다.

> • 총자산 ₩2,000,000   • 유동부채 ₩500,000   • 세전영업이익 ₩400,000

㈜세무의 모든 사업부는 유사한 위험에 직면해 있으므로 각 사업부의 EVA 계산 시 기업전체 가중평균자본비용 11%를 적용한다. 이 경우 A사업부의 EVA는? (단, 법인세율은 30%이다)

① ₩115,000   ② ₩125,000   ③ ₩145,000
④ ₩215,000   ⑤ ₩235,000

03 ★★
상중하

㈜세무의 사업부는 부문 A와 부문 B로 구성되어 있고, 부문별 성과는 투자수익률(ROI, Return On Investment)과 잔여이익(RI, Residual Income)으로 평가한다. ㈜세무가 투자에 대해 적용하는 최소요구수익률은 15%이다. 다음은 ㈜세무의 20×1년 각 부문에 대한 성과자료이다.

구분	부문 A	부문 B
매출액	?	?
순영업이익	?	₩162,000
평균영업자산	₩600,000	?
매출액 영업이익률	?	?
영업자산회전율	5	4.5
투자수익률(ROI)	20%	18%
잔여이익(RI)	?	?

위의 자료에 근거한 다음 설명 중 옳지 않은 것은?

① 부문 A와 부문 B의 매출액 영업이익률은 4%로 동일하다.
② 부문 B의 매출액은 ₩4,500,000이다.
③ 부문 B의 잔여이익은 ₩27,000이다.
④ 부문 A의 매출액은 ₩3,000,000이다.
⑤ 부문 A의 잔여이익은 ₩30,000이다.

정답 및 해설

01 ② (1) 영업이익

₩2,500,000 × 0.1 = ₩250,000

(2) 최저필수수익률(x)

₩250,000 - ₩2,500,000 × x = ₩25,000

∴ x = 0.09(9%)

02 ① ₩400,000 × (1 - 30%) - (₩2,000,000 - ₩500,000) × 11% = ₩115,000

03 ② (1) 부문 A 영업이익 = ₩600,000 × 0.2 = ₩120,000

(2) 부문 A 매출액이익률 = 20% ÷ 5 = 4%

(3) 부문 A 잔여이익 = ₩120,000 - ₩600,000 × 0.15 = ₩30,000

(4) 부문 B 영업자산 = ₩162,000 ÷ 0.18 = ₩900,000

(5) 부문 B 매출액 = ₩900,000 × 4.5 = ₩4,050,000

(6) 부문 B 잔여이익 = ₩162,000 - ₩900,000 × 0.15 = ₩27,000

04
상중하

다음은 ㈜세무의 재무상태표와 포괄손익계산서 자료의 일부이다.

항목	금액	항목	금액
유동자산	₩12,000	유동부채	₩6,000
비유동자산	₩8,000	세전영업이익	₩4,000

㈜세무의 가중평균자본비용 계산에 관련된 자료가 다음과 같을 때 경제적 부가가치(EVA)는? (단, 법인세율은 30%이다)

장기부채	시장가치 ₩14,000	이자율 10%
자기자본	시장가치 ₩14,000	자본비용 14%

① ₩600
② ₩840
③ ₩1,070
④ ₩1,270
⑤ ₩1,330

05
상중하

㈜세무는 사업부의 성과를 평가하기 위해 각 사업부의 EVA(경제적 부가가치)를 계산하려고 하는데, 사업부 중 한 곳인 남부사업부의 재무상황은 총자산 ₩2,000,000, 유동부채 ₩500,000, 영업이익 ₩400,000이다. ㈜세무의 두 가지 자금원천 중 하나인 타인자본의 시장가치는 ₩6,000,000이고, 그에 대한 이자율은 10%이다. 나머지 원천인 자기자본의 시장가치는 ₩9,000,000이고 그에 대한 자본비용은 15%이다. ㈜세무에게 적용되는 법인세율은 40%이다. 각 사업부의 EVA계산은 기업 전체의 가중평균자본비용을 적용한다. 이러한 상황에서 계산된 남부사업부의 EVA는? [세무사 21]

① ₩58,000
② ₩69,000
③ ₩72,000
④ ₩74,000
⑤ ₩78,000

06
상중하

성과평가 및 보상에 관한 설명으로 옳은 것은? [세무사 15]

① 투자이익률은 사업부 또는 하위 사업 단위 성과평가에 적용될 수 있으나, 개별 투자안의 성과평가에는 적용되지 않는다.
② 잔여이익은 영업이익으로부터 산출되며, 평가대상의 위험을 반영하지 못한다.
③ 투자이익률에 비해 잔여이익은 투자규모가 서로 다른 사업부의 성과를 비교·평가하기가 용이하다.
④ 상대평가에 비해 절대평가는 인구, 경제상황, 규제정책 등 공통의 통제불가능한 요소가 성과평가에 미치는 영향을 제거하기 쉽다.
⑤ 경영자가 장기적 성과에 관심을 갖도록 동기부여하기 위해 회사의 주가를 기준으로 보상을 결정하는 방법이 있다.

정답 및 해설

04 ⑤ (1) 가중평균자본비용 = 0.1 × (1 - 0.3) × 0.5 + 0.14 × 0.5 = 0.105(10.5%)

(2) 경제적 부가가치 = ₩4,000 × (1 - 0.3) - (₩20,000 - ₩6,000) × 0.105 = ₩1,330

05 ② 남부사업부의 EVA = ₩400,000 × (1 - 0.4) - (₩2,000,000 - ₩500,000) × 0.114[*] = ₩69,000

[*] WACC = 0.1 × (1 - 0.4) × 0.4 + 0.15 × 0.6 = 0.114

06 ⑤ [지문분석]

① 투자이익률은 개별 투자안의 성과평가에도 적용된다.

② 잔여이익은 영업이익으로부터 산출되며, 평가대상의 위험을 반영한다.

③ 투자이익률에 비해 잔여이익은 투자규모가 서로 다른 사업부의 성과를 비교·평가하기가 용이하지 않다.

④ 상대평가에 비해 절대평가는 인구, 경제상황, 규제정책 등 공통의 통제불가능한 요소가 성과평가에 미치는 영향을 제거하기 쉽지 않다.

07 ★★
상중하

㈜세무는 전자제품을 생산·판매하는 회사로서, 세 개의 사업부 A, B, C는 모두 투자중심점으로 설계·운영되고 있다. 회사 및 각 사업부의 최저필수수익률은 20%이며, 각 사업부의 20×1년도 매출액, 영업이익 및 영업자산에 관한 자료는 다음과 같다. 현재 사업부 A는 ₩40,000을 투자하면 연간 ₩10,000의 영업이익을 추가로 얻을 수 있는 새로운 투자안을 고려하고 있다. 이 새로운 투자에 소요되는 예산은 현재의 자본비용 수준으로 조달할 수 있다. ㈜세무가 투자수익률 혹은 잔여이익으로 사업부를 평가하는 경우, 다음 설명 중 옳지 않은 것은?

[세무사 14]

구분	사업부 A	사업부 B	사업부 C
매출액	₩400,000	₩500,000	₩300,000
영업이익	32,000	30,000	21,000
평균영업자산	100,000	50,000	50,000

① 투자수익률로 사업부를 평가하는 경우, 20×1년에는 사업부 B가 가장 우수하다.
② 잔여이익으로 사업부를 평가하는 경우, 20×1년에는 사업부 B가 가장 우수하다.
③ 잔여이익으로 사업부를 평가하는 경우, 사업부 A의 경영자는 동 사업부가 현재 고려 중인 투자안을 채택할 것이다.
④ 투자수익률로 사업부를 평가하는 경우, 사업부 A의 경영자는 동 사업부가 현재 고려 중인 투자안을 채택할 것이다.
⑤ 투자수익률 혹은 잔여이익 중 어느 것으로 사업부를 평가하는 경우라도, 회사 전체 관점에서는 사업부 A가 고려 중인 투자안을 채택하는 것이 유리하다.

08 ★★
상중하

㈜강릉은 다음과 같은 3개의 사업부(A, B, C)를 갖고 있다. 다음 자료를 이용하여 각 사업부를 잔여이익으로 평가했을 때 성과가 높은 사업부 순서대로 옳게 배열한 것은?

[세무사 10]

구분	A	B	C
투자액	₩1,300,000	₩1,200,000	₩1,500,000
영업이익	300,000	330,000	350,000
최저필수수익률	15%	19%	16%

① C > A > B   ② C > B > A   ③ B > A > C
④ A > C > B   ⑤ A > B > C

정답 및 해설

07 ④ (1) 투자수익률(ROI) = $\dfrac{영업이익}{평균영업자산}$

  ① 사업부 A: $\dfrac{₩32,000}{₩100,000}$ = 32%

  ② 사업부 B: $\dfrac{₩30,000}{₩50,000}$ = 60%

  ③ 사업부 C: $\dfrac{₩21,000}{₩50,000}$ = 42%

  ④ 새로운 투자안: $\dfrac{₩10,000}{₩40,000}$ = 25%

   ㉠ 사업부 A 관점: 새로운 투자안 25% < 사업부 A 32% → 채택 X(기각)
   ㉡ 회사 전체 관점: 새로운 투자안 25% > 회사 최저필수수익률 20% → 채택 O

 (2) 잔여이익(RI) = 영업이익 - 평균영업자산 × 최저필수수익률
  ① 사업부 A: ₩32,000 - ₩100,000 × 20% = ₩12,000
  ② 사업부 B: ₩30,000 - ₩50,000 × 20% = ₩20,000
  ③ 사업부 C: ₩21,000 - ₩50,000 × 20% = ₩11,000
  ④ 새로운 투자안: ₩10,000 - ₩40,000 × 20% = ₩2,000 > 0
  ∴ 사업부 A와 회사 전체 관점 → 채택 O

08 ① 잔여이익(RI) = 영업이익 - 투자액 × 최저필수수익률
  (1) 사업부 A의 RI = ₩300,000 - ₩1,300,000 × 15% = ₩105,000
  (2) 사업부 B의 RI = ₩330,000 - ₩1,200,000 × 19% = ₩102,000
  (3) 사업부 C의 RI = ₩350,000 - ₩1,500,000 × 16% = ₩110,000
  ∴ C > A > B

09 ㈜한해는 당기 초부터 고객에 대한 신용매출 기간을 3개월에서 6개월로 연장하는 판매촉진정책을 실
상중하 시하였다. 그 결과 당기에는 전기에 비해 매출액과 세후이익이 모두 증가하였고, 재고자산과 매출채
권은 각각 ₩4,000과 ₩3,500만큼 증가하였다. 회사가 제시한 비교손익계산서와 법인세율 및 자본
비용(cost of capital)은 다음과 같다.

항목	당기	전기	증감
매출액	₩275,000	₩250,000	10% 증가
차감			
매출원가	₩192,500	₩175,000	
판매관리비	55,000	50,000	
이자비용	1,400	1,400	
세전이익	₩26,100	₩23,600	
법인세비용	9,135	8,260	
세후이익	₩16,965	₩15,340	10.6% 증가
법인세율	35%	35%	
자본비용	15%	15%	

새로운 판매촉진정책의 실시로 인하여 당기의 경제적 부가가치(EVA; Economic Value Added)
는 전기에 비해 얼마만큼 증가(혹은 감소)하였는가? (단, 세후영업이익에 대한 추가적인 조정은 없으며
재고자산과 매출채권 이외에 투하자본(invested capital)의 변동은 없다고 가정한다) [회계사 10]

① ₩825 감소   ② ₩1,400 감소   ③ ₩500 증가
④ ₩1,125 증가   ⑤ ₩1,625 증가

10 투자중심점(investment center)의 투자성과 평가지표에 관한 다음의 설명 중 가장 타당하지 않
상중하 은 것은? [회계사 09]

① 투자수익률(ROI; Return On Investment)은 투하자본에 대한 투자이익의 비율을 나타내
는 수익성 지표이며, 매출이익률에 자산회전율을 곱하여 계산할 수 있다.
② 투자수익률은 기업의 여러 투자중심점의 성과를 비교하는 데 유용할 수 있지만, 투자수익률의
수준이 투자중심점 경영자의 성과평가기준으로 사용될 경우에는 목표불일치 문제를 야기할
수 있다.
③ 잔여이익에 의한 투자중심점 성과평가는 투자수익률에 의한 준최적화 문제를 해결할 수 있으
며, 각기 다른 투자규모의 투자중심점들의 성과를 잔여이익에 의하여 직접적으로 비교평가할
수 있는 장점이 있다.
④ 경제적 부가가치(EVA; Economic Value Added)는 세후영업이익에서 투하자본에 대한 자
본비용을 차감하여 계산할 수 있다.
⑤ 경제적 부가가치의 관점에서는 영업이익이 당기순이익보다 기업의 경영성과를 평가하는 데
유용한 지표라고 본다.

11 ★★
상중하

다음 중 분권화된 조직에서의 책임회계제도, 대체가격, 투자중심점, 성과평가 등과 관련한 설명으로
옳지 않은 것은?   [세무사 05]

① 책임회계제도는 조직의 자원이 어느 기능을 위하여 사용되었는가 보다는 누가 사용하였는가
에 관심을 둔다.

② 이익중심점이란 수익과 비용 모두에 대하여 책임이 부여된 조직의 하위단위 또는 부문을 말한다.

③ 잔여이익(residual income)이란 투자중심점이 사용하는 영업자산으로부터 당해 투자중심점
이 획득하여야 하는 최소한의 이익을 초과하는 영업이익을 말한다.

④ 조직의 하위부문 사이에 재화를 주고받을 경우 각 하위부문에 대한 공정한 성과평가를 하려면
공급부문의 변동원가에 근거하여 대체가격을 설정하는 것이 바람직하다.

⑤ 투자수익률(return on investment)이란 수익성지표의 일종으로서 이는 투하된 자본금액에
대한 이익의 비율을 나타낸다.

해커스 세무사 객관식 真원가관리회계

제12장 책임회계와 성과평가

정답 및 해설

09 ③ 경제적 부가가치 = 세후영업이익 - 투하자본 × 자본비용

Δ 경제적 부가가치

= Δ세후영업이익 - Δ투하자본 × 자본비용

= (Δ매출액 - Δ매출원가 - Δ판매관리비) × (1 - 법인세율) - Δ투하자본 × 자본비용

= {(₩275,000 - ₩250,000) - (₩192,500 - ₩175,000) - (₩55,000 - ₩50,000)} × (1 - 35%)

  - (₩4,000 + ₩3,500) × 15%

= ₩500 증가

10 ③ 각기 다른 투자규모의 투자중심점들의 성과를 잔여이익에 의하여 직접적으로 비교평가할 수 없는 단점이
있다.

11 ④ 공정한 성과평가를 위하여 보다 객관적이고 피평가자가 쉽게 인정할 수 있는 가격인 시장가격이나 표준원
가를 사용하는 것이 바람직하다.

12 **분권화와 책임회계, 성과평가와 관련하여 다음의 설명 중에서 가장 적절한 것은?** _[세무사 02]

★★
상중하

① 분권화(decentralization)로부터 얻을 수 있는 효익으로 내부이전가격의 신속한 결정을 들 수 있다.

② 원가중심점은 특정 원가의 발생에만 통제책임을 지는 책임중심점으로 판매부문이 한 예가 될 수 있다.

③ 하부경영자가 자신의 성과측정치를 극대화할 때 기업의 목표도 동시에 극대화될 수 있도록 하부 경영자의 성과측정치를 설정해야 하는데, 이를 목표일치성(goal congruence)이라고 한다.

④ 잔여이익(residual income)이 갖고 있는 준최적화(sub - optimization)의 문제점을 극복하기 위하여 투자수익률이라는 개념이 출현하였다.

⑤ 투자수익률법은 투자규모가 다른 투자중심점을 상호 비교하기가 어렵다는 문제점이 있는 반면에 잔여이익법에는 이런 문제점이 없다.

정답 및 해설

12 ③ [지문분석]
① 내부이전가격의 결정이 신속하지 못한 단점이 있다.
② 판매부문은 수익중심점에 해당된다.
④ 투자수익률이 갖고 있는 준최적화의 문제점을 극복하기 위하여 잔여이익이 도입되었다.
⑤ 투자규모가 다른 경우 잔여이익법은 투자중심점을 상호 비교하기가 어렵다는 문제점이 있다. 잔여이익 법을 적용하는 경우 투자규모가 큰 투자중심점이 투자규모가 작은 투자중심점보다 상대적으로 유리해 진다.

cpa.Hackers.com

회계사 · 세무사 · 경영지도사 단번에 합격!
해커스 경영아카데미 cpa.Hackers.com

제13장
대체가격

유형 45   대체가격

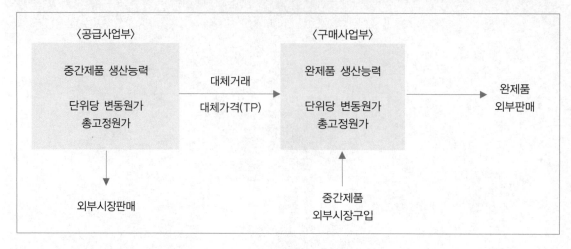

[1] TP의 범위: 공급부서 최소TP ≤ TP ≤ 구매부서 최대TP

                           수익   원가

TP는 대체에 따른 기회비용을 반영하여 결정된다.

   ⌜ 공급부서: 부품의 외부판매기회
   ⌞ 구매부서: 부품의 외부구입기회

① 공급부서 최소TP = 대체 시 단위당 변동원가[1] + 대체 시 단위당 기회비용[2]

    [1] 외부판매 단위당 변동원가 ± 대체 시 원가증감액

    [2] $\dfrac{총기회비용}{내부대체수량} = \dfrac{외부판매포기수량^{[3]} \times 외부판매 단위당 공헌이익}{내부대체수량}$

    [3] 외부판매포기수량 = 내부대체수량 − 여유조업도
      여유조업도 = 최대조업도 − 외부시장수요(만약, 여유조업도 ≤ 0이면 "0"으로 계산)
      위와 같이 계산한 결과 외부판매포기수량이 0단위 이하인 경우 생산여력이 충분하므로 "총기회비용 = ₩0"이 된다.

② 구매부서 최대TP = Min[단위당 외부구입가격[1], 단위당 지출가능원가[2]]

    [1] 구매부서 외부구입기회의 반영
    [2] 최종제품 예상판매가격 − 추가완성원가 − 판매비용: 구매부서 부품구입의사결정의 상한(내부대체, 외부구입 불문)

[2] 기업 전체 관점: 부품자가제조(내부대체) vs 외부구입 의사결정 문제

"공급부서 최소TP < 구매부서 최대TP"일 경우 TP가 얼마로 결정되더라도 자가제조(내부대체)하는 것이 유리하다. 이때, 자가제조(내부대체) 증분이익은 "내부대체수량 × (최대TP − 최소TP)"으로 구할 수 있다.

① 대체가격범위가 존재하는 경우

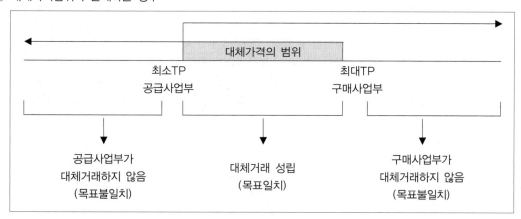

② 대체가격범위가 존재하지 않는 경우

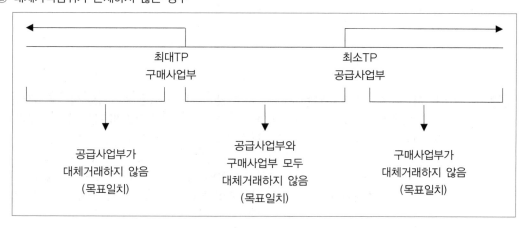

실전연습문제

01
상중하

㈜세무은 펌프사업부와 밸브사업부를 이익중심점으로 운영하고 있다. 밸브사업부는 X제품을 생산하며, X제품의 단위당 판매가격과 단위당 변동원가는 각각 ₩100과 ₩40이고, 단위당 고정원가는 ₩20이다. 펌프사업부는 연초에 Y제품을 개발했으며, Y제품을 생산하는 데 필요한 A부품은 외부업체로부터 단위당 ₩70에 구입할 수 있다. 펌프사업부는 A부품 500단위를 밸브사업부로부터 대체받는 것을 고려하고 있다. 밸브사업부가 A부품 500단위를 생산 및 대체하기 위해서는 단위당 변동제조원가 ₩30과 단위당 운송비 ₩7이 발생하며, 기존 시장에서 X제품의 판매량을 200단위만큼 감소시켜야 한다. 밸브사업부가 대체거래를 수락할 수 있는 A부품의 단위당 최소대체가격은?

① ₩53 ② ₩58 ③ ₩61
④ ₩65 ⑤ ₩70

02
상중하

㈜세무는 사업부 A와 B를 이익중심점으로 두고 있다. 사업부 A는 부품 S를 생산하여 사업부 B에 대체하거나 외부에 판매할 수 있으며, 사업부 B는 완제품 생산을 위해 필요한 부품 S를 사업부 A에서 구입하거나 외부에서 구입할 수 있다. 부품 S 1,000단위를 대체하는 경우 사업부 A의 단위당 최소대체가격은 ₩160이다. 부품 S 1,000단위를 내부대체하면 대체하지 않는 것에 비해 회사 전체 이익이 ₩50,000 증가한다. 이 경우 부품 S 1,000단위에 대한 사업부 B의 단위당 최대대체가격 (M)과 대체로 인하여 증가하는 이익을 두 사업부가 균등하게 나눌 수 있는 대체가격(E)의 합(M+E)은?

[세무사 23]

① ₩370 ② ₩380 ③ ₩385
④ ₩390 ⑤ ₩395

03 ㈜세무는 분권화된 사업부 A와 B를 각각 이익중심점으로 설정하여 운영하고 있다. 현재 사업부 A는
상중하 부품 X를 매월 40,000단위 생산하여 단위당 ₩50에 전량 외부시장에 판매하고 있다. 사업부 A의
부품 X 생산에 관한 원가자료는 다음과 같다.

구분	금액/단위
단위당 변동제조원가	₩35
월간 최대생산능력	50,000단위

사업부 B는 최근에 신제품을 개발했으며, 신제품 생산을 위해서 사업부 A에 성능이 향상된 부품
Xplus를 매월 20,000단위 공급해 줄 것을 요청했다. 사업부 A가 부품 Xplus 1단위를 생산하기
위해서는 부품 X 2단위를 포기해야 하며, 부품 X의 변동제조원가에 단위당 ₩20의 재료원가가 추가
로 투입된다. 부품 X의 외부 수요량은 매월 40,000단위로 제한되어 있다. 사업부 A가 현재의 영업
이익을 감소시키지 않기 위해 사업부 B에 요구해야 할 부품 Xplus의 단위당 최소대체가격은?

[세무사 22]

① ₩66.25   ② ₩75.50   ③ ₩77.50
④ ₩80.25   ⑤ ₩85.50

정답 및 해설

01 ③ 최소대체가격 = ₩30 + ₩7 + (₩100 - ₩40) × 200단위/500단위 = ₩61

02 ⑤ (1) 최대대체가격(M)
     (M - ₩160) × 1,000단위 = ₩50,000 → M = ₩210
     (2) 두 사업부가 균등하게 나눌 수 있는 대체가격(E)
     E = (₩160 + ₩210) ÷ 2 = ₩185
   ∴ M + E = ₩210 + ₩185 = ₩395

03 ③ 최소대체가격 = (₩35 + ₩20) + [(₩50 - ₩35) × 30,000단위] ÷ 20,000단위 = ₩77.50

04 ㈜세무는 이익중심점으로 지정된 A, B 두 개의 사업부로 구성되어 있다. A사업부는 부품을 생산하고, B사업부는 부품을 추가가공하여 완제품을 생산하여 판매한다. A사업부의 부품 최대생산능력은 5,000단위이고, 단위당 변동원가는 ₩100이다. A사업부는 부품의 단위당 판매가격을 ₩200으로 책정하여 외부에 3,000단위 판매하거나 단위당 판매가격을 ₩180으로 책정하여 외부에 4,000단위 판매할 수 있을 것으로 기대한다. 다만, A사업부가 외부시장에 2가지 판매가격을 동시에 사용할 수는 없다. 이 같은 상황에서 B사업부가 A사업부에게 부품 2,000단위를 내부대체해 줄 것을 요청하였다. 2,000단위를 전량 대체하는 경우 A사업부의 단위당 최소대체가격은? [세무사 19]

① ₩80 ② ₩100 ③ ₩110
④ ₩120 ⑤ ₩140

05 ㈜세무는 분권화된 A사업부와 B사업부가 있다. A사업부는 반제품 M을 최대 3,000단위 생산할 수 있으며, 현재 단위당 판매가격 ₩600으로 2,850단위를 외부에 판매하고 있다. B사업부는 A사업부에 반제품 M 300단위를 요청하였다. A사업부 반제품 M의 단위당 변동원가는 ₩300(변동판매관리비는 ₩0)이며, 사내대체를 하여도 외부판매가격과 단위당 변동원가는 변하지 않는다. A사업부는 사내대체를 전량 수락하든지 기각하여야 하며, 사내대체 수락 시 외부시장 판매를 일부 포기하여야 한다. A사업부가 사내대체 전 이익을 감소시키지 않기 위해 제시할 수 있는 최소 사내대체가격은? [세무사 16]

① ₩350 ② ₩400 ③ ₩450
④ ₩500 ⑤ ₩550

06 ㈜세무는 사업부 A와 사업부 B를 이익중심점으로 운영하고 있다. 사업부 B는 사업부 A에 고급형 제품 X를 매월 10,000단위 공급해 줄 것을 요청하였다. 사업부 A는 현재 일반형 제품 X를 매월 50,000단위 생산·판매하고 있으나, 고급형 제품 X를 생산하고 있지 않다. 회계부서의 원가분석에 의하면 고급형 제품 X의 단위당 변동제조원가는 ₩120, 단위당 포장 및 배송비는 ₩10으로 예상된다. 사업부 A가 고급형 제품 X 한 단위를 생산하기 위해서는 일반형 제품 X 1.5단위의 생산을 포기하여야 한다. 일반형 제품 X는 현재 단위당 ₩400에 판매되고 있으며, 단위당 변동제조원가와 단위당 포장 및 배송비는 각각 ₩180과 ₩60이다. 사업부 A의 월 고정원가 총액은 사업부 B의 요청을 수락하더라도 변동이 없을 것으로 예상된다. 사업부 A가 현재와 동일한 월간 영업이익을 유지하기 위해서는 사업부 B에 부과해야 할 고급형 제품 X 한 단위당 최소 판매가격은 얼마인가? (단, 사업부 A의 월초 재고 및 월말 재고는 없다) [세무사 14]

① ₩220 ② ₩270 ③ ₩290
④ ₩370 ⑤ ₩390

07

상중하

㈜갑은 분권화된 사업부 1과 사업부 2를 이익중심점(이익책임단위)으로 설정하고 있다. 사업부 1은 반제품 A를 생산하여 사업부 2에 이전(대체)하거나 외부시장에 판매할 수 있다. 사업부 2가 제품 B를 생산하려면, 반제품 A를 사업부 1로부터 구입하여야 하며 외부시장에서 구입할 수는 없다. 반제품 A와 제품 B에 관한 단위당 자료는 다음과 같다.

사업부 1: 반제품 A의 생산·판매		사업부 2: 제품 B의 생산·판매	
외부판매가격	₩25	외부판매가격	₩80
변동원가	10	변동가공원가	30
		변동판매관리비	5

만약 사업부 1이 유휴생산능력을 보유하고 있지 않다면, 두 사업부 간 이전거래(대체거래)가 이루어지는 반제품 A의 단위당 사내이전가격(사내대체가격)은 얼마인가? [회계사 12]

① ₩10과 ₩15 사이 ② ₩10과 ₩25 사이 ③ ₩10과 ₩45 사이
④ ₩25와 ₩35 사이 ⑤ ₩25와 ₩45 사이

정답 및 해설

04 ③ 최소대체가격 = 단위당 지출가능원가 + 단위당 기회비용
= ₩100 + {4,000단위 × (₩180 - ₩100) - 3,000단위 × (₩200 - ₩100)} ÷ 2,000단위
= ₩110

05 ③ 최소 사내대체가격 = 단위당 지출가능원가 + 단위당 기회비용
= ₩300 + {150단위 × (₩600 - ₩300)} ÷ 300단위 = ₩450

06 ④ 최소 판매가격 = ₩130 + $\dfrac{10,000단위 \times 1.5 \times (₩400 - ₩240)}{10,000단위}$ = ₩370

07 ⑤ (1) 사업부 1(공급사업부)의 최소대체가격 = ₩25(외부판매가격)
(2) 사업부 2(구매사업부)의 최대대체가격 = ₩80 - ₩30 - ₩5 = ₩45
∴ 두 사업부 간 대체거래가 이루어지기 위해서는 사내대체가격이 ₩25와 ₩45 사이에서 결정되어야 한다.

08
상중하

㈜대한은 무선비행기 생산부문과 엔진 생산부문으로 구성되어 있다. 엔진 생산부문에서는 무선비행기 생산에 사용하는 엔진을 자체생산하며, 엔진 1개당 ₩100의 변동원가가 발생한다. 외부업체가 ㈜대한의 무선비행기 생산부문에 연간 사용할 20,000개의 엔진을 1개당 ₩90에 납품하겠다고 제의했다. 이 외부납품 엔진을 사용하면 무선비행기 생산부문에서는 연간 ₩100,000의 고정원가가 추가로 발생한다. 엔진 생산부문은 자체생산 엔진을 외부에 판매하지 못한다. 각 부문이 부문이익을 최대화하기 위하여 자율적으로 의사결정을 한다면 사내대체가격의 범위에 대한 설명으로 옳은 것은?

[세무사 09]

① 사내대체가격이 ₩85에서 ₩100 사이에 존재한다.
② 사내대체가격이 ₩90에서 ₩100 사이에 존재한다.
③ 사내대체가격이 ₩95에서 ₩100 사이에 존재한다.
④ 사내대체가격의 범위는 존재하지 않는다.
⑤ 엔진생산부문 사내대체가격의 하한은 ₩95이다.

09
상중하

대한회사의 부품생산부문은 최대생산량인 360,000단위를 생산하여 외부시장에 전량 판매하고 있다. 부품생산부문의 관련 정보는 다음과 같다.

• 단위당 외부판매가격	₩100
• 단위당 변동제조원가	58
• 단위당 변동판매비	8
• 단위당 고정제조원가	14
• 단위당 고정관리비	10

단위당 고정원가는 최대생산량 360,000단위 기준의 수치이다. 부품 생산부문의 이익을 극대화시키기 위해 사내대체를 허용할 수 있는 단위당 최소 사내대체가격은 얼마인가? (단, 사내대체물에 대해서는 변동판매비가 발생하지 않음)

[세무사 08]

① ₩58　　　　　　② ₩66　　　　　　③ ₩90
④ ₩92　　　　　　⑤ ₩100

정답 및 해설

08 ④ (1) 엔진 생산부문(공급부문) 최소대체가격

대체 시 단위당 변동원가 + 대체 시 단위당 기회비용 = ₩100 + 0 = ₩100

(2) 무선비행기 생산부문(구매부문) 최대대체가격

엔진 사내대체 시 대체가격 = x

증분수익				₩0
증분비용				$20,000x$ - ₩1,900,000
증가	사내대체비용	20,000개 × x =	₩20,000x	
감소 ⎡	외부구입비용	20,000개 × ₩90 =	(1,800,000)	
⎣	고정원가		(100,000)	
증분이익				- 20,000x + ₩1,900,000

- 20,000x + ₩1,900,000 ≥ 0 → x ≤ ₩95 → 최대대체가격 = ₩95

∴ 대체 시 기업 전체의 이익이 증가하는 사내대체가격의 범위는 존재하지 않는다.

09 ④ (1) 단위당 변동원가

변동제조원가 + 변동판매비 = ₩58 + ₩8 = ₩66

(2) 단위당 최소 사내대체가격

대체 시 단위당 변동원가[*1] + 대체 시 단위당 기회비용[*2] = ₩58 + (₩100 - ₩66) = ₩92

[*1] 사내대체물에 대해서는 변동판매비가 발생하지 않음
[*2] 외부시장에 판매할 경우 단위당 공헌이익(∵ 외부시장수요가 충분함)

10 서울회사는 분권화된 사업부 A와 사업부 B를 이익중심점으로 설정하고 있다. 사업부 A는 중간제품을 생산하고 있는데, 연간 생산량의 20%를 사업부 B에 대체하고 나머지는 외부시장에 판매하고 있다. 사업부 A의 연간 최대생산능력은 10,000단위로서, 전량을 외부시장에 판매할 수 있다. 사업부 A에서 생산되는 중간제품의 변동제조원가는 단위당 ₩450이며, 외부판매 시에만 변동판매관리비가 단위당 ₩10이 발생한다. 고정원가는 생산량·판매량에 상관없이 항상 일정한 금액으로 유지된다. 사업부 A는 그동안 사업부 B에 대체해 오던 2,000단위의 중간제품을 내년도부터 단위당 ₩750의 가격으로 외부시장에 판매할 수 있게 되었다. 또한 사업부 B는 중간제품을 외부공급업자로부터 단위당 ₩820의 가격으로 구입할 수 있다. 서울회사는 사업부 경영자들에게 판매처 및 공급처를 자유로이 선택할 수 있는 권한을 부여하고 있다. 만일, 사업부 A가 사업부 B에 대체해 오던 중간제품 2,000단위를 외부시장에 판매하고 사업부 B는 외부공급업자로부터 구입한다면, 기존의 정책에 비하여 회사 전체의 입장에서는 어떤 변화가 초래되겠는가? [세무사 00]

① ₩140,000의 이익 감소를 초래한다.
② ₩160,000의 이익 감소를 초래한다.
③ ₩160,000의 이익 증가를 초래한다.
④ ₩140,000의 이익 증가를 초래한다.
⑤ 개별 사업부의 이익수치가 달라질 뿐, 회사 전체의 이익에는 변동이 초래되지 않는다.

11 다음 중 내부대체가격의 결정방법에 관한 설명으로 가장 타당하지 않은 것은 어느 것인가?

[회계사 11]

① 내부대체가격은 공급부문과 구매부문의 성과평가에 영향을 미치며, 각 부문의 자율적인 내부대체가격의 결정은 기업 전체의 이익을 최대화하지 못하는 결과를 초래할 수 있다.
② 전부원가를 기준으로 하는 경우에 공급부문의 이익을 보고할 수 있도록 하기 위해서는 전부원가에 제품의 단위당 공헌이익을 가산하여 내부대체가격을 결정하여야 한다.
③ 제품의 원가를 기준으로 내부대체가격을 결정하는 경우에는 제품원가의 계산방법과 공급부문의 유휴생산능력 등을 고려할 필요가 있다.
④ 공급부문에 유휴생산능력이 없고 외부시장이 완전경쟁적일 경우에는 제품의 시장가격이 기업 전체의 이익을 최대화할 수 있는 내부대체가격이 될 수 있다.
⑤ 공급부문에 충분한 유휴생산능력이 있는 경우에는 기업 전체의 이익을 최대화하기 위하여 제품의 표준변동원가를 내부대체가격으로 사용할 수 있다.

12
상중하

이전가격결정방법의 선택에는 아래와 같은 5가지의 요소들이 고려된다. 각 요소의 특성이 3가지의 이전가격결정방법별로 모두 올바르게 기술된 것은? [회계사 02]

고려요소	이전가격결정방법		
	시장가격 이전가격	원가기준 이전가격	협상 이전가격
① 경영노력 동기부여	동기부여	예산원가에서 가능	동기부여
② 목표일치성	경쟁시장에서 가능	항상 가능	가능
③ 하위단위 성과평가유용	경쟁시장에서 유용	유용	협상력의 영향
④ 하위단위 자율성 유지	경쟁시장에서 가능	불가능	불가능
⑤ 적용 용이성	시장유무에 따라 상이	용이	용이

정답 및 해설

10 ② (1) 사업부 A(공급사업부) 최소대체가격(최소TP)

중간제품의 외부시장수요가 충분(대체 시 단위당 기회비용 = 중간제품의 외부판매 단위당 공헌이익)하므로 최소TP는 다음과 같이 계산할 수 있다.

최소TP = 대체 시 단위당 변동원가 + 대체 시 단위당 기회비용
= ₩450 + (₩750 − ₩450 − ₩10)
= ₩740

(2) 사업부 B(구매사업부) 최대대체가격(최대TP)

최대TP = Min[단위당 외부구입가격, 단위당 지출가능원가] = ₩820(지출가능원가 자료 없음)

(3) 최대TP가 최소TP를 초과하므로 내부대체하는 것이 유리하다.

만약, 이 경우 외부구입한다면 ₩160,000[*]의 이익이 감소한다.

[*] 2,000단위 × (₩820 − ₩740) = ₩160,000
　　　외부구입수량

11 ② 단위당 공헌이익은 '단위당 판매가격 − 단위당 변동원가'이므로 공급부문이 전부원가기준이 아닌 변동원가기준으로 대체가격을 결정할 경우 이익을 보고할 수 있다.

12 ① [지문분석]

② 원가기준이전가격은 목표일치성이 달성되지 않을 수도 있다.

③ 원가기준이전가격은 공급사업부의 성과가 구매사업부로 이전될 수 있으므로 성과평가에 유용하지 않을 수 있다.

④ 협상이전가격은 하위단위의 자율성이 유지된다.

⑤ 협상이전가격은 협상과정에서 많은 시간과 노력이 소모될 수 있으므로 적용이 용이하지는 않다.

★
13
상중하

㈜무역은 칠레에서 와인을 생산하여 한국에서 판매한다. 칠레에는 와인의 생산사업부가, 한국에는 와인의 판매사업부가 존재한다. 한국과 칠레의 법인세율은 각각 20%와 10%이며, 한국은 칠레산 와인수입에 대해 15%의 관세를 부과해왔다고 가정한다. 관세는 판매사업부가 부담하며, 당해 연도에 수입된 와인은 당해 연도에 모두 판매된다. 와인 생산과 관련된 단위당 변동원가와 단위당 전부원가는 각각 ₩1,000과 ₩4,000이다. 생산된 와인은 원화가격 ₩5,000에 상당하는 가격으로 칠레에서 판매 가능하며 수요는 무한하다. 판매사업부는 한국에서 이 와인을 ₩10,000에 판매하고 있으며, 국내에서 다른 도매 업체로부터 동일한 와인을 ₩7,000에 필요한 양만큼 공급받을 수 있다. 한편 한국과 칠레는 FTA를 체결하고 양국 간 관세를 철폐하기로 했다. ㈜무역의 세후이익을 극대화시키는 대체가격(transfer price)은 FTA 발효 이후에 발효 이전보다 얼마나 증가(또는 감소)하는가? (단, 두 나라의 세무당국은 세금을 고려하지 않았을 때 각 사업부가 이익을 극대화하기 위해 주장하는 범위 내의 가격만을 적정한 대체가격으로 인정한다. 또한 대체거래 여부에 관계없이 각 사업부는 납부할 법인세가 존재한다) [회계사 13]

① ₩6,000 증가   ② ₩6,000 감소   ③ ₩2,000 증가
④ ₩2,000 감소   ⑤ 증감 없음

정답 및 해설

13 ③   (1) 대체가격(TP)의 범위

① 최소대체가격 = ₩1,000 + (₩5,000 - ₩1,000) = ₩5,000

② 최대대체가격 = Min[₩7,000, (₩10,000 ÷ 1.15)] = ₩7,000

(2) FTA 발효 이전 조세부담을 최소화하는 대체가격

조세부담액 = $\underbrace{(TP - ₩1,000) \times 10\%}_{\text{칠레 법인세}} + \underbrace{TP \times 15\%}_{\text{관세}} + \underbrace{(₩10,000 - TP) \times 20\%}_{\text{한국 법인세}}$

= ₩1,900 + 0.05TP

→ TP = ₩5,000

(3) FTA 발효 이후 조세부담을 최소화하는 대체가격

조세부담액 = $\underbrace{(TP - ₩1,000) \times 10\%}_{\text{칠레 법인세}} + \underbrace{(₩10,000 - TP) \times 20\%}_{\text{한국 법인세}}$

= ₩1,900 - 0.1TP

→ TP = ₩7,000

∴ FTA 발효 이후의 TP는 FTA 발효 이전보다 ₩2,000 증가한다.

cpa.Hackers.com

제14장
불확실성하의 의사결정

유형 46 완전정보의 기대가치
유형 47 불확실성하의 CVP분석

(1) 완전정보의 기대가치(EVPI)

불확실성을 완전히 해소시킬 수 있는 정보를 얻기 위해 지불할 수 있는 최대금액이다.

EVPI = 기대가치기준 최적 대안의 기대기회손실 = 최소 기대기회손실

완전정보의 기대가치 = 완전정보하의 기대가치 − 기존정보하의 기대가치

(2) 예측오차의 원가(기회손실, 조건부손실)

예측오차의 원가 = 올바르게 예측한 경우의 최적 성과 − 실제의사결정의 성과

(3) 차이조사결정

기대비용최소화 의사결정이다.

01
상중하

㈜세무는 기계 A, B 중 하나를 구입하고, 이를 사용하여 신제품을 생산하려 한다. 관련 자료를 근거로 작성한 성과표(payoff table)는 다음과 같다. 성과표에서 $P(S_i)$는 확률을 의미하고, 금액은 이익을 의미한다.

대안 \ 상황	S_1 = 호황 $P(S_1) = 0.4$	S_2 = 불황 $P(S_2) = 0.6$
기계 A	₩9,000	₩1,000
기계 B	7,000	K

기계 A의 기대이익이 기계 B의 기대이익보다 더 크며, 호황일 때는 기계 A의 이익이 더 크고 불황일 때는 기계 B의 이익이 더 크다. 완전정보의 기대가치(EVPI)가 ₩600인 경우, 성과표에서 K는 얼마인가?

[세무사 23]

① ₩1,500   ② ₩2,000   ③ ₩2,200
④ ₩2,300   ⑤ ₩2,500

정답 및 해설

01 ② (1) 각 대안별 기대가치
　　① E(A) = ₩9,000 × 0.4 + ₩1,000 × 0.6 = ₩4,200
　　② E(B) = ₩7,000 × 0.4 + K × 0.6 = ₩2,800 + 0.6K
　(2) 성과표에서 K의 값
　　① 완전정보하의 기대가치: ₩9,000 × 0.4 + 0.6K
　　② 완전정보의 기대가치: ₩3,600 + 0.6K - ₩4,200 = ₩600 ∴ K = ₩2,000

02 ㈜세무는 공정이 정상인지에 대해 조사 여부를 결정하고자 한다. 공정 조사비용은 ₩20,000이며,
조사 후 공정이 비정상일 때 교정비용은 ₩30,000이다. 공정이 비정상인데 조사하지 않으면 손실
₩90,000이 발생한다. 공정이 정상일 확률은 60%, 비정상일 확률은 40%이다. 공정 상태에 대해
완전한 예측을 해주는 완전정보시스템이 있다면 그 완전정보를 얻기 위해 지불가능한 최대금액은?

[세무사 19]

① ₩4,000 　　　　　　② ₩12,000 　　　　　　③ ₩16,000
④ ₩20,000 　　　　　　⑤ ₩32,000

03 주식회사 무릎팍팍은 신제품 X와 관련된 설비투자를 생각하고 있다. 신제품 X의 단위당 판매가격은
₩10,000이며 설비투자규모에 따른 원가구조는 다음과 같다.

> - 자본집약적 설비: 총고정원가　₩1,000,000,　　단위당 변동원가　₩4,000
> - 노동집약적 설비: 총고정원가　　200,000,　　단위당 변동원가　　7,000
> - 신제품 X의 예상판매량은 다음과 같은 확률분포를 가지고 있다.
>   100단위(40%), 200단위(30%), 300단위(20%), 400단위(10%)

회사가 직면한 판매량의 불확실성을 완전히 해소할 수 있는 정보를 구입하는 경우 지불할 수 있는 최
대가치는 얼마인가?

[회계사 05 수정]

① ₩60,000 　　　　　　② ₩100,000 　　　　　　③ ₩110,000
④ ₩120,000 　　　　　　⑤ ₩130,000

04 ㈜서울은 기계 A나 기계 B를 구입하여 신형자전거를 생산하려고 한다. 신형자전거가 생산되면 구매
자의 선호에 따라 히트상품이 될 수도 있고 보통상품이 될 수도 있다. 각 상황에 따라 예상되는 이익은
다음과 같다. 신형자전거가 히트상품이 될 확률이 40%이며 보통상품이 될 확률은 60%라고 한다.
다음 중 옳지 않은 것은?

	미래상황	
	히트상품	보통상품
기계 A 구입	₩120,000	₩40,000
기계 B 구입	150,000	10,000

① 기계 A를 구입하는 대안의 기대이익은 ₩72,000이다.
② 기계 B를 구입하고 신형자전거가 보통상품이 될 경우 조건부 손실(conditional loss)은
₩30,000이다.
③ 각 상황에 대해 80% 정확도를 가진 보고서가 있다면, 이 보고서는 정보로서의 가치가 있다.
④ 각 상황에 대해 100% 정확한 예측을 하는 보고서가 있을 때, 이 보고서의 최대 구입가격은
₩12,000이다.
⑤ 조건부 손실의 기댓값을 최소화하는 대안은 기계 B를 구입하는 것이다.

02 ② (1) 기존정보의 기대가치

대안 상황	정상(0.6)	비정상(0.4)	기댓값(원가 최소화)
조사 O	₩20,000	₩50,000	₩32,000[*1]
조사 X	0	90,000	36,000[*2]

[*1] ₩20,000 × 0.6 + ₩50,000 × 0.4 = ₩32,000
[*2] ₩90,000 × 0.4 = ₩36,000

(2) 완전정보하의 기대가치(원가 최소화)

₩0 × 0.6 + ₩50,000 × 0.4 = ₩20,000

(3) 완전정보의 기대가치(EVPI)

₩32,000 - ₩20,000 = ₩12,000

03 ① (1) 대안별 총원가

생산량을 x라고 하면 대안별 총원가는 다음과 같다.

자본집약적 설비(A) = x × @4,000 + ₩1,000,000

노동집약적 설비(B) = x × @7,000 + ₩200,000

(2) 성과표(대안별 총원가)

대안	미래상황			
	100단위(0.4)	200단위(0.3)	300단위(0.2)	400단위(0.1)
자본집약적 설비(a1)	₩1,400,000	₩1,800,000	₩2,200,000	₩2,600,000
노동집약적 설비(a2)	900,000	1,600,000	2,300,000	3,000,000

(3) 기존정보하의 기대가치(원가 최소화)

E(a1) = ₩1,400,000 × 0.4 + ₩1,800,000 × 0.3 + ₩2,200,000 × 0.2 + ₩2,600,000 × 0.1 = ₩1,800,000

E(a2) = ₩900,000 × 0.4 + ₩1,600,000 × 0.3 + ₩2,300,000 × 0.2 + ₩3,000,000 × 0.1 = ₩1,600,000

→ 기존정보하의 기대가치 = Min[E(a1), E(a2)] = ₩1,600,000

(4) 완전정보하의 기대가치(원가 최소화)

₩900,000 × 0.4 + ₩1,600,000 × 0.3 + ₩2,200,000 × 0.2 + ₩2,600,000 × 0.1 = ₩1,540,000

(5) 완전정보의 기대가치[= (4) - (3)]

₩1,540,000 - ₩1,600,000 = ₩(60,000) (∵ 원가이므로 부의 값이 나온다)

04 ⑤ (1) A의 조건부 손실 = ₩30,000 × 0.4 = ₩12,000

(2) B의 조건부 손실 = ₩30,000 × 0.6 = ₩18,000

(3) 조건부 손실의 기댓값을 최소화하기 위해서는 기계 A를 구입해야 한다.

유형 47 | 불확실성하의 CVP분석

(1) 민감도 분석

'만약 ~이 변하면 ~은 어떻게 될까?'와 같은 질문에 답하는 분석기법이다.

(2) 통계적 분석

① 통계적 분석이란 불확실성을 갖는 하나의 독립변수(예 판매량)가 확률변수의 형태를 띠고 있을 때 그 변수의 확률분포를 미리 추정하여 그러한 불확실성이 종속변수(영업이익)에 미치는 영향을 분석하는 것이다.

② 판매량이 불확실한 확률변수를 이룰 경우 기대판매량과 기대영업이익의 관계 및 판매량의 표준편차와 영업이익의 표준편차와의 관계는 다음과 같다.

> 기대영업이익 = 기대판매량 × 단위당 공헌이익 − 고정원가
>
> 영업이익의 표준편차 = 판매량의 표준편차 × 단위당 공헌이익

(3) 이산분포

확률변수가 연속성을 지니지 못하고 특정 값으로 존재하는 경우에 나타나는 확률분포를 말한다.

(4) 정규분포

연속확률분포 중 하나로써 그 모양은 확률변수의 기댓값을 중심으로 완전대칭의 종형 구조를 가지며 그 모양은 변수의 기댓값과 표준편차에 의해 결정된다.

(5) 균일분포

정규분포와 같은 연속확률분포이지만 확률변수가 특정 구간에서만 정의되고 각각의 확률변수가 가지는 확률값은 모두 동일하다고 가정한다.

판매량 X가 $A \leq X \leq B$에서 균일분포를 이룰 때, 기대판매량, 판매량의 분산, 확률은 다음과 같이 계산할 수 있다.

① 기대판매량: $E(X) = \dfrac{A + B}{2}$

② 판매량의 분산: $V(X) = \dfrac{(B - A)^2}{12}$

③ 판매량이 $a \leq X \leq b$일 확률: $P(a \leq X \leq b) = \dfrac{b - a}{B - A}$

01 다음은 ㈜세무의 20×1년도 매출 관련 자료이다.
상중하

- 매출액 ₩282,000
- 총변동원가 ₩147,000
- 총고정원가 ₩30,000
- 판매량 3,000단위

20×2년도에 광고비 ₩10,000을 추가로 지출한다면, 판매량이 300단위 증가할 확률이 60%이고, 200단위 증가할 확률이 40%로 될 것으로 예상된다. 이때 증가될 것으로 기대되는 이익은? (단, 20×2년도 단위당 판매가격, 단위당 변동원가, 광고비를 제외한 총고정원가는 20×1년도와 동일하다고 가정한다)

① ₩700　　　　② ₩800　　　　③ ₩1,200
④ ₩1,700　　　　⑤ ₩2,700

정답 및 해설

01　④　E(Q) = 300단위 × 0.6 + 200단위 × 0.4 = 260단위
　　　　E(π) = ₩45 × 260단위 - ₩10,000 = ₩1,700

02 상중하 ㈜세무는 기존에 생산 중인 티셔츠 제품계열에 새로운 색상인 하늘색과 핑크색 중 한 가지 제품을 추가할 것을 고려 중이다. 추가될 제품은 현재의 시설로 생산 가능하지만, 각각 ₩200,000의 고정원가 증가가 요구된다. 두 제품의 판매단가는 ₩10, 단위당 변동원가는 ₩8으로 동일하다. 마케팅부서는 두 제품의 시장수요에 대해 다음과 같은 확률분포를 제공하였다.

수요량	기대확률	
	하늘색	핑크색
50,000단위	0.0	0.1
100,000	0.2	0.1
200,000	0.2	0.2
300,000	0.4	0.2
400,000	0.2	0.4

㈜세무의 기대영업이익을 최대화하는 관점에서 두 제품 중 상대적으로 유리한 제품과 유리한 영업이익차이 모두를 올바르게 나타낸 것은?
[세무사 21]

① 핑크색, ₩30,000   ② 하늘색, ₩32,000   ③ 핑크색, ₩34,000
④ 하늘색, ₩36,000   ⑤ 핑크색, ₩38,000

03 상중하 ㈜세무는 단일 제품을 생산·판매하는데 단위당 변동원가는 ₩225이고 공헌이익률은 40%이다. 당기 예상 판매량은 2,000단위부터 6,000단위 사이에서 균등분포를 이룬다. 당기 총고정원가가 ₩630,000일 때 ₩120,000 이상의 이익을 얻을 확률은?
[세무사 19]

① 25%   ② 45%   ③ 55%
④ 60%   ⑤ 75%

04 다음은 ㈜대한의 매출 관련 예상 자료이다. 추가판촉행사에 ₩10,000을 투입한다면, 예상 판매량이
상중하 400단위 증가할 확률이 60%, 200단위 증가할 확률이 40%이다. 이 판촉행사를 실시하면 영업이
익의 기대치가 어떻게 변하는가?

[세무사 09]

• 매출액	₩240,000
• 총변동원가	135,000
• 총고정원가	40,000
• 판매량	3,000단위

① ₩1,000 감소 ② ₩1,200 감소 ③ ₩1,500 감소
④ ₩1,200 증가 ⑤ ₩1,500 증가

정답 및 해설

02 ① (1) 하늘색 제품일 경우 기대영업이익
(₩10 - ₩8) × 260,000단위[*1] - ₩200,000 = ₩320,000
[*1] 100,000단위 × 0.2 + 200,000단위 × 0.2 + 300,000단위 × 0.4 + 400,000단위 × 0.2 = 260,000단위
(2) 핑크색 제품일 경우 기대영업이익
(₩10 - ₩8) × 275,000단위[*2] - ₩200,000 = ₩350,000
[*2] 50,000단위 × 0.1 + 100,000단위 × 0.1 + 200,000단위 × 0.2 + 300,000단위 × 0.2 + 400,000단위 × 0.4
= 275,000단위
(3) 기대영업이익 최대화에 유리한 제품과 유리한 영업이익차이
핑크색, ₩350,000 - ₩320,000 = ₩30,000

03 ① 문제에서 단위당 변동원가와 공헌이익률이 주어지면 이를 활용하여 단위당 판매가격을 구할 수 있다.
(1) 단위당 판매가격(P)
₩225/P = 0.6
→ P = ₩375
(2) 영업이익이 ₩120,000 이상일 경우의 판매량
₩375 × 0.4 × Q - ₩630,000 ≥ ₩120,000
→ Q ≥ 5,000단위
(3) 영업이익이 ₩120,000 이상일 경우의 확률
(6,000단위 - 5,000단위) ÷ (6,000단위 - 2,000단위) = 0.25(25%)

04 ④ [자료분석]

단위당 판매가격	₩240,000 ÷ 3,000단위 =	₩80
단위당 변동원가	₩135,000 ÷ 3,000단위 =	45
단위당 공헌이익		₩35
총고정원가		₩40,000
추가판촉행사비용		10,000

예상판매량 증가분	증분이익(손실)	확률
400단위	400단위 × @35 - ₩10,000 = ₩4,000	60%
200단위	200단위 × @35 - ₩10,000 = ₩(3,000)	40%

∴ 기대증분이익(손실) = ₩4,000 × 60% + ₩(3,000) × 40% = ₩1,200 증가

해커스 세무사 객관식 真원가관리회계

제14장

불확실성하의 의사결정

05 대한회사는 단위당 ₩250에 판매되는 램프를 생산·판매하고 있다. 이 제품과 관련된 변동원가는 단위당 ₩150이고, 고정원가는 매월 ₩35,000이 발생한다. 회사는 현재 단일제품으로 매월 평균 400단위를 생산·판매하고 있다. 대한회사의 판매담당 관리자는 매월 광고비를 ₩10,000만큼 증가시키면 매출액이 매월 ₩30,000만큼 증가할 것으로 기대하고 있다. 매월 광고비를 ₩10,000만큼 증가시킬 때 회사의 영업이익이 매월 얼마만큼 증감하게 될 것으로 예상되는가? [세무사 08]

① ₩1,000 증가 ② ₩2,000 증가 ③ ₩3,000 증가
④ ₩2,000 감소 ⑤ ₩3,000 감소

06 우진산업은 갑과 을, 두 제품 중 하나를 생산하려 한다. 각 제품의 관련 자료는 다음과 같다. 판매가격이 예상범위 내에서 균일분포(uniform distribution)로 발생한다면 어느 제품이 이익을 발생시킬 확률이 얼마나 더 큰가? [세무사 05]

	갑	을
단위당 예상 판매가격 범위	₩50 ~ ₩150	₩50 ~ ₩100
단위당 변동원가	₩20	₩30
총고정원가	₩16,000	₩24,000
예상판매량(= 생산량)	200단위	400단위

① 갑이 30% 더 크다. ② 갑이 20% 더 크다. ③ 갑이 10% 더 크다.
④ 을이 10% 더 크다. ⑤ 을이 30% 더 크다.

정답 및 해설

05 ② [자료분석]

단위당 판매가격	₩250
단위당 변동원가	150
단위당 공헌이익	₩100 → 공헌이익률 40%

월 매출액 ₩30,000 증가 → 월 판매량 120단위(= ₩30,000 ÷ ₩250) 증가

(1) 광고비 지출에 따른 증분손익

증분수익 공헌이익 증가	120단위 × ₩100 =	₩12,000[*]
증분비용 광고비 증가		10,000
증분이익(손실)		₩2,000

  [*] 증분공헌이익 = ₩30,000 × 40% = ₩12,000과 같이 구할 수도 있음

(2) 영업이익이 ₩2,000 증가한다.

06 ① (1) 갑제품의 손익분기점 판매가격

200단위 × (p - ₩20) = ₩16,000 → p = ₩100

→ 갑제품의 손익이 손익분기점을 넘을 확률 = $\dfrac{₩150 - ₩100}{₩150 - ₩50}$ = 0.5(50%)

(2) 을제품의 손익분기점 판매가격

400단위 × (p - ₩30) = ₩24,000 → p = ₩90

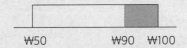

→ 을제품의 손익이 손익분기점을 넘을 확률 = $\dfrac{₩100 - ₩90}{₩100 - ₩50}$ = 0.2(20%)

∴ 갑이 을보다 30%(= 50% - 20%) 더 크다.

제15장
최신관리회계

유형 48 품질원가

유형 49 제약자원이론

유형 50 균형성과표

유형 48 | 품질원가

품질원가(cost of quality)는 품질관리를 위해 발생하는 모든 원가를 의미하며, 통제원가(예방원가 및 평가원가)와 실패원가(내부실패원가 및 외부실패원가)로 구분할 수 있다.

(1) 통제원가

통제원가(control cost)는 불량이 발생하지 않도록 예방하거나, 발생하는 불량을 검사하는 활동으로 인한 원가를 의미한다.

① 예방원가(prevention cost): 제조과정에서 불량이 발생하는 것을 사전에 방지하기 위해서 발생하는 원가

> 예 공급업체 평가원가, 작업자 교육·훈련원가, 생산설비 유지·보수원가, 설계개선원가, 설계엔지니어링원가, 품질엔지니어링원가, 신재료테스트(시험)원가, 품질관리계획원가, 품질관리기술개발원가, 품질개선토의원가, 품질방침기획 및 선포원가 등

② 평가원가(appraisal cost): 생산하는 제품이나 서비스가 품질기준을 충족하는지 검사하고 평가하기 위해서 발생하는 원가

> 예 원재료검사원가, 제품품질검사원가, 제품시험원가, 품질검사설비 유지·보수원가, 공정검사원가, 라인검사원가 등

(2) 실패원가

실패원가(failure cost)는 통제원가로 불량이 발생하는 것을 막지 못하고 불량이 발견된 경우에 기업이 부담해야 하는 원가이다.

① 내부실패원가(internal failure cost): 불량품이 고객에게 인도되기 전에 발견함으로 인해 발생하는 원가

> 예 공손품원가, 재작업원가, 폐기원가, 불량으로 인한 공정중단비용, (불량의 발견으로 인한) 설계변경원가, 원재료 반품 및 재구입에 따른 원가

② 외부실패원가(external failure cost): 불량품이 고객에게 인도된 후에 불량이 발견되어 발생하는 원가

> 예 보증수리원가, 고객서비스센터 운영비용, 손해배상비용, 이미지 훼손에 따른 기회비용(판매기회상실), 반품제품원가, 반품된 제품의 재작업원가, 리콜(recall)원가, 고객불만처리원가 등

01 ㈜세무는 품질원가를 계산하고자 한다. 다음 자료를 바탕으로 계산한 외부실패원가는?

상중하

• 품질교육 ₩100	• 완성품검사 ₩100
• 불량재공품 재작업 ₩600	• 보증수리 ₩200
• 반품 재작업 ₩500	• 설계개선작업 ₩100
• 품질에 따른 판매기회상실 기회비용 ₩700	

① ₩700　　　　　　② ₩900　　　　　　③ ₩1,200

④ ₩1,400　　　　　⑤ ₩1,800

정답 및 해설

01 ④ 외부실패원가는 고객에게 인도된 후 발생한 실패원가에 해당한다.

외부실패원가 = ₩200(보증수리) + ₩500(반품 재작업) + ₩700(품질에 따른 판매기회상실 기회비용)

= ₩1,400

02 ㈜세무의 품질관리 활동원가는 다음과 같다.

★★
상중하

활동	원가(또는 비용)	활동	원가(또는 비용)
공손품 재작업	₩400	보증수리원가	₩2,000
납품업체 평가	500	반품 재작업	1,000
불량품 폐기	600	품질교육훈련	1,000
완제품 검사	700	재공품 검사	300

위 원가(비용)를 다양한 유형별로 구분하여 자세히 분석한 결과, 예방원가(prevention cost)를 현재보다 50% 증가시키면 외부실패원가(external failure cost)를 현재보다 40% 절감할 수 있을 것으로 예상하였다. 이를 실행할 경우, 회사의 이익은 얼마나 증가하는가? [세무사 23]

① ₩400 ② ₩450 ③ ₩690
④ ₩700 ⑤ ₩850

03 ㈜세무는 에어컨을 제조하는데, 에어컨의 품질원가를 파악하기 위해 다음의 자료를 수집하였다. 품질원가에 관한 설명으로 옳지 않은 것은? [세무사 21]

★★
상중하

- 생산판매단위: 6,000개
- 판매단가: ₩1,500
- 단위당 변동원가: ₩800
- 제품설계시간: 1,000시간
- 제품설계 노무임률: ₩80
- 단위당 시험검사시간: 0.5시간
- 시험검사 노무임률: ₩60
- 재작업률: 10%
- 단위당 재작업원가: ₩400
- 보증수리비율: 5%
- 단위당 수리원가: ₩500
- 품질로 인해 상실된 추정판매량: 400개

① 예방원가는 ₩80,000이다.
② 평가원가는 ₩180,000이다.
③ 내부실패원가는 ₩240,000이다.
④ 외부실패원가는 ₩150,000이다.
⑤ 총품질원가는 ₩930,000이다.

★★
04 ㈜세무의 품질관리 활동원가는 다음과 같다. 품질관리 활동원가 중 예방원가와 평가원가의 계산결과
상중하 를 비교한 것으로 옳은 것은? [세무사 19]

활동	원가(또는 비용)	활동	원가(또는 비용)
원재료 검사	₩40	설계엔지니어링	₩20
반품 재작업	10	보증수리원가	70
재공품 검사	50	예방적 설비유지	30
납품업체 평가	90	반품 재검사	20
공손품 재작업	10	품질교육훈련	60

① 예방원가가 평가원가보다 ₩110 더 크다.
② 예방원가가 평가원가보다 ₩90 더 크다.
③ 예방원가가 평가원가보다 ₩50 더 작다.
④ 예방원가가 평가원가보다 ₩70 더 작다.
⑤ 예방원가가 평가원가보다 ₩90 더 작다.

정답 및 해설

02 ② (1) 예방원가 = ₩500 + ₩1,000 = ₩1,500
    (2) 외부실패원가 = ₩2,000 + ₩1,000 = ₩3,000
    (3) 실행 시 회사 이익 증가분 = ₩3,000 × 0.4 - ₩1,500 × 0.5 = ₩450

03 ④ (1) 보증수리원가 = 6,000개 × 0.05 × ₩500 = ₩150,000
    (2) 품질로 인해 상실된 추정판매 기회손실 = 400개 × (₩1,500 - ₩800) = ₩280,000
    (3) 외부실패원가 = ₩150,000 + ₩280,000 = ₩430,000
    [지문분석]
    ① 예방원가 → 설계원가: 1,000시간 × ₩80 = ₩80,000
    ② 평가원가 → 검사원가: 6,000개 × 0.5시간 × ₩60 = ₩180,000
    ③ 내부실패원가 → 재작업원가: 6,000개 × 0.1 × ₩400 = ₩240,000
    ⑤ 총품질원가: ₩80,000 + ₩180,000 + ₩240,000 + ₩430,000 = ₩930,000

04 ① (1) 예방원가
       ₩90 + ₩20 + ₩30 + ₩60 = ₩200
    (2) 평가원가
       ₩40 + ₩50 = ₩90
    ∴ 예방원가가 평가원가보다 ₩110(= ₩200 - ₩90) 더 크다.

05 품질원가에 관한 설명으로 옳지 않은 것은? [세무사 15]

상중하
① 제품의 품질은 설계품질과 적합품질로 구분할 수 있는데 품질원가는 생산자 품질이라 할 수 있는 설계품질과 관련된 것이다.
② 품질원가는 예방원가 및 평가원가로 구성되는 통제원가와 내부실패원가 및 외부실패원가로 구성되는 실패원가로 분류할 수 있다.
③ 품질원가에 대한 전통적인 관점에서는 통제원가와 실패원가 사이에 상충관계가 존재한다고 보고 있다.
④ 예방원가는 제품의 생산과정에서 불량품이 발생하지 않도록 예방하기 위하여 발생하는 원가로서 품질관리를 위한 종업원들에 대한 교육훈련비, 생산설비의 유지보수비 등이 여기에 속한다.
⑤ 품질원가는 제품에 불량이 발생하지 않도록 예방하거나 불량이 발생하는지를 검사하고, 불량이 발생한 경우 초래되는 모든 원가를 의미한다.

06 품질원가에 관한 설명으로 옳지 않은 것은? [세무사 12]

상중하
① 일반적으로 원재료 검사비용은 예방원가로 분류한다.
② 일반적으로 보증기간 내 수리와 교환은 외부실패원가로 분류한다.
③ 품질원가는 제품의 품질에 문제가 발생한 경우 이를 해결하기 위하여 발생하는 원가를 포함한다.
④ 허용품질수준관점(acceptable quality level view)에서는 통제원가와 실패원가 사이에 부(−)의 관계가 있는 것으로 본다.
⑤ 무결점수준관점(zero defects view)에서는 불량률이 0(zero)이 될 때 품질원가가 최소가 되므로, 불량률이 0이 되도록 품질원가를 관리해야 한다고 본다.

07
상중하

㈜국세는 김치냉장고를 생산하여 판매한다. ㈜국세의 원가관리담당자는 20×1년에 생산한 김치냉장고 2,000대의 품질원가를 분석하여, 다음과 같은 품질원가보고서를 작성하였다.

구분		품질원가
내부실패원가	반품재작업	₩40,000
	불량품재작업	20,000
예방원가	보증수리원가	100,000
	설계엔지니어링	20,000
평가원가	예방설비점검	20,000
	재공품검사	20,000
외부실패원가	제품검사	30,000
	클레임 제기로 인한 추정 손해배상액	200,000
계		₩450,000

그런데 원가관리담당자가 작성한 품질원가보고서를 검토하던 ㈜국세의 경영자는 보고서에 품질원가 구분상 오류가 있음을 발견하였다. ㈜국세의 경영자는 원가관리담당자에게 보고서의 오류를 수정하도록 지시하였다. 오류가 수정된 품질원가보고서에 근거한 다음 설명 중 옳지 않은 것은? [세무사 11]

① 내부실패원가는 ₩60,000이다.
② 예방원가는 ₩40,000이다.
③ 외부실패원가는 ₩340,000이다.
④ 평가원가는 ₩50,000이다.
⑤ 실패원가 대비 통제원가(예방 및 평가원가) 비율은 25%이다.

정답 및 해설

05 ① 설계품질(quality of design)이란 제품의 특성이 고객의 욕구(needs)에 얼마나 부합하는지를 평가하는 품질을 의미하고, 일치품질(quality of confirmance: 적합품질 또는 제조품질)이란 생산된 제품이나 서비스가 설계된 기능과 얼마나 일치하는지를 평가하는 품질을 의미한다.

06 ① 원재료 검사비용은 평가원가에 해당한다.

07 ① (1) 수정 후 품질원가보고서

구분		품질원가	합계	
내부실패원가	불량품재작업	₩20,000	₩20,000	→ 실패원가
예방원가	설계엔지니어링	20,000	40,000	→ 통제원가
	예방설비점검	20,000		
평가원가	재공품검사	20,000	50,000	→ 통제원가
	제품검사	30,000		
외부실패원가	반품재작업	40,000	340,000	→ 실패원가
	보증수리원가	100,000		
	손해배상액	200,000		

(2) 실패원가 대비 통제원가 비율
₩90,000 ÷ ₩360,000 = 0.25(25%)

해커스 세무사 객관식 真원가관리회계

제15장 최신관리회계

08 ㈜대전은 20×1년 품질과 관련된 원가를 분류한 결과 다음과 같은 항목을 파악하였다.

상중하

• 반품재작업	₩100억	• 설계개선작업	₩200억
• 사후수리(A/S)	150억	• 완성품검사	50억
• 불량재공품재작업	100억	• 고객 불량품 피해 손해배상	150억
• 품질교육	100억		

㈜대전의 원가담당자는 위의 항목들을 예방원가, 평가원가, 내부실패원가, 외부실패원가로 재분류한 후 구체적으로 분석한 결과, 현재 예방원가에 사용된 자원의 50%만큼을 추가로 투입하는 경우 내부실패원가를 50%, 외부실패원가를 40%씩 절감할 수 있다고 주장하였다. 원가담당자의 주장을 수용하는 경우 이익은 얼마나 증가하는가? [세무사 10]

① ₩30억   ② ₩40억   ③ ₩50억
④ ₩60억   ⑤ ₩70억

09 ㈜시그마는 품질원가의 측정을 위해 품질관리 활동원가를 계산하고 있다. 다음에 나열된 품질 관련 활동원가 중 예방원가(prevention cost of quality)에 포함되어야 할 금액은? [회계사 01]

상중하

활동	활동원가 (또는 비용)	활동	활동원가 (또는 비용)
품질방침기획 및 선포활동	₩10	제품품질검사 및 시험활동	₩60
선적 전에 발견된 부적합품 재작업활동	20	원부자재 공급사 평가활동	70
반품 재작업활동	30	반품 재검사활동	80
예방적 설비보수 및 유지활동	40	품질교육 및 훈련활동	90
미래 판매기회 상실에 따른 기회비용	50		

① ₩50   ② ₩80   ③ ₩140
④ ₩160   ⑤ ₩210

정답 및 해설

08 ④ (1) 문제에서 제시된 품질과 관련된 원가를 재분류하면 다음과 같다.

	예방원가	평가원가	내부실패원가	외부실패원가
반품재작업				₩100억
설계개선작업	₩200억			
사후수리(A/S)				₩150억
완성품검사		₩50억		
불량재공품재작업			₩100억	
고객 불량품 피해 손해배상				₩150억
품질교육	₩100억			
계	₩300억	₩50억	₩100억	₩400억

(2) 원가담당자의 주장을 수용하는 경우

예방원가 50% 추가투입   ₩300억 × 50% =   ₩(150)억
내부실패원가 50% 절감   ₩100억 × 50% =   ₩50억
외부실패원가 40% 절감   ₩400억 × 40% =   ₩160억
증분이익(손실)   ₩60억

∴ 이익은 ₩60억만큼 증가한다.

09 ⑤ ₩10(품질방침기획 및 선포활동) + ₩40(예방적 설비보수 및 유지활동) + ₩70(원부자재 공급사 평가활동) + ₩90(품질교육 및 훈련활동) = ₩210

제약이론은 다음의 5단계의 과정을 통해 제약요인을 효과적으로 관리하고 현금창출률을 극대화시켜서 지속적으로 돈을 번다는 궁극적인 목표를 달성할 수 있게 된다.

[1단계] 기업의 목표달성을 방해하는 제약요인을 찾는다.

[2단계] [1단계]에서 발견한 제약요인을 가장 효율적으로 이용할 수 있는 방안을 고려한다.

[3단계] 비제약요인의 생산일정을 제약요인에 종속시킨다. 제약이론의 가장 중요한 단계로 [1단계]와 [2단계]를 수행한 후 기업의 다른 비제약공정을 제약공정에 종속(동기화)시킨다.

[4단계] 제약요인의 능력을 향상시켜 제약을 극복한다.

    ※ 단기적으로 제약공정의 생산능력을 증가시키는 것이 어렵기 때문에 [2단계]에서 고려한 다음과 같은 방안을 실행하여 제약공정의 생산능력을 단기적으로 향상시켜야 한다.

    ① 제약자원 단위당 재료처리량 공헌이익이 가장 큰 제품에 우선적으로 제약자원을 사용한다.

    ② 다른 비제약공정의 유휴자원을 제약공정에 투입한다.

    ③ 제약공정의 비부가가치시간을 제거하거나 부가가치시간의 효율성을 높인다.

    ④ 외부에 제조를 위탁한다. 이 경우 외부제조업체에 지불하는 비용과 기업 전체적으로 증가되는 수익을 비교하여 증분이익이 발생하는지를 검토해야 한다.

    ⑤ 제약공정의 불량률을 감소시킬 수 있는 방안을 검토하거나 제약공정 이전에 품질검사를 실시하여 제약공정의 자원이 불량품으로 인해 낭비되지 않도록 한다. 이와 같은 방안은 단기적으로 기업의 성과를 개선시킬 수 있지만 장기적으로는 설비투자를 통한 생산능력 자체를 증가시켜야 한다.

[5단계] [1단계]로 돌아가 위의 과정을 반복한다.

[4단계]까지 수행한 결과로 제약이 해소된 후에는 다시 [1단계]로 돌아가 다른 제약을 파악하여 위의 과정을 반복해야 한다. 이러한 과정을 통해 기업의 제약은 지속적으로 개선되며 기업의 성과도 지속적으로 향상될 것이다.

★★
01 ㈜세무는 두 공정을 거쳐 제품을 생산·판매하며, 각 공정별 자료는 다음과 같다.
상중하

	제1공정	제2공정
최대생산능력	8,000단위	10,000단위
총 고정원가	₩400,000	₩200,000
단위당 변동원가	₩20	₩10

제1공정 완성품은 외부 판매시장이 존재하지 않지만, 제2공정에서 추가가공하여 완제품(양품)을 생산한 후 단위당 ₩120에 모두 판매할 수 있다. 제1공정에서는 공손이 발생하지 않지만, 제2공정 투입량의 5%는 제2공정 종점에서 공손이 되며, 공손품의 처분가치는 없다. ₩80,000을 추가 투입하여 제1공정의 최대생산능력을 1,000단위 증가시킬 수 있다면, 회사 이익은 얼마나 증가하는가?

[세무사 23]

① ₩4,000   ② ₩4,500   ③ ₩10,000
④ ₩10,500   ⑤ ₩14,500

정답 및 해설

01 ①

매출액 증가	1,000단위 × 0.95 × ₩120 =	₩114,000
변동원가 증가	1,000단위 × ₩30 =	(30,000)
추가원가 증가		(80,000)
증분이익		₩4,000

02 ㈜세무는 CCTV 장비를 제조하여 고객에게 설치판매하는 사업을 하고 있다. 장비제조는 제조부서에서 장비설치는 설치부서에서 수행하는데, 장비설치에 대한 수요는 연간처리능력을 초과하고 있다. 따라서 ㈜세무는 제약자원개념하에서 운영개선을 검토하기로 하고, 다음의 자료를 수집했다.

구분	장비제조	장비설치
연간처리능력	400개	300개
연간제조설치량	300개	300개

장비의 단위당 설치판매 가격은 ₩40,000이고, 단위당 직접재료원가는 ₩30,000이다. 직접재료원가 이외의 모든 원가는 고정되어 있고 장비설치 오류 시 해당 장비는 폐기된다. 이와 같은 상황하에서 ㈜세무가 영업이익 증가를 위해 취하는 행동으로 옳은 것은? [세무사 21]

① 장비설치 부서에 두 명의 작업자를 고정배치하여 연간 설치수량을 20개 증가시키고, 이로 인해 두 명의 작업자에 대해서 연간 ₩300,000의 추가적 원가가 발생한다.

② 직접재료는 ㈜세무가 제공하는 조건으로 개당 ₩10,000에 30개의 장비를 제조해주겠다는 외주업체의 제안을 받아들인다.

③ 연간 ₩550,000의 추가원가를 투입하여 설치시간을 단축함으로써 설치부서의 연간 설치수량을 50개 더 증가시킨다.

④ 장비는 ㈜세무가 제공하는 조건으로 개당 ₩12,000에 30개의 장비설치를 해주겠다는 외주업체의 제안을 받아들인다.

⑤ 연간 ₩700,000의 추가원가를 투입하여 오류 설치수량을 연간 20개 줄인다.

※ 다음은 **03 ~ 04**에 관련된 자료이다.

㈜외성은 기계공정과 마무리공정에서 사무용 의자를 만들고 있다. 이에 관련된 자료는 다음과 같다.

[회계사 04]

	기계공정	마무리공정
연간처리능력	1,000단위	800단위
연간생산수량	800단위	800단위
고정운영원가(직접재료원가 제외)	₩8,000,000	₩4,800,000
단위당 고정운영원가	₩10,000	₩6,000

의자는 단위당 ₩90,000에 판매되고 기계공정 초기에 ₩40,000의 직접재료원가가 투입된다. ㈜외성은 이외에 다른 변동원가가 없다. 또한 생산된 완제품은 모두 판매할 수 있다.

★
03 ㈜외성은 마무리공정의 처리능력을 100단위 증가시킬 수 있는 최신설비를 마무리공정에 설치할 것을
상중하 고려하고 있다. 이 최신설비의 연간원가는 ₩4,000,000이다. ㈜외성이 이 설비를 설치한다면 얼마
의 순이익이 추가로 발생하는가?

① ₩0   ② ₩1,000,000   ③ -₩4,000,000

④ ₩4,000,000   ⑤ ₩8,000,000

정답 및 해설

02 ⑤   ₩40,000 × 20개 - ₩700,000 = ₩100,000
      → 영업이익이 ₩100,000 증가하므로 ㈜세무가 영업이익 증가를 위해 취하는 행동에 해당한다.
      [지문분석]
      ① (₩40,000 - ₩30,000) × 20개 - ₩300,000 = ₩(100,000)
      ② (₩40,000 - ₩30,000 - ₩10,000) × 30개 = ₩0
      ③ (₩40,000 - ₩30,000) × 50개 - ₩550,000 = ₩(50,000)
      ④ (₩40,000 - ₩30,000 - ₩12,000) × 30개 = ₩(60,000)

03 ②   (1) 제약공정인 마무리공정의 처리능력 단위당 재료처리량 공헌이익
         ₩90,000 - ₩40,000 = ₩50,000
      (2) 최신설비 설치 시 증분손익

증분수익 재료처리량 공헌이익 증가 100단위 × ₩50,000 =	₩5,000,000
증분비용 설비원가	4,000,000
증분이익	₩1,000,000

04 ㈜외성은 현재 마무리공정에서 200단위의 불량품을 생산했다. 이 불량품으로 인해 발생하는 총손실은 얼마인가?

상중하

① ₩0
② ₩4,800,000
③ ₩8,000,000
④ ₩10,000,000
⑤ ₩18,000,000

05 제약이론(theory of constraints)에 대한 다음의 설명 중 가장 타당하지 않은 것은?

상중하

[회계사 09]

① 제약이론에서는 기업의 생산활동과 관련된 내부적 제약요인을 집중적으로 관리하고 개선하여 생산활동을 최적화하고자 한다.
② 제약이론의 생산최적화 과정은 제약요인을 찾아 개선한 후에 또 다른 제약요인을 찾아 지속적으로 개선하는 과정을 밟는다.
③ 제약이론을 원가관리에 적용한 재료처리량 공헌이익(throughput contribution)은 매출액에서 직접재료원가와 직접노무원가를 차감하여 계산한다.
④ 제약이론은 재료처리량 공헌이익을 증가시키고, 투자 및 운영원가를 감소시키는 것을 목적으로 한다.
⑤ 제약이론에서는 운영원가를 단기적으로 변화시킬 수 없는 고정원가로 본다.

정답 및 해설

04 ⑤ 마무리공정에서 불량품이 발생하였으므로 기계공정 초기에 투입되는 직접재료원가는 매몰원가이다. 따라서 ₩18,000,000(= 200단위 × ₩90,000)의 손실이 발생한다.

05 ③ 제약이론을 원가관리에 적용한 재료처리량 공헌이익(throughput contribution)은 매출액에서 직접재료원가를 차감하여 계산한다.

유형 50 | 균형성과표

1. 균형성과표

균형성과표(BSC; Balanced ScoreCard)는 기업이 경쟁우위를 확보하기 위한 전략과 주요 성공요인이 제대로 실행되었는지를 네 가지의 관점인 재무적 관점, 고객 관점, 내부프로세스 관점 및 학습과 성장 관점으로 구분하여 종합적으로 성과평가하는 시스템을 의미한다. 균형성과표를 설계할 때에는 다음과 같은 사항들이 균형을 이룰 수 있도록 설계되어야 한다.

① 재무적 지표와 비재무적(시장점유율, 고객만족도, 불량률, 납기) 지표
② 단기적인 지표와 장기적인 지표
③ 내부적인 지표와 외부적(고객만족도, 경쟁회사 자료)인 지표
④ 과거지향적인 지표와 미래지향적(종업원 능력향상)인 지표
⑤ 양적인 지표와 질적(종업원의 사기)인 지표
⑥ 선행지표와 후행지표

2. 균형성과표의 네 가지 관점

(1) 재무적 관점

① 재무적 관점(financial perspective)은 전략의 실행으로 재무적 성과가 얼마나 향상되었는지를 평가하는 것이다. 전략을 실행하는 궁극적인 목표는 재무적 성과를 향상시켜 기업가치(주주 부)를 향상시키는 것이기 때문에 재무적 관점이 가장 중요한 성과평가의 관점이 된다.

② 재무적으로 성공하기 위해서 주주에게 어떻게 보일 것인지를 중요하게 여기기 때문에 영업이익, 투자수익률, 잔여이익 및 경제적 부가가치 등을 성과평가지표로 사용한다.

(2) 고객 관점

① 고객 관점(customer perspective)은 재무적 관점의 성과를 얻기 위해 고객과 관련된 성과가 얼마나 향상되었는지를 평가하는 것이다.

② 기업은 모든 고객을 만족시킬 수 없기 때문에 구체적인 고객의 범위를 명확히 하고 그 고객을 만족시키기 위해서 어떠한 활동을 수행하여야 하는지를 구체적으로 파악해야 한다.

(3) 내부프로세스 관점

내부프로세스 관점(internal process perspective)은 고객 관점의 성과를 얻기 위해 기업 내부적으로 고객가치를 창출하는 프로세스의 성과가 얼마나 향상되었는지를 평가하는 것이다.

(4) 학습과 성장 관점

① 학습과 성장 관점(learning and growth perspective)은 내부프로세스 관점의 성과를 얻기 위해 학습과 성장과 관련된 성과가 얼마나 향상되었는지를 평가하는 것이다.

② 학습과 성장 관점은 네 관점 중에서 가장 장기적인 관점으로, 기업의 장기적인 성장과 개선은 종업원(인적자산), 정보시스템(정보자산) 및 조직기반(조직자산)처럼 무형의 자산에 의해 이루어지기 때문에 이에 대한 지속적인 투자가 이루어져야 내부프로세스 관점, 고객 관점 및 재무적 관점에서 성과를 달성할 수 있게 된다.

3. 균형성과표 구축 시 고려사항

(1) 기업의 목표를 달성하기 위한 전략이 성공적으로 수행될 수 있도록 네 가지 관점의 성과평가지표가 유기적인 인과관계(cause-and-effect)를 가지도록 균형성과표가 구축되어야 한다. 이러한 네 가지 관점 사이의 인과관계가 전략목표와 연결되는 것을 시각적으로 나타내기 위해 전략체계도(strategy map: 전략지도)를 작성한다.

(2) 인과관계의 원인이 되는 지표를 선행지표(leading indicator)라 하고 그 결과로 나타나는 지표를 후행지표(lagging indicator)라 한다. 지표 간의 인과관계, 성과평가지표 및 전략과의 관계는 실제 자료로 확인되지 않을 경우 단순한 가설에 불과하므로 충분한 시간을 가지고 선행지표와 후행지표 사이의 인과관계를 파악하여 균형성과표를 지속적으로 개선해 나가야 한다.

① 재무적 성과는 고객 관점과 내부프로세스 관점 및 학습과 성장 관점의 후행지표이다.
② 고객 관점은 재무적 관점의 선행지표이다.

(3) 목표불일치(준최적화)현상이 발생하지 않도록 균형성과표를 구축해야 한다. 이는 각 부문의 담당자가 자기 부문의 성과를 극대화하는 것이 아니라 기업 전체의 성과를 극대화하도록 구축되어야 한다는 것이다.

(4) 너무 많은 성과평가지표를 설정하면 조직구성원의 노력이 분산될 수 있기 때문에 핵심성과지표(KPI; Key Performance Indicator)를 설정하여 조직구성원의 관심과 노력이 집중될 수 있도록 구축되어야 한다.

(5) 단순히 성과평가를 위해 균형성과표를 구축하는 것이 아니라 균형성과표를 구축하는 과정에서 전략목표를 보다 더 구체화하여 전략이 실제 성공적으로 수행될 수 있도록 구축되어야 한다.

(6) 기업이 처한 경영환경은 계속 변하기 때문에 조직구성원 간의 동적인 의사소통과 피드백이 이루어져 균형성과표에 대한 지속적인 조정이 이루어져야 한다.

(7) 균형성과표에 의해 성과평가가 이루어지면 적절한 보상이 이루어져야 조직구성원들에 대한 동기부여가 된다.

★★
01 원가관리기법에 관한 설명으로 옳은 것은?
상중하

① 제약이론을 원가관리에 적용한 재료처리량 공헌이익은 매출액에서 기본원가를 차감하여 계산한다.

② 수명주기원가계산에서는 공장자동화가 이루어지면서 제조이전단계보다는 제조단계에서의 원가절감 여지가 매우 높아졌다고 본다.

③ 목표원가계산은 표준원가와 마찬가지로 제조과정에서의 원가절감을 강조한다.

④ 균형성과표는 전략의 구체화와 의사소통에 초점이 맞춰진 제도이다.

⑤ 품질원가계산에서는 내부실패원가와 외부실패원가를 통제원가라 하며, 예방 및 평가활동을 통해 이를 절감할 수 있다.

정답 및 해설

01 ④ [지문분석]
① 제약이론을 원가관리에 적용한 재료처리량 공헌이익은 매출액에서 직접재료원가매출원가를 차감하여 계산한다.
② 수명주기원가계산에서는 설계단계에서 대부분의 제품원가가 결정되므로 제조이전단계에서부터 원가절감을 위한 노력을 기울여야 한다는 점을 강조하고 있다.
③ 목표원가계산은 제조이전단계에서의 획기적인 원가절감을 강조한다.
⑤ 품질원가계산에서는 내부실패원가와 외부실패원가를 실패원가라 하며, 예방 및 평가활동을 통해 이를 절감할 수 있다.

02 균형성과표에 관한 다음의 설명 중 옳지 않은 것은? [회계사 14]

상중하

① 균형성과표에서 전략에 근거하여 도출한 비재무적 성과측정치는 재무적 성과측정치의 후행지 표가 된다.

② 균형성과표의 다양한 성과지표 간의 인과관계를 통하여 조직의 전략목표 달성과정을 제시하는 성과지표의 체계를 전략지도(strategy map)라고 한다.

③ 균형성과표의 고객 관점은 고객만족에 대한 성과를 측정하는데 고객만족도, 고객유지율, 반복 구매정도, 시장점유율 등의 지표가 사용된다.

④ 균형성과표의 내부프로세스 관점은 기업내부의 업무가 효율적으로 수행되는 정도를 의미하는 데 불량률, 작업폐물, 재작업율, 수율, 납기, 생산처리시간 등의 지표가 사용된다.

⑤ 균형성과표의 학습과 성장 관점은 기존의 프로세스와 제품에 만족하지 않고 기술 및 제품의 혁신적인 발전을 추구하는 정도를 의미하는데 종업원만족도, 종업원 이직률, 종업원 1인당 사내훈련시간 등의 지표가 이용된다.

03 성과평가와 관련된 다음 설명 중 옳지 않은 것은? [회계사 12]

상중하

① 경제적 부가가치(EVA)를 계산할 때 연구개발비 자산화는 경제적 부가가치를 감소시킬 수 있다.

② 균형성과표(BSC)는 내부 관점(내부프로세스 관점, 학습과 성장 관점)과 외부 관점(재무적 관점, 고객 관점) 간의 균형을 추구한다.

③ 기업의 균형성과표(BSC)에서 내부프로세스 관점의 성과지표는 학습과 성장 관점의 성과지표 에 대해 선행지표인 것이 일반적이다.

④ 총자산회전율이 커져도 매출이익률이 작아지면 총자산이익률은 작아질 수 있다.

⑤ 원가중심점(원가책임단위), 수익중심점(수익책임단위) 등의 분류는 통제가능성의 원칙이 적용 된 것이다.

04 균형성과표(BSC)에 관한 설명으로 옳지 않은 것은? [세무사 11]

상중하

① 조직구성원들이 조직의 전략을 이해하여 달성하도록 만들기 위해, 균형성과표에서는 전략과 정렬된 핵심성과지표(Key Performance Indicators)를 설정한다.

② 전략 달성에 초점을 맞춘 조직을 구성하여, 조직구성원들이 전략을 달성하는 데 동참할 수 있 도록 유도한다.

③ 조직의 사명과 비전에 근거하여 다양한 관점에서 전략을 도출한 후, 도출된 전략의 인과관계 를 도식화한다.

④ 균형성과표에서 전략에 근거하여 도출한 재무적 성과측정치는 비재무적 성과측정치의 선행지 표가 된다.

⑤ 조직구성원들은 전략 달성을 위한 의사소통 수단으로 핵심성과지표를 사용한다.

05 균형성과표(BSC; balanced scorecard)에 관한 다음의 설명 중 가장 타당하지 않은 것은?

상중하   [회계사 09]

① 균형성과표는 재무적인 성과지표를 중심으로 하는 전통적인 성과측정제도의 문제점을 보완할 수 있는 성과측정시스템으로 인식되고 있다.

② 균형성과표는 조직의 비전과 전략을 성과지표로 구체화함으로써 조직의 전략수행을 지원한다.

③ 균형성과표의 다양한 성과지표 간의 인과관계를 통하여 조직의 전략목표 달성과정을 제시하는 성과지표의 체계를 전략지도(strategy map)라고 한다.

④ 균형성과표는 일반적으로 재무 관점, 고객 관점, 내부프로세스 관점, 학습과 성장 관점의 다양한 성과지표에 의하여 조직의 성과를 측정하고자 한다.

⑤ 균형성과표는 조직의 수익성을 최종적인 목표로 설정하기 때문에 4가지 관점의 성과지표 중에서 학습과 성장 관점의 성과지표를 가장 중시한다.

06 다음 중 균형성과표(BSC)에 대한 설명으로 옳지 않은 것은?   [세무사 05]

상중하

① 비영리단체에서도 재무적 관점, 고객 관점, 내부프로세스 관점, 학습과 성장 관점을 사용할 수 있다.

② 전략과 연계된 주요평가지표(KPI)를 사용한다.

③ 관점 사이의 인과관계를 전략체계도(strategy map)로 나타낸다.

④ 미국에서 시작된 기법이다.

⑤ 균형성과표는 전략의 구체화와 의사소통보다 성과보상에 초점이 맞추어진 제도이다.

정답 및 해설

02 ① 비재무적 성과측정치는 재무적 성과측정치의 선행지표가 된다.

03 ③ 내부프로세스 관점의 성과지표는 학습과 성장 관점의 성과지표의 후행지표의 성격을 띤다.

04 ④ 재무적 성과측정치는 비재무적 성과측정치의 후행지표의 성격을 띤다.

05 ⑤ 균형성과표의 목표는 조직의 비전과 전략으로부터 도출되고 4가지 관점에서 조직의 성과를 평가하며 그 상호 간의 균형을 강조한다.

06 ⑤ 균형성과표는 성과지표를 결정하는 과정에서 전략을 구체화하고 의사소통이 이루어지도록 도와준다.

제4부
실전모의고사

실전모의고사 1회

실전모의고사 2회

실전모의고사 3회

실전모의고사 4회

실전모의고사 5회

01 다음은 ㈜해커의 20×1년 기초 및 기말재고자산과 관련한 자료이다.

구분	기초	기말
원재료	₩10,000	₩12,000
재공품	28,000	35,000
제품	60,000	80,000

㈜해커는 매출원가의 25%를 매출원가에 이익으로 가산하여 제품을 판매하고 있으며, 20×1년 매출액은 ₩200,000이다. ㈜해커의 20×1년 원재료매입액은 ₩25,000이고, 제조간접원가는 가공원가의 40%일 때, 20×1년의 기초원가는?

① ₩23,000   ② ₩98,400   ③ ₩121,400
④ ₩127,000   ⑤ ₩164,000

02 ㈜해커는 두 개의 제조부문(P1, P2)과 두 개의 보조부문(S1, S2)을 두고 있다. 각 부문 간의 용역수수관계는 다음과 같다.

사용부문 제공부문	보조부문		제조부문	
	S1	S2	P1	P2
S1	–	50%	20%	?
S2	20%	–	?	?
부문발생원가	₩270,000	₩450,000	₩250,000	₩280,000

㈜해커는 보조부문의 원가를 상호배분법으로 배분하고 있다. 보조부문의 원가를 배분한 후의 제조부문 P1의 총원가가 ₩590,000이라면, 제조부문 P2의 총원가는?

① ₩300,000   ② ₩580,000   ③ ₩600,000
④ ₩660,000   ⑤ ₩720,000

03 ㈜해커는 단일공정을 통해 단일제품을 생산하고 있으며, 선입선출법에 의한 종합원가계산을 적용하고 있다. 직접재료는 공정 초에 전량 투입되고, 가공원가는 공정 전반에 걸쳐 균등하게 발생한다. ㈜해커의 20×1년 기초재공품은 10,000단위(가공원가 완성도 40%), 당기착수량은 30,000단위, 기말재공품은 8,000단위(가공원가 완성도 50%)이다. 기초재공품의 직접재료원가는 ₩170,000이고, 가공원가는 ₩72,000이다. 완성품원가는 ₩1,076,000이고, 기말재공품원가는 ₩192,000이다. 당기투입된 직접재료원가와 가공원가는? (단, 공손 및 감손은 발생하지 않는다)

	직접재료원가	가공원가
①	₩450,000	₩576,000
②	₩480,000	₩520,000
③	₩520,000	₩576,000
④	₩480,000	₩590,000
⑤	₩490,000	₩602,000

04 ㈜해커는 당기 중 검사를 통과한 정상품(양품)의 10%를 정상공손으로 간주하며, 모든 공손은 완성시점에 발견된다. 재료는 공정 초에 모두 투입되고 가공원가는 전 공정에 걸쳐 균등하게 발생하며, 기말재공품의 평가는 가중평균법에 의한다. 20×1년 3월 ㈜해커의 생산활동에 대한 자료는 다음과 같다.

- 기초재공품: 1,000단위(가공원가 완성도 80%), 재료원가 ₩540,000, 가공원가 ₩880,000
- 당기투입: 9,000단위, 재료원가 ₩5,000,000, 가공원가 ₩9,460,000
- 당기완성품(정상품): 7,000단위
- 기말재공품: 1,500단위(가공원가 완성도 60%)

㈜해커의 20×1년 3월의 완성품원가는 얼마인가?

① ₩11,200,000 ② ₩12,273,200 ③ ₩12,735,800
④ ₩12,825,000 ⑤ ₩13,134,400

05 ㈜해커는 동일한 원재료를 결합공정에 투입하여 세 종류의 결합제품 A, B, C를 생산·판매하고 있다. 결합제품 A, B, C는 분리점에서 판매될 수 있으며, 추가가공을 거친 후 판매될 수도 있다. ㈜해커의 20×1년 결합제품에 관한 자료는 다음과 같다.

제품	생산량	분리점에서의 단위당 판매가격	추가가공원가	추가가공 후 단위당 판매가격
A	400단위	₩120	₩150,000	₩450
B	450단위	150	80,000	380
C	250단위	380	70,000	640

결합제품 A, B, C의 추가가공 여부에 관한 설명으로 옳은 것은? (단, 기초 및 기말재고자산은 없으며, 생산된 제품은 모두 판매된다)

① 결합제품 A, B, C를 추가가공하는 경우, 단위당 판매가격이 높아지기 때문에 모든 제품을 추가가공하는 것이 유리하다.

② 제품 A는 추가가공을 하는 경우, 증분수익은 ₩130,000이고 증분비용은 ₩150,000이므로 분리점에서 즉시 판매하는 것이 유리하다.

③ 제품 C는 추가가공을 하는 경우, 증분수익 ₩65,000이 발생하므로 추가가공하는 것이 유리하다.

④ 결합제품에 대한 추가가공 여부를 판단하는 경우, 분리점까지 발생한 결합원가를 반드시 고려해야 한다.

⑤ 제품 B는 추가가공을 하는 경우, 증분이익이 ₩23,500이므로 추가가공을 거친 후에 판매하는 것이 유리하다.

06 ㈜해커는 표준원가계산제도를 채택하고 있으며, 20×1년 제품 3,000단위를 기준으로 제조간접원가에 대한 표준을 다음과 같이 설정하였다.

- 제조간접원가 예산 = ₩1,500,000 + 직접노무시간 × ₩200
- 제품 단위당 표준직접노무시간: 5시간

20×1년 실제기계시간은 19,200시간이고, 실제생산량은 3,200단위이다. 변동제조간접원가 능률차이와 고정제조간접원가 조업도차이는?

	능률차이	조업도차이
①	₩640,000(불리)	₩100,000(유리)
②	₩640,000(유리)	₩720,000(불리)
③	₩640,000(불리)	₩120,000(유리)
④	₩640,000(유리)	₩100,000(불리)
⑤	차이 없음	₩100,000(불리)

07 ㈜해커의 20×1년도 고정원가는 ₩600,000이고 손익분기점 매출액이 ₩1,500,000이며, 영업레버리지가 2.5일 경우, 영업이익은?

① ₩0 ② ₩200,000 ③ ₩400,000
④ ₩1,000,000 ⑤ ₩1,200,000

08 ㈜해커는 제품운반용 신제품 드론 1대를 생산하였다. 1대를 생산하는 데 소요되는 원가자료는 다음과 같다.

• 직접재료원가	₩80,000
• 직접노무시간	100시간
• 직접노무원가	₩1,000/직접노무시간
• 변동제조간접원가	₩500/직접노무시간

최초 1대 생산 시 100시간이 발생했고 추가로 1대 생산 시 60시간이 발생하였다. 누적평균시간 학습모형이 적용될 때, 최초 생산 이후 총 드론 4대를 생산할 경우 총변동제조원가는? (단, 추가 생산 시 단위당 직접재료원가, 직접노무원가, 변동제조간접원가의 변동은 없으며, 고정제조간접원가는 발생하지 않는다)

① ₩234,000 ② ₩318,000 ③ ₩396,000
④ ₩474,000 ⑤ ₩704,000

09 전부원가계산, 변동원가계산, 초변동원가계산에 관한 설명으로 옳은 것은?

① 기초재고가 없다면, 당기 판매량보다 당기 생산량이 더 많을 때 전부원가계산상의 당기 영업이익보다 초변동원가계산상의 당기 영업이익이 더 크다.
② 전부원가계산은 변동원가계산에 비해 판매량 변화에 의한 이익의 변화를 더 잘 파악할 수 있다.
③ 초변동원가계산에서는 기초재고가 없고 판매량이 일정할 때 생산량이 증가하더라도 재료처리량 공헌이익은 변하지 않는다.
④ 일반적으로 인정된 회계원칙에서는 변동원가계산에 의해 제품원가를 보고하도록 하고 있다.
⑤ 전부원가계산은 초변동원가계산에 비해 경영자의 생산과잉을 더 잘 방지한다.

10 레저용 요트를 전문적으로 생산·판매하고 있는 ㈜해커는 매년 해당 요트의 주요 부품인 자동항법장치 2,000단위를 자가제조하고 있으며, 관련 원가자료는 다음과 같다.

구분	총원가	단위당 원가
직접재료원가	₩800,000	₩400
직접노무원가	600,000	300
변동제조간접원가	400,000	200
고정제조간접원가	1,000,000	500
합계	₩2,800,000	₩1,400

㈜해커는 최근 외부업체로부터 자동항법장치 2,000단위 전량을 단위당 ₩1,200에 공급하겠다는 제안을 받았다. ㈜해커가 동 제안을 수락할 경우, 기존설비를 임대하여 연간 ₩500,000의 수익을 창출할 수 있고, 고정제조간접원가의 80%를 회피할 수 없다. ㈜해커가 외부업체로부터 해당 부품을 공급받을 경우, 연간 영업이익에 미치는 영향은?

① ₩0 ② ₩100,000 감소 ③ ₩100,000 증가
④ ₩140,000 감소 ⑤ ₩140,000 증가

11 ㈜해커는 A, B, C제품을 생산·판매하고 있으며, 20×1년도 제품별 예산손익계산서는 다음과 같다.

		A제품	B제품	C제품
매출액		₩120,000	₩180,000	₩140,000
매출원가	변동원가	50,000	70,000	50,000
	고정원가	30,000	60,000	50,000
매출총이익		₩40,000	₩50,000	₩40,000
판매관리비	변동원가	30,000	10,000	10,000
	고정원가	20,000	20,000	10,000
영업이익(손실)		₩(10,000)	₩20,000	₩20,000

㈜해커의 경영자는 영업손실을 초래하고 있는 A제품의 생산을 중단하려고 한다. A제품의 생산을 중단하면, A제품의 변동원가를 절감하고, 매출원가에 포함된 고정원가의 40%와 판매관리비에 포함된 고정원가의 50%를 회피할 수 있다. 또한, B제품 매출이 10% 증가하고, 생산중단에 따른 여유생산능력을 임대하여 ₩7,000의 임대수익을 얻을 수 있다. A제품의 생산을 중단할 경우, 20×1년도 회사 전체의 예산 영업이익은 얼마나 증가(또는 감소)하는가? (단, 기초 및 기말재고자산은 없다)

① ₩1,000 감소 ② ₩1,000 증가 ③ ₩8,000 감소
④ ₩8,000 증가 ⑤ ₩11,000 감소

12 ㈜해커는 단위당 공헌이익이 ₩500인 제품 X를 판매하고 있다. 20×1년의 예상판매량은 1,000단위이며 고정원가는 ₩200,000에서 ₩400,000까지 균일분포를 따르고 있다. 회사의 목표이익은 ₩200,000일 때, 목표이익 이상을 달성할 확률은 얼마인가?

① 10% ② 20% ③ 30%
④ 40% ⑤ 50%

13 ㈜해커는 A부문과 B부문으로 구성되어 있다. A부문에서 제품 1단위의 생산 및 판매에 소요되는 원가는 다음과 같다.

• 단위당 변동제조원가	₩350
• 단위당 고정제조원가	30
• 단위당 변동판매비	50
• 단위당 고정관리비	20

A부문의 외부판매가격은 단위당 ₩500이다. B부문에 판매할 경우에는 변동판매비를 단위당 ₩10씩 절약할 수 있다. B부문은 제품을 A부문이나 외부에서 구입하고 있다. 외부에서 이 제품을 구입할 경우 단위당 ₩550이 소요된다. 다음의 설명 중 옳지 않은 것은?

① A부문이 제조할 수 있는 제품 전체를 외부에 판매할 수 있다면 최소대체가격은 ₩490이다.
② A부문에 유휴생산시설이 존재하는 경우, 최소대체가격은 ₩390이다.
③ B부문이 지급하고자 하는 최대대체가격은 ₩550이다.
④ 실제로 내부대체거래가 이루어지지 않는다면 기업 전체의 입장에서 단위당 ₩50의 손실이 발생한다.
⑤ 일반적으로 기업부문 간에 내부대체가 일어나지 않음으로써 기업 전체의 입장에서 이익이 발생하는 경우도 있다.

14 20×1년 1월부터 3월까지의 ㈜해커의 예상 상품매출액은 다음과 같다.

구분	예상 상품매출액
1월	₩3,900,000
2월	5,200,000
3월	4,940,000

매월 기말재고액은 다음 달 예상 매출원가의 25%이며, 상품의 매출원가 대비 매출총이익률은 30%이다. 2월의 예상 상품매입액은 얼마인가?

① ₩2,850,000 ② ₩3,950,000 ③ ₩4,000,000
④ ₩4,150,000 ⑤ ₩4,500,000

15 다음은 품질원가에 대한 설명이다. 옳지 않은 것은?

① 공급업체 평가 및 인증에 관한 원가는 평가원가이다.
② 품질원가의 통제원가는 예방원가와 평가원가로 분류된다.
③ 품질원가는 제품과 서비스가 표준품질에 일치하지 않음으로써 발생되는 조직의 원가를 의미하는데, 이에는 기회원가(opportunity cost) 개념도 포함된다.
④ 내부실패원가의 예로는 재작업원가, 공손원가 등을 들 수 있다.
⑤ 실패원가와 통제원가 간에 상충관계가 있으며 이로부터 총품질원가를 최소화하는 최적 허용품질수준(acceptable quality level view)이 존재한다.

정답 및 해설

정답

01 ③   02 ④   03 ①   04 ③   05 ⑤   06 ①   07 ③   08 ⑤   09 ③   10 ③

11 ①   12 ⑤   13 ④   14 ②   15 ①

해설

01 ③ (1) 합산T계정을 이용하여 가공원가를 계산

원재료 + 재공품 + 제품			
기초재고	₩98,000	매출원가	₩160,000
원재료매입액	25,000		
가공원가	164,000	기말재고	127,000
합계	₩287,000	합계	₩287,000

(2) 매출원가 = ₩200,000 × 1/1.25 = ₩160,000

(3) 직접재료원가 = ₩10,000 + ₩25,000 - ₩12,000 = ₩23,000

(4) 직접노무원가 = ₩164,000 × (1 - 0.4) = ₩98,400

(5) 기초원가 = ₩23,000 + ₩98,400 = ₩121,400

02 ④ (1) 상호배분법에 의한 보조부문 원가 배분 후의 원가를 A(S1부문), B(S2부문)라 하여 정리하면 다음과 같다.

$$\begin{cases} A = ₩270,000 + 0.2B \\ B = ₩450,000 + 0.5A \end{cases}$$

→ A = ₩400,000, B = ₩650,000

(2) 보조부문 S2가 제조부문 P1에 제공한 용역제공비율을 x라 한 후 정리하면 다음과 같다.

₩250,000 + ₩400,000 × 0.2 + ₩650,000 × x = ₩590,000

→ x = 0.4(40%)

(3) 제조부문 P2의 총원가

₩280,000 + ₩400,000 × 0.3 + ₩650,000 × 0.4 = ₩660,000

03 ① (1) 직접재료원가 완성품환산량 = 22,000단위 × 100% + 8,000단위 × 100% = 30,000단위

(2) 가공원가 완성품환산량 = 10,000단위 × 60% + 22,000단위 + 8,000단위 × 50% = 32,000단위

(3) 직접재료원가 완성품환산량 단위당 원가를 x, 가공원가 완성품환산량 단위당 원가를 y라 한다.

$$\begin{cases} \text{완성품원가} = ₩242,000(\text{기초}) + 22,000단위 × x + 28,000단위 × y = ₩1,076,000 \\ \text{기말재공품원가} = 8,000단위 × x + 4,000단위 × y = ₩192,000 \end{cases}$$

→ 직접재료원가 완성품환산량 단위당 원가(x) = @15

가공원가 완성품환산량 단위당 원가(y) = @18

∴ 당기투입된 직접재료원가 = 30,000단위 × @15 = ₩450,000

당기투입된 가공원가 = 32,000단위 × @18 = ₩576,000

04 ③ (1) 물량의 흐름

재공품(가중평균법)

기초재공품	1,000단위(80%)	당기완성품	7,000단위
당기투입	9,000단위	공손품*	1,500단위(100%)
		기말재공품	1,500단위(60%)
	10,000단위		10,000단위

* 총공손수량 = (1,000단위 + 9,000단위) - 7,000단위 - 1,500단위 = 1,500단위

(2) 정상공손수량, 비정상공손수량(검사시점: 100%)

① 정상공손수량 = 7,000단위 × 10% = 700단위, 합격수량 = 완성수량(∵ 검사시점: 100%)

② 비정상공손수량 = 1,500단위 - 700단위 = 800단위

(3) 총완성환산량

① 재료원가 = 7,000단위 + 1,500단위 + 1,500단위 = 10,000단위

② 가공원가 = 7,000단위 + 1,500단위 × 100% + 1,500단위 × 60% = 9,400단위

(4) 환산량 단위당 원가

① 재료원가 = (₩540,000 + ₩5,000,000) ÷ 10,000단위 = @554

② 가공원가 = (₩880,000 + ₩9,460,000) ÷ 9,400단위 = @1,100

(5) 원가배분

① 정상공손원가 배분 전 완성품원가 = 7,000단위 × @554 + 7,000단위 × @1,100 = ₩11,578,000

② 정상공손원가 = 700단위 × @554 + 700단위 × 100% × @1,100 = ₩1,157,800

기말재공품이 검사시점을 통과하지 않았으므로 정상공손원가는 전액 완성품에 배분된다.

(6) 완성품원가 = ₩11,578,000 + ₩1,157,800 = ₩12,735,800

05 ⑤ (1) 제품 A 추가가공 시 = 400단위 × (₩450 - ₩120)(증분수익) - ₩150,000(증분비용) = ₩(18,000)

(2) 제품 B 추가가공 시 = 450단위 × (₩380 - ₩150)(증분수익) - ₩80,000(증분비용) = ₩23,500

(3) 제품 C 추가가공 시 = 250단위 × (₩640 - ₩380)(증분수익) - ₩70,000(증분비용) = ₩(5,000)

[지문분석]

① 결합제품 A, B, C의 추가가공 여부는 증분손익으로 판단한다.

② 제품 A는 추가가공을 하는 경우, 증분수익은 ₩132,000이고 증분비용은 ₩150,000이므로 분리점에서 즉시 판매하는 것이 유리하다.

③ 제품 C는 추가가공을 하는 경우, 증분손실 ₩5,000이 발생하므로 분리점에서 즉시 판매하는 것이 유리하다.

④ 결합제품에 대한 추가가공 여부를 판단하는 경우, 분리점까지 발생한 결합원가는 비관련원가이므로 고려하지 않는다.

06 ① (1) VOH 능률차이 = $AQ \times SP_v - SQ \times SP_v$

= 19,200시간 × ₩200 - 3,200단위 × 5h × ₩200 = ₩640,000(불리)

(2) FOH 조업도차이 = FOH예산(기준조업도 × SP_f) - $SQ \times SP_f$

= ₩1,500,000 - 3,200단위 × 5h × ₩100* = ₩(100,000)(유리)

* SP_f = ₩1,500,000 ÷ (3,000단위 × 5h) = ₩100

07 ③ (1) 공헌이익률

$$₩600,000 ÷ ₩1,500,000 = 0.4$$

(2) 안전한계율

$$1 ÷ 2.5 = 0.4$$

(3) 매출액

$$(S - ₩1,500,000) ÷ S = 0.4$$

$$→ S = ₩2,500,000$$

(4) 영업이익

$$₩2,500,000 × 0.4 - ₩600,000 = ₩400,000$$

08 ⑤ (1) 100시간 × 학습률 = 80시간(평균시간)

$$→ 학습률 = 0.8(80\%)$$

(2) 드론 4대에 따른 누적시간

생산량	평균시간	총시간
1대	100시간	100시간
2대	80시간(= 100시간 × 0.8)	160시간
4대	64시간(= 80시간 × 0.8)	256시간

(3) 드론 4대에 대한 총변동제조원가

$$₩80,000 × 4대 + ₩1,000 × 256시간 + ₩500 × 256시간 = ₩704,000$$

09 ③ [지문분석]

① 기초재고가 없다면, 당기 판매량보다 당기 생산량이 더 많을 때 전부원가계산상의 당기 영업이익보다 초변동원가계산상의 당기 영업이익이 더 작다.

② 변동원가계산은 전부원가계산에 비해 판매량 변화에 의한 이익의 변화를 더 잘 파악할 수 있다.

④ 일반적으로 인정된 회계원칙에서는 전부원가계산에 의해 제품원가를 보고하도록 하고 있다.

⑤ 초변동원가계산은 전부원가계산에 비해 경영자의 생산과잉을 더 잘 방지한다.

10 ③

외부구입원가	2,000단위 × ₩1,200 =	₩(2,400,000)
변동제조원가 절감액	2,000단위 × ₩900 =	1,800,000
기존설비 임대수익		500,000
회피가능고정원가		200,000
증분이익		₩100,000

∴ 외부구입 시 영업이익은 ₩100,000 증가한다.

11 ①

A제품 공헌이익 감소분	₩120,000 - ₩50,000 - ₩30,000 =	₩(40,000)
회피가능고정원가	₩30,000 × 0.4 + ₩20,000 × 0.5 =	22,000
B제품 공헌이익 증가분	(₩180,000 - ₩70,000 - ₩10,000) × 0.1 =	10,000
기회수익(임대수익)		7,000
증분손실		₩(1,000)

∴ A제품의 생산을 중단할 경우 20×1년도 회사 전체의 예산 영업이익은 ₩1,000 감소한다.

해가스 세무사 객관식 真원가관리회계

12 ⑤ 회사의 고정원가를 FC라고 하면, FC는 ₩200,000 ≤ FC ≤ ₩400,000에서 균일분포를 따른다.

목표이익(π) = 1,000단위 × ₩500 - FC = ₩500,000 - FC

∴ P(π ≥ ₩200,000) = P(₩500,000 - FC ≥ ₩200,000) = P(FC ≤ ₩300,000)

$$= \text{P(₩200,000 ≤ FC ≤ ₩300,000)} = \frac{₩300,000 - ₩200,000}{₩400,000 - ₩200,000}$$

$$= 0.5(50\%)$$

13 ④ A부문의 외부시장수요가 충분한 경우에는 내부대체거래가 이루어지지 않는다면 기업 전체 입장에서 단위당 ₩60(= ₩550 - ₩490), A부문 유휴생산시설이 존재하는 경우에는 단위당 ₩160(= ₩550 - ₩390)의 손실이 발생한다.

[지문분석]

① A부문의 외부시장수요가 충분하므로 대체 시 단위당 기회비용 = 외부판매 단위당 공헌이익이다.

　A부문 최소대체가격 = 대체 시 단위당 변동원가 + 대체 시 단위당 기회비용

　　　　　　　　　　 = (₩350 + ₩50 - ₩10) + (₩500 - ₩350 - ₩50) = ₩490

② A부문에 유휴생산시설이 존재하는 경우, 대체에 따른 기회비용이 발생하지 않는다.

　A부문 최소대체가격 = 대체 시 단위당 변동원가 = ₩390

③ B부문 최대대체가격 = Min[단위당 외부구입가격, 단위당 지출가능원가]

　　　　　　　　　　 = ₩550(지출가능원가 자료 없음)

14 ②

구분	1월	2월	3월
예상 상품매출액	₩3,900,000	₩5,200,000	₩4,940,000
예상 매출원가[1]	3,000,000	4,000,000	3,800,000
기말재고액[2]	1,000,000	950,000	–

[1] 예상 매출원가 = 예상 상품매출액 ÷ (1 + 매출원가 대비 매출총이익률)

[2] 다음 달 예상 매출원가 × 25%

2월 예상 상품매입액 = 2월 예상 매출원가 + 2월 기말 재고액 - 2월 기초 재고액

　　　　　　　　　 = ₩4,000,000 + ₩950,000 - ₩1,000,000 = ₩3,950,000

15 ① 공급업체 평가 및 인증에 관한 원가는 예방원가로 분류한다.

01 다음은 ㈜해커의 원가자료이다.

> - 당기 원재료구입액은 ₩100,000이고, 당기 말 원재료재고는 전기 대비 ₩20,000이 증가하였다.
> - 노무원가 지급액은 ₩100,000이며, 전기 말 미지급노무원가는 ₩30,000이었고 당기 말 미지급 노무원가는 ₩80,000이다.
> - 당기제조경비 지급액은 ₩200,000이고, 당기 말 선급제조경비는 ₩80,000, 미지급제조경비는 ₩50,000이며, 전기 말 선급제조경비는 ₩60,000, 미지급제조경비는 ₩40,000이다.
> - 당기 말 재공품재고액은 전기 말 대비 ₩20,000이 증가하였다.

상기 자료를 이용하여 당기제품제조원가를 계산하면 얼마인가?

① ₩360,000   ② ₩380,000   ③ ₩400,000
④ ₩420,000   ⑤ ₩440,000

02 당기 초에 설립된 ㈜해커는 고객의 주문에 따라 여러 종류의 선박을 제조하고 있으며, 개별원가계산을 사용하여 원가계산을 하고 있다. ㈜해커는 제조간접원가를 직접노무원가를 배부기준으로 설정한 예정 배부율을 이용하여 제품에 배부한다. 기초에 예측한 제조간접원가는 ₩300,000이며, 직접노무원가 는 ₩500,000이다. 당기 말에 두 개의 작업 #101과 #102가 미완성되었으며 각 작업에 집계된 원 가는 다음과 같다.

구분	#101	#102
직접재료원가	₩22,000	₩42,000
직접노무원가	11,000	39,000

당기에 제조간접원가계정의 차변합계는 ₩186,840이며, 당기에 모든 작업에서 발생한 직접노무원 가의 합계는 ₩400,000이다. 배부차이를 조정하기 전에 기말제품재고액이 ₩72,000(이 중 직접 노무원가는 ₩35,000임), 매출원가는 ₩648,000이라면, 배부차이를 조정하기 전 매출원가에 포 함된 직접재료원가는 얼마인가?

① ₩84,000   ② ₩120,000   ③ ₩144,000
④ ₩164,000   ⑤ ₩180,000

03 활동기준원가계산에 관한 설명으로 옳지 않은 것은?

① 활동기준원가계산은 생산환경의 변화에 따라 증가되는 제조간접원가를 좀 더 정확하게 제품에 배부하고 효과적으로 관리하기 위한 새로운 원가계산방법이라 할 수 있다.

② 활동기준원가계산에서는 일반적으로 활동의 유형을 단위수준활동, 묶음수준활동(배치수준활동), 제품유지활동, 설비유지활동의 4가지로 구분한다.

③ 설비유지활동은 주로 제조공정이나 생산설비 등을 유지하고 관리하기 위하여 수행되는 활동으로서 공장시설관리, 환경관리, 안전유지관리, 제품별 생산설비관리 등의 활동이 여기에 속한다.

④ 묶음수준활동은 원재료구매, 작업준비 등과 같이 묶음 단위로 수행되는 활동을 의미하는데 품질검사의 경우 전수검사는 묶음수준활동으로 분류될 수 있지만, 표본조사에 의한 품질검사는 단위수준활동으로 분류된다.

⑤ 단위수준활동은 한 단위의 제품을 생산하는 데 수반되어 이루어지는 활동으로서 주로 생산량에 비례적으로 발생하며, 주로 직접노무시간, 기계작업시간 등을 원가동인으로 한다.

04 20×1년의 ㈜해커의 생산활동에 관련된 자료는 다음과 같다.

구분	수량	완성도	재료원가	가공원가
기초재공품	1,000	80%	₩540,000	₩880,000
당월투입	9,000		5,000,000	9,460,000
완성품	7,000			
기말재공품	1,500	60%		

재료는 공정의 초기단계에 투입되며, 가공원가는 전체 공정에 고르게 투입된다. 완성품의 10%는 정상공손으로 간주하며, 모든 공손은 공정 말에 발견된다. 기말재공품평가는 평균법에 의한다. 위 자료에 근거하여 완성품원가를 계산하면 얼마인가?

① ₩10,360,000 ② ₩11,357,300 ③ ₩11,578,000
④ ₩12,735,800 ⑤ ₩13,128,000

※ 다음은 **05 ~ 06**에 관련된 내용이다.

㈜해커는 B, C, D의 세 가지 제품을 생산하고 있다. 제품 B와 C는 주산물이며, D는 부산물이다. 당기의 생산자료는 다음과 같다.

> (1) 부문 Ⅰ에서 원재료 110,000kg을 가공하는 데 총원가 ₩120,000이 소요되었다. 부문 Ⅰ에서 가공된 수량의 60%(A)는 부문 Ⅱ에 대체되며 40%(B)는 부문 Ⅲ에 대체된다.
>
> (2) 부문 Ⅱ에서 원재료를 추가가공하는 데 총원가 ₩110,000이 추가로 소요되었다. 부문 Ⅱ에서 가공된 수량의 70%(C)는 부문 Ⅳ에 대체되며 30%(D)는 kg당 ₩1.5에 판매할 수 있는 부산물이 된다. 부산물 D의 판매비용은 ₩4,700이다.
>
> (3) 부문 Ⅲ에서 제품 B를 추가가공하는 데 ₩120,000이 발생하였으며, 이 부문에서 제품 B의 정상적인 감손량은 완성품 생산량의 10%이다. 제품 B의 완성품은 kg당 ₩12에 판매된다.
>
> (4) 부문 Ⅳ에서 제품 C를 추가가공하는 데 ₩6,000이 소요되었으며, 이 가공을 마친 후에 제품 C는 kg당 ₩5에 판매된다.
>
> (5) 회사는 결합원가를 순실현가능가치법에 의하여 배부하고 있으며, 부산물에 대해서는 생산시점에 부산물의 순실현가능가치를 주산품에 배분될 결합원가에서 차감하는 방법으로 회계처리하고 있다.
>
> (6) 기초와 기말재공품은 없다.

05 결합원가를 배분한 다음 제품 B의 단위당 원가는 각각 얼마인가? (단, 소수점 아래 셋째 자리에서 반올림할 것)

① ₩3.54 ② ₩3.96 ③ ₩4.16
④ ₩4.86 ⑤ ₩5.16

06 결합원가를 배분한 다음 제품 C의 단위당 원가는 각각 얼마인가? (단, 소수점 아래 셋째 자리에서 반올림할 것)

① ₩2.70 ② ₩2.86 ③ ₩3.16
④ ₩3.86 ⑤ ₩4.16

07 ㈜해커는 표준종합원가계산시스템을 사용하고 있으며, 기초재공품 수량은 2,000개(전환원가 완성도 40%), 당기 착수량은 12,000개, 기말재공품 수량은 4,000개(전환원가 완성도 20%)이다.

• 실제 제조간접원가	₩110,000(변동제조간접원가 ₩75,000)
• 실제 직접노무시간	45,000시간
• 제품 1단위의 표준 직접노무시간	4시간
• 20,000개(기준조업도)의 완제품 생산 시 제조간접원가 예산	₩200,000
• 변동제조간접원가 직접노무시간당 표준배부율	@2

제조간접원가는 직접노무시간을 배부기준으로 한 배부율에 따라 제품에 배부된다. 2분법에 의해 제조간접원가 총차이를 통제가능차이와 통제불능차이로 구분할 때 통제불능차이는 얼마인가?

① ₩6,000 불리　　　　② ₩8,000 유리　　　　③ ₩8,000 불리

④ ₩20,000 유리　　　　⑤ ₩20,000 불리

08 ㈜해커의 20×1년 판매 및 생산 관련 자료는 다음과 같다.

• 생산량: 2,000단위	• 판매량: 1,700단위
• 단위당 직접재료원가: ₩160	• 판매단가: ₩500
• 단위당 직접노무원가: ₩80	• 단위당 변동판매관리비: ₩50
• 단위당 변동제조간접원가: ₩70	• 고정판매관리비: ₩80,000
• 고정제조간접원가: ₩100,000	

㈜해커는 재무제표 작성 목적으로 전부원가계산으로 순이익을 산정하여 오다가 20×1년부터 생산환경의 변동으로 인하여 초변동원가계산으로 순이익을 산정하고자 한다. ㈜해커의 20×1년 전부원가계산순이익을 A라 하고, 20×1년 초변동원가계산순이익을 B라고 한다면 "A − B"는 얼마인가? (단, 매기 판매단가와 원가는 동일하며, 20×1년 기초재고는 없다)

① −₩45,000　　　　② ₩45,000　　　　③ −₩60,000

④ ₩60,000　　　　⑤ ₩80,000

09 ㈜해커는 표준원가계산제도를 채택하고 있으며, 연간 생산에 관한 예산자료는 다음과 같다.

• 기초재고량	30,000단위
• 당기생산량	120,000단위
• 당기판매량	110,000단위
• 단위당 판매가격	₩5
• 단위당 변동제조원가	₩1
• 단위당 변동판매비	₩2
• 단위당 고정제조원가(100,000단위 기준)	₩2
• 단위당 고정판매비(100,000단위 기준)	₩1

㈜해커의 최대조업도는 160,000단위이며, 단위당 변동원가 및 총고정원가는 0단위~160,000단위의 범위 내에서는 불변이며, 전기의 기준조업도는 125,000단위이었고 당기의 기준조업도는 100,000단위이다. 모든 원가차이를 매출원가에 가감하는 경우, 전부원가계산하에서 예상영업이익은 변동원가계산에 의한 예상영업이익과 어떠한 차이가 나겠는가?

① ₩32,000 작다.   ② ₩32,000 크다.   ③ ₩16,000 크다.
④ ₩16,000 작다.   ⑤ ₩50,000 크다.

10 ㈜해커는 지난 5년 동안 연구개발비에 투자하여 신제품 개발에 성공하였다. 3월 중 본격적인 생산에 착수하여 총 4대의 신제품을 생산하였으며 그 생산 및 원가자료는 다음과 같다.

- 제품 단위당 직접재료원가는 ₩1,600,000이다.
- 직접노무원가는 직접노무시간당 ₩20,000이다.
- 직접노무시간이 누적평균시간 학습모형을 따른다고 할 때 생산결과 첫 번째 단위의 생산시간은 90시간이었으며, 최초의 4단위 생산에 소요된 총직접노무시간은 291.6시간이다.
- 제조간접원가는 직접노무시간당 ₩4,000과 직접재료원가의 20%를 배부한다.

회사는 4월 중 4대의 제품을 추가로 생산하였다. 3월 중 생산한 4단위의 단위당 평균제조원가와 4월에 추가 생산한 4단위의 단위당 평균제조원가를 비교하면?

① 4월 제품의 단위당 평균제조원가가 3월 제품보다 ₩174,960만큼 더 크다.
② 4월 제품의 단위당 평균제조원가가 3월 제품보다 ₩174,960만큼 더 작다.
③ 4월 제품의 단위당 평균제조원가가 3월 제품보다 ₩2,269,920만큼 더 작다.
④ 4월 제품의 단위당 평균제조원가가 3월 제품보다 ₩349,920만큼 더 작다.
⑤ 4월 제품의 단위당 평균제조원가가 3월 제품보다 ₩349,920만큼 더 크다.

11 ㈜해커는 단위당 판매가격이 ₩10,000인 제품 X를 생산·판매하고 있다. 동 제품의 공헌이익률은 12,000단위까지는 25%이고 12,000단위 초과 시는 20%이며, 회사의 총고정원가는 조업도에 따라 다음과 같이 발생한다.

조업도	총고정원가
0단위 ~ 6,000단위	₩12,000,000
6,001단위 ~ 12,000단위	20,000,000
12,001단위 ~ 18,000단위	28,000,000

법인세율이 20%이며 연간 ₩4,000,000의 법인세비용차감후순이익을 얻기 위한 판매량은 얼마인가?

① 6,800단위　　　　② 6,800단위, 10,000단위　　　③ 10,000단위
④ 16,500단위　　　　⑤ 10,000단위, 13,500단위

12 ㈜해커의 월간 최대생산능력은 50,000단위이다. 월간 실제생산량이 40,000단위인 경우 단위당 제조원가는 ₩4,800이고 월간 실제생산량이 48,000단위인 경우 단위당 제조원가는 ₩4,500이며 월간 최대생산능력 내에서 단위당 변동제조원가와 고정제조원가는 일정하다. 회사는 월평균생산량은 40,000단위인데, 이번 달에 8,000단위의 제품을 단위당 ₩3,600에 구입하겠다는 특별주문을 접수하였다. 회사는 이 주문을 수락하더라도 기존의 판매량에는 아무런 영향이 없을 것으로 보고 있다. 회사가 이 특별주문을 수락하면 이익은 어떻게 변화하겠는가?

① ₩3,600,000 증가　　② ₩3,600,000 감소　　③ ₩4,800,000 감소
④ ₩4,800,000 증가　　⑤ ₩5,200,000 증가

13 ㈜해커는 20×1년도에 내용연수 3년, 잔존가치 ₩0인 수동기계를 ₩450,000에 구입하여 사용하고 있다. 그런데 20×1년 중에 임률이 인상되어, 20×2년 초에 이 회사의 경영진은 수동기계를 자동기계로 대체할 것을 검토하고 있다. 자동기계의 현재 구입가격은 ₩500,000이고 내용연수는 2년이며 잔존가치는 ₩0이다. 자동기계를 사용할 경우에는 연간 ₩300,000의 현금운영비가 절감되리라 예상되며, 현재 사용 중인 수동기계를 매각하면 ₩200,000을 받을 수 있다. ㈜해커는 정액법에 의하여 감가상각하고 있으며, 법인세비용 차감 후 최저필수수익률은 10%이고 법인세율은 40%이다. 할인율 10%의 현가계수는 다음과 같다.

구분	1년	2년	3년
현가계수(10%)	0.909	0.826	0.751

자동기계로 대체할 경우 기대되는 순현재가치는 얼마인가?

① ₩121,700 ② ₩128,000 ③ ₩145,000
④ ₩180,000 ⑤ ₩246,000

14 ㈜해커의 최고경영자인 S 씨는 경영성과의 향상과 주주 부의 극대화를 목적으로 잔여이익으로 측정된 성과를 대상으로 성과급을 지급받을 수 있다. 성과급은 잔여이익의 0.5%로 계산된다. 회사는 단위당 판매가격이 ₩1,000, 변동비율이 60%인 제품을 판매하고 있으며 회사의 연간 고정원가는 ₩5,000,000이다. 회사는 당기에 제품 25,000단위를 판매하였으며 회사의 평균영업자산은 ₩50,000,000이다. 회사의 최저필수수익률이 6%일 때, 최고경영자에게 지급될 성과급은 얼마인가?

① ₩10,000 ② ₩20,000 ③ ₩30,000
④ ₩40,000 ⑤ ₩50,000

15 ㈜해커의 신제품 개발팀은 신제품을 위한 다양한 제품 사양을 개발하였다. ㈜해커는 개발한 제품 사양이 모두 포함된 신제품 A를 제조할 것인지 아니면 제품 사양들 중 일부가 제외된 신제품 B를 제조할 것인지를 결정하고자 한다. 어느 신제품을 생산하여 출시하더라도 생산 및 판매와 관련된 예상고정원가 총액은 ₩4,000,000이며, 신제품의 목표이익률은 판매가격의 30%이다. 신제품 A와 신제품 B의 생산 및 판매와 관련된 추가 자료는 다음과 같다.

구분	신제품 A	신제품 B
단위당 예상판매가격	₩10,000	₩8,000
단위당 예상변동원가	5,000	3,800
예상생산·판매량	?	2,500단위

다음 설명 중 옳지 않은 것은?

① 신제품 A의 단위당 목표원가는 ₩7,000이다.

② ㈜해커는 신제품 A의 단위당 목표원가를 달성하기 위해 최소한 2,000단위 이상을 생산·판매하여야 한다.

③ 신제품 B의 단위당 목표원가는 ₩5,600이다.

④ 신제품 B를 2,500단위 생산·판매하면 목표이익률을 달성할 수 있다.

⑤ 만약 신제품 A의 예상생산·판매량이 2,000단위 이상이면, ㈜해커는 신제품 B 대신 신제품 A를 생산·판매하는 것이 유리하다.

정답

| 01 | ③ | 02 | ③ | 03 | ④ | 04 | ④ | 05 | ⑤ | 06 | ① | 07 | ⑤ | 08 | ④ | 09 | ② | 10 | ④ |
| 11 | ⑤ | 12 | ④ | 13 | ① | 14 | ① | 15 | ⑤ | | | | | | | | | | |

해설

01 ③

	재공품		
재료원가	₩80,000*1	당기제품제조원가	₩400,000
노무원가	150,000*2		
제조경비	190,000*3	증가	20,000
계	₩420,000	계	₩420,000

*1 재료원가 = ₩100,000 − ₩20,000(재고 증가) = ₩80,000

*2 노무원가 = ₩100,000 − ₩30,000(전기미지급) + ₩80,000(당기미지급) = ₩150,000

*3 제조경비 = ₩200,000 + ₩50,000(당기미지급) − ₩80,000(당기선급) − ₩40,000(전기미지급)
＋ ₩60,000(전기선급) = ₩190,000

해커스 세무사 객관식 眞원가관리회계

2회

실전모의고사

02 ③ (1) 제조간접원가 예정배부율 = ₩300,000/₩500,000 = 0.6

(2) 기초재고자산이 없으므로 당기총제조원가 = 기말재공품원가 + 기말제품재고액 + 매출원가(각 원가요소에도 적용됨) 이다.

재공품

기초	-	당기제품제조원가	₩720,000
당기총제조원가	₩864,000	기말	144,000
DM 224,000		DM 64,000	
DL 400,000		DL 50,000	
OH 240,000		OH 30,000	

제품

기초	-	매출원가	₩648,000
		DM 144,000[*2]	
		DL 315,000[*1]	
		OH 189,000	
당기제품제조원가	₩720,000	기말	72,000
		DM 16,000	
		DL 35,000	
		OH 21,000	

[*1] ₩400,000 - ₩50,000 - ₩35,000 = ₩315,000

[*2] ₩648,000 - ₩315,000 - ₩189,000 = ₩144,000

∴ 배부차이를 조정하기 전 매출원가에 포함된 직접재료원가는 ₩144,000이다.

03 ④ 묶음수준활동은 원재료구매, 작업준비 등과 같이 묶음 단위로 수행되는 활동을 의미하는데 품질검사의 경우 표본검사는 묶음수준활동으로 분류될 수 있지만, 전수조사에 의한 품질검사는 단위수준활동으로 분류된다.

04 ④ (1) 완성품환산량

	재료원가	가공원가
완성품	7,000단위	7,000단위
정상공손	700[*1]	700
비정상공손	800	800
기말재공품	1,500	900[*2]
	10,000단위	9,400단위

[*1] (1,000단위 + 9,000단위 - 1,500단위 - 1,500단위) × 0.1 = 700단위

[*2] 1,500단위 × 60% = 900단위

(2) 완성품환산량 단위당 원가
① 재료원가 = (₩540,000 + ₩5,000,000) ÷ 10,000단위 = ₩554
② 가공원가 = (₩880,000 + ₩9,460,000) ÷ 9,400단위 = ₩1,100

(3) 완성품원가
7,700단위 × (₩554 + ₩1,100) = ₩12,735,800

05 ⑤ (1) 물량흐름도

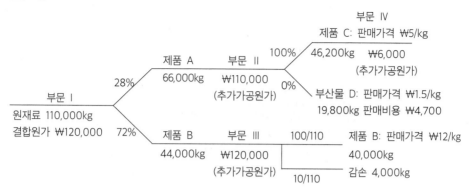

```
                                                        부문 IV
                                                    제품 C: 판매가격 ₩5/kg
                                         100%       46,200kg    ₩6,000
                           제품 A    부문 II                   (추가가공원가)
                    28%    66,000kg  ₩110,000
        부문 I                       (추가가공원가)   0%      부산물 D: 판매가격 ₩1.5/kg
   원재료 110,000kg                                          19,800kg 판매비용 ₩4,700
   결합원가 ₩120,000   72%    제품 B    부문 III   100/110   제품 B: 판매가격 ₩12/kg
                           44,000kg  ₩120,000             40,000kg
                                    (추가가공원가)  10/110   감손 4,000kg
```

(2) 순실현가능가치의 계산

2차 분리점	최종판매가격	개별원가	판매비용	순실현가능가치	배부비율
C	46,200kg × ₩5 = ₩231,000	₩6,000	₩0	₩225,000	100%[*1]
D	19,800kg × ₩1.5 = 29,700	0	4,700	25,000	0%
계	₩260,700	₩6,000	₩4,700	₩250,000	100%

1차 분리점					
A	₩250,000[*2]	₩110,000		₩140,000	28%
B	40,000kg × ₩12 = 480,000	120,000		360,000	72%
계	₩730,000	₩230,000		₩500,000	100%

[*1] 부산물 D의 순실현가능가치를 차감한 금액이 배부됨
[*2] 제품 C와 D의 순실현가능가치 합계액

(3) 결합원가의 배부

1차 분리점	결합원가	추가가공원가	총원가	생산량	단위당 원가
A	₩33,600[*1]	₩110,000	₩143,600	–	–
B	86,400[*2]	120,000	206,400	40,000kg	₩5.16
계	₩120,000	₩230,000	₩350,000		

2차 분리점	결합원가	추가가공원가	총원가	생산량	단위당 원가
C	₩118,600[*3]	₩6,000	₩124,600	46,200kg	₩2.70
D	25,000[*4]	–	25,000	19,800kg	1.26
계	₩143,600	₩6,000	₩149,600		

[*1] ₩120,000 × 28% = ₩33,600
[*2] ₩120,000 × 72% = ₩86,400
[*3] 제품 A의 총원가(제품 C, D의 결합원가) 중 부산물 D의 순실현가능가치를 뺀 금액이 배부됨
     ₩143,600 - ₩25,000 = ₩118,600
[*4] 부산물 D의 순실현가능가치

06 ① 05번 해설 참조

07 ⑤

실제	예산	$SQ \times SP_f$
	₩40,000[*1]	10,000개[*2] × 4시간 × ₩0.5/시간
₩35,000	= 20,000개 × 4시간 × SP_f	= ₩20,000

예산차이 ₩5,000 F | 조업도차이(통제불능차이) = ?

[*1] 제조간접원가 예산 = FOH예산 + VOH예산

  = FOH예산 + 기준조업도 × SP_v

 ₩200,000 = FOH예산 + (20,000개 × 4시간) × @2

 ∴ FOH예산 = ₩40,000, SP_f = ₩0.5/시간

[*2] 전환원가 당기 완성품환산량 = 2,000개 × (1 - 0.4) + 8,000개 + 4,000개 × 0.2 = 10,000개

∴ 통제불능차이 = ₩40,000 - 10,000개 × 4시간 × ₩0.5/시간 = ₩20,000 불리

08 ④ 전부원가계산순이익(A) - 초변동원가계산순이익(B)

= (생산량 - 판매량) × (단위당 직접노무원가 + 단위당 제조간접원가)

= (2,000단위 - 1,700단위) × (₩80 + ₩120[*]) = ₩60,000

[*] ₩70 + ₩100,000/2,000단위 = ₩120

[별해]

(1) 전부원가계산순이익(A)

   (₩500 - ₩160 - ₩80 - ₩70 - ₩50) × 1,700단위 - (1,700단위 × ₩50 + ₩80,000) = ₩73,000

(2) 초변동원가계산순이익(B)

   (₩500 - ₩160) × 1,700단위 - (₩80 × 2,000단위 + ₩70 × 2,000단위 + ₩50 × 1,700단위 + ₩100,000 + ₩80,000) = ₩13,000

(3) A - B = ₩73,000 - ₩13,000 = ₩60,000

초변동원가계산에서는 직접노무원가와 제조간접원가가 재고원가가 아닌 기간비용(운영비용)으로 처리된다. 따라서 전부원가계산에서는 직접노무원가와 제조간접원가 발생액의 합계액 ₩400,000[= (₩80 + ₩120) × 2,000단위] 중 ₩340,000[= (₩80 + ₩120) × 1,700단위]만이 비용 처리되는 반면에 초변동원가계산에서는 직접노무원가와 제조간접원가 발생액의 합계액 ₩400,000 전액이 비용 처리된다. 즉, 비용화되는 직접노무원가와 변동제조간접원가의 차이가 순이익의 차이가 된다.

09 ②

제품(수량)			
기초	30,000단위	판매	110,000단위
생산	120,000	기말	40,000
	150,000단위		150,000단위

모든 원가차이를 매출원가에 가감하는 경우, 원가차이가 각 방법의 이익계산에 미치는 영향은 동일하므로 원가차이는 고려할 필요 없다. 전부원가계산과 변동원가계산의 이익차이는 기초·기말재고자산에 포함된 고정제조원가(고정제조간접원가)만큼 발생한다.

기말재고자산에 포함된 고정제조간접원가	40,000단위 × ₩2[*1] =	₩80,000
기초재고자산에 포함된 고정제조간접원가	30,000단위 × ₩1.6[*2] =	(48,000)
이익차이		₩32,000

[*1] 당기 단위당 고정제조원가(FOH) = (100,000단위 × ₩2) ÷ 100,000단위 = ₩2

[*2] 전기 단위당 고정제조원가(FOH) = (100,000단위 × ₩2) ÷ 125,000단위 = ₩1.6

10 ④ (1) 학습률 및 4월 추가 생산시간

학습률을 k라고 한 후 정리하면 다음과 같다.

누적생산량(x)		단위당 누적평균시간(y)		총누적시간(xy)
1단위		90시간		90시간
2	×2	90k	×k	
4	×2	90k^2	×k	291.6
8	×2	90k^3	×k	720k^3

① 4단위 × 90k^2 = 291.6시간

→ k = 0.9(90%)

② 4월 추가 생산시간(4단위) = 720k^3 - 291.6시간 = 233.28시간

(2) 단위당 평균제조원가의 차이

학습효과로 인해 줄어든 평균생산시간과 관련하여 원가가 절감된다.

3월 단위당 평균생산시간	291.6시간 ÷ 4단위 =	72.90시간
4월 단위당 평균생산시간	233.28시간 ÷ 4단위 =	(58.32)
단위당 평균생산시간 감소		14.58시간

→ 단위당 평균제조원가 감소: 14.58시간 × (₩20,000[*1] + ₩4,000[*2]) = ₩349,920

[*1] 직접노무원가 임률

[*2] 제조간접원가 배부율

∴ 4월 제품의 단위당 평균제조원가가 3월 제품의 단위당 평균제조원가보다 ₩349,920만큼 더 작다.

11 ⑤ 단위당 공헌이익 = 단위당 판매가격 × 공헌이익률

목표세전이익 = ₩4,000,000 ÷ (1 - 0.2) = ₩5,000,000

(1) 0단위 ~ 6,000단위인 경우

목표판매량 = (₩12,000,000 + ₩5,000,000) ÷ ₩2,500 = 6,800단위(부적합)

(2) 6,001단위 ~ 12,000단위인 경우

목표판매량 = (₩20,000,000 + ₩5,000,000) ÷ ₩2,500 = 10,000단위(적합)

(3) 12,001단위 ~ 18,000단위인 경우

목표판매량 = 12,000단위 × ₩2,500 + (Q - 12,000단위) × ₩2,000 = ₩28,000,000 + ₩5,000,000

→ Q = 13,500단위(적합)

∴ 10,000단위와 13,500단위에서 연간 ₩4,000,000의 법인세차감후순이익을 얻을 수 있다.

12 ④ 특별주문(8,000단위)을 수락하더라도 생산량(40,000단위 + 8,000단위 = 48,000단위)이 월간 최대생산능력 이내이 므로 특별주문 변동원가가 정규 생산·판매 변동원가와 일치한다.

정규 생산·판매				
생산량		단위당 제조원가		총제조원가
40,000단위	×	₩4,800/단위	=	₩192,000,000
48,000	×	4,500	=	216,000,000

정규 생산·판매 단위당 변동제조원가(= 특별주문 단위당 변동원가) = $\dfrac{₩216,000,000 - ₩192,000,000}{48,000단위 - 40,000단위}$ = ₩3,000

∴ 특별주문 수락 시 고정원가 변동분(관련 고정원가), 기회비용 등이 발생하지 않으므로 ₩4,800,000[= 8,000단위 × (₩3,600 - ₩3,000)]만큼 이익이 증가한다.

13 ①

	0	1	2
자동기계 구입가격	₩(500,000)		₩0[*1]
수동기계 처분 순현금유입	240,000[*2]		(0)[*3]
증분순영업현금흐름[*4]		₩220,000	220,000
계	₩(260,000)	₩220,000	₩220,000

[*1] 자동기계 잔존가치 없음

[*2] ₩200,000 - (₩200,000 - ₩300,000) × 40% = ₩240,000

[*3] 수동기계 잔존가치 없음

[*4] 세후 증분영업현금흐름 + 증분감가상각비 감세효과

₩300,000 × (1 - 40%) + (₩250,000 - ₩150,000) × 40% = ₩220,000

∴ 증분순현재가치 = ΔNPV = ₩(260,000) + ₩220,000 × 0.909 + ₩220,000 × 0.826 = ₩121,700

14 ①

(1) 영업이익 = 25,000단위 × ₩1,000 × (1 - 0.6) - ₩5,000,000 = ₩5,000,000

(2) 잔여이익 = ₩5,000,000 - ₩50,000,000 × 0.06 = ₩2,000,000

(3) 성과급 = ₩2,000,000 × 0.5% = ₩10,000

15 ⑤

(1) 신제품 A 2,000단위 생산 시 영업이익 = ₩3,000 × 2,000단위 = ₩6,000,000

(2) 신제품 B 2,500단위 생산 시 영업이익 = ₩2,600 × 2,500단위 = ₩6,500,000

(3) 따라서 신제품 A 2,000단위 생산보다 신제품 B 생산이 더 유리하다.

[지문분석]

① 신제품 A의 단위당 목표원가 = ₩10,000 × (1 - 0.3) = ₩7,000

② 2,000단위 생산 시 단위당 고정원가 = ₩4,000,000 ÷ 2,000단위 = ₩2,000

단위당 원가 = ₩5,000 + ₩2,000 = ₩7,000

③ 신제품 B의 단위당 목표원가 = ₩8,000 × (1 - 0.3) = ₩5,600

④ 2,500단위 생산 시 신제품 B의 단위당 원가는 ₩3,800 + (₩4,000,000 ÷ 2,500단위) = ₩5,400이므로 목표이익률을 달성할 수 있다.

01 ㈜해커가 20×1년 중 매입한 직접재료는 ₩1,000,000이었고, 제조간접원가는 직접노무원가의 300%이며, 매출원가는 ₩2,400,000이었다. 재고자산과 관련된 자료가 다음과 같을 때, 20×1년도의 기본(기초)원가는? (단, 간접재료원가와 간접노무원가는 없다)

구분	20×1년 1월 1일	20×1년 12월 31일
원재료	₩150,000	₩70,000
재공품	200,000	120,000
제품	120,000	80,000

① ₩820,000 ② ₩980,000 ③ ₩1,080,000
④ ₩1,250,000 ⑤ ₩1,380,000

02 ㈜해커는 정상개별원가계산을 적용하고 있으며, 제조간접원가 배부차이를 매출원가조정법에 의해 회계처리하고 있다. 다음은 20×1년 기말시점의 각 계정잔액과 제조간접원가 배부차이를 조정하기 직전의 제조간접원가계정이다.

원재료	재공품	제품	매출원가
₩40,000	₩20,000	₩60,000	₩120,000

제조간접원가	
102,000	90,000

만약 ㈜해커가 제조간접원가 배부차이를 총원가비례배분법에 의해 회계처리한다면, 기존 회계처리방법과 비교하여 당기순이익은 얼마나 증가 또는 감소하는가?

① ₩6,000 감소 ② ₩4,800 감소 ③ ₩4,800 증가
④ ₩6,000 증가 ⑤ ₩12,000 증가

03 ㈜해커의 영업팀은 활동원가에 근거하여 고객의 수익성을 평가한다. 당기에 주문처리와 고객관리를 위해 수행한 활동 및 원가 자료는 다음과 같다. 긴급주문처리를 위해서는 통상적인 주문처리 원가에 추가하여 1회당 ₩100의 원가가 발생한다.

활동 및 원가항목	원가
주문처리	₩70/1회 주문
긴급주문처리를 위한 추가 원가	₩100/1회 긴급주문
고객상담	₩450/1회 상담
고객관계관리	₩80,000/고객 1인

상기 원가 이외에 매출원가는 매출액의 80%에 해당한다. 당기 중에 ㈜해커의 주요 고객인 A와 관련하여 매출액 ₩500,000, 주문처리 횟수 300회(이 중 70%는 긴급주문임), 고객상담 횟수 140회가 발생하였다. 고객관계관리는 모든 고객에게 공통으로 적용된다. 회사가 고객 A로부터 얻은 이익(혹은 손실)은 얼마인가?

① ₩5,000 이익   ② ₩76,000 이익   ③ ₩64,000 손실

④ ₩70,300 손실   ⑤ ₩85,000 손실

04 ㈜해커는 종합원가계산 제도를 채택하고 있다. 원재료는 공정 초기에 모두 투입되고, 가공원가는 공정 전반에 걸쳐 균등하게 발생한다. 5월 원가계산에 대한 자료는 다음과 같다.

	물량흐름	재료원가	가공원가
기초재공품(25%)	400개	₩100,000	₩57,000
당기투입	1,600개	320,000	368,000
당기완성	1,000개		
기말재공품(75%)	800개		

회사는 공정의 50%시점에서 품질검사를 실시하고 있으며, 동 품질검사에서 합격한 수량의 10%에 해당하는 공손수량은 정상공손으로 간주하고 있다. 원가흐름의 가정이 가중평균법일 경우 기말재공품 원가는 얼마인가?

① ₩318,000   ② ₩344,800   ③ ₩472,600
④ ₩460,000   ⑤ ₩493,500

05 ㈜해커는 당월 중 결합공정을 통해 연산품 X와 Y를 생산한 후 각각 추가가공을 거쳐 최종제품 A와 B로 전환하여 모두 판매하였다. 연산품 X와 Y의 단위당 추가가공원가는 각각 ₩150과 ₩100이며, 최종제품과 관련된 당월 자료는 다음과 같다(단, 각 연산품의 추가가공 전·후의 생산량 변화는 없다).

구분	제품 A	제품 B
생산량	400단위	200단위
제품 단위당 판매가격	₩450	?

이 공정의 당월 결합원가는 ₩81,000이며, 이를 균등매출총이익률법으로 배분한다면 당월 중 연산품 X에 배분되는 결합원가 금액은 ₩66,000이다. 이때 제품 B의 판매가격은?

① ₩150   ② ₩200   ③ ₩250
④ ₩300   ⑤ ₩400

06 ㈜해커는 표준원가계산을 적용하고 있으며, 직접노무시간을 기준으로 제조간접원가를 배부하고 있다. 고정제조간접원가의 조업도차이는?

• 당기 실제 발생 총제조간접원가	₩700,000
• 실제 직접노무시간	70,000시간
• 기준조업도	80,000시간
• 실제 직접노무시간에서의 제조간접원가 변동예산	₩770,000
• 기준조업도에서의 제조간접원가 예산	₩820,000
• 당기 실제 발생 직접노무원가	₩200,000
• 직접노무원가 임률차이	₩25,000(불리)
• 직접노무원가 능률차이	₩15,000(유리)
• 표준 직접노무원가	시간당 ₩2.5

① ₩21,000(유리)　　　② ₩21,000(불리)　　　③ ₩31,500(유리)

④ ₩31,500(불리)　　　⑤ ₩52,500(유리)

07 20×1년 초에 설립된 ㈜해커는 단일제품을 생산하여 단위당 ₩60에 판매하고 있다. 20×1년과 20×2년의 생산 및 판매에 관한 자료는 다음과 같다.

	20×1년	20×2년
생산량	50,000단위	60,000단위
판매량	44,000	56,000
변동제조원가	단위당 ₩16	
고정제조원가	₩300,000	
변동판매비와 관리비	단위당 ₩4	
고정판매비와 관리비	₩200,000	

20×2년도의 전부원가계산에 의한 영업이익은 얼마인가? (단, 재공품은 없으며 원가흐름은 선입선출법을 가정한다)

① ₩1,704,000　　　② ₩1,754,000　　　③ ₩1,804,000

④ ₩1,920,000　　　⑤ ₩2,042,000

08 ㈜해커의 20×1년 단위당 변동원가는 ₩14, 변동비율은 70%, 매출액은 ₩2,000,000이다. ㈜해커는 20×1년에 이익도 손실도 보지 않았다. ㈜해커는 20×2년에 20×1년보다 100,000단위를 더 판매하려고 한다. ㈜해커의 20×2년 단위당 판매가격과 단위당 변동원가는 20×1년과 동일하다. ㈜해커가 20×2년에 ₩200,000의 세후목표이익을 달성하고자 한다면, 추가로 최대한 지출할 수 있는 고정원가는? (단, 법인세율은 20%이다)

① ₩200,000   ② ₩250,000   ③ ₩300,000
④ ₩350,000   ⑤ ₩400,000

09 ㈜해커의 부품사업부는 두 종류의 부품 S와 D를 생산·판매하는 이익중심점이며, 각 부품의 단위당 판매가격과 단위당 변동제조원가에 대한 예상 자료는 다음과 같다.

구분	부품 S	부품 D
판매가격	₩500	₩800
직접재료원가	100	190
직접노무원가	80	160
변동제조간접원가	170	250

부품사업부의 연간 총 고정제조간접원가는 ₩6,200,000으로 예상되며, 판매비와 관리비는 발생하지 않는 것으로 가정한다. 부품 종류에 관계없이 직접노무시간당 임률은 ₩400으로 일정하다. 해당 부품을 생산하기 위해서는 매우 숙련된 기술자가 필요하고, 관계 법률에 의하여 노무자 1인당 제공할 수 있는 노무시간이 제한되어 있어서 부품사업부가 부품 생산을 위해 최대 투입할 수 있는 연간 총 직접노무시간은 14,000시간이다. 한편, 부품사업부가 생산하는 부품 S와 D의 연간 예상시장수요는 각각 30,000단위, 25,000단위이며, 현재로서는 경쟁업체가 없는 상황이므로 부품사업부가 부품 S와 D를 생산하기만 한다면, 시장수요를 충족시킬 수 있을 것으로 예상된다. 부품사업부는 재고자산을 보유하지 않는 정책을 적용하고 있다. 부품사업부가 달성할 수 있는 연간 최대 총 공헌이익은 얼마인가?

① ₩6,500,000   ② ₩7,500,000   ③ ₩8,000,000
④ ₩8,500,000   ⑤ ₩9,500,000

10 ㈜해커는 제품 A와 제품 B를 판매하고 있다. 제품과 관련된 자료는 다음과 같다. 회사는 제품의 판매시장에서 20%의 점유를 달성할 것을 목표로 예산을 수립하였고, 실제시장규모가 22,000개로 판명된 경우, 시장점유율차이와 시장규모차이는 각각 얼마인가?

구분	실제		예산	
	제품 A	제품 B	제품 A	제품 B
판매량	900개	2,400개	1,000개	2,000개
단위당 공헌이익	₩30	₩24	₩40	₩25

	시장점유율차이	시장규모차이
①	₩33,000 불리	₩42,000 유리
②	₩32,000 불리	₩45,000 유리
③	₩28,000 유리	₩38,000 유리
④	₩35,000 유리	₩25,000 불리
⑤	₩24,000 유리	₩28,000 유리

11 투자중심점(investment center)의 투자성과 평가지표에 관한 다음의 설명 중 가장 타당하지 않은 것은?

① 투자수익률(ROI; Return On Investment)은 투하자본에 대한 투자이익의 비율을 나타내는 수익성 지표이며, 매출이익률에 자산회전율을 곱하여 계산할 수 있다.

② 투자수익률은 기업의 여러 투자중심점의 성과를 비교하는 데 유용할 수 있지만, 투자수익률의 수준이 투자중심점 경영자의 성과평가기준으로 사용될 경우에는 목표불일치 문제를 야기할 수 있다.

③ 잔여이익에 의한 투자중심점 성과평가는 투자수익률에 의한 준최적화 문제를 해결할 수 있는 장점이 있으나, 각기 다른 투자규모의 투자중심점들의 성과를 잔여이익에 의하여 직접적으로 비교평가할 수 없는 단점이 있다.

④ 경제적 부가가치(EVA; Economic Value Added)는 세후영업이익에서 투하자본에 대한 자기자본비용을 차감하여 계산할 수 있다.

⑤ 경제적 부가가치의 관점에서는 영업이익이 당기순이익보다 기업의 경영성과를 평가하는 데 유용한 지표라고 본다.

12 ㈜해커는 A와 B 두 개의 사업부를 이익중심점으로 설정하여 운영하고 있다. A사업부는 부품을 생산하여 B사업부와 기업 외부에 판매할 수 있다. 사업부 간의 대체가격은 단위당 변동제조원가에 기회원가를 가산하여 결정된다. A사업부가 연간 8,000단위를 생산하여 전량 기업 외부에 판매하고 있는 상황에서 B사업부가 연간 5,000단위의 부품을 대체해 줄 것을 요청하였다. 다음 중 A사업부가 요구해야 할 최소한의 단위당 대체가격은 얼마인가? (단, 대체거래를 하더라도 A사업부가 생산하는 부품의 제조원가는 주어진 자료와 동일하며 판매비와 관리비는 고려하지 않는다. 또한 B사업부가 동일한 부품을 외부에서 구입하는 경우에는 단위당 ₩4,000을 지급하고 5,000단위 전량을 구입해야 한다)

〈A사업부의 생산·판매 자료〉
- 연간 최대조업도   10,000단위
- 연간 고정제조원가   ₩4,500,000
- 단위당 변동제조원가   3,000
- 단위당 외부시장 판매가격   4,000

① ₩3,200   ② ₩3,300   ③ ₩3,400
④ ₩3,450   ⑤ ₩3,600

13 ㈜해커는 신제품 X와 관련된 설비투자를 생각하고 있다. 신제품 X의 단위당 판매가격은 ₩20,000 이며 설비투자규모에 따른 원가구조는 다음과 같다.

- 자본집약적 설비: 총고정원가 ₩2,000,000   단위당 변동원가 ₩10,000
- 노동집약적 설비: 총고정원가   ₩500,000   단위당 변동원가 ₩15,000

신제품 X의 예상판매량은 다음과 같은 확률분포를 가지고 있다.

100단위(10%), 200단위(30%), 300단위(40%), 400단위(20%)

회사가 직면한 판매량의 불확실성을 완전히 해소할 수 있는 정보를 구입하는 경우 지불할 수 있는 최대가치는 얼마인가?

① ₩60,000   ② ₩100,000   ③ ₩110,000
④ ₩120,000   ⑤ ₩130,000

14 다음 최신관리회계에 대한 설명 중 옳은 것을 모두 고른 것은?

가. 목표원가관리에서는 목표원가에 목표영업이익을 가산하여 목표가격을 결정한다.

나. 목표원가관리 또는 원가기획(target costing)은 제품의 수명주기 중에서 연구개발 및 설계단계에 초점을 맞추는 원가관리기법이다.

다. 카이젠원가계산은 설계단계에서의 지속적이고 증분적인 소규모 개선활동을 의미한다.

라. 적시생산시스템(JIT)은 짧아진 제품수명 및 제품의 다양성에 따라 증가하는 재고관리비용 등을 감소시키는 방안으로 유용하며, 초변동원가계산법(throughput costing)을 사용하여 제품원가를 계산하여야 한다.

마. 제약이론(theory of constraint)은 병목공정(bottleneck)에 의하여 전체 공정의 처리량이 제한되는 현상에 주목한 이론으로, 비효율적 재고 및 대기시간의 절감을 위하여 모든 공정을 병목공정의 처리량에 맞추어 진행할 것을 단기적인 개선책으로 제안한다.

바. 생산주기는 가장 많은 원가가 발생하는 주기로 생산주기에서 원가를 절감하기 위한 기법으로는 카이젠원가와 적시생산시스템(JIT) 등이 있다.

사. 제약이론을 원가관리에 적용한 재료처리량 공헌이익(throughput contribution)은 매출액에서 직접재료원가와 직접노무원가를 차감하여 계산한다.

아. 제품수명주기원가계산은 제품제조단계에서의 원가 절감을 강조한다.

자. 가치사슬원가계산에 있어서는 제품생산 이전에 발생된 활동과 관련된 원가는 물론 제품생산 이후에 발생된 활동과 관련된 원가도 분석한다.

차. 실패원가와 통제원가 간에 상충관계가 있으며 이로부터 총품질원가를 최소화하는 최적 허용품질수준(acceptable quality level view)이 존재한다.

카. 품질원가분석에 있어서 원재료 공급업체 평가는 평가원가에 해당한다.

타. 균형성과표는 조직의 수익성을 최종적인 목표로 설정하기 때문에 4가지 관점의 성과지표 중에서 학습과 성장 관점의 성과지표를 가장 중시한다.

파. 균형성과표에서 내부프로세스 관점의 성과지표는 학습과 성장 관점의 성과지표에 대해 선행지표이다.

① 나, 마, 바, 자, 차
② 나, 다, 바, 자, 파
③ 가, 마, 바, 차, 파
④ 라, 아, 자, 차, 카
⑤ 다, 마, 자, 차, 타

15 ㈜해커는 전자제품인 일반냉장고를 연간 24,000단위 생산·판매하는 중견제조업체이다. 당사의 제품 단위당 판매단가는 ₩4,000이며 원가자료는 다음과 같고, 고정판매관리비는 발생하지 않는다고 가정한다.

• 단위당 직접재료원가	₩1,000
• 단위당 직접노무원가	1,000
• 단위당 변동제조간접원가	800
• 단위당 변동판매관리비	200
• 고정제조간접원가	4,800,000

㈜해커는 일반냉장고를 제작하는 협력업체인 ㈜한국에 대하여 OEM방식으로 일반냉장고인 A제품의 외부구입 여부를 검토하고 있다. 이는 일반냉장고의 수요가 감소하여 새로운 신제품인 B제품을 생산하기 위함이다. 협력업체인 ㈜한국이 제시한 조건은 A제품을 제조하여 ㈜해커의 고객에게 직접 배달하는 조건이며, 외부구입가격은 계속 협상 중이다. 원가분석결과에 따르면 외부구입 시 변동판매관리비 중 20%는 절감될 것이며 고정제조간접원가 중 50%는 계속 발생될 것이다. 외부구입 시 지불가능한 단위당 최대가격은?

① ₩2,940
② ₩3,040
③ ₩3,240
④ ₩2,800
⑤ ₩2,840

정답 및 해설

해설

01 ⑤

재공품 + 제품			
기초재공품	₩200,000	매출원가	₩2,400,000
기초제품	120,000		
DM	1,080,000*		
DL	X	기말재공품	120,000
OH	3X	기말제품	80,000
	₩1,400,000 + 4X		₩2,600,000

* ₩150,000 + ₩1,000,000 - ₩70,000 = ₩1,080,000

직접노무원가(X) = ₩300,000

∴ 기본원가 = ₩1,080,000 + ₩300,000 = ₩1,380,000

02 ③

(1) 제조간접원가 배부차이

₩102,000 - ₩90,000 = ₩12,000 과소배부

(2) 매출원가조정법

매출원가 ₩12,000 가산

(3) 총원가비례배분법

매출원가 $₩12,000 \times \dfrac{₩120,000}{₩200,000} = ₩7,200$ 가산

∴ ₩12,000 - ₩7,200 = ₩4,800 이익 증가

[별해]

이익차이는 재공품과 제품에 배부되는 배부차이이므로, $₩12,000 \times \dfrac{₩80,000}{₩200,000} = ₩4,800$ 만큼 이익차이가 발생함

03 ⑤

매출총이익	₩500,000 × 20% =		₩100,000
판매비와 관리비			
주문처리	300회 × @70 =	₩21,000	
긴급주문	210회 × @100 =	21,000	
고객상담	140회 × @450 =	63,000	
고객관계관리		80,000	(185,000)
손실			₩(85,000)

04 ②

	[1단계]	[2단계] 완성품환산량	
	물량흐름	재료원가	가공원가
기초재공품	400개(25%)		
당기투입	1,600개		
계	2,000개		
당기완성	1,000개	1,000개	1,000개
정상공손[1]	180개(50%)	180개	90개
비정상공손[1]	20개(50%)	20개	10개
기말재공품	800개(75%)	800개	600개
계	2,000개	2,000개	1,700개

[1] 정상공손수량 = (1,000개 + 800개 − 0개) × 10% = 180개
비정상공손수량 = 200개 − 180개 = 20개

[3단계] 총원가의 요약	재료원가	가공원가	합계
기초재공품원가	₩100,000	₩57,000	₩157,000
당기발생원가	320,000	368,000	688,000
계	₩420,000	₩425,000	₩845,000
[4단계] 환산량 단위당 원가			
완성품환산량	÷ 2,000개	÷ 1,700개	
환산량 단위당 원가	₩210	₩250	

[5단계] 원가의 배분

(1차 배분)

완성품원가	1,000개 × ₩210 + 1,000개 × ₩250 =	₩460,000
정상공손원가	180개 × ₩210 + 90개 × ₩250 =	60,300
비정상공손원가	20개 × ₩210 + 10개 × ₩250 =	6,700
기말재공품원가	800개 × ₩210 + 600개 × ₩250 =	318,000
계		₩845,000

(2차 배분)	배분 전	정상공손원가의 배분	배분 후
완성품원가	₩460,000	₩33,500[2]	₩493,500
정상공손원가	60,300	(60,300)	−
비정상공손원가	6,700	−	6,700
기말재공품원가	318,000	26,800[3]	344,800
계	₩845,000	₩0	₩845,000

[2] 완성품 = $₩60,300 × \dfrac{1,000개}{1,800개}$ = ₩33,500

[3] 기말재공품 = $₩60,300 × \dfrac{800개}{1,800개}$ = ₩26,800

05 ③ (1) 균등매출원가율(x) 계산

400단위 × ₩450 × x - 400단위 × ₩150 = ₩66,000

→ x = 0.7(70%)

(2) 제품 B의 판매가격(P)

200단위 × P × 0.7 - 200단위 × ₩100 = ₩15,000

∴ P = ₩250

06 ②

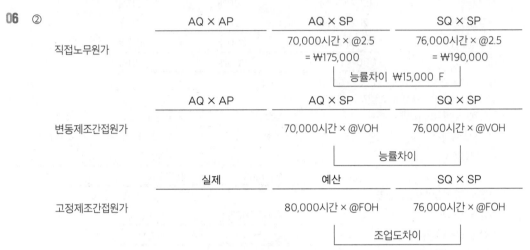

	AQ × AP	AQ × SP	SQ × SP
직접노무원가		70,000시간 × @2.5 = ₩175,000	76,000시간 × @2.5 = ₩190,000

능률차이 ₩15,000 F

	AQ × AP	AQ × SP	SQ × SP
변동제조간접원가		70,000시간 × @VOH	76,000시간 × @VOH

능률차이

	실제	예산	SQ × SP
고정제조간접원가		80,000시간 × @FOH	76,000시간 × @FOH

조업도차이

(1) 실제 직접노무시간에서의 제조간접원가 변동예산 = ₩770,000

70,000시간 × @VOH + 80,000시간 × @FOH = ₩770,000

(2) 기준조업도에서의 제조간접원가 예산 = ₩820,000

80,000시간 × @VOH + 80,000시간 × @FOH = ₩820,000

→ @VOH = ₩5, @FOH = ₩5.25

(3) 고정제조간접원가 조업도차이 = (80,000시간 - 76,000시간) × ₩5.25 = ₩21,000(불리)

07 ②

매출액	56,000단위 × ₩60 =		₩3,360,000
매출원가			1,182,000
기초제품재고액	6,000단위 × ₩22[*1] =	₩132,000	
당기제품제조원가	60,000단위 × ₩21[*2] =	1,260,000	
기말제품재고액	10,000단위 × ₩21[*2] =	(210,000)	
매출총이익			₩2,178,000
판매관리비			424,000
변동판매관리비	56,000단위 × ₩4 =	₩224,000	
고정판매관리비		200,000	
영업이익			₩1,754,000

[*1] $₩16 + \dfrac{₩300,000}{50,000단위} = ₩22$

[*2] $₩16 + \dfrac{₩300,000}{60,000단위} = ₩21$

08 ④ (1) 20×1년 BEQ = ₩2,000,000 ÷ ₩20(= ₩14 ÷ 0.7) = 100,000단위

FC = BES × CMR = ₩2,000,000 × 0.3 = ₩600,000

(2) 20×2년 추가지출 고정원가(X)

(100,000단위 + 100,000단위) × ₩6 - (₩600,000 + X) = ₩250,000[*]

[*] ₩200,000 ÷ (1 - 0.2) = ₩250,000

∴ 추가지출 고정원가(X) = ₩350,000

09 ④

	부품 S	부품 D
판매가격	₩500	₩800
변동원가	(350)	(600)
공헌이익	₩150	₩200
단위당 직접노무시간	÷ 0.2시간(= ₩80/₩400)	÷ 0.4시간(= ₩160/₩400)
직접노무시간당 공헌이익	₩750	₩500
필요시간	6,000시간(= 30,000단위 × 0.2시간)	10,000시간(= 25,000단위 × 0.4시간)
생산순위	1순위	2순위

(1) 최적 생산배합

[1순위] 부품 S: 30,000단위

[2순위] 부품 D: 20,000단위[*]

[*] (14,000시간 - 6,000시간) ÷ 0.4시간 = 20,000단위

(2) 연간 최대 총 공헌이익

30,000단위 × ₩150 + 20,000단위 × ₩200 = ₩8,500,000

10 ①

변동예산'	변동예산''	고정예산
(실제규모 × 실제점유율 × BACM[*])	(실제규모 × 예산점유율 × BACM[*])	(예산규모 × 예산점유율 × BACM[*])
(22,000개 × 15%) × ₩30	(22,000개 × 20%) × ₩30	(15,000개 × 20%) × ₩30
= ₩99,000	= ₩132,000	= ₩90,000

시장점유율차이 ₩33,000 불리 ┃┃ 시장규모차이 ₩42,000 유리

[*] BACM = 예산총공헌이익 ÷ 예산총판매량 = (1,000개 × ₩40 + 2,000개 × ₩25) ÷ 3,000개 = ₩30

∴ 시장점유율차이 = ₩33,000 불리

시장규모차이 = ₩42,000 유리

11 ④ 경제적 부가가치(EVA; Economic Value Added)는 세후영업이익에서 투하자본에 대한 가중평균자본비용을 차감하여 계산할 수 있다.

12 ③ 단위당 변동원가 + $\dfrac{감소수량 × 공헌이익}{대체수량}$ = ₩3,000 + $\dfrac{2,000단위 × (₩4,000 - ₩3,000)}{5,000단위}$ = ₩3,400

13 ② (1) 대안별 총이익

생산량을 x라고 하면 대안별 총이익은 다음과 같다.

① 자본집약적 설비(a1): ₩10,000 × x - ₩2,000,000

② 노동집약적 설비(a2): ₩5,000 × x - ₩500,000

(2) 성과표

대안	미래상황			
	100단위(0.1)	200단위(0.3)	300단위(0.4)	400단위(0.2)
자본집약적 설비(a1)	₩(1,000,000)	₩0	₩1,000,000	₩2,000,000
노동집약적 설비(a2)	0	500,000	1,000,000	1,500,000

(3) 기존정보하의 기대가치(이익극대화)

① E(a1) = ₩(1,000,000) × 0.1 + ₩0 × 0.3 + ₩1,000,000 × 0.4 + ₩2,000,000 × 0.2 = ₩700,000

② E(a2) = ₩0 × 0.1 + ₩500,000 × 0.3 + ₩1,000,000 × 0.4 + ₩1,500,000 × 0.2 = ₩850,000

→ 기존정보하의 기대가치: Max[E(a1), E(a2)] = ₩850,000

(4) 완전정보하의 기대가치(이익극대화)

₩0 × 0.1 + ₩500,000 × 0.3 + ₩1,000,000 × 0.4 + ₩2,000,000 × 0.2 = ₩950,000

(5) 완전정보의 기대가치[= (4) - (3)]

₩950,000 - ₩850,000 = ₩100,000

14 ① 가. 목표원가(target cost)는 시장상황의 검토를 통하여 예상되는 제품의 목표가격을 확인한 후 기업이 필요로 하는 목표이익을 차감하여 결정하며, 연구개발 및 설계단계에서 목표원가를 달성할 수 있는지를 중요시하여 생산개시 전에 결정한다.

다. 카이젠원가계산은 제품 제조단계에서의 지속적인 원가 절감에 초점을 둔다.

라. 적시생산시스템(JIT)은 생산의 전 과정에서 불필요한 재고의 보유를 제거하여 낭비를 줄이는 것을 목적으로 하고 있으며 역류원가계산을 사용하여 제품원가를 계산한다. 초변동원가계산법(throughput costing)은 제약이론에서의 제품원가계산방법이다.

사. 제약이론을 원가관리에 적용한 재료처리량 공헌이익(throughput contribution)은 매출액에서 직접재료원가를 차감하여 계산한다.

아. 제품수명주기원가계산은 제품제조 이전 단계에서의 원가 절감을 강조한다.

카. 원재료 공급업체 평가는 예방원가에 해당한다.

타. 균형성과표의 목표는 조직의 비전과 전략으로부터 도출되고 4가지 관점에서 조직의 성과를 평가하며 그 상호 간의 균형을 강조한다.

파. 내부프로세스 관점의 성과지표는 학습과 성장 관점의 성과지표에 대해 후행지표의 성격을 띤다.

15 ① A제품의 단위당 외부구입가격을 x라고 한 후 정리하면 다음과 같다.

증분수익			₩0
증분비용			24,000x - ₩70,560,000
증가 외부구입비용	24,000단위 × x =	₩24,000x	
변동제조원가	24,000단위 × (₩1,000 + ₩1,000 + ₩800) =	(67,200,000)	
감소 변동판매관리비	24,000단위 × ₩200 × 20% =	(960,000)	
고정제조간접원가	₩4,800,000 × (1 - 50%) =	(2,400,000)	
증분이익(손실)			- 24,000x + ₩70,560,000

- 24,000x + ₩70,560,000 ≥ 0

∴ x ≤ ₩2,940

[별해]

외부구입 시 단위당 최대구입가격(x) = 외부구입 시 단위당 원가 절감액

x = 단위당 변동원가 절감액 + $\dfrac{\text{총고정원가 절감액 + 총기회수익}}{\text{외부구입수량}}$

= (₩2,800 + ₩200 × 20%) + $\dfrac{\text{₩4,800,000} \times 50\%}{\text{24,000단위}}$ = ₩2,940

01 ㈜해커의 20×1년도 원가자료가 다음과 같을 때 기말재공품 금액을 계산하시오.

구분	기초재고	기중 매입액	기말재고
원재료	₩120,000	₩2,800,000	₩400,000
재공품	280,000	–	?
제품	400,000	–	160,000

- 당기에 지급한 공장근로자들에 대한 급여는 ₩400,000이고, 미지급임금이 기초 대비 기말에 ₩60,000 증가하였다.
- 공장건물감가상각비 ₩600,000, 본사비품감가상각비 ₩110,000, 판매원판매수당 ₩1,600,000, 공장수도광열비 ₩240,000이 발생하였다.
- 매출총이익은 ₩800,000이고, 원가가산이익률은 20%이다.

① ₩0   ② ₩260,000   ③ ₩340,000
④ ₩320,000   ⑤ ₩280,000

02 다음은 냉장고를 생산하고 있는 ㈜해커의 원가자료이다. 회사의 제조과정은 설계부문과 조립부문으로 구성되며, 해당 부문의 제조원가 자료가 다음과 같다. 회사는 필요 시 단계배분법을 이용하여 보조부문원가를 제조부문에 배분하고 있으며, 관련 자료는 다음과 같다. (단, 단계배분법 이용 시 동력부문부터 배부한다)

구분	제조부문		보조부문	
	설계부문	조립부문	동력부문	수선부문
자기부문 발생액	₩30,000	₩20,000	₩60,000	₩40,000
동력사용량(kw)	500	700	–	800
수선횟수(회)	200	200	100	–

설계부문의 제조간접원가는 기계시간으로 배부하고 조립부문의 제조간접원가는 직접노무시간에 따라 배부한다.

구분	설계부문	조립부문
직접노무시간	200시간	100시간
기계시간	440시간	680시간

회사가 생산한 냉장고 중 제품명 N500의 제조원가 자료가 다음과 같다.

구분	설계부문	조립부문
직접재료원가	₩1,400	₩6,000
직접노무원가	800	200
직접노무시간	40시간	10시간
기계시간	24시간	36시간

회사가 부문별 제조간접원가 배부율(단계배분법)을 사용할 경우와 공장 전체 제조간접원가 배부율(직접노동시간)을 사용할 경우 제품 N500에 배부될 제조간접원가의 차이는 얼마인가?

① ₩11,500   ② ₩13,500   ③ ₩18,000

④ ₩21,000   ⑤ ₩25,000

03 ㈜해커는 드론을 생산하는 회사이다. 그중 MQ-9리퍼라는 제품이 회사입장에서는 충분히 경쟁력이 있다고 판단하나, 실제로는 경쟁사에 비하여 가격경쟁력이 저하되고 있다. 따라서 회사는 전사적으로 동 제품의 설계변경을 고려하였으며, 변경된 설계는 기존의 설계와 달리 2개의 활동에서 획기적으로 원가 절감이 나타나므로 회사의 경영진은 이에 대한 구체적인 금액을 알고 싶어 한다. 다음은 설계변경 전후를 비교한 자료이며, 현재 연간 10,000개를 생산 중이다.

활동	원가동인	최대능력	활동량	
			구 설계안	신 설계안
특수합금구매	주문건수	40,000건	38,500건	34,000건
재료처리	재료처리횟수	–	155,000회	78,000회

〈각 활동별 원가자료〉
• 특수합금구매: 주문 건당 변동원가는 ₩2.5이고, 5명의 구매담당자가 현재 구입업무를 담당하고 있으며, 개인별 연봉은 ₩30,000이다. 구매담당자마다 연간 9,000건의 구매주문업무를 처리하고 있으며, 구매담당자는 언제든지 해고 가능하다.
• 재료처리: 재료처리횟수당 ₩4의 변동원가

설계변경 시 ㈜해커의 총원가 절감액은 얼마인가?

① ₩246,250 ② ₩280,000 ③ ₩308,000
④ ₩349,250 ⑤ ₩350,000

04 ㈜해커는 종합원가계산을 적용하고 있다. 원가흐름의 가정은 선입선출법이고 직접재료는 공정의 시작 시점에서 100% 투입되며, 가공원가는 공정 전반에 걸쳐 균등하게 발생한다. ㈜해커의 생산 관련 자료는 다음과 같다.

구분	물량	재료원가	가공원가
기초재공품	2,000단위 (가공원가 완성도 60%)	₩24,000	₩10,000
당기착수량	10,000단위		
기말재공품	4,000단위 (가공원가 완성도 50%)		
당기투입원가		₩1,500,000	₩880,000

㈜해커의 종합원가계산과 관련된 다음의 설명 중 옳지 않은 것은? (단, 당기 중에 공손이나 감손은 발생하지 않았다고 가정한다)

① 완성품원가는 ₩1,614,000이다.
② 가공원가에 대한 완성품환산량은 8,800단위이다.
③ 기말재공품원가는 ₩800,000이다.
④ 기초재공품원가는 완성품원가와 기말재공품원가에 배부된다.
⑤ 재료원가에 대한 완성품환산량은 10,000단위이다.

05 ㈜해커는 두 가지 제품 A, B를 생산하여 판매하고 있다. 이 제품들은 결합생산되며 2월 중의 결합원가는 ₩500,000이다. 두 제품은 모두 분리점 이후 추가가공을 거친 다음 판매된다. 2월의 생산 및 판매 자료는 다음과 같다.

구분	제품 A	제품 B	합계
단위당 판매가격	₩900	₩1,550	
단위당 판매비용	₩100	₩50	
추가가공원가	₩400,000	₩700,000	₩1,100,000
생산량	2,000개	1,000개	3,000개
판매량	1,300개	800개	2,100개

기초재고자산은 없었으며 결합원가는 순실현가능가치법에 의해 배분하고 있다. 2월의 순이익과 기말재고자산원가는 각각 얼마인가?

      순이익   기말재고자산원가

①   ₩1,065,000   ₩425,000

②   ₩1,065,000   ₩815,000

③   ₩985,000   ₩425,000

④   ₩985,000   ₩360,000

⑤   ₩815,000   ₩360,000

06 ㈜해커는 표준원가계산을 적용하고 있다. 20×1년 1월과 2월에 실제로 생산된 제품 수량과 차이분석 자료는 다음과 같다.

구분	실제 생산된 제품 수량	고정제조간접원가 소비차이(예산차이)	고정제조간접원가 조업도차이
1월	3,000단위	₩1,000 불리	₩2,000 불리
2월	4,000단위	₩1,600 유리	₩3,000 유리

㈜해커가 20×1년 1월과 2월에 동일한 표준배부율을 적용하고 있다면, 제품 1단위당 고정제조간접원가 표준배부율은 얼마인가? (단, 고정제조간접원가의 배부기준은 제품 생산량이다)

① ₩3   ② ₩4   ③ ₩5

④ ₩6   ⑤ ₩7

07 다음은 제품 A를 생산·판매하는 ㈜해커의 당기 전부원가 손익계산서와 공헌이익 손익계산서이다.

구분	전부원가 손익계산서	구분	공헌이익 손익계산서
매출액	₩2,000,000	매출액	₩2,000,000
매출원가	1,300,000	변동원가	1,040,000
매출총이익	700,000	공헌이익	960,000
판매관리비	400,000	고정원가	800,000
영업이익	₩300,000	영업이익	₩160,000

제품의 단위당 판매가격이 ₩2,000, 총고정판매관리비가 ₩100,000일 때 전부원가계산에 의한 기말제품재고는? (단, 기초 및 기말재공품, 기초제품은 없다)

① ₩170,000 ② ₩212,500 ③ ₩325,000
④ ₩340,000 ⑤ ₩425,000

08 CVP분석과 관련한 다음 설명 중 옳지 않은 것은?

① 법인세를 고려할 경우 누진세율과 단일세율 가정에 따라 손익분기점은 영향을 받는다.
② 공헌이익률은 원가구조와 밀접한 관련이 있으며 변동원가 비중이 높으면 공헌이익률이 낮게 나타난다.
③ 영업레버리지도가 3이라는 의미는 매출액이 5% 변화할 때 영업이익이 15% 변화한다는 것이다.
④ 안전한계율이 높아지면 매출액 변화율에 대한 영업이익 변화율이 낮아진다.
⑤ 손익분기점을 막 지난 수준에서 안전한계율이 가장 낮게 나타난다.

09 ㈜해커는 제품에 사용되는 부품 X를 자가제조하고 있으나, 외부 공급업체로부터 부품 X와 동일한 제품을 구입하는 방안을 검토 중이다. ㈜해커의 회계팀은 아래의 자료를 경영진에게 제출하였다.

구분	부품 X 1단위당 금액
직접재료원가	₩48
직접노무원가	37
변동제조간접원가	15
감독관 급여	40
부품 X 전용제조장비 감가상각비	49
공통관리비의 배분	51

- 매년 10,000개의 부품 X를 생산하여 모두 사용하고 있다.
- 만일 외부에서 부품 X를 구입한다면 감독관 급여는 회피가능하다.
- 부품 X 전용제조장비는 다른 용도로 사용하거나 외부 매각이 불가능하다.
- 공통관리비는 회사 전체의 비용이므로 외부 구입 여부와 관계없이 회피가 불가능하다.
- 만일 부품 X를 외부에서 구입한다면, 제조에 사용되던 공장부지는 임대가 가능하며, 연간 ₩240,000의 임대수익을 추가로 발생시킨다.

㈜해커의 경영진은 부품 X를 자가제조하는 것이 외부에서 구입하는 것과 영업이익에 미치는 영향이 무차별하다는 결론에 도달하였다. 이 경우 외부 공급업체가 제시한 부품 X의 1단위당 금액은 얼마인가?

① ₩100 ② ₩124 ③ ₩140
④ ₩164 ⑤ ₩210

10 표준원가계산제도를 채택하고 있는 ㈜해커와 관련된 자료는 다음과 같으며 모든 원가차이는 매출원가에 가감하고 있다.

• 단위당 판매가격	₩10
• 단위당 변동제조원가	4
• 단위당 변동판매비	2
• 고정제조간접원가 실제발생액	500,000
• 고정제조간접원가 예산액	500,000
• 고정판매비	80,000

㈜해커의 기준조업도는 50,000기계시간이며, 기계시간당 제품 10단위를 생산하고 있다. ㈜해커의 기초제품재고는 20,000단위, 생산량은 480,000단위, 판매량은 470,000단위이다. 전부원가계산과 변동원가계산에 의할 때 당기순이익은 어떠한 차이가 나겠는가? (단, 전기와 당기의 생산조건은 동일하다)

① 전부원가계산하에서 당기순이익이 ₩10,000 더 크다.
② 전부원가계산하에서 당기순이익이 ₩20,000 더 크다.
③ 전부원가계산하에서 당기순이익이 ₩10,000 더 작다.
④ 전부원가계산하에서 당기순이익이 ₩20,000 더 작다.
⑤ 두 방법하에서 당기순이익은 동일하다.

11 다음은 ㈜해커의 20×1년 상반기 종합예산을 작성하기 위한 자료의 일부이다. 4월의 원재료 구입예산은?

• 예산판매량
– 3월: 2,000단위, 4월: 2,500단위, 5월: 2,400단위, 6월: 2,700단위
• 재고정책
– 제품: 다음 달 예산판매량의 10%를 월말재고로 보유한다.
– 원재료: 다음 달 생산량에 소요되는 원재료의 5%를 월말재고로 보유한다.
• 제품 1단위를 생산하는 데 원재료 2kg이 투입되며, kg당 구입단가는 ₩20이다.

① ₩99,480   ② ₩99,600   ③ ₩99,720
④ ₩104,460   ⑤ ₩104,580

12 ㈜해커자동차는 승용차와 트럭을 생산하여 공급한다.

> • 단위당 예산 판매가격은 승용차가 ₩60, 트럭이 ₩120이다.
> • 승용차의 실제 생산량은 86대이고, 트럭의 실제 생산량은 74대이며, 예산상의 생산량보다 각각 34대와 6대 감소하였다.
> • 실제 총 변동원가는 승용차가 ₩4,300, 트럭이 ₩6,068이며, 예산금액보다 각각 ₩1,700과 ₩332원 감소하였다.

매출배합차이와 매출수량차이는 각각 얼마인가?

	매출배합차이	매출수량차이
①	₩300 유리	₩880 유리
②	₩300 유리	₩880 불리
③	₩400 불리	₩780 유리
④	₩400 유리	₩780 불리
⑤	₩500 유리	₩680 불리

13 사업부제를 도입하고 있는 ㈜해커의 사업부 경영자들은 이익에 대해 책임을 지고 있으며 다른 사업부로부터의 대체를 거부할 수도 있다. A사업부는 경쟁적인 시장에 판매할 수 있는 반제품을 생산하고 있다. B사업부는 이 반제품으로 완제품을 만들어 ₩6,800에 판매하고 있다. A사업부는 매달 3,000단위를 생산하며 2,500단위에 대하여는 시장의 수요가 있고 시장가격은 ₩4,200이다. A사업부와 B사업부의 변동원가가 ₩3,000과 ₩3,600이라고 할 때 A사업부가 B사업부에 반제품을 대체할 때의 대체가격에 대한 설명 중 잘못된 것은?

① B사업부의 최대대체가격은 ₩3,200이다.
② 대체수량이 1,000개인 경우 A사업부의 최소대체가격은 ₩4,200이다.
③ 대체수량이 500개 이하인 경우 A사업부의 최소대체가격은 ₩3,000이다.
④ ㈜해커의 최적 의사결정은 A사업부의 반제품 2,500개는 외부시장에 판매하고, 500개는 B사업부로 대체하는 것이다.
⑤ B사업부의 경우 외부구입가격이 지출가능원가보다 작은 경우에는 그 금액이 최대대체가격이 된다.

14 ㈜해커는 월드컵에서 한국 축구팀이 우승하면, 10억 원 상당의 경품을 증정하는 이벤트를 실시할 예정이다. 동 경품 이벤트의 홍보효과로 인해 ㈜해커의 기대현금유입액은 한국 축구팀의 우승 여부에 관계없이 3억 원이 증가할 것으로 예상된다. ㈜해커는 경품 이벤트에 대비하는 보험상품에 가입할 것을 고려하고 있다. 동 보험상품 가입 시 한국 축구팀이 월드컵에서 우승하는 경우, 보험사가 10억 원의 경품을 대신 지급하게 된다. 동 상품의 보험료는 1억 원이며, 각 상황에 따른 기대현금흐름은 다음과 같다.

구분	기대현금흐름(보험료 제외)	
	월드컵 우승 성공	월드컵 우승 실패
보험 가입	3억 원	3억 원
보험 미가입	(−)7억 원	3억 원

한국 축구팀이 월드컵에서 우승할 가능성이 최소한 몇 퍼센트(%)를 초과하면 ㈜해커가 보험상품에 가입하는 것이 유리한가? (단, 화폐의 시간가치는 고려하지 않는다)

① 5% ② 10% ③ 20%

④ 30% ⑤ 40%

15 다음 중 원가관리회계의 이론 및 개념들에 대한 설명으로 옳지 않은 것은?

① 안전재고는 재고부족으로 인해 판매기회를 놓쳐서 기업이 입는 손실을 줄여준다.

② 제품의 품질수준이 높아지면, 실패원가가 낮아진다. 따라서 모든 품질원가는 품질과 음(−)의 관계를 가진다.

③ 제약이론은 주로 병목공정의 처리능력 제약을 해결하는 것에 집중해서 기업의 성과를 높이는 방법이다.

④ 제품수명주기원가계산은 특정 제품이 고안된 시점부터 폐기되는 시점까지의 모든 원가를 식별하여 측정한다.

⑤ 적시생산시스템(JIT)은 재고관리를 중요하게 생각하며, 무재고 시스템을 추구한다.

정답 및 해설

정답

| 01 ③ | 02 ② | 03 ④ | 04 ④ | 05 ① | 06 ③ | 07 ③ | 08 ① | 09 ④ | 10 ① |

| 11 ① | 12 ② | 13 ② | 14 ② | 15 ② |

해설

01 ③

<table>
<tr><th colspan="4">원재료 + 재공품 + 제품</th></tr>
<tr><td>기초원재료</td><td>₩120,000</td><td>매출원가</td><td>₩4,000,000^{*3}</td></tr>
<tr><td>기초재공품</td><td>280,000</td><td>기말원재료</td><td>400,000</td></tr>
<tr><td>기초제품</td><td>400,000</td><td>기말재공품</td><td>X</td></tr>
<tr><td>원재료매입액</td><td>2,800,000</td><td>기말제품</td><td>160,000</td></tr>
<tr><td>DL</td><td>460,000^{*1}</td><td></td><td></td></tr>
<tr><td>OH</td><td>840,000^{*2}</td><td></td><td></td></tr>
<tr><td></td><td>₩4,900,000</td><td></td><td>₩4,560,000 + X</td></tr>
</table>

[*1] 직접노무원가 = 현금지급액 + 기말미지급액 - 기초미지급액

= 현금지급액 + 미지급액 증감

= ₩400,000 + ₩60,000 = ₩460,000

[*2] 제조간접원가 = 공장건물감가상각비 ₩600,000 + 공장수도광열비 ₩240,000 = ₩840,000

[*3] 매출원가 = 매출총이익 ÷ 원가가산이익률 = ₩800,000 ÷ 20% = ₩4,000,000

∴ 기말재공품(X) = ₩340,000

02 ② (1) 부문별 제조간접원가 배부율을 사용하는 경우

구분	보조부문		제조부문	
	동력부문	수선부문	설계부문	조립부문
배부 전 원가	₩60,000	₩40,000	₩30,000	₩20,000
동력부문	(60,000)	24,000	15,000	21,000
수선부문		(64,000)	32,000	32,000
배부 후 원가	₩0	₩0	₩77,000	₩73,000

① 설계부문의 제조간접원가 배부율 = ₩77,000 ÷ 440시간 = @175

② 조립부문의 제조간접원가 배부율 = ₩73,000 ÷ 100시간 = @730

③ 제품 N500에 배부되는 제조간접원가 = @175 × 24시간 + @730 × 10시간 = ₩11,500

(2) 공장 전체 제조간접원가 배부율을 사용하는 경우

공장 전체 제조간접원가 배부율 사용 시에는 보조부분의 배부나 제조부문의 부문별 배부를 고려할 필요 없이 단일 배부율을 적용하면 된다.

① 제조간접원가 배부율 = ₩150,000 ÷ 300시간 = @500

② 제품 N500에 배부되는 제조간접원가 = @500 × 50시간 = ₩25,000

∴ 제조간접원가의 차이는 ₩13,500(= ₩25,000 - ₩11,500)이다.

03 ④

활동	구 설계안	신 설계안	차이
특수합금구매	₩30,000 × 5명 + 38,500건 × ₩2.5/건 = ₩246,250	₩30,000 × 4명 + 34,000건 × ₩2.5/건 = ₩205,000	₩41,250
재료처리	155,000회 × ₩4/회 = ₩620,000	78,000회 × ₩4/회 = ₩312,000	308,000
			₩349,250

04 ④
(1) 재료원가 완성품환산량 = 6,000단위 + 4,000단위 = 10,000단위

(2) 가공원가 완성품환산량 = 2,000단위 × 0.4 + 6,000단위 + 4,000단위 × 0.5 = 8,800단위

(3) 재료원가 완성품환산량 단위당 원가 = ₩1,500,000 ÷ 10,000단위 = @150

(4) 가공원가 완성품환산량 단위당 원가 = ₩880,000 ÷ 8,800단위 = @100

(5) 완성품원가 = ₩34,000(기초*) + 6,000단위 × @150 + 6,800단위 × @100 = ₩1,614,000
    * 선입선출법을 사용한다면 기초재공품원가는 완성품원가에 배부된다.

(6) 기말재공품원가 = 4,000단위 × @150 + 2,000단위 × @100 = ₩800,000

05 ①
(1) 순실현가능가치(NRV)

제품 A	2,000개 × (@900 - @100) - ₩400,000 =	₩1,200,000(60%)
제품 B	1,000개 × (@1,550 - @50) - ₩700,000 =	800,000(40%)
계		₩2,000,000

(2) 제조원가: 결합원가 배분액 + 개별원가(추가가공원가)

제품 A	₩500,000 × 60% + ₩400,000 =	₩700,000
제품 B	₩500,000 × 40% + ₩700,000 =	900,000
계		₩1,600,000

(3) 순이익 및 기말재고자산원가

① 순이익

	제품 A		제품 B		합계
매출액	1,300개 × @900 =	₩1,170,000	800개 × @1,550 =	₩1,240,000	₩2,410,000
매출원가	1,300개 × @350*1 =	455,000	800개 × @900*2 =	720,000	1,175,000
매출총이익		₩715,000		₩520,000	₩1,235,000
판매비용	1,300개 × @100 =	130,000	800개 × @50 =	40,000	170,000
순이익		₩585,000		₩480,000	₩1,065,000

*1 제품 A 단위당 원가 = ₩700,000 ÷ 2,000개 = @350
*2 제품 B 단위당 원가 = ₩900,000 ÷ 1,000개 = @900

② 기말재고자산원가

제품 A	(2,000개 - 1,300개) × @350 =	₩245,000
제품 B	(1,000개 - 800개) × @900 =	180,000
계		₩425,000

06 ③
$$\begin{cases} \text{FOH예산} - 3,000단위 \times SP_f = ₩2,000 \\ \text{FOH예산} - 4,000단위 \times SP_f = ₩(3,000) \end{cases}$$
∴ 제품 1단위당 고정제조간접원가 표준배부율(SP_f) = ₩5

07 ③
(1) 판매량 = ₩2,000,000 ÷ ₩2,000 = 1,000단위
(2) 변동판매관리비 = ₩400,000 - ₩100,000 = ₩300,000
(3) 단위당 변동판매관리비 = ₩300,000 ÷ 1,000단위 = ₩300
(4) 단위당 변동제조원가 = ₩1,040,000/1,000단위 - ₩300 = ₩740
(5) 단위당 고정제조간접원가 = (₩1,300,000 - ₩740,000) ÷ 1,000단위 = ₩560
(6) 기말재고 수량 = ₩140,000 ÷ ₩560 = 250단위
(7) 기말제품재고 = (₩740 + ₩560) × 250단위 = ₩325,000

08 ① 손익분기점은 법인세와 무관하다.
[지문분석]
④⑤ 안전한계율과 영업레버리지도는 반비례한다.

09 ④ 외부 공급업체가 제시한 부품 X의 1단위당 금액
= (₩48 + ₩37 + ₩15) + (10,000단위 × ₩40 + ₩240,000) ÷ 10,000단위 = ₩164

10 ①

제품(수량)			
기초	20,000단위	판매	470,000단위
생산	480,000	기말	30,000
	500,000단위		500,000단위

전기·당기 생산조건이 동일하므로 제품 단위당 표준고정제조간접원가도 동일하다.

$$\text{제품 단위당 표준고정제조간접원가} = \frac{\text{고정제조간접원가 예산}}{\text{기준조업도}} = \frac{₩500,000}{50,000시간 \times 10단위/시간} = @1$$

전부원가계산과 변동원가계산의 이익차이는 기초·기말재고자산에 포함된 고정제조간접원가만큼 발생한다.
따라서 이익차이 = (30,000단위 - 20,000단위) × @1 = ₩10,000이다. 즉, 전부원가계산하의 당기순이익이 ₩10,000 더 크다.

[별해]

변동원가계산에 의한 당기순이익		₩1,300,000*
(+) 기말재고에 포함된 고정제조간접원가	30,000단위 × @1 =	30,000
(-) 기초재고에 포함된 고정제조간접원가	20,000단위 × @1 =	(20,000)
전부원가계산에 의한 당기순이익		₩1,310,000

$$\underbrace{470,000단위 \times (@10 - @4 - @2)}_{\text{총공헌이익}} - \underbrace{(₩500,000 + ₩80,000)}_{\text{총고정원가}} = ₩1,300,000$$

11 ①
(1) 4월 예상생산량 = 2,500단위 + 2,400단위 × 0.1 - 2,500단위 × 0.1 = 2,490단위
(2) 5월 예상생산량 = 2,400단위 + 2,700단위 × 0.1 - 2,400단위 × 0.1 = 2,430단위
(3) 4월 원재료 예상사용량 = 2,490단위 × 2kg = 4,980kg
(4) 4월 원재료 예상구입량 = 4,980kg + 2,430단위 × 2kg × 0.05 - 2,490단위 × 2kg × 0.05 = 4,974kg
(5) 4월 원재료 구입예산 = 4,974kg × ₩20 = ₩99,480

12 ②

	변동예산 (AQ × Bcm)	변동예산' (Total AQ × BM) × Bcm	고정예산 (BQ × Bcm)

승용차 86대 × (₩60 - ₩50[1]) = ₩860   160대 × 0.6 × (₩60 - ₩50) = ₩960   120대 × (₩60 - ₩50) = ₩1,200

트럭 74대 × (₩120 - ₩80[2]) = 2,960   160대 × 0.4 × (₩120 - ₩80) = 2,560   80대 × (₩120 - ₩80) = 3,200

$\qquad\qquad$ ₩3,820 $\qquad\qquad\qquad\qquad$ ₩3,520 $\qquad\qquad\qquad\qquad$ ₩4,400

$\qquad\qquad\qquad$ 매출배합차이 ₩300 유리 $\qquad\qquad$ 매출수량차이 ₩880 불리

[1] 승용차 변동원가 = $\dfrac{₩4,300 + ₩1,700}{120대}$ = ₩50

[2] 트럭 변동원가 = $\dfrac{₩6,068 + ₩332}{80대}$ = ₩80

13 ② A사업부(공급사업부) 최소대체가격 = 대체 시 단위당 변동원가 + 대체 시 단위당 기회비용
내부대체수량이 1,000단위인 경우 500단위의 외부판매를 포기하게 된다.

$$최소TP = ₩3,000 + \frac{500단위 × (₩4,200 - ₩3,000)}{1,000단위} = ₩3,600$$

[지문분석]

① B사업부(구매사업부) 최대대체가격 = Min[단위당 외부구입가격, 단위당 지출가능원가]
= Min[₩4,200, (₩6,800 - ₩3,600)] = ₩3,200

③ 대체수량이 500개 이하이면 기회비용이 발생하지 않으므로 대체 시 단위당 변동원가(₩3,000)가 최소TP가 된다.

④ 500개만 대체할 경우에는 기회비용이 발생하지 않으므로 대체가 유리하다. 따라서 2,500개는 판매하고 500개는 대체하는 것이 최적의 의사결정이다.

14 ② (1) 우승 성공 시 확률을 P라고 하여 성과표를 작성하면 다음과 같다.

구분	우승 성공(P)	우승 실패(1 - P)	기댓값
보험 가입	2억*	2억*	2 × P + 2 × (1 - P)
보험 미가입	(7억)	3억	-7 × P + 3 × (1 - P)

* 3억 - 1억(보험료) = 2억

(2) 보험 가입에 대한 기댓값이 미가입보다 유리할 경우의 최소 확률을 구하면 다음과 같다.

2억 × P + 2억 × (1 - P) ≥ -7억 × P + 3억 × (1 - P)

∴ P ≥ 0.1(10%)

15 ② 제품의 품질수준이 높아지면, 실패원가가 낮아진다. 따라서 품질과 실패원가는 음(-)의 관계를 가진다. 통제원가의 경우에는 일정품질 수준까지는 양(+)의 관계를 갖는다.

01 ㈜해커의 20×1년 재고자산과 관련된 자료는 다음과 같다.

구분	원재료	재공품	제품
기초금액	₩25,000	₩45,000	₩80,000
기말금액	30,000	54,000	100,000

20×1년 원재료매입액은 ₩68,000이며, 직접노무원가는 ₩42,000, 제조간접원가는 ₩54,000이다. 이 경우 ㈜해커의 20×1년 당기제품제조원가에서 매출원가를 차감한 금액은 얼마인가?

① ₩16,000 ② ₩20,000 ③ ₩24,000
④ ₩32,000 ⑤ ₩37,000

02 ㈜해커는 20×1년 초에 설립되었으며 정상원가계산을 적용하고 있다. 제조간접원가 배부기준은 직접노동시간이다. ㈜해커는 20×1년 초에 연간 제조간접원가를 ₩100,000으로, 직접노무시간을 2,000시간으로 예상하였다. ㈜해커의 20×1년 생산 및 판매 관련 자료는 다음과 같다.

- 20×1년 중 작업 #101, #102, #103을 착수하였다.
- 20×1년 중 작업별 실제 발생한 원가 및 기계시간은 다음과 같다.

구분	#101	#102	#103
직접재료원가	₩32,000	₩38,000	₩25,000
직접노무원가	28,000	54,000	40,000
직접노무시간	400시간	800시간	600시간

- 20×1년 실제 발생한 제조간접원가는 총 ₩82,000이다.
- 작업 #101과 #102는 20×1년 중 완성되었으나, #103은 20×1년 말 현재 작업 중이다.
- 20×1년 중 #101은 ₩100,000에 판매되었으나, #102는 20×1년 말 현재 판매되지 않았다.
- ㈜해커의 매출은 #101이 유일하다.

㈜해커가 매출원가조정법을 이용하여 배부차이를 조정한다면, 20×1년 매출총이익은 얼마인가?

① ₩12,000 ② ₩18,000 ③ ₩28,000
④ ₩32,000 ⑤ ₩40,000

03 ㈜해커는 종합원가계산을 적용하여 제품원가를 계산하고 있다. 직접재료는 공정 초에 전량 투입되며, 전환원가는 공정 전반에 걸쳐 균등하게 발생한다. 20×1년 2월 1일에 처음으로 생산을 시작한 ㈜해커의 당월 중 완성품 수량은 9,000단위이다. ㈜해커는 20×1년 2월 말 재공품의 각 원가요소를 다음과 같이 보고하였다.

원가요소	금액	완성도	완성품환산량
직접재료원가	₩75,000	100%	5,000단위
전환원가	₩40,000	50%	2,500단위

㈜해커의 외부감사인은 위의 자료를 검토하였는데, 20×1년 2월 말 재공품의 직접재료원가 관련 항목들은 모두 올바른 것으로 파악하였다. 그러나 외부감사인은 20×1년 2월 말 재공품의 전환원가 완성도가 50%로 과다하게 추정되었음을 발견하고 추가로 검토하였는데, 실제는 20%인 것으로 확인하였다. 게다가 위의 전환원가 ₩40,000은 완성도 50%에서는 올바르게 배부된 금액이었지만, 실제로 파악된 완성도 20%에서는 적절하게 수정되어야 한다. ㈜해커가 20×1년 2월 말 재공품의 전환원가 금액 및 완성품환산량을 올바르게 수정하는 경우, 20×1년 2월 말 재공품원가와 20×1년 2월 완성품원가는? (단, 공손이나 감손은 없다고 가정한다)

	재공품원가	완성품원가
①	₩93,400	₩300,600
②	₩93,400	₩302,600
③	₩94,600	₩300,600
④	₩94,600	₩301,400
⑤	₩94,600	₩302,600

04 ㈜해커는 단일 재료를 이용하여 세 가지 제품 X, Y, Z와 부산물 P를 생산하고 있으며, 결합원가계산을 적용하고 있다. 제품 X와 Y는 분리점에서 즉시 판매되나, 제품 Z는 시장이 존재하지 않아 추가가공을 거친 후 판매된다. ㈜해커의 20×1년 생산 및 판매 관련 자료는 다음과 같다.

구분	생산량	판매량	최종 판매가격
X	160*l*	50*l*	₩5
Y	200	100	6
Z	300	200	5
P	200	30	1

20×1년 동안 결합원가는 ₩800이고, 제품 Z의 추가가공원가는 총 ₩1,000이다. 부산물 P의 단위당 판매비는 ₩2이며, 부산물 평가는 생산기준법(순실현가치법)을 적용한다. 순실현가치법으로 결합원가를 배분할 때 제품 Z의 매출총이익은? (단, 기초재고와 기말재공품은 없다)

① ₩200 ② ₩250 ③ ₩300
④ ₩350 ⑤ ₩400

05 ㈜해커는 표준원가를 이용한 전부원가계산제도를 적용하며, 20×1년 3월 1일에 생산 및 영업을 개시하였다. 20×1년 3월 중 900단위를 생산에 착수하여 당월에 모두 완성하였으며, 이 중 800단위를 판매하였다. 20×1년 3월 중 직접재료 2,000kg을 ₩130,000에 구입하였으며, 직접재료의 당월 말 재고량은 100kg이다. 당월 말 제품계정에 포함된 표준직접재료원가는 ₩10,000이며, 제품 단위당 표준직접재료소비량은 2kg이다. 20×1년 3월의 직접재료원가의 가격차이와 수량차이는 각각 얼마인가? (단, 직접재료원가의 가격차이는 구입시점에 계산하며, 월말재공품은 없다)

	가격차이	수량차이
①	₩20,000 불리	₩3,000 불리
②	₩20,000 유리	₩3,000 유리
③	₩20,000 불리	₩3,000 유리
④	₩30,000 불리	₩5,000 불리
⑤	₩30,000 유리	₩5,000 유리

06 ㈜해커는 설립 후 3년이 경과되었다. 경영진은 외부보고 목적의 전부원가계산 자료와 경영의사결정 목적의 변동원가계산에 의한 자료를 비교·분석하고자 한다. ㈜해커의 생산과 판매에 관련된 자료는 다음과 같다.

구분	1차 연도	2차 연도	3차 연도
생산량(단위)	40,000	50,000	20,000
판매량(단위)	40,000	20,000	50,000

• 1단위당 판매가격은 ₩30이다.
• 변동제조원가는 1단위당 ₩10, 변동판매관리비는 1단위당 ₩4이다.
• 고정제조간접원가는 ₩400,000, 고정판매관리비는 ₩100,000이다.
• 과거 3년 동안 ㈜해커의 판매가격과 원가는 변하지 않았다.

위 자료에 대한 다음 설명 중 옳지 않은 것은?

① 3차 연도까지 전부원가계산과 변동원가계산에 따른 누적영업손익은 동일하다.
② 3차 연도 변동원가계산에 따른 영업이익은 ₩300,000이다.
③ 2차 연도의 경우 전부원가계산에 의한 기말제품원가가 변동원가계산에 의한 기말제품원가보다 크다.
④ 변동원가계산에서 고정원가는 모두 당기비용으로 처리한다.
⑤ 3차 연도 전부원가계산에 의한 매출원가는 ₩1,120,000이다.

07 ㈜해커의 20×2년 1월부터 4월까지의 예상 상품매출액은 다음과 같다.

월	예상 매출액
1월	₩3,500,000
2월	4,500,000
3월	6,000,000
4월	7,000,000

㈜해커는 20×1년 동안 월말 재고액을 다음 달 예상 매출원가의 20%(이하 재고비율)로 일정하게 유지하였다. 만약 20×2년 초부터 재고비율을 10%로 변경·유지한다면, 20×2년 3월 예상 상품매입액은 재고비율을 20%로 유지하는 경우에 비해 얼마나 증가 또는 감소하는가? (단, ㈜해커의 매출총이익률은 25%로 일정하다고 가정한다)

① ₩70,000 증가　　　② ₩70,000 감소　　　③ ₩75,000 증가
④ ₩75,000 감소　　　⑤ 변화 없다.

㈜해커는 제품 A와 제품 B를 생산·판매하고 있다. 제품 A와 제품 B 각각에 대한 연간 최대조업도 100,000단위의 활동수준에서 예상되는 20×1년도 생산 및 판매와 관련된 자료는 다음과 같다.

구분	제품 A	제품 B
단위당 판매가격	₩120	₩80
단위당 변동원가		
직접재료원가	30	12
직접노무원가	20	15
변동제조간접원가	7	5
변동판매관리비	12	8
단위당 고정원가		
추적가능 고정제조간접원가	16	18
공통고정원가	15	10
단위당 총원가	100	68
연간최대생산능력	100,000단위	100,000단위

제품별 추적가능 고정제조간접원가는 해당 제품의 생산을 중단하면 90%는 회피가능하나, 공통고정원가는 제품 A 혹은 제품 B의 생산을 중단해도 계속해서 발생한다. ㈜해커는 20×1년 초에 향후 1년 동안 제품 A 80,000단위와 제품 B 60,000단위를 생산·판매하기로 계획하였다. 그런데 ㈜해커가 기존의 계획을 변경하여 20×1년에 제품 B를 생산하지 않기로 한다면, 제품 A의 20×1년도 연간 판매량은 원래 계획한 수량보다 20% 증가할 것으로 예측된다. ㈜해커가 20×1년에 제품 B의 생산을 전면 중단할 경우, 이익에 미치는 영향은?

① ₩36,000 증가   ② ₩36,000 감소   ③ ₩216,000 증가
④ ₩216,000 감소   ⑤ ₩780,000 감소

※ 다음 자료를 이용하여 **09~10**에 답하시오.

손님들에게 식사를 제공하는 해커식당의 당해 연도 요약포괄손익계산서이다.

매출액		₩365,800,000
매출원가		215,670,000
매출총이익		₩150,130,000
영업비용		91,630,000
변동원가	₩40,390,000	
고정원가	16,700,000	
관리비(전부 고정원가)	34,540,000	
순이익		₩58,500,000

해커식당의 1인당 평균 저녁식사대금은 ₩4,000이고 점심식사대금은 ₩2,000이다. 저녁식사를 준비하여 제공하는 데 소요되는 변동원가는 점심식사의 두 배가 소요되며, 매출원가는 전액 변동원가이다. 또한 점심식사 손님은 저녁에 비하여 두 배나 더 많으며 일 년에 305일을 영업한다.

09 일별 손익분기점에 도달하기 위해서는 점심식사에 몇 명이 식사를 해야 하는가?

① 130명 　　② 135명 　　③ 140명
④ 150명 　　⑤ 160명

10 해커식당은 고급품질의 재료만 사용하고 있는데, 재료원가는 이 식당 총변동원가의 25%를 차지하고 있다. 고급품질 대신 보통품질의 원재료를 사용하면 변동재료원가의 30%를 절약할 수 있다고 한다. 보통품질의 원재료를 사용하면서 판매가격을 그대로 유지하고 매출배합도 그대로 유지된다면 ₩14,987,700의 순이익(법인세 차감 전)을 달성하기 위해서는 최소한 저녁식사에 매일 몇 명이 와야 하는가?

① 74명 　　② 77명 　　③ 80명
④ 85명 　　⑤ 90명

㈜해커는 엔진사업부와 무선비행기사업부로 구성되어 있고, 각 사업부는 이익중심점으로 운영된다. 엔진사업부는 동일한 기계를 이용하여 성능이 다른 두 종류의 엔진 N500과 N600을 생산하며, 각 엔진과 관련된 자료는 다음과 같다.

항목	N500	N600
단위당 판매가격	₩40	₩7
단위당 직접재료원가	₩5	₩2
단위당 기타 변동제조원가*	(단위당 1시간, 시간당 ₩10) ₩10	(단위당 0.2시간, 시간당 ₩10) ₩2
연간 외부수요량	20,000단위	30,000단위

* 상기 표에서 시간은 기계시간을 의미함

엔진사업부의 연간 고정제조간접원가는 ₩200,000이고, 연간 이용 가능한 기계시간은 25,000시간이다. 무선비행기사업부는 드론 MQ-19를 생산한다. 드론 MQ-19 1단위를 생산하기 위해서는 외부업체로부터 특수부품 S500 1단위를 단위당 ₩40에 구매해야 한다. 드론 MQ-19와 관련된 자료는 다음과 같다.

항목		드론 MQ-19
단위당 판매가격		₩100
단위당 직접재료원가	특수부품 S500	₩40
	일반부품 G600	₩10
단위당 기타 변동제조원가		₩20
연간 외부수요량		3,000단위

무선비행기사업부의 연간 고정제조간접원가는 ₩30,000이다. 무선비행기사업부는 외부수요를 충족할 만큼 충분한 생산능력을 갖추고 있다. 최근에 ㈜해커의 생산기술부서는 드론 MQ-19를 생산하기 위해 특수부품 S500 1단위 대신에 N500 1단위를 투입할 수 있으며, 이러한 부품 교체가 드론 MQ-19의 단위당 판매가격, 단위당 일반부품 G600의 원가, 단위당 기타 변동제조원가, 외부수요량에 미치는 영향은 없다고 보고하였다. ㈜해커는 생산기술부서의 보고를 토대로 특수부품 S500을 엔진사업부의 N500으로 교체하는 방안을 고려하고 있다.

11 특수부품 S500을 엔진사업부의 N500으로 교체할 경우, 회사 전체의 영업이익은 얼마나 증가 또는 감소하는가?

① ₩30,000 증가 ② ₩30,000 감소 ③ ₩45,000 증가

④ ₩45,000 감소 ⑤ ₩50,000 증가

12 특수부품 S500을 엔진사업부의 N500으로 교체할 경우, 엔진사업부가 현재의 영업이익을 감소시키지 않기 위해 무선비행기사업부에 제시할 수 있는 N500의 단위당 최소판매가격은 얼마인가?

① ₩18 ② ₩20 ③ ₩24

④ ₩27 ⑤ ₩30

13 ㈜해커는 연속된 공정 A와 B를 거쳐서 완제품을 생산한다. 완제품의 단위당 판매가격은 ₩50이다. 직접재료가 이외의 운영원가는 모두 고정원가로 간주한다. 20×1년에 공정별 생산 및 원가자료는 다음과 같다.

항목	공정 A	공정 B
시간당 생산능력	15단위	10단위
연간 이용가능시간	2,000시간	2,000시간
연간 생산량	20,000단위	20,000단위
단위당 직접재료원가	₩10	₩10
연간 고정운영원가	₩120,000	₩140,000

㈜해커는 공정 B의 종료단계에서 품질검사를 실시한다. 당기 중에 공정 B에서 불량품 100단위가 생산되었다면, 불량품 100단위로 인해 영업이익은 얼마나 감소하는가? (단, ㈜해커의 기초 및 기말재고자산은 없으며, 불량품은 전량 폐기된다)

① ₩1,000   ② ₩2,000   ③ ₩3,000
④ ₩4,000   ⑤ ₩5,000

14 ㈜해커는 단일제품을 생산하며 20×1년의 판매가격 및 원가자료는 다음과 같다.

항목	단위당 금액
판매가격	₩50
변동제조원가	20
변동판매비	5

고정제조원가와 고정판매비는 각각 ₩20,000과 ₩10,000이다. ㈜해커의 경영자는 판매촉진을 위해 인터넷 광고를 하려고 한다. 인터넷 광고물 제작에는 ₩5,000의 고정판매비가 추가로 지출된다. 인터넷 광고를 하지 않을 경우 판매량은 1,200단위와 1,800단위 사이에서 균등분포(uniform distribution)를 이루고, 인터넷 광고를 하면 판매량은 1,500단위와 2,000단위 사이에서 균등하게 분포한다. ㈜해커가 인터넷 광고를 함으로써 기대영업이익은 얼마나 증가 또는 감소하는가?

① ₩0   ② ₩1,250 증가   ③ ₩1,250 감소
④ ₩2,250 증가   ⑤ ₩2,250 감소

15 전략적 원가관리 및 성과평가에 관한 옳지 않은 설명은?

① 제약이론을 원가관리에 적용한 재료처리량 공헌이익(throughput contribution)은 매출액에서 직접재료원가를 차감하여 계산한다.

② 목표원가계산은 제조단계에서 원가 절감을 강조하는 반면, 카이젠원가계산은 제품개발 및 설계단계에서의 원가 절감에 초점을 맞춘다.

③ 수명주기원가계산은 특정 제품이 고안된 시점부터 폐기되는 시점까지의 모든 원가를 식별, 추적하여 집계하는 원가계산제도이다.

④ 활동기준경영은 활동분석과 원가동인분석을 통하여 파악된 정보를 토대로 활동과 프로세스를 개선하여 기업 전체의 성과를 개선하는 데 초점을 두고 있다.

⑤ 균형성과표는 조직의 비전과 전략을 성과평가지표로 구체화함으로써 조직의 전략수행을 지원한다.

정답 및 해설

정답

01	②	02	③	03	①	04	①	05	④	06	⑤	07	④	08	①	09	③	10	②
11	①	12	⑤	13	⑤	14	②	15	②										

해설

01 ②

원재료 + 재공품

기초원재료	₩25,000	당기제품제조원가	₩150,000
기초재공품	45,000		
원재료매입액	68,000		
DL	42,000	기말원재료	30,000
OH	54,000	기말재공품	54,000
	₩234,000		₩234,000

원재료 + 재공품 + 제품

기초원재료	₩25,000	매출원가	₩130,000
기초재공품	45,000		
기초제품	80,000		
원재료매입액	68,000	기말원재료	30,000
DL	42,000	기말재공품	54,000
OH	54,000	기말제품	100,000
	₩314,000		₩314,000

∴ ₩150,000 - ₩130,000 = ₩20,000

02 ③
(1) 제조간접원가 배부율 = ₩100,000 ÷ 2,000시간 = @50/직접노무시간
(2) 제조간접원가 예정배부액 = @50 × 1,800시간 = ₩90,000
(3) 제조간접원가 배부차이 = ₩90,000 - ₩82,000 = ₩8,000(과대배부)
(4) #101의 배부차이 조정 후 매출원가 = ₩32,000 + ₩28,000 + 400시간 × @50 - ₩8,000 = ₩72,000
(5) 매출총이익 = ₩100,000 - ₩72,000 = ₩28,000

03 ①
(1) 전환원가 × 2,500단위/(2,500단위 + 9,000단위) = ₩40,000
   → 전환원가 = ₩184,000
(2) 재공품의 완성품환산량 = 2,500단위 × 20%/50% = 1,000단위
(3) 재공품에 배부될 전환원가 = ₩184,000 × 1,000단위/(1,000단위 + 9,000단위) = ₩18,400
(4) 재공품원가 = ₩75,000 + ₩18,400 = ₩93,400
(5) 완성품원가 = ① + ② = ₩135,000 + ₩165,600 = ₩300,600
   ① 직접재료원가 = ₩75,000 × 9,000단위/5,000단위 = ₩135,000
   ② 전환원가 = ₩184,000 - ₩18,400 = ₩165,600

04 ① (1) 부산물(P)의 순실현가능가치 = $200l \times (₩1 - ₩2) = ₩(200)$

(2) 분리점에서의 연산품의 순실현가능가치

NRV(X)	$160l \times ₩5 =$	₩800(32%)
NRV(Y)	$200l \times ₩6 =$	1,200(48%)
NRV(Z)	$300l \times ₩5 - ₩1,000 =$	500(20%)
		₩2,500(100%)

(3) 제품 Z의 단위당 원가

$\{(₩800 + ₩200) \times 0.2(\text{결합원가 배분액}) + ₩1,000(\text{추가가공원가})\} \div 300l = ₩4$

(4) 제품 Z의 매출총이익 = $(₩5 - ₩4) \times 200l = ₩200$

05 ④

AQ′ × AP[*1]	AQ′ × SP[*2]
2,000kg × @65 = ₩130,000	2,000kg × @50 = ₩100,000

가격차이 ₩30,000 불리

AQ × SP	SQ × SP
1,900kg × @50 = ₩95,000	(900단위 × 2kg) × @50 = ₩90,000

수량차이 ₩5,000 불리

[*1] ₩130,000 ÷ 2,000kg = @65
[*2] ₩10,000 ÷ (100단위 × 2kg) = @50

06 ⑤ 3차 연도의 전부원가계산에 의한 매출원가의 경우 원가흐름의 가정과 관계없이 동일한 결과가 나온다. 선입선출법에 의해 계산해보면 다음과 같다.

30,000단위 × ₩18 + 20,000단위 × ₩30 = ₩1,140,000

[지문분석]

① 3차 연도까지 생산량은 110,000단위, 판매량도 110,000단위이므로 전부원가계산과 변동원가계산에 따른 누적영업손익은 동일하다.

② 3차 연도 변동원가계산에 따른 영업이익을 계산하면 다음과 같다.

50,000단위 × (₩30 - ₩14) - ₩500,000 = ₩300,000

③ 2차 연도의 경우 전부원가계산에 의한 단위당 기말제품원가를 계산하면 다음과 같다.

₩10/단위 + ₩400,000/50,000단위 = ₩18/단위

2차 연도의 경우 변동원가계산에 의한 단위당 기말제품원가는 ₩10이다.

④ 변동원가계산에서는 고정제조간접원가와 고정판매관리비를 당기비용으로 처리한다.

07 ④   (1) 재고비율을 20%로 유지하는 경우

상품(3월)

월초	900,000[*2]	매출원가	4,500,000[*1]
매입액	4,650,000	월말	1,050,000[*3]

[*1] ₩6,000,000 × 0.75 = ₩4,500,000
[*2] ₩4,500,000 × 0.2 = ₩900,000
[*3] ₩7,000,000 × 0.75 × 0.2 = ₩1,050,000

(2) 재고비율을 10%로 변경하는 경우

상품(3월)

월초	450,000[*2]	매출원가	4,500,000[*1]
매입액	4,575,000	월말	525,000[*3]

[*1] ₩6,000,000 × 0.75 = ₩4,500,000
[*2] ₩4,500,000 × 0.1 = ₩450,000
[*3] ₩7,000,000 × 0.75 × 0.1 = ₩525,000

(3) 재고비율이 감소하는 경우 매입액의 감소액

    ₩4,650,000 - ₩4,575,000 = ₩75,000

08 ①   제품 B의 생산을 중단할 경우

제품 B의 공헌이익 감소	(₩80 - ₩40) × 60,000단위 =	₩(2,400,000)
제품 A의 공헌이익 증가	(₩120 - ₩69) × 16,000단위* =	816,000
회피가능고정원가	₩18 × 100,000단위 × 0.9 =	1,620,000
증분이익		₩36,000

 * 80,000단위 × 0.2 = 16,000단위

∴ 제품 B의 생산을 중단할 경우 이익이 ₩36,000 증가한다.

09 ③   점심식사와 저녁식사의 변동비율은 $\dfrac{\nu}{₩2,000} = \dfrac{2\nu}{₩4,000}$ 이므로 회사 전체 I/S상 변동비율을 각 제품에 적용할 수 있다.

(1) 변동비율 = $\dfrac{변동원가}{매출액}$ = $\dfrac{₩215,670,000 + ₩40,390,000}{₩365,800,000}$ = 0.7(70%)

(2) 공헌이익률 = 1 - 변동비율 = 0.3(30%)

(3) 점심식사 1인당 공헌이익 = ₩2,000 × 30% = ₩600

(4) 저녁식사 1인당 공헌이익 = ₩4,000 × 30% = ₩1,200

(5) 연간 고정원가 = ₩16,700,000 + ₩34,540,000 = ₩51,240,000

(6) 점심식사와 저녁식사의 판매량 배합 = 2 : 1

(7) 가중평균 단위당 공헌이익 = ₩600 × $\dfrac{2}{3}$ + ₩1,200 × $\dfrac{1}{3}$ = ₩800

(8) 손익분기점 총 판매량 = ₩51,240,000 ÷ @800 = 64,050명

(9) 일별 손익분기점 판매량 = 64,050명 ÷ 305일 = 210명

(10) 일별 손익분기점 식사별 인원 수

식사	매출배합	인원 수
점심	2/3	140명
저녁	1/3	70명
계	1	210명

10 ② (1) 보통품질의 재료를 사용할 경우 변동원가 절감액

① 점심식사: $\underset{\text{고급품질 변동재료원가}}{\underline{₩2,000 \times 0.7 \times 0.25}} \times 0.3 = ₩105$

② 저녁식사: $\underset{\text{고급품질 변동재료원가}}{\underline{₩4,000 \times 0.7 \times 0.25}} \times 0.3 = ₩210$

(2) 새로운 공헌이익

① 점심식사: ₩600 + ₩105 = ₩705

② 저녁식사: ₩1,200 + ₩210 = ₩1,410

(3) 새로운 가중평균 단위당 공헌이익

$$₩705 \times \frac{2}{3} + ₩1,410 \times \frac{1}{3} = ₩940$$

(4) 목표이익 달성을 위한 고객 수

$(\underset{\text{고정원가}}{\underline{₩51,240,000}} + \underset{\text{목표이익}}{\underline{₩14,987,700}}) \div ₩940 = 70,455$명

(5) 일별 고객 수

70,455명 ÷ 305일 = 231명

(6) 목표이익 달성을 위한 저녁식사 1일 고객 수 = 231명 $\times \frac{1}{3}$ = 77명

11 ① (1) 엔진사업부의 제약자원당 공헌이익

① N500: (₩40 - ₩15) ÷ 1시간 = ₩25/시간

② N600: (₩7 - ₩4) ÷ 0.2시간 = ₩15/시간

(2) 엔진사업부의 최소대체가격

₩15(대체 시 지출가능원가) + (3,000시간 × ₩15) ÷ 3,000단위(대체 시 단위당 기회비용*) = ₩30

* 대체 시 단위당 기회비용은 여유조업도가 0이므로 제약자원당 공헌이익이 낮은 N600에 투입하는 3,000시간 포기에 따른 공헌이익 감소분으로 계산한 값이다.

(3) 무선비행기사업부의 최대대체가격

Min[₩100 - ₩30 = ₩70(추가지출가능원가), ₩40(외부구입가격)] = ₩40

(4) 대체가격 범위가 ₩30 ≤ TP ≤ ₩40이므로 회사 전체의 영업이익은 대체하는 것이 대체하지 않는 것에 비하여 ₩30,000* 증가한다.

* (₩40 - ₩30) × 3,000단위 = ₩30,000

12 ⑤ 엔진사업부의 최소판매가격 = ₩15(대체 시 지출가능원가) + (3,000시간 × ₩15) ÷ 3,000단위(대체 시 단위당 기회비용*)
= ₩30

* 대체 시 단위당 기회비용은 여유조업도가 0이므로 제약자원당 공헌이익이 낮은 N600에 투입하는 3,000시간 포기에 따른 공헌이익 감소분으로 계산한 값이다.

13 ⑤ (1) 최종공정 종료단계에서 발생한 불량품이 생산되면 영업이익은 매출액만큼 감소한다.

(2) 매출액 감소액 = 100단위 × ₩50 = ₩5,000

14 ② (1) 인터넷 광고를 하지 않는 경우 기대판매량 = (1,200단위 + 1,800단위) ÷ 2 = 1,500단위

(2) 인터넷 광고를 하는 경우 기대판매량 = (1,500단위 + 2,000단위) ÷ 2 = 1,750단위

(3) 인터넷 광고 시 기대영업이익의 증가분 = (₩50 - ₩25) × (1,750단위 - 1,500단위) - ₩5,000 = ₩1,250

15 ② 목표원가계산은 제품개발 및 설계단계에서의 원가 절감에 초점을 맞추는 반면, 카이젠원가계산은 제조단계에서 원가 절감을 강조한다.

해커스
세무사
객관식
眞원가관리회계

개정 3판 1쇄 발행 2023년 10월 27일

지은이	현진환
펴낸곳	해커스패스
펴낸이	해커스 경영아카데미 출판팀

주소	서울특별시 강남구 강남대로 428 해커스 경영아카데미
고객센터	02-537-5000
교재 관련 문의	publishing@hackers.com
학원 강의 및 동영상강의	cpa.Hackers.com

ISBN	979-11-6999-530-6 (13320)
Serial Number	03-01-01

**회계사 · 세무사 · 경영지도사
단번에 합격,**
해커스 경영아카데미 cpa.Hackers.com

T!T 해커스 경영아카데미

- 현진환 교수님의 **본 교재 인강**(교재 내 할인쿠폰 수록)
- **세무사 기출문제, 시험정보/뉴스** 등 추가학습 콘텐츠
- 선배들의 성공 비법을 확인하는 **시험 합격후기**